融合新闻学

融合新闻学

何芳　罗跃姝　编著

西南交通大学出版社
·成　都·

图书在版编目（CIP）数据

融合新闻学 / 何芳，罗跃姝编著. —成都：西南交通大学出版社，2021.9
ISBN 978-7-5643-8234-6

Ⅰ. ①融… Ⅱ. ①何… ②罗… Ⅲ. ①新闻学—高等学校—教材 Ⅳ. ①G210

中国版本图书馆 CIP 数据核字（2021）第 180210 号

Ronghe Xinwenxue
融合新闻学
何　芳　罗跃姝　编著

责任编辑　郑丽娟
助理编辑　徐茂嘉
封面设计　原谋书装

出版发行　西南交通大学出版社
（四川省成都市金牛区二环路北一段 111 号
西南交通大学创新大厦 21 楼）
邮政编码　610031
发行部电话　028-87600564　028-87600533
网址　http://www.xnjdcbs.com
印刷　成都蜀雅印务有限公司

成品尺寸　185 mm×260 mm
印张　17.25
字数　431 千
版次　2021 年 9 月第 1 版
印次　2021 年 9 月第 1 次
定价　49.00 元
书号　ISBN 978-7-5643-8234-6

课件咨询电话：028-81435775

前言

融合新闻学

当前，在全球范围内，媒介融合已成为媒体发展的趋势，在数字技术的推动下，传统媒体与新兴媒体之间的界限变得日益模糊，进入“你中有我，我中有你”的深度融合阶段，在媒介融合的实践中，“融合新闻”应运而生。国内外的媒介融合的实践涉及传媒体制、传媒所有权、媒体运营与管理、媒介组织结构、新闻业务层面等各个方面。融合新闻主要是从新闻业务层面对媒介融合的问题展开研究，主要涉及的是在媒介融合阶段，利用新技术进行的新闻信息采集、制作及新闻分发的实践。可以简单的概括为，融合新闻属于应用新闻学的范畴，是媒介融合的产物，也是媒介融合的有机组成部分，是媒介融合率先在新闻传播业务层面的具体落实。

中国人民大学蔡雯教授在早期的研究中指出：西方学者对于“融合新闻”的研究，主要包括对记者个体与对媒介组织两个层面的观察，个体层面的研究以那些掌握了多种媒介技能的“超级记者”或“背包记者”为典型代表，他们在长期的实践中成为了新闻报道的“多面手”，“单兵”可以同时完成文字、图片、音视频的报道，为不同的媒体提供不同的新闻作品。媒介组织层面的研究主要通过媒介的重组、合作、合并等战略管理层面，对媒介资源的整合、传播效果的发挥、内容生产思维的变迁等方面进行探讨。在融合新闻的推进中，各传媒机构对融合新闻人才的需求量急剧上升，推动了新闻传播教育机构要与时俱进，在人才培养方面进行改革，培养出适应传媒生态变化的融媒体人才。早在 2005 年，美国密苏里大学新闻学院就紧密结合新闻行业的变化，就为本科生和硕士生开设了“媒介融合”专业，并设置了“融合新闻”方向，让学生针对融合新闻报道、编辑及生产等方面进行重点学习，致力培养新型传播人才。国内虽然没有专门开设融合新闻专业，但在教育部最新颁布的《普通高等学校新闻传播学专业类质量国家标准》中明确把融合新闻学作为新闻学专业必修的核心课程，体现了新闻传播教育必须与时俱进，推进融媒体人才的培养的重要性和紧迫性。

融合新闻总是随着技术的推进，在不同的阶段对新闻从业者有不同的要求。当前在新技术的推动下，新闻工作者的日常已经发生了变化。2019 年 12 月 13 日，在南方周末“Green+绿色创变者大会”上，清华大学新闻与传播学院陈昌凤教授讲述了《美国哥伦比亚新闻评论》对2027年记者的日常的想像，他们的工作状态可能是这样的：

早上8点，记者乘坐无人驾驶车前往办公室的路上，传感器发回了空气污染的警告，接着派出两架无人机到现场采样。半小时以后，算法通过社交媒体的信息分析告诉记者，今天的热点话题是空气质量和儿童呼吸困难。

9点钟到办公室，记者用人机对话调出了历史空气数据，确认污染指数高于同期。无人机监测的样本结果也表明，今天确实是处于污染状态。10点，记者戴上增强现实眼镜，浏览上百个社交媒体上的现场图片及视频，发现新建工厂附近空气能见度较低，调用算法，分析机器人相机所拍照片。

11点，文本分析程序扫描政府公开文件、公函、公告、数据等，智能助手将与该工厂相关的违规操作、公开谴责、执照撤销等信息高亮显示。记者联系该工厂的公关公司，语音文本分析显示其接线代表的语气情感为“迟疑、紧张”，记者怀疑其隐藏详情。

智能助手用自然语言程序帮记者绘制了引起污染工厂老板的家族图谱，发现老板有一位远亲是负责监测环境的官员。于是记者将环境议题和政府管理进行了协同，报道主题变得更加重磅。①

这幅工作场景为我们展现出了全媒体报道的流程，在5G、大数据、无人机、传感器、人工智能、虚拟现实（VR/AR/MR）、全息投影、语音识别等技术广泛应用在新闻生产中，改变了传统的信息生产与传播模式，也改变了新闻的呈现形态。随着以新华社媒体大脑为代表的智能生产平台的上线，场景中所描绘的新闻从业者工作的日常基本已实现，已成为当前智能化生产正在探索与实践的表征。2021年两会期间，新华社国内部在报道稿件量上，新媒体与通稿发稿量占比为2：1，从这个比例来看，新媒体技术的利用已成为新闻生产的必备要素，在新闻报道中的优势逐渐显露出来。

因此，在融合新闻已成为全媒体时代主流的新闻形态的背景下，新闻人才的培养应具备社会问题的认知能力，新媒体的思维能力和融合新闻表达的能力。因此，本书在编写的过程中充分结合新闻价值的判断标准和新媒体思维，聚焦融合新闻

① 国内VR虚火背后折射出的三大缺陷[EB/OL]. 腾讯网，（2016-03-28）[2021-07-15]. http://news. gamedog.cn/a/20160329/1665403.html.

的选题、策划及制作过程，针对不同的技术实现，对不同的融合新闻形态做了系统论述。在编写的过程中，用大量的案例对当前融合新闻的报道主要表现形式：网络新闻、短视频新闻、新媒体音频、数据新闻、动画新闻、VR 新闻、H5 新闻、移动直播、新闻游戏等进行了论述。旨在通过理论与案例教学结合的形式，让读者能直观地感受融合新闻各个形态的特征，并在阅读的过程中进一步思考，逐渐培养融合新闻的思维。本书的特色在于：

一、体现融媒背景下对新闻人才的全新要求

在媒介融合的过程中，不同媒介的重组、新闻生产流程的再造及受众参与新闻生产合力推动着新闻编辑业务产生重大变革。本书聚焦了媒介融合时代对新闻人才提出的新要求。一是从传统的单一型记者向全能型记者转型。这对学生的知识储备与技能素质提出了具体标准：既要会写会拍、还要会采会编，既要懂音频报道、还要会视频剪辑。用一台笔记本电脑、一部数码照相机、一台摄像机和一部智能手机组成的“移动工作室”将同时满足多种媒体的采写报道要求。其二是从单纯的新闻信息报道者向知识生产者与管理者转型。本教材强调在教学过程中增强学生对海量信息资源选择、策划、整合和制作能力，培养学生素质业务能力与管理能力。

二、树立大传播、全媒体理念

2017 年 10 月 20 日，在中国人民大学新闻学院举行的学科建设论证会上，中国人民大学新闻学院新上任的年轻班子，提出了关于“新闻传播人才培养的再定位”“跨学科联合人才培养与科学研究的可能路径”等命题，画出了“对内重构、打破专业壁垒；对外跨学科跨文化跨界”的新闻传播本科人才培养路线图。同时新闻用户对分析性新闻、解释性报道、预测性报道的需求越来越强烈，新闻工作者在从事这些新闻报道时所需要的学养和阅历要求也越来越高。因此本教材在编写中加入了数据新闻、H5 新闻与 VR 新闻，同时加入了智能新闻生产、新闻游戏等内容，体现了大传播、全媒体的理念。遵照“理论功底深、应用技能强、创新思维广”的人才培养理念，突出培养学生的综合素质与业务技能。

三、侧重理论与实践能力的合力培养

媒介融合的时代下，各种新型信息传播渠道应时而生，先进的数字化信息技术加速了新闻的定义。媒介融合与传统的媒体传播相比，其传播速度更快，新闻信息具有更好的时效性，常常“新鲜出炉”的信息在几分钟之内，就能传输到各个设备上。因此，提升新闻编辑工作人员的实践能力以及编辑能力就显得尤为重要。本书旨在培养学生善于利用新媒体技术、利用创新思维，进行融合新闻生产，培养学生跨媒体的新闻思维模式。这种思维模式将引导学生制作出适合快节奏、多任务处理和移动用户的新闻报道；断定什么时候视觉效果有用且必要，知道如何捕获、选择和组织素材，从而能够有效地提高受众对报道的理解；把讲述故事的各种元素（文字、音频、动态的和静止的图像）组合到一起，向受众提供一种交互式的新闻体验。

本书利用大量的案例让读者了解融合新闻的基本原理，认识融合新闻的思维逻辑，掌握融合新闻信息采集、选题、策划、制作的全过程，希望读者阅读后能从案例中深刻体会到融合新闻时代新闻报道的变化，探寻融合新闻生产的规律，进一步指导具体的实践。在编写的过程中，还存在诸多不足，敬请读者见谅。

《融合新闻学》编写组

2021 年 3 月 31 日

目录

融合新闻学

第一章 融合新闻产生的背景

本章学习目标

1. 理解媒介融合的概念。
2. 了解媒介融合在国内发展的几个阶段。
3. 掌握媒介融合的动因。

融合新闻是媒介融合时代的必然产物，了解媒介融合的变迁，对掌握融合新闻实践知识点十分重要。纵观媒介社会的发展，从语言的产生、文字的出现、印刷术的发明、电子技术的发展到网络传播技术的革命，人类至今已经历了五次信息传播技术的变革。麦克卢汉在《理解媒介——论人的延伸》提到，不同的媒介是人的感官的延伸，媒介和社会的发展是人的感官能力不断分化到统一的过程。技术创新是媒介变革的助推力，每一次媒介的变革都带来媒介势力的消涨，都给人类带来全新的体验。新技术的推广和普及影响媒介从业者的工作方式、传播观念和传播手段。从传播技术来看，网络传播技术具有即时性、多媒体、检索方便、交互性强等特点，网络媒体的出现打破了传统媒体各自为营的边界，媒介形态多元融合，成为当前新闻传播发展的主流。媒介的融合带来了传播观念、传播方式、管理模式、运营模式及信息消费观念的改变。媒介融合是技术创新推动媒介产业的兼并和联合的直接原因，媒介融合时代给传统媒体带来生存的考验，也带来全新的理念与发展机遇。

第一节 短视频对新闻生产带来的变革

1993 年 9 月美国率先提出“信息高速公路计划”，随后多个国家参与此计划的落实。“信息高速公路”的主要内容是利用先进的计算机网络技术作为传输通道，将电视、电话和计算机设备融为一体，传送、接收、处理文字、图像等信号，最终形成一个覆盖国家乃至全球的高速化的多媒体信息处理系统。①信息高速公路的推动打破了传统媒体间的分割，为媒介融合提供了可能性。与“信息高速公路计划”同步，西方学者在 1993 年 11 月开始进行有关“媒介融合”（Media convergence）的研究。②国内的媒介融合和实践都滞后于西方，但早在 1999 年崔保国教授就开始从技术变革方面关注媒介融合，他提出：技术推动我们经历新的媒介变革，变革的主要特征表现为媒介的大融合与大裂变。媒介的融合交叉与互相渗透在进行的同时又在不断地裂变。③他以超前的眼光看到了媒介技术对传统媒介的影响，也看到了媒介之间的相互融合，这一理论研究是早于西方很多学者的。自此，中西方的学者在媒介融合这一领域展开了多元视角的研究。

一、媒介融合的定义

在有关媒介融合（Media convergence）的研究最早可追溯到 20 世纪 90 年代，不同的学者就有自己的研究视角，有的学者聚焦媒介融合的原生动力，从技术融合的角度展开研究；有的学者关注媒介融合宏观环境变化，从媒介组织的结构调整进行研究；也有的学者关注媒介融合形态变化，从具体融合新闻业务的角度进行相关研究。研究角度和侧重点的不同，导致

① 崔保国. 技术创新与媒介变革[J]. 当代传播，1999（6）：23-25.
② NAOMI SARGANT. Media convergence[J]. RSA Journal, 1993, 141（5444）.
③ 崔保国. 技术创新与媒介变革[J]. 当代传播，1999（6）：23-25.

对媒介融合的认知上存在差异。因此，厘清媒介融合的定义，有助于我们更全面、深刻、具体地理解媒介融合。

（一）对“媒介”的理解

有关“Media convergence”的概念界定，有的学者将其翻译为“媒体融合”或“媒介融合”，这两个概念是不等同的。“媒介”在《现代汉语词典》中意为：使双方（人或事物）发生关系的人或事物（各种中介）。在传播学研究中那个“媒介”，主要指的是传播的内容或物质载体。包括人的体态语言、服饰、语言烽火、信号灯、书籍、报刊、电视、传真机等实物媒介，组织传播媒介，信号媒介和大众传播媒介。“媒体”在《现代汉语词典》中意为：交流、传播信息的工具，如报刊、广播、广告等新闻媒体，通常指大众传播媒介的集合体。

“媒介”一词更侧重于中介性的表述，侧重于渠道、载体或介质的综合表现。而“媒体”一词侧重于组织机构融合。“媒体融合”，仅指印刷媒体、电子媒体、网络媒体等的融合。“媒介融合”则范围更广，可指现在人际传播、群体传播、组织传播、大众传播等各种传播的媒介都融合在一起。在大众传播时代，媒介一词较多地用于大众媒介，媒体、传媒的使用频率也较高。而在移动传播、非大众传播的比例和问题日益上升的当今，媒介一词也可被更多地使用。因此，从总体上来说“媒体融合”的外延不如“媒介融合”宽泛，媒体是包含在媒介之中的。

（二）对“融合”的理解

对“融合”（convergence）一词的界定对指向范围的理解十分重要。“融合”主要指相合在一起，从字面意思上来讲，不同的事物要合在一起，首先要不排斥，能够彼此吸纳、包容或合在一起形成更大的力量。“融合”一词与传媒产生关联，从实践层面上，不同的学者有不同的理解。澳大利亚教授史蒂芬·奎恩在其编写的《融合新闻导论》（*Convergent Journalism: An Introduction*）中提道：如果你向 100 个人询问“融合”的定义，你会得到 100 个不同的答案。[①]有些人将融合视为各个独立媒体之间的合作，有的人认为是新闻从业人员在不同媒体之间自由工作。2002 年在美国南卡罗来纳州哥伦比亚市举办的定义融合的会议上，学者们各抒己见，从不同的媒介文化环境和实践上去阐释媒介融合，形成了多样化的定义，在会议上很难形成统一。

澳大利亚教授史蒂芬·奎恩在《融合新闻业：多媒体报道的基础》（*Convergent Journalism: The Fundamentals of Multimedia Reporting*）一书中归纳出几种关于“融合”的主要定义。

定义一：“从最广泛的意义而言，融合是一个过程，媒体公司打破传统媒体形式和规格，发送更丰富的新闻和信息服务，以此呼应消费者选择和使用这些资源的形式。融合就是对由技术和信息经济带来的媒体环境变革的回应。”（克里·诺里拉普，国际报业研究联盟出版总监）

定义二：“（融合是）利用基础材料——对我们而言大多数就是新闻和现有信息，通过多种渠道服务消费者”（Ari Valjakka，芬兰图尔库报集团总编）

① 石长顺. 融合新闻学导论[M]. 北京大学出版社. 2019：5-6.

定义三："（融合是）一种更好地服务社会的方式，通过最适合的媒体叙事以将新闻工作做得更好。"（Ulrik Haagerup，丹麦 *Nordjyske* 报编辑）

定义四："只有当所有事物走向数码化，信息源变得寻常可见时，融合才在技术化和能用以描述方面有意义。我想集中讨论的是构建多媒体的新闻和信息组织，这样我的定义就是一个通过运行多平台来服务公众兴趣，同时在这个过程中增加市场份额的公司"（Gil Thelen，美国佛罗里达州《坦帕论坛报》出版商）

定义五："融合就是使用报纸媒体资源在其他媒体上培育产品，在其他的媒体上使用报纸讲述的故事。这并不代表声音的消失，融合最好地利用了报纸，以最大限度地接近公众，充分利用各种形式尽可能传给更多的人，使信息为人们所用：一个故事不止服务一个目的。"（Keith Wheeler, *Orlando Sentinel* 广播和在线新闻部门的总编辑）

定义六："新闻业中的融合因所处情况的不同而意味不同……与以往的媒体编辑部不同，融合通常就其日益增长的合作和协作而言。"（Mark Deuz，阿姆斯特丹大学，荷兰）[①]

可以将以上从不同视角定义融合的几个方面综合起来定义"融合"，即在技术的推动下，整合媒体资源，通过多媒体组织的合作和协作，利用多渠道、多平台尽可能多的为公众提供新闻和信息服务。因此，媒介融合的概念中，"媒介"是名词，"融合"是动词，"媒介融合"应该指的是一种过程状态。[②]融合，意味着至少有两个媒介进行融合。融合的层面，从媒介功能层面一直扩展到管理、制作、播出，再到媒介技术、媒介政策、媒介经济等。[③]

（三）"媒介融合"定义

1978 年尼葛洛庞帝在《媒体实验室：在麻省理工学院创造未来》一书中最早描绘"媒介融合"的远景，他认为"媒介融合是计算机技术和网络技术二者融合的基础上，用一种终端和网络来传输数字形态的信息，由此带来不同媒体之间的互换和互联。"

美国麻省理工学院教授伊契尔·索勒·普尔从传播形态融合的视角出发，**1983 年，他在其著作《自由的科技》中提出了"传播形态融合"，用以指各种媒介呈现出多功能一体化的趋势**。从本质上讲，融合是不同技术的结合，是两种或更多种技术融合后形成的某种新传播技术。[④]通过技术融合产生的新媒介功能是大于原先各个分散部分的综合。他为我们理解媒介融合提供了较为精辟的论述，指出媒体在提供服务时，媒体之间要打破壁垒和边界。随着互联网技术的发展，媒介融合逐渐成为基于新媒体技术，大众传播媒体改变原有的传播结构、传播形态、运行模式的重要特征。

2005 年，中国人民大学教授蔡雯在赴美访学时，将"媒介融合"的概念介绍到国内，并发表了多篇关于"媒介融合"的文章，她引用了美国新闻学会研究中心主任 Andrew Nachison 对"融合媒介"定义：即"印刷的、音频的、视频的、互动性数字媒体组织之间的战略的、操作的、文化的联盟"。她认为媒介融合不只是简单的"集中媒介"，而是相互合作、相互融

---

① 石长顺：融合新闻学导论[M]. 北京：北京大学出版社，2019：7.

② 高钢，陈绚. 关于媒体融合的几点思索[J]. 国际新闻界，2006（9）：51-56.

③ 付晓光. 互联网思维下的媒体融合[M]. 北京：中国传媒大学出版社，2017：6.

④ 崔保国. 技术创新与媒介变革[J]. 当代传播，1999（6）：23-25.

合，你中有我，我中有你。[①]2009 年，蔡雯教授在其研究成果中，将国内外关于“媒介融合”的代表性观点进行了梳理和归纳，系统地对媒介融合的概念作了界定：**“媒介融合是在以数字技术、网络技术和电子通信技术为核心的科学技术的推动下，组成大媒体业的各产业组织在经济利益和社会需求的驱动下，通过合作、并购和整合手段，实现不同媒介形态的内容融合、传播渠道融合和媒介终端融合的过程。”**此后，关于媒介融合的研究逐渐增多，但目前对于其概念和内涵，学术界并未形成一致的意见。

广义上来看，媒介融合描述的是媒介形态演化的过程，其内涵十分丰富，是所有媒介及其有关要素的结合、汇聚、融合，不仅包括的是媒介功能、传播手段、媒介所有权、组织结构等方面的融合，还包括媒介产业管制、政策、立法、媒介组织内部文化的变革。**从狭义上来看，**媒介融合描绘的近十多年来，传媒产业在实现资源共享的前提下，实行集中处理，衍生出的不同形态的信息产品，通过不同渠道和终端传播给各类受众的信息生产实践。罗杰·菲得勒在《媒介形态变化》一书中指出，媒介形态的变化原则来源于三个概念：共同演进、汇聚和复杂性。媒介融合的趋势包含了这三种特征，各媒介之间相互渗透、包容、转化和整合，形成了一种共生优化的媒介生态环境。因此，可以看出“媒介融合”是一个过程，通过媒体之间相互连接、打通、融通、整合，达到媒介之间相互补偿、相互包容、彼此共生。

二、媒介融合在国内的发展历程

我国在媒介融合发展方面相对落后于西方国家，下面以网络媒体发展的不同阶段，对我国媒介融合的探索及表现进行分阶段论述：

（一）初步探索阶段（1993 年—2000 年）

20 世纪 90 年代开始，媒介技术不断进步，媒介内容丰富多样，公众对媒介的依赖程度更高了，受众不再是信息的被动接受者，他们在平等接受信息的过程中，拥有自主选择权。媒介的可选择面增大，加大了媒介之间的竞争，传统媒体的市场迎来了前所未有的挑战。以报纸为例，拥有百年历史的报纸在这一阶段出现发行量下滑的现象。因此，传统媒体纷纷总结经验，开始探索媒介集团化发展的道路，进行媒介融合的初步探索。以 1992 年，美国《圣何赛信使新闻报》创办了全球第一份电子网络版；国内在 1993 年 12 月，《杭州日报 · 下午版》开始在国内首次尝试报刊电子化为典型代表。

20 世纪 90 年代中期，我国进入媒体融合的自主探索阶段。1997 年元旦，《人民日报》主办的人民网正式上线，是国内开通的第一家中央重点新闻宣传网站。自此新闻网站陆续出现，国内学者开始关注相关研究。就媒介融合的研究，根据 CNKI 检索结果，国内最早在 1999 年开始有学者进行相关研究[②]，科技的进步与完善打破了媒体自固发挥优势的阵营与观念，媒介业在观念上的日益开放和形式上的不断创新，都为媒介互相学习、融合、互相取长补短，以更丰富多样突破传统的形式和内容满足受众的需要提供了条件。[③]在不同媒介间出现了最

① 蔡雯. 新闻传播的变化融合了什么——从美国新闻传播的变化谈起[J]. 中国记者，2005（9）：74-76.
② 王晓路. 发挥优势　取长补短——谈新闻媒介的融合倾向[J]. 新闻与写作，1999（1）：33-34.
③ 王晓路. 发挥优势　取长补短——谈新闻媒介的融合倾向[J]. 新闻与写作，1999（1）：33-34.

早的融合方式，通过合作扩大自身的影响力，早期融合具体呈现四种特征：**一是媒体单位之间的合作与渗透。**较为典型的是报纸与电视通过人员合作进行内容生产，如《经济日报》和北京电视台合作制作的电视栏目《经济社会十八分钟》，随后北京电视台的《北京特快》栏目、《中国体育报道》栏目也运用了这一合作模式，这些合作的电视栏目最开始都是由单个媒体人的合作引发了媒介单位之间的合作，最常见的合作方式还有广播电台与电视台的合作。**二是媒介内容与形式之间的合作。**如电视台整个频道的节目音频进入广播、电视栏目借鉴报纸的排版方式呈现内容等；或是直接借助其他媒体的表现形式进行内容生产，如报纸直接刊登电视栏目的解说词、电视台使用报社的新闻图片等。三是**媒介融合与裂变，不断涌现出各种新媒介。**[①]如有线电视除了收看电视可以提供电视购物、电子游戏、音乐欣赏等功能；或是 CD 机、移动电子设备等可以浏览视频、音频或是文字等。以报纸、电视、广播为代表的媒介纷纷寻找发展的出路，利用新媒体进行内容传播，开始第一次触网，与网络媒介合作，进行跨媒介经营。杭州日报社从 1993 年就开始尝试报纸的电子化，率先在我国尝试报纸电子化。1996 年 12 月，珠江网络电台首开网上定时广播的先河。**四是媒介集团化进入初步探索期。**媒介产业化道路进入初步探索阶段并形成一种发展趋势，通过组织重构和利益关系调整，采用市场化经营的机制，为媒介更深层次的联盟创造了条件。以 1996 年广州日报报业集团的成立为标志，作为所有权层面媒体融合的媒体集团化开始兴起，如表 1-1 显示，国内从 1993 年开始到 1999 年就出现了 16 个报业集团，媒介的集团化成为报业自身救赎，整合优势资源发展的选择。

表 1-1　1996 年—1999 年报业集团成立明细（经国家新闻出版总署正式批准成立）

序号	集团名称	批准成立时间	序号	集团名称	批准成立时间
1	广州日报报业集团	1996.1	9	北京日报报业集团	1999.12
2	光明日报报业集团	1998.6	10	辽宁日报报业集团	1999.12
3	经济日报报业集团	1998.6	11	解放日报报业集团	1999.12
4	文汇新民联合报业集团	1998.6	12	浙江日报报业集团	1999.12
5	南方日报报业集团	1998.6	13	大众日报报业集团	1999.12
6	羊城晚报报业集团	1998.6	14	河南日报报业集团	1999.12
7	哈尔滨日报报业集团	1999.4	15	四川日报报业集团	1999.12
8	深圳报业集团	1999.10	16	沈阳日报报业集团	1999.12

（二）媒介的组合与并购初步阶段（2000 年—2005 年）

以互联网为代表的新传播基础消除了新闻出版业、广播电视产业、娱乐产业、信息产业等传统行业的壁垒，媒介融合成为这一时期的媒介发展的主要趋势。传媒行业已经进入媒介融合时代，不仅光从技术上实现了媒体融合，还表现为媒介形式组合、媒介产权的转移和经营模式的相互渗透，跨地域、跨媒体、跨行业经营进入初步发展阶段。

2000 年，新闻网站建设热潮也引发了网络传播研究热潮。2000 年 6 月 18—20 日在上海举办全国新闻媒体网络传播研讨会，“近百家媒体网站负责人及相关人士，围绕媒体网站的自我成长、与商业网站的关系、网络新闻的采编规律、大型新闻网的运作、网络版权保护、网

① 崔保国. 技术创新与媒介变革[J]. 当代传播，1999（6）：23-25.

络新闻人才及媒体网站的技术等七大热点问题进行了深入研讨。”网络技术作为一种催化剂，加速了跨媒介合作的进程。可以说，在数字化技术处理的平台上，信息传播的快速、海量、互动等先进性，都不再是任何传统媒体可以比拟的。既然数字化最终要打破不同类型媒体之间的壁垒，拥有“技术王国”的网络媒体与拥有“内容王国”的传统媒体只有在竞争的基础上完全融合，才能实现双赢。在大融合之中，新旧媒体在传播内容、传播方式和手段以及经营理念等方面各取所需、长短互补，有助于提高新闻生产的综合利用效率，降低新闻采集和节目制作成本，才能最终博取双赢局面的到来。

要作出说明的是，这一阶段的网络媒体仍然处于 Web1.0 阶段，受限于网络技术的限制，媒介融合的整体趋势虽然表现为传统媒体的大规模触网，但是仅仅是将传统媒体的内容在网络上进行传播，缺乏互动性。媒介融合形式具体表现为以下三个方面。

1. 传统媒体的大规模触网

网络化发展推动用户信息消费模式的改变。网络媒体彻底改变了受众地位，同时也改变了信息的消费方式，由传统媒介对信息的分割式消费向集合式消费模式转变。①一方面，网络媒体提供了便捷性，只要拥有电脑，即可在网络上查看报纸、杂志、视频等内容。加上互联网分流了报纸读者中的高学历、年轻人群，报纸阅读人群出现老年化趋势。受到搜索引擎和门户网站的影响，报纸的利润日益减少，以英国《独立报》为例，1990 年发行量超过 40 万份，到 2003 年 9 月只剩下 20 万份。②国内的传统媒体市场也受到了冲击，开始效仿西方，走向“数字化转型”道路。据中国互联网络信息中心（CNNIC）统计，到 1999 年底，用户在网上最主要获取新闻信息的比例占 65.52%，我国上网报纸已接近 1000 家，上网的广播电台和电视台超过 100 家。这些上网的内容仅仅是将传统报纸的内容原封不动搬到网络上，并没有按照网络媒体传播及用户特征进行内容生产。

自 2005 年开始互联网进入 Web2.0 时代，用户参与信息内容生产，改变了网络信息传播与内容组织方式，改变了以往的新闻和信息传播格局。随着网络技术的广泛应用和网络传播应用的迅速发展，催生传媒形态的推陈出新和传媒产业的变革。报纸的发行量减少，美国发行量审计局 2005 年 5 月 2 日公布的一项统计数字表明，在 3 月 31 日截止的 6 个月中，全美最大的前 20 家报纸的发行量平均下降 1.9%。③在这种背景下，一些学者出现“报纸消亡论”进行了阐述。美国北卡罗来纳州立大学的教授菲利普·迈尔，在他的著作《正在消失的报纸：在信息时代拯救记者》中提出，“如果现在报纸读者的发展趋势持续不明朗，到 2044 年，确切地说是 2044 年 10 月，最后一位日报读者将结账走人。”④同时，由于网络随时随地可观看的特性，导致网络电视需求用户增多，全国各地的电视频道的内容纷纷呈现在网络上，因此 2005 年也被称为网络电视年。

2. 跨媒体融合成为趋势

跨媒体的融合指的不仅是媒体本身的融合，也包括媒体功能的融合或趋同，网络具备传

① 李春雨. 地方台在媒介融合时代的生存策略选择[J]. 新闻传播，2003（2）：10-13.
② 石磊. 媒介融合，报业发展新支点——从报纸消亡论说起[J]. 西南民族大学学报（人文社科版），2006（7）：130-133.
③ 刘建明. 关于报纸消亡的对话[J]. 新闻界，2006（1）：14-16.
④ 吴海民. 报业危局——中国媒体面临大变局——报业的未来走势和《京华时报》的战略选择[J]. 今传媒，2005（12）：21-39.

统媒体的功能，传统媒体具备网络的功能。[1]跨媒体融合脱离了初级的单一建网的方式，在互动性上明显增强。如 2004 年 10 月，河南日报报业集团，在全国率先推出大型报网联动专栏《焦点网谈》。展现了不同形态的媒体间相互借鉴、相互融合的发展方向。2005 年浙江日报报业集团与浙江移动、浙江在线合作开通《浙江手机报》，推出全国首家手机媒体。

跨媒体融合出现的原因有三个方面：**一是用户使用习惯的改变，是打破媒介之间壁垒的重要支撑。**基于市场的需求，网络媒体时代的用户已不满足传统媒体单一的表现方式，更希望通过多元化的网络一次性将声音、图片、文字等信息都了解到。面对用户信息消费模式的转变，传统媒体需要利用网络实现跨媒介融合。另一方面，用户不满足传统媒体单向的传播，不再是被动地接收信息，追求的更多是自主选择和互动性。信息的多元化让用户自主选择信息成为可能，用户的细分化和个性化特征日趋明显，用户主体地位的确立推动了传统媒体的网络化融合。从欧美国家大型传媒公司的发展历史看，大多是在从报纸到电台、从电台到电视、从电视到网络的进程中，实现了新的融合，催生出了占据主流市场的新媒体。比如美国在线与时代华纳的联姻，新闻集团向网络业的进军，路透社耗资 8 亿美元打造全球多媒体通讯网络等。[2]**二是媒介的组织和经营模式发生了变化。**在传统媒体时代，广告收入是媒体生存发展的唯一支柱。网络时代的流量为拓展传媒盈利空间提供了便利，随着在线购物、在线游戏、在线有偿信息服务等业务的开展，媒介的盈利模式由单一的广告收入开始向增值业务转变，用户购买信息服务成为媒介盈利的新增长点。**三是网站发展需要传统媒体的内容支撑。**尤其以中国为例，大多数网站是没有采访权的，网站只提供内容信息服务，所有的内容都来自不同的传统媒体，主要以转载传统媒体新闻的方式提供新闻信息服务，需要与全国多媒介进行新闻合作。因此，网站要发展就需要传统媒体的内容支撑，而传统媒体在内容生产上具有优势。大多数网站与传统媒体合作，主要采取互相转载新闻、协议买新闻转载权或互相提供链接等多种互惠互利的合作方式进行。

3. 媒介集团化发展日渐成熟

本着整合内部资源，节约成本，提高生产效率的原则，国内的传统媒体自 2000 年开始发规模走向集团化发展。以广播电视集团的建立为例，2000 年 12 月 27 日，国内第一家省级广播电视集团——湖南广播影视集团在长沙正式挂牌成立，成为我国广播电视体制创新、实行集团化运作的标志。集团首先将对有线和无线电视、湖南人民广播电台实施合并，成立湖南广播电视总台，接着潇湘电影制片厂进行全面的整合和改制，从而形成一个强大的湖南电广传媒。2001 年 1 月 19 号，山东省广播电视总台盛山东广电网络有限公司成立。网络有限公司隶属于山东省广播电视总台，负责对全省各级广播电视有线网络进行统一管理、统一经营，实现三级贯通，全程全网。2001 年 4 月 20 日，上海文化广播影视集团挂牌成立。集团将以广播、电影、电视、传输网络、网站的报刊为主业，兼营其他相关产业。2001 年 5 月 28 日，北京广播影视集团成立，包括北京人民广播电台、北京电视台（包括原北京电视台与原北京市有线广播电视台）、北京广播影视报刊社以及北视、中北两大电视艺术中心等单位，还有歌华文化、歌华有线电视网络、紫禁城影业、北京音像公司等事业单位将进入该集团。到 2001 年全国有

---

① 张勤耘. 媒介的融合与品牌延伸[J]. 新闻前哨，2002（7）：6-7.
② 张勤耘. 媒介的融合与品牌延伸[J]. 新闻前哨，2002（7）：6-7.

线广播电视台与无线电视台合并工作已全部完成。

此外，报纸、电视、广播等多家异质媒介联合办新闻网站，组建互联网集团。2000 年 5 月 25 日、28 日《北京日报》、《北京晚报》、北京人民广播电台、北京电视台、北京有线电视台、《北京青年报》、《北京晨报》、《北京经济报》、《北京广播电视报》9 家传统媒体与北京实华开信息技术有限责任公司、北京四海华仁国际文化传播中心等单位共同建设的“千龙新闻网”，上海解放日报报业集团、文汇新民联合报业集团、上海人民广播电台、东方广播电台、上海电视台、东方电视台、上海有线电视台、《青年报》、《劳动报》、上海教育电视台等 14 家传统媒体与上海东方明珠股份有限公司、上海市信息投资股份有限公司联合组建的大型综合性服务类网站“东方网”，都通过大规模的报纸、电视、广播等异质媒介的网上合作，整合新闻资源，更有竞争力地参与网络传播竞争。[①]2004 年报刊获准参与图书、广播电视、网络等其他媒体形式的经营，报刊在打破行业壁垒、实现跨媒体、跨区域经营方面有了新的突破[②]，为媒介融合的发展提供了条件。同时，网络也成为最大的新闻信息获取来源。如《成都商报》就专门成立国内新闻中心，上网查找全国各地报纸、电视、广播、通讯社和新闻网站的网上新闻，及时提供给国内新闻部。

这一阶段的媒介融合，在国内还面临着行业壁垒和制度障碍，如当电信运营商进入广电行业，网络电视兼容电信网络和广电内容，其发展来自电信、广电、文化部三部委的共同监管，行业之间的利益纷争成为了网络电视的绊脚石。我国的传媒集团跨区域、跨行业的发展也面临行政区划、行业分割等因素的干扰，并没有催生新的商业模式。

（三）推动融媒体实践（2006 年—2013 年）

2006 年是我国互联网进入新阶段后进一步发展的一年，我国网民总人数已有 11 100 万人。[③]中国网络媒体和网络传播继续展现出空前的活力。[④]随着网络新闻作品进入中国新闻奖评选范围，网络媒体在新闻事业的地位和作用上得到了肯定和确认。2006 年，融合成为网络传播研究的一个重要主题，媒体之间的发展进入相互渗透融合的现象，通过融合达到更高层次的多样化，这是媒介融合的终极目标。[⑤]随着 3G 技术、宽带技术、智能手机的飞速发展与普及，数字技术和网络技术的发展使媒介融合成为一种浪潮，受到学界和业界的持续关注。由于博客、wiki（维基）、互动标签、SNS、RSS 等技术的使用，网络传播进入 Web2.0 时代，网民参与性和互动性增强。基于数字技术的推动下，传统媒体与新媒体之间的界限变得越来越模糊。媒介融合成为全世界范围内的趋势与大潮流。这一时期的媒介融合主要围绕着技术使用与整合业务形态的探讨展开，内容更加丰富多元，呈现多媒体化特征。自 2006 年开始，传统媒体与新兴网络媒体之间的竞争呈现胶着状态[⑥]，传统媒体与网络媒体在竞争中相互渗透，开始大量的涌现“媒介融合”的成果，在实践层面主要有两种主要形式：一是媒体之间的整合与并购，力图在传媒业中以规模出效益。二是不同媒体之间的交融与互动，主要指在不同媒体之

---

① 胡明川. 网络媒介促进跨媒介合作[J]. 西南民族学院学报（哲学社会科学版），2001（2）：133-134.
② 王濑蔚. 媒介融合：传媒业发展的必然趋势[J]. 当代传播，2009（2）：55-57.
③ 中国互联网信息中心. 第 17 次中国互联网发展状况调查统计报告[R/OL].
④ 陈力丹，付玉辉. 繁荣而活跃的网络传播研究——2006 年我国网络传播研究概述[J]. 当代传播，2007（1）：4-8.
⑤ 陈力丹，付玉辉. 繁荣而活跃的网络传播研究——2006 年我国网络传播研究概述[J]. 当代传播，2007（1）：4-8.
⑥ 陈力丹，汪露. 2006 年我国新闻传播学研究综述[J]. 国际新闻界，2007（1）：5-10.

间，传播方式和内容的相互借用，以促进共同发展。[①]媒介融合已成为行业发展的必然，在这一时期呈现出多样化的特征，具体表现为以下几个方面：

1. 新媒介不断加盟，为新闻生产带来活力

从网络技术的优化、3G 网络的普及到移动智能手机等新技术的使用，出现了大量的新媒体应用平台，这些应用平台借助网络的便捷性、互动性等特征，纷纷聚集了大量的用户，受众市场从传统媒体逐渐向网络媒体转向。

表 1-2　2006 年—2013 年网民人数及网络新闻使用率

年份	2006	2007	2008	2009	2010	2011	2012	2013
网民人数（亿）	1.37	2.1	2.98	3.84	4.57	5.13	5.64	6.18
网络新闻使用率（%）	66.3	77.5	78.7	80.1	77.2	71.5	73	79.6

如表 1-2 统计所示，这一时期网民的人数逐年上升，并呈现快速增长趋势，网络新闻使用率较高。从数据的显示上来看，新媒介在新闻生产中的应用跟随技术的变迁细分为两个阶段：

一是网络媒体新闻生产阶段。自 2006 年开始，网民对网络新闻的使用率占 66.3%，网民阅读新闻的使用习惯正在发生变化。加上以新浪、搜狐为代表的商业门户网站或搜索引擎通过汇聚传统媒体的新闻信息，借助传统媒介的新闻生产力，赢得了网民的关注，在新闻传播中扮演着重要的角色。在网络媒体的推动下，这一阶段出现了网络报纸、电子杂志、网络广播、播客、网络电视等新的传播渠道，并出现了各种各样的融合新闻形态，这些融合新闻形态受到网民的广泛关注，并乐于接受。网络新闻能赢得用户的需求主要原因为：一方面，相较于传统媒体一对多、单一的线性传播的特性，网络新闻凭借互动性的特点，将传统新闻与受众的传播关系转为双向互动的关系，受众的主动性被发挥出来。另一方面，网络新闻在表现形式上实现了多媒体整合运作，表现力与感染力更为突出。在市场与行业竞争的态势下，传统媒体纷纷通过网络平台的搭建，争取获得网民的关注，促使了国内网络新闻的发展。2008 年，随着产业技术进步和网络运营商的重组及其竞争程度的加剧，网络接入环境不断优化，手机电视、移动电视等新兴媒体逐渐出现，这些新兴媒体与互联网一同在 2008 年奥运会期间，同时对奥运会进行了转播。尤其要提的是，网络媒体利用快速性、互动性的优势，利用“文字+图片”的形式第一时间将奥运会的新闻发布出去，让受众看到了网络新闻的优越性，进一步促使了网络新闻用户的提升，使网络媒体站在了主流媒体的行业。到 2008 年 12 月，中国网络新闻得到快速发展，网络新闻用户人数达 23 400 万人，年增长 7 900 万人，在总体网民中的使用率比 2007 年增长了 5 个百分点，达到 78.5%[②]，在各互联网应用中位列第二。手机上网网民规模达到 11 760 万人，较 2007 年增长了 133%。[③]

二是移动互联网应用阶段。2009 年 1 月，国家正式发放了 3G 牌照。强化了移动互联网的概念。3G 技术的推广，为手机作为网络接入端带来了便利，手机上网内容和应用功能逐渐丰富，出现了以手机博客、手机视频、手机电视为代表的新兴媒体，用户新闻接收的方式逐渐向移动端迁移。2010 年搜索引擎成为网民的第一大应用，传统门户网站的地位有多降低，

---

① 匡文波，王丹黎. 新媒介融合：从零和走向共赢[J]. 广告大观（综合版），2007（8）：115-117.

② 中国互联网信息中心. 2008-2009 中国新网民上网行为调查报告[R/OL].

③ 中国互联网信息中心. 第 23 次中国互联网发展状况统计报告[R/OL].

从整体上看，受众网络新闻阅读使用率有所下降。但就受众的使用数量来看，网络新闻用户规模达 3.53 亿人，同比增长 14.7%[①]，并没有影响互联网成为网民获取新闻资讯的主要媒介之一。

2011 年网络新闻增长率及使用率下滑，随着手机上网用户的增加和以微博等 SNS 网站为代表应用的飞速发展，新闻传播机制的变革加快，微博的使用为用户上传信息提供了便捷的渠道，推动了网络用户自主生产内容，成为网民重要的信息获取渠道。网络新闻的来源更加丰富，网民获取新闻资讯的渠道更加多样。社交网络凭借用户间的交互特征，在新闻资讯传播中发挥着重要的作用，提高了新闻传播的速度、广度和深度。随着新闻传播渠道更加的多元化和高度融合，网络新闻内容的生产和消费行为快速扩展。2011 年底，网络视频行业的发展势头相对良好，用户规模较上一年增加 14.6%，达到 3.25 亿人，使用率提升至 63.4%，是中国网民继即时通信、搜索、音乐、新闻之后的第五大应用。[②]2011 年底 3G 网络已经覆盖全国所有县城和发部分乡镇。2012 年智能手机价格的不断降低和 3G 网络的快速普及，使互联网的接入门槛逐渐降低，网民利用手机可以随时随地进行新闻内容的查看，移动新闻端用户量明显增加。无论是 Web1.0 时代的门户网站、搜索引擎、还是进入 Web2.0 时代的各种新传播渠道，都改变了受众信息接收的方式，新闻生产从信息获取、信息加工、信息反馈三个环节都对新闻生产带来了活力。

2. 传媒产业进入数字化，传媒生态发生了深刻变化

面对新媒体的冲击，传统媒体对于网络媒体的态度发生了转变，不再是以往的敌对或是防备状态，而是采用积极的态度积极拥抱网络媒体，与网络媒体进行合作或整合，传统媒体的数字化转型突飞猛进，媒介之间的界限变得越来越模糊。

1）传统媒体与网络媒体进入联动发展阶段

随着网络新闻用户使用率的增加，传统媒体借助新媒体，利用计算机辅助新闻报道已成为一种习惯。传统媒体将网络媒体作为新闻报道的辅助工具，利用新媒体如手机短信获取新闻线索，或是利用网络进行新闻资源的深度开发，致力于通过自己开办的网站吸引读者，更多的是让网络为报纸的内容生产和销售服务。当媒介融合成为大势所趋，传统媒体纷纷在与新媒体的融合中求得生存发展，走向了数字化转型之路。纵观这一时期国内外传统媒体的数字化转型，“报网互动”与“台网互动”成为这一时期的关键词。

（1）报网互动——从简单的叠加到“双方共赢”

2006 年 11 月，美国最大的报业集团甘尼特集团宣布，集团下的所有的报纸设立“信息中心”，全面取代新闻编辑室，旨在让报纸读者可以随时随地接收新闻信息。甘尼特的信息中心不再采用新闻编辑室的原有部分设置，将其分为七个功能部门：数字部（以数据库为基础快速搜集新闻和信息）、公共服务部（媒介监督）、社区对话部（原评论专栏的延伸，帮助实现传——受交流和受——受交流）、本地新闻部、内容定制部、数据部以及多媒体内容制作部。[③]与国外同步，自 2006 年开始，中国报纸的广告总额增加幅度逐渐减弱，数字报业进入重要发展阶段。随着多元格局的形成，国内报业进入主动进入数字报业阶段，报网互动成为这一时期新闻业变革的一种重要形态。以往报纸在探讨媒介融合路径过程中只是简单地把报纸上的

① 中国互联网信息中心. 第 27 次中国互联网发展状况统计报告[R/OL].

② 中国互联网信息中心. 第 29 次中国互联网发展状况统计报告[R/OL].

③ 蔡雯. 媒介融合视野下的报业转型——从西方著名报纸的变革谈起[J]. 新闻传播，2007（11）：8-10.

内容转变为 PDF 格式后呈现在网络上，或建立一个网站，将报纸的内容原封不动地放在网站上，以此来达到数字化转型的目的。在数字化转型过程中，很多人认识到，报业与互联网的结合，更多的是要发挥互联网互动性的作用，数字技术的应用不应仅仅是传统媒体的附属品，更应该成为重塑报业形态，促进报业发展的重要力量。

2006 年 8 月，国家新闻出版总署从国家战略层面上启动了数字报业实验室计划，推进了数字报业的发展，“报网互动”成为这一年的关键词，报网互动是一种报纸与新媒体的互相融合，是传统新闻采集制作者对新技术的主动运用，报纸和网站的优势共享，联手行动，彼此的核心竞争力都能得到提高，产生空前的传播优势。[①]基于市场和国家政策的助力，国内报业进入具体模式和融合实践过程，因此很多人把 2006 年称为“报网互动年”。2006 年的“报网互动”实践以报纸和网站的战略重组为典型代表，如中安网和新桂网正式进入《安徽日报》和《广西日报》；北京千龙网被《北京青年报》兼并，湖南红网与《潇湘晨报》战略重组为典型事件；《重庆商报》抓住的是机遇，它与腾讯实施跨平台战略合作，成功打造了重庆第一家生活门户网站——“腾讯 · 大渝网（cq.qq.com）”。《京华时报》社长吴海民认为：“传统报业正面临着一场战略性转型和结构性再造的挑战。报业集团将不再是报纸品种的单一组合，而是向着多媒体的方向渗透和组合，通过网络向着音视频等多个领域进军。”这一年的报网互动的形式多样，有组建媒体联盟，资源共享的，如 2006 年 3 月，百度推出了“泛媒体联盟”，以大洋网、奥一网、大江网为代表的传统报业网站纷纷加入；有从新闻业务形式整合实践入手的，如 2006 年，国内报业通过网络向多个领域进军[②]，2 月浙江日报报业集团推出全新的数字报，直接体现现有版面的同时，又能发声、下载、检索、链接视频；有在重大新闻报道、热点发布和重点宣传中，通过网站的论坛、网络调查、博客等形式，与网民互动，并将网民的意见和观点发布在报纸上去。如《都市快报》应用即时通信软件 MSN，由记者在网上组织话题，吸引读者参与，次日见报。《今日早报》利用 QQ 群召集车迷后，又在浙江在线开设“早报车盟”BBS，由报纸上发预告，在网上进行互动讨论。

随着 3G 技术的普及，手机报成为“报网互动”的第二个阶段。2007 年 5 月《广州日报》与 3G 门户网站合作推出了“广州日报 · 3G 门户”，采用全天 24 小时滚动发布重大新闻的形式，推出了全方位的生活娱乐资讯服务。与此同时，国内很多报纸已经按照“一报一网”的模式，建立与纸媒的互动网站。基于第三代移动通信技术的发展，手机报主要通过两种形式出现，一种是依托短信或者彩信技术，将报纸的新闻内容通过短信或彩信的方式定时向定制用户发送，使用户通过手机阅读到相关内容。另一种是利用 WAP，用户通过网页浏览完整手机报刊的形式获取信息。由于 3G 技术能够同时处理图像、声音、视频等形式，大大提高了内容传播的丰富性。

无论是电子报、新闻网站还是手机报，都未能实现“报网互动”的初衷——所谓“互动”，其核心应该是流量的互相导入，报纸与网络在传播效率和成本上的巨大差距，在现实中只会让读者从纸质版流入网络，而很难引发反向的流动，所以“互动”的美好愿望最后沦为了从报纸到网络的单向流动，也就无法挽救印刷版报纸节节下滑的销量。

---

① 林英泽. 报网互动初探[J]. 新闻战线，2007（7）：55-57.

② 强月新，吴志龙. 转型 · 创新 · 调整 · 融合——2006 年中国媒体发展盘点[C]// 武汉大学媒体发展研究中心. 中国媒体发展研究报告（2007 年卷）. 武汉：武汉大学出版社，2007：3-28.

（2）台网互动——“三网融合”的探索与实践

台网互动主要是指电视台与网络传播平台之间取长补短、相互合作、共同传播某一信息，形成跨媒体、跨平台、跨地域的全方位、立体化组合传播合力。台网互动的探索是基于“三网融合”背景下产生的，由于网络技术、数字技术、卫星技术的发展促进了三网融合的发展，2006年3月，国家正式通过“十一五”发展纲要提出：“加强宽带通信网、数字电视网和下一代互联网等信息基础设施建设，推进‘三网融合’”。现有的电信网络、计算机网络以及广播电视网络相互融合，逐渐形成一个统一的信息通信网络系统，由一个全数字化的网络设施来支持包括数据、话音和视像在内的所有业务的通信，即电视、电脑以及手机的融合。“三网合一”可以为受众提供信息的“个人化”服务，像手机电视、手机报纸等可以为受众带来方便、及时、舒适的服务。2006年元旦，CCTV高清数字频道“央视高清”正式向全国开播；同日，上海文广互动电视有限公司也宣布正式开通自办的“新视觉”高清电视频道；4月27日，“CHC高清电影频道”及“CHC动作电影频道”两个全新的高清付费电影频道正式开播。从4月份开始，包括央视国际、南方传媒集团、中国国际广播电台在内的三家“广电大鳄”相继获得了由广电总局批复同意开办IPTV业务的文件。①2006年6月CCTV.com与央视体育节目中心联动，对世界杯进行了报道并同步推出了《我看世界杯》《球迷世界杯》等栏目网络版，这一形式受到了广泛关注，引起了强烈的社会反响，自此台网互动成为电视应对新媒体冲击，转型发展的主要探索模式。2008年芒果TV正式上线，是由湖南快乐阳光互动娱乐传媒有限公司负责具体运营的湖南广播电视台唯一互联网视频供应平台；芒果TV独家提供湖南卫视所有栏目高清视频直播点播，并为用户提供各类热门电影、电视剧、综艺、动漫、音乐、娱乐等内容，成为台网互动的示范。2010年前，受限于网络传播流量限制，台网互动一直没有很好地发挥其作用，指导2010年1月13日，国务院常务会议决定加快推进电信网、广播电视网和互联网三网融合，会议提出了推进三网融合的阶段性目标，将三网融合纳入了媒体发展的重要战略目标，由此改变了国内传媒的生态。三网融合带来的是媒介融合转型升级下从内容到终端的全方位融合，出现了一系列的新理念、新模式、新产品、新形态。从内容上，三网融合实现了平台化的统一运营，将各种内容、各种形态同时融入一个平台，实现内容的聚合。从渠道上看，打通了有线网络、无线网络和卫星渠道，实现了电视、手机、电脑、其他通讯设备等终端的融合。电视媒体在三网融合的背景下纷纷展开了台网互动的实践，主要表现为电视台和视频网站的合作。

报纸经历了台网互动后，又进入到了“两微一端”的平台化建设中。传媒产业边界打破，传媒产业与其他产业的融合加强2012年，媒介融合的发展进入平台化建构阶段，也是网络视频蓬勃发展的一年。②主流媒体纷纷在社会化媒体的推动下，进入视频及其他服务领域，并在大数据的推动下，进入大平台建设。媒介平台是一种新的媒介组织形态，它是通过某一空间或场所的资源聚合和关系转换为传媒经济提供意义服务，从而实现传媒产业价值的媒介组织形态。

① 强月新，吴志龙. 转型·创新·调整·融合——2006年中国媒体发展盘点[C]// 武汉大学媒体发展研究中心. 中国媒体发展研究报告（2007年卷）. 武汉：武汉大学出版社，2007：3-28.

② 谭天，赵静雯，苏慧. 迈向大媒介时代——2012年度我国媒介融合评述[J]. 传媒，2013（1）：28-31.

2）媒体之间相互渗透，跨媒体集团趋势明显

“媒体间的整合”正是这一时期媒介融合的主要表现形式，这种整合的动因很大程度上源自传统媒体在面对以网络为代表的新兴媒体时的竞争压力。[①] 2007 年 4 月 8 日，《新闻晨报》《广州日报》《钱江晚报》《楚天都市报》《重庆商报》《大河报》《北京青年报》《成都商报》《江南都市报》《海峡都市报》《春城晚报》《齐鲁晚报》《扬子晚报》《新安晚报》《辽沈晚报》《每日新报》《燕赵都市报》等全国 17 家主流报纸代表齐聚山东济南，宣告成立“中国城市第一媒体联盟”。该联盟聚集了目前我国经济实力最雄厚、社会发展水平最高的 17 个城市的主流报纸。该联盟的成立，为各地报纸间的跨区域合作经营、资源共享、品牌联动提供了一个高端互动合作平台，我国都市报纸媒体也由此进入了一个强强联手、深度联合时代，进入大媒体产业。大媒体产业实际上就是媒介产业与其他产业在多元化融合基础上形成的跨行业、跨地区、跨媒体式的媒介产业。[②]媒介之间跨媒体、跨地区融合，以及媒介产业和其他产业的跨行业的多元化融合可以使媒介组织结构与工作流程发生巨大的变化，将会大大增强媒介影响力，使媒介经济得到有效增长，媒介集团实现规模经济和范围经济。[③]

2011 年开始，国内各地的报业集团纷纷进入上市融资和跨界合作的发展阶段，以谋求集约化发展战略。2011 年 9 月，重庆日报报业集团文化创意产业园利用产业集群优势，谋求成为文化产业孵化和成长基地。2011 年，安徽日报报业集团与温州日报报业集团分别与中国移动与中国联通签订了合作协议，在无线新媒体业务、无线城市领域等方面展开合作。另一方面，报业集团寻求跨区域、跨集团合作，2011 年 9 月《梅州日报》加盟南方报业传媒集团，与《南方日报》在采编、广告、发行等领域进行全方位合作；12 月，福建日报报业集团下属的《海峡导报》与贵州都市报社在福州海都大厦举行签约仪式。在广电领域，2011 年“两台合并”是广电系统的重大改革，主要指的是一个行政区域内的电视台和广播电台进行合并，这是典型的组建媒介综合集团的重要举措。

（四）加速全媒体发展（2014 年至今）

这一阶段媒体进入数字化生存阶段，媒介融合不再讨论分与合的问题了。2014 年 8 月 18 日，中央全面深化改革小组第四次会议通过了《关于推动传统媒体与新兴媒体融合发展的指导意见》，要求“推动传统媒体与新兴媒体融合发展，要遵循新闻传播规律和新兴媒体发展规律，强化互联网思维，坚持传统媒体和新兴媒体优势互补、一体发展，坚持以现金技术为支撑、内容建设为根本，推动传统媒体和新兴媒体在内容、渠道、平台、经营、管理等方面的深度融合，着力打造一批形态多样、手段先进、具有竞争力的新型主流媒体，建成几家拥有强大实力和传播力、公信力、影响力的新型媒体集团，形成立体多样、融合发展的现代传播体系。”自此，推动传统媒体与新兴媒体的深度融合上升为国家政策，标志着我国的媒体融合探索在全国范围内全面铺展开来。全媒体是媒体融合的目的，2014 年，被认为是我国“媒体融合”元年。随着 5G、4K、8K、大数据、云计算、虚拟现实等数字化、智能化、网络化的新一代信息技术的使用，自上而下地从中央级媒体到省市县三级媒体都对媒体融合实践进行了尝试。

---

① 孟建，赵元珂. 媒介融合：作为一种媒介社会发展理论的阐释[J]. 新闻传播，2007（2）：14-17.
② 陶喜红. 论媒介融合在中国的发展趋势[J]. 中国广告，2007（6）：160-162.
③ 谭天，赵静雯，苏慧. 迈向大媒介时代——2012 年度我国媒介融合评述[J]. 传媒，2013（1）：28-31.

2016年，各大新闻企业丰富新闻表现形式，纷纷开展短视频、直播等服务。社交平台成为新闻传播及素材收集的重要途径，进一步带动新闻网站、传统媒体的跟进报道。内容和用户成为各家争夺焦点，腾讯、今日头条等商业媒体平台投入重金补贴自媒体。同时，今日头条、搜狐新闻、一点资讯、天天快报等多家商业新闻客户端通过与上游手机厂商预装合作，加大广告投放力度。①2017年，传统媒体加速互联网改造，媒体融合进入全新发展阶段。《人民日报》、新华社、中央电视台等传统主流新闻媒体纷纷加强对互联网媒介的重视程度，深度学习、快速运用互联网产品和形式，在内容、渠道、平台、经营、管理等方面深度融合，打造了一批覆盖广泛、形态多样、手段先进、具有较强传播力、引导力、影响力、公信力的新型新闻资讯平台。互联网资讯平台竞争从单纯流量向内容、形式、技术等多维度转移。在用户需求和技术基础的催生下，短视频、直播、VR等富媒体化内容形态逐步成为行业发展的基础设施，以人工智能为核心的技术发展成资讯平台核心竞争力。②

2018年，传统媒体和网络新闻媒体的融合更为深入，共同为用户提供更权威、更有价值、更全面的新闻资讯。这一年，百度与新华社新闻信息中心在内容分发、人工智能、搜索等方面达成战略合作，共同探索“内容+渠道+搜索+大数据”的全新媒体运营模式。依托百度的人工智能和搜索引擎技术，以快速、直接的方式将优质、原创新闻内容推荐给更多受众。传统新闻媒体和网络新闻媒体深度合作，一方面为传统媒体扩展了内容受众，有利于传播更多主旋律、正能量的新闻资讯；另一方面也为网络新闻媒体输送了高质量内容。③

2018年，中央新闻媒体以融合求发展，呈现以下特点：第一，探索平台发展模式。中央新闻媒体尝试打造聚合式内容平台，构建兼具主流价值与创新活力的新媒体内容生态，如人民日报上线的“人民号”平台吸引数千家党政机关、高校、优质自媒体和名人入驻；第二，提升内容创作水平。以内容生产为主线，中央新闻媒体重组内部新闻生产流程，广泛运用新型新闻采编、内容展示技术，并积极与外部进行资源共享、协同策划制作优质新闻节目；第三，拓展新闻传播渠道。中央新闻媒体在壮大自身产品矩阵的同时，积极借助商业媒体渠道，拓宽新闻内容出口。商业新闻媒体的发展呈现以下特征：第一，加强优质内容争夺。内部通过开通小程序、提供广告分成等手段加大对自媒体资源的培育和争夺力度。外部与食品、问答等类型网站开展合作，扩大自身在内容生态领域的分发能力；第二，重塑内容分发机制。单一基于兴趣的算法推荐机制弊端渐显，部分新闻网站主动求变，采取“算法推荐+人工干预”的新兴内容分发机制。第三，发展多元内容载体。各新闻网站加大在短视频、语音、动漫等新兴内容载体的发展力度，尤其短视频形式引起各家新闻网站重点布局。④

2019年1月25日，习近平总书记在中共中央政治局第十二次集体学习中肯定了近年我国媒体全行业开展的以先进技术为基石、以内容建设为核心、内容平台渠道管理多点创新的融合探索所取得的成果。更值得关注的是，总书记在讲话中再次重申推进媒体融合、构建全媒体格局的迫切性，并且为传统媒体的融合变革提供了切实可行的思路和方案。由此，我国媒体融合建设开始从全面开展阶段迈向了加速建设的新阶段。近年来，新闻生产流程与数字技

① 中国互联网信息中心．第35次中国互联网络发展统计报告[R/OL].
② 中国互联网信息中心．第41次中国互联网络发展统计报告[R/OL].
③ 中国互联网信息中心．第42次中国互联网络发展统计报告[R/OL].
④ 中国互联网信息中心．第43次中国互联网络发展统计报告[R/OL].

术的集合日益紧密，为提升内容生产效率、提升内容质量奠定了基础。例如，人民日报社联合多家企业运用数据采集、大数据分析、自然语言处理等技术，推出“人民日报创作大脑”平台，在内容纠错、数据分析、信息整理等方面支持新闻创作者；新华社联合搜狗公司推出的AI合成主播具备与真人同样的播报能力。在内容传播上，新型传播模式层出不穷，推动全媒体时代下新闻工作实现更好的传播效果，Vlog、VR直播等一系列新的传播形式使用，2019年两会期间,实现了5G网络的全覆盖,为多家媒体传输高清素材,进行VR直播提供了保障。①2019年，传统媒体愈发重视新闻传播途径，主动加强与信息聚合及娱乐内容平台的合作，加速融入网络内容生态体系，如2019年8月《新闻联播》正式入驻抖音、快手等短视频平台，入驻当天粉丝超千万。二是资讯聚合平台更注重整合优质资源，相关企业不断拓展与新闻内容合作边界，从而使内容实现跨平台流动。如腾讯看点依托QQ和微信两个社交平台，利用自身在视频、综艺、游戏、体育等领域的版权优势，实现社交与内容的结合；今日头条则通过布局搜索业务继续拓展内容分发渠道，以更好服务于用户。新闻媒体保持技术敏感，推进媒体生态不断进化。随着移动互联网的普及、5G、AI等新兴信息技术的不断演进，媒体格局和娱乐生态发生了变革，传统媒体和新兴媒体依托新技术深度融合，推进媒体生态不断进化。如中央广播电视总台积极应用“5G+4K+AI”新技术，与三大电信运营商、华为公司合作建设了我国首个国家级“5G新媒体平台”，并在2019年春晚、两会中实现“5G+4K”“5G+VR”的全流程、全要素制播。在抗击新冠肺炎疫情过程中，新浪新闻利用AI技术整合人民日报社、新华社等权威媒体内容进行内容聚合分发，帮助用户及时了解实时疫情动态，同时对用户防疫科普、谣言甄别等潜在需求进行预判，向用户展现科普和辟谣信息。②

2020年网络新闻媒体顺应时代发展需要，打造新闻传播矩阵。2020年9月，中共中央办公厅、国务院办公厅印发《关于加快推进媒体深度融合发展的意见》，为媒体融合发展指明了方向，近年来，随着媒体融合发展的持续推进，多家媒体通过及时跟进实事热点并依据用户喜好，持续孵化特色栏目，打造传播矩阵。一是将网站和手机应用打造为资讯中心、观点中心，持续输出新闻资讯和观点；二是以视频账号为依托，形成热门栏目，并在Bilibili、微博等视频网站、社交媒体平台进行实时推送，收到良好的效果。③

以上是我国媒介融合探索经历的重要发展阶段，自2021年以后，我国的媒介生态进入智能化阶段。随着5G进入商用阶段，媒体行业也将步入“信息随心至，万物皆可及”的智媒时代。一方面，5G将在技术层面直接或者间接带来更高质量的信息传输，这是推动媒体融合的基石。另一方，进入5G时代后，新媒体平台、业态、媒体数量与总量也很可能出现巨大变化，从而促使传播方式、媒体格局、舆论生态出现变化，媒体融合的工作充满挑战。在“万物皆媒体”的5G时代，舆论生态、媒体格局、传播方式将发生更为深刻的变化，主流媒体要因势而谋、应势而动、顺势而为，大胆运用新技术、新机制、新模式，加快融合发展步伐，提升传播力、引导力、影响力、公信力，让正能量在更多平台传播得更加强劲，让主旋律以更多形态弘扬得更加高昂。

① 中国互联网信息中心. 第44次中国互联网络发展统计报告[R/OL].
② 中国互联网信息中心. 第45次中国互联网络发展统计报告[R/OL].
③ 中国互联网信息中心. 第47次中国互联网络发展统计报告[R/OL].

第二节 媒介融合的动因

对于媒介融合的动因，一些学者则是从媒介的发展史着手，了解到关于媒介融合形态的变化往往是由于人们的需要、竞争和政治上的施压，同时还有社会上革新的潮流的推动等复杂因素。从而加速了媒介融合创新。有学者提出，媒介融合的演进路径也是沿着“技术融合、业务融合到产业融合”的顺序展开的。[①]在中国，媒介融合的发展的动因有以下四点。

一、技术变革

美国传播学者伊契尔·索勒·普尔在《自由的科技》中指出，数码电子科技的发展是导致历来泾渭分明的传播形态融合的原因。[②]技术因素决定了媒体如何组织、控制和使用的参数。[③]到20世纪90年代中期，计算机和电信的融合被视为媒体重新融合背后的力量。在这一时期，互联网凭借信息的丰富与资源的整合进入公众的视野，其优越性不断彰显。从本质上讲，所谓的媒介融合首先是传播技术的融合，即两种或多种技术融合后形成某种新传播技术。目的是通过组织和制度重构，对新闻资源进行优化配置、充分开发。[④]著名学者喻国明在2007年的研究成果指出，技术是媒介融合的动因[⑤]，从技术层面来说，媒体的数字化给新闻报道带来了革命性的变化，使不同形态的媒介共同采集和分享新闻事实成为可能。这种技术上的融合使新闻报道和传播具有流水线的性质，也让对成本极其敏感的电视和报纸的经营者，在面对成本升高、受众份额萎缩和年度财政缩水等问题时，更清醒地认识到寻求合作伙伴的诸多优势。

当技术成为新闻资讯平台的核心竞争力，内容及用户的增多对资讯平台提供内容质量及传递的精准性造成挑战，促使人工智能为核心的技术发展成为资讯服务平台的核心竞争力。未来大数据、神经网络、自然语言理解、自动学习等人工智能技术的应用将促使资讯聚合平台在资讯推荐、营销推广乃至更深入的内容制作、互动沟通等方面取得进一步发展。[⑥]媒介融合最初主要是指不同媒介介质之间的边界开始模糊并逐渐消失，进而实现了最终的融合形态，而技术则为这种融合的发生注入了动力；麦克卢汉的“技术决定论”也让媒体人越来越重视新传播技术在媒介融合中的基础性作用，从而推动传媒产业与社会的变革。从移动化到社交化再到如今“万物互联”的智媒化图景，媒体融合伴随着技术演进而不断发展变化。尤其是5G时代的来临，革命性通信技术的演化，为构建一个万物皆媒、人机共生、自我进化的智媒传播系统给予了关键性支持，无物不连、无时不在、无处不有的“全”连接社会的构建具有了更多可能性。当技术性因素逐渐参与到媒介形态革新与传播渠道拓展中时，传统媒体在保

① 肖叶飞，刘祥平. 传媒产业融合的动因、路径与效应[J]. 现代传播，2014（1）：68-71.

② 宋昭勋. 新闻传播学中Convergence一词溯源及内涵[J]. 现代传播（中国传媒大学学报），2006（1）：51-53.

③ WINSECK D. The quest for information highways and media convergence in Canada[J]. Info, 1999, 1（6）.

④ 郑瑜. 媒介融合：新媒体时代的发展观[J]. 当代传播，2007（3）：1.

⑤ 喻国明，戴元初. 数字时代的媒介融合——美国电视的竞争策略管见[J]. 电视研究，2007（3）：71-73.

⑥ 中国互联网信息中心. 第40次中国互联网络发展统计报告[R/OL].

持其固有优势与原则的前提下，其边界也在逐渐消弭，吸收新兴媒体的新功能和新创意在传统媒体发展中变为可能，这进一步推动了不同媒体间的优势整合，使媒体融合向着深度化、多元化和生态化的方向迈进。

媒介融合是各种媒介呈现出多功能一体化的发展趋势。从本质上讲，所谓的媒介融合首先是传播技术的融合，即两种或多种技术融合后形成某种新传播技术。目的是通过组织和制度重构，对新闻资源进行优化配置、充分开发。[①]近年来，新闻生产流程与数字技术的集合日益紧密，为提升内容生产效率、提升内容质量奠定了基础。例如，人民日报社联合多家企业运用数据采集、大数据分析、自然语言处理等技术，推出“人民日报创作大脑”平台，在内容纠错、数据分析、信息整理等方面支持新闻创作者；新华社联合搜狗公司推出的AI合成主播具备与真人同样的播报能力。[②]

从前期依托新媒体平台建立新传播渠道，到移动浪潮下的APP客户端，再到短视频、人工智能、大数据分析体系等多种新技术的应用，以数字化和网络化技术为支撑的技术革新，促使媒体融合不断冲破藩篱，开创新的局面。媒介融合形态在技术更迭下，不同时期呈现出差异化的运营模式。第一阶段主要以“复制”模式为主，将传统媒体的内容复制到新媒体平台，如1996年央视创办“央视国际”网，2004年湖南卫视创立“金鹰网”；第二阶段是“迁移”模式，借微博、微信客户端等移动平台，建立新型传播平台，打造“内容平台+传播平台”的融合，如上海报业集团的澎湃新闻客户端、湖南广电的芒果TV；第三阶段是“融合”模式，结合新的移动终端，利用新的台网互动技术以及多屏联动，先后实施了如“台网互动”“两微一端”“中央厨房”“多屏联动”等深度融合战略。在互联网技术尤其是当下5G技术的浪潮下，新旧媒体逐渐呈现出“一体化”的趋势，媒介生态也展现出一派“融合”“共生”的景象。从最初的媒介复制、媒介迁移到今天的媒介大融合，我国传统媒体的变革已进入一个全新阶段，即“万物互联”的时代。[③]

二、政策支持

有学者指出：政治力量对媒介发展的正面作用或负面作用都是毋庸置疑的。政治生态则是媒介发展的重要制约因素。改革开放以来相对宽松的政治环境，是中国媒介融合得以试水并蓬勃发展的不可或缺的条件。[④]有学者认为：公司和政府政策对媒体演变的影响比“纯粹的技术”更大。[⑤]国内外的媒介融合实践的过程中，各个国家都根据媒介融合的目标和国情制定了相应的政策。如美国早在1996年通过了《电信法案》，建立了关于电信、广播电视等产业之间融合的基本政策框架，其主要内容包括：拆除了电信业和有线电视业之间的市场壁垒；废除了广播电视网对有线电视系统所有权的限制；在所有电信设备与器材之间建立协同性和连通性。但是，新的电信法对许多融合服务无能为力，新电信法将通信服务分电信服务、信

---

① 郑瑜. 媒介融合：新媒体时代的发展观[J]. 当代传播，2007（3）：1.
② 中国互联网信息中心. 第44次中国互联网络发展统计报告.
③ 肖珫，肖赞军. 新型传媒集团全媒体融合发展路径研究——以芒果超媒为例[J]. 湖南师范大学社会科学学报，2021，50（1）：135-141.
④ 丁柏铨. 媒介融合：概念、动因及利弊[J]. 南京社会科学，2011（11）：92-99.
⑤ WINSECK D. The quest for information highways and media convergence in Canada[J]. Info, 1999, 1（6）.

息服务两类，并施行不同的规制，而对融合后出现的新的相关服务没有清晰的界定，使得许多融合服务的归属备受争议。英国在 1998 年和 2000 年先后发表了鼓励融合的《通信规制：对信息时代融合趋势的思考》的绿皮书和《传播新未来》的白皮书。2003 年英国议会经过激烈讨论通过了新的《通信法》，成立了统一的融合性规制机构通信管理局，并确定了英国通信局（Ofcom）的职责范围、职责基本内容和实行行业监管的原则；为监管部门制定了一个基本的监管框架和原则，为英国“三网融合”的健康发展制定了一套科学、合理、有效的监管实施模式。法国曾颁布相关法律对广播、电信规制框架进行调整，相关法律主要有三个：《数字经济信任法》《电子通信和视听服务传播法》《电信和法国电信公司公共服务义务法》。2004 年出台的《数字经济信任法》《电子通信和视听服务传播法》梳理了一个新的范畴——电子传播，从而导致电信、视听传播、互联网之间重新摆位、重组关系。[①]我国媒介融合政策在借鉴国外的基础上，早在“十一五”期间，国家就明确提出了“三网融合”的设想，并出台了相应的指导意见。此后，围绕“媒介融合”出台了相应政策和重要讲话，如表 1-3 所示。

表 1-3　2008 年—2019 年有关媒介融合的重要文件

时间	文件	主要内容
2008 年 1 月	国务院发布《关于鼓励数字电视产业发展若干政策的通知》	支持包括国有电信企业在内的国有资本参与数字电视接入网络建设和电视接收段数字化改造，为媒介融合打开窗口
2010 年 1 月	国务院印发《推进三网融合的总体方案》	将三网融合提升到培育战略性新兴产业的重要任务推进，并要求组织开展三网融合试点
2010 年 8 月	新闻出版总署《关于加快我国数字出版产业发展的若干意见》	我国将发展以数字化带动新闻出版业现代化，鼓励自主创新，研发数字出版核心技术，推动出版传播技术更新换代，构建现代新闻传播体系；形成一批数字出版龙头企业。
2012 年 2 月	新闻出版总署《关于加快出版媒体集团改革的指导意见》	《意见》分充分认识加快出版传媒集团改革发展的重要性紧迫性，指出出版传媒集团改革发展的指导思想、原则要求和主要目标，积极推进出版传媒集团战略性改组，大力支持出版传媒集团应用高新技术和推动产业升级，切实加强出版传媒集团科学管理，鼓励和扶持出版传媒集团走出去，加快出版传媒集团改革发展的保障措施出台
2014 年 8 月	中央深化改革领导小组会议通过了《关于推动传统媒体和新兴媒体融合发展的指导意见》	将推动传统媒体与新兴媒体融合发展上升到国家战略任务的层面，开启了我国媒介融合的序幕，是适应媒体格局深刻变化、提升主流媒体传播力公信力影响力和舆论引导能力的重要举措
2015 年 9 月	国务院出台《三网融合推广方案》	要求总结推广试点经验，将广电、电信业务双向进入扩大到全国范围并实质性展开工作

① 张雪静. 媒介融合语境下的传播政策规制——基于其他国家的媒介融合政策探讨对我国的启示[N/OL]. 人民网. http://media. people. com. cn/n/2013/0308/c192370-20725930. html.

续表

时间	文件	主要内容
2016 年 7 月	国家新闻出版广电总局发布《关于进一步加快广播电视媒体与新兴媒体融合发展的意见》	提出力争两年内,广播电视媒体与新兴媒体融合发展在局部区域取得突破性进展,形成几种基本模式的总体目标
2017 年 1 月	中共中央办公厅、国务院办公厅印发了《关于促进移动互联网健康有序发展的意见》	大力推动传统媒体与移动新媒体深度融合发展,加快布局移动互联网阵地建设,建成一批具有强大实力和传播力、公信力、影响力的新型媒体集团。
2018 年 11 月	中央全面深化改革委员会第五次会议审议通过《关于加强县级融媒体中心建设的意见》	要深化机构、人事、财政、薪酬等方面改革，调整优化媒体布局，推进融合发展，不断提高县级媒体传播力、引导力、影响力。
2018 年 12 月	国务院办公厅《关于推进政务新媒体健康有序发展的意见》	按照前台多样、后台联通的要求，推动各类政务新媒体互联互通、整体发声、协同联动，推进政务新媒体与政府网站等融合发展，实现数据同源、服务同根，方便企业和群众使用
2019 年 1 月	习近平总书记在中共中央政治局第十二次集体学习时的重要讲话	推动媒体融合向纵深发展，做大做强主流舆论。提出主流媒体要大胆运用新技术、新机制、新模式,加快融合发展脚步；通过技术支撑和内容建设，打造一批具有强大竞争力的新型主流媒体,从而掌握舆论场主动权和主导权
2019 年 1 月	中共中央宣传部、国家广播电视总局联合发布《县级融媒体中心建设规范》	县级融媒体中心应整合县级媒体资源,巩固壮大主流思想舆论,不断提高县级媒体传播力、引导力、影响力、公信力。
2020 年 9 月	中共中央办公厅、国务院办公厅印发《关于加快推进媒体深度融合发展的意见》	深刻认识全媒体时代推进这项工作的重要性紧迫性，坚持正能量是总要求、管得住是硬道理、用得好是真本事，坚持正确方向，坚持一体发展，坚持移动优先，坚持科学布局，坚持改革创新，推动传统媒体和新兴媒体在体制机制、政策措施、流程管理、人才技术等方面加快融合步伐，尽快建成一批具有强大影响力和竞争力的新型主流媒体

纵观媒介融合发展的过程，国内的媒介融合在政策的推动下进入全媒体融合阶段。2003 年至 2012 年期间，为推动新一轮文化体制改革，中央出台了相关的意见，希望通过媒介的转企改制、兼并重组，将主流媒体做大做强，在政策的推动下，主流媒体走在改革的道路上，迈出了改革的第一步。虽然这一时期没有取得明显的成效，传统媒体在转型的过程中很难突围，但为后期的媒介融合实践总结了经验，奠定了一定的基础。2014 年开始，我国大幅度进入媒介融合阶段，传统媒体和新媒体纵深化发展，在政策的推动下全方面地推进媒介融合实践，取得了一定成效。

三、媒介产业化发展

市场需求与提升媒介竞争力是媒介融合的内在驱动力，媒介产业化是适应市场需求，整合优势资源共同发展的重要表现。国内有学者在相关研究指出：媒介产业发展——媒介融合的外部力量[①]，具体表现为：

（一）媒介集团化促进了媒介产业的发展

在旧的媒介格局中，传统媒介按照单一粗放的营销模式、发行模式、盈利模式、报道方式进行运作和管理。随着媒介生态环境的变化，媒介对竞争能力的打造，以及对经济利润的追逐，无论是传统媒介还是新兴媒介都试图朝向集约化经营方向发展。在面对新媒介冲击带来的生存和发展的压力下，传统媒介正不断转变发展思路，以开放的姿态，朝集团化、网络化、数字化方向发展。通过市场竞争，新旧媒介通过资源整合重组、优势联合、强势兼并等方式，生成适应市场的新运营模式，加速了相互之间的融合。

媒介集团化发展发轫于欧美，20 世纪前后美国就出现了报团。经过近百年的发展，到 20 世纪 90 年代，欧美等发达国家政府给予政策扶持，强势媒介通过“大象吞小象”方式，形成了一批规模巨大，横跨媒体、行业、区域和国界的媒介集团，垄断了媒介领域的内容生产和传播渠道。在后发的亚洲，日本、韩国、新加坡等国家出台一系列的政策法规，一批媒介垄断集团出现，媒介产业化进程加快。

在我国，长期以来不同媒介之间壁垒森严，相互之间竞争激烈，一直难以深层次融入。近年来，政府放松管制并支持媒介融合与竞争。媒介之间的竞争可以使资源获得重新分配和整合，形成外部的竞争优势，使媒介集团应运而生。尤其在我国加入世界贸易组织（WTO）后，外国的跨国媒介集团开始进军国内，为改变结构单一、管理落后、竞争力弱的落后局面，应对外来跨国媒介集团的竞争，国内媒介集团也如雨后春笋。1996 年 1 月 15 日，《广州日报》报业集团挂牌成立，成为我国第一个报业集团；1999 年 6 月 9 日，我国第一个广电集团——无锡广播影视集团成立。这标志着我国媒介开始朝着集团化、产业化方向加快发展。

1999 年—2001 年的三年间，中央下发多个文件，在《中共中央办公厅、国务院办公厅关于调整中央国家机关和省、自治区、直辖市厅局报刊结构的通知》中明确政报分离、走向市场、自负盈亏的原则，体现了新闻媒介走产业化道路的思路；而《关于加强广播电视有线网络建设管理的意见》《关于深化新闻出版广播影视业改革的若干意见》等文件，则进一步明确了积极推进媒介集团化的发展目标及运作方式。

2009 年 4 月，国家新闻出版总署出台《关于进一步推进新闻出版体制改革的指导意见》，鼓励打破地区分割、媒体分割、产业分割，鼓励跨地区、跨产业、跨媒介组建出版传媒集团公司，力争三到五年内培育出六七家资产超过百亿、销售超过百亿的“双百亿”大型出版传媒企业，进一步加快了媒介产业结构调整步伐，促使产业结构加速转型。至 2010 年初，我国已成立 54 家报业集团、几十家出版集团和影视集团，其中一批集团上市融资，一批集团还利用金融危机积极入股或并购国外相关产业机构，实现了产业的扩张。

---

① 郑晓华. 我国媒介融合的内外动因解析[J]. 北京邮电大学学报（社会科学版），2011，13（3）：1-5.

尽管我国在媒介集团化改革中还没有充分按照市场化进行运作，许多步骤甚至还打下了行政命令的烙印，但不可否认的是，媒介的集团化优化了各种媒介资源的配置，实现了资源共享，提高了效益，推动了中国媒介朝着真正的产业经济方向发展的进程。

（二）媒介产业的发展促进了媒介整合、融合进程

在媒介产业化进程中，尤其是近年来文化体制改革中，许多地方把新闻出版局和广播电视台合并，这样报纸、杂志、广播、电视、网络等多种媒介形态共存，打破了以往的组织与信息壁垒。资源经过整合后，配置最优化。在政策的支持和效益的驱动下，在雄厚资金的支撑下，一批强势传媒加速了产业的技术升级，以购买或创办方式，介入以往未曾进入的领域，改变了单一的以文本、图形、声音及图像传播方式，加速了媒介组织与形态之间的融合。例如，新华社利用在全世界各地的分社优势资源创办了网络电视台，介入网络及电视行业的竞争；同样，美国有线电视新闻网也开始向报纸提供文字稿件，介入了通讯社业务领域的竞争。

在今天媒介融合大形势下，单一业务形态的传统媒体步履维艰，必须加强自身变革。广播电视也在利用报刊新闻资源内容丰富的优势，积极寻求与其融合的方式。近年来，国内外广播电视纷纷掀起了开播读报节目的热潮。中国之声曾有一档晚间节目《晚报浏览》，中央电视台《第一时间》“读报”板块等栏目推出后，地方广播电视台纷纷效仿，深受受众喜爱，给广播电视带来了一股清新之气。

广播电视积极与移动网络融合方面，“手机电视”的出现，标志着报纸和电视两大传统媒介在中国都实现了在移动通信终端上的融合。同时，广播电视发挥多种表达手段与传播方式的优势，加大直播报道形态，借助网络技术和网络平台，开通网络广播、网络电视，使产品外延不断得到扩展。

广播电视产业、通信产业、互联网等信息产业是影响媒介融合的关键产业，其相互渗透将加速媒介融合。“十一五”规划明确提出加快推进“三网融合”，标志我国打破行业壁垒，鼓励行业自我完善和发展的决心。随着移动通讯 3G 技术和下一代互联网技术的发展，在政策和技术的推动下，三个产业都能相互进入各方领域，必定会带来市场终端的融合，新的媒介内容产品和互动体验方式也必将出现。

反观作为新兴媒介的网络和手机媒体，它们没有自己独立的新闻采访权，其发展离不开传统媒体的支持。新媒介的超链接性、互动性带来了海量的信息，加强了与受众的联系，但在虚拟的世界里，泥沙俱下，鱼龙混杂。因此，网络媒介如网易、搜狐、新浪、腾讯等门户网站又与许多传统媒体签署战略合作协议，把传统媒介的产品融为一体，利用传统媒体专业化及其信息来源的权威性，结合自身的多媒体性打造成强势的传播产品。

四、用户需求

媒介融合相对于传统媒体的分立状态而言，最主要的变化是使受众实现了对不同媒介内容的集合式消费。所以，媒介融合的价值和可行性是建立在受众对于不同的媒体内容的集合式需求上，它表明了消费者对于能够满足一系列相关性需求的单一供给者的偏爱。[①]在信息传

① 刘婧一. 媒介融合的动力分析[J]. 东南传播，2007（8）：84-86.

播的过程中，传播的单向性在很长一段时间作为主要的表现形式存在着。信息的接收者往往扮演着“受众”的角色，一味地、被动地接收，受众的个性化需求及互动表达的途径往往被忽略。随着新媒体环境的不断变迁，信息的接收者从“受众”转变为“用户”的特征显现出来，他们是信息的使用者，不仅有阅读、收听、收看的需求，也有自主检索、存储、修改、发表意见的行为特征，用户的个性化、互动性和主动参与等特征鲜明。

媒介的发展及生态的变革很大程度上是要根据用户行为特征、思维方式的变化而推进的。传统媒体在实施数字化转型的过程中，从单一的信息生产垄断者的角色意识到，要随时以“用户为中心”的理念下，强化新闻生产的用户思维，才能在于网络媒体竞争的过程中发挥主流媒体的作用。媒介融合的探索之路是围绕以用户为中心的信息传播变迁之路。

“以用户为中心”是媒介融合的出发点和归宿，在不断满足用户需求时，报纸、电视、广播等传统媒体在传播形态和传播内容、传播功能、赢利方式上都相应发生了变革。这种变化表现在报社面对的不仅仅是读者，电视台面对的不仅仅是观众，广播电台面对的不仅仅是听众，传统媒介的传播对象在融合媒介面前汇聚成一个统一的群体——“用户”。新闻媒体已经也不仅仅只是传播新闻信息，而是更多考虑在内容和品牌的影响力下，吸引更多用户参与和体验各种服务。①基于此，媒介融合表现的主要形式并不单单是媒介形式的融合，更是媒介与媒介之间，媒介与不同产业之间融合互通的实践表现。2006 年以来，《纽约时报》启动了新改版的手机网站，使用户可随时随地阅读《纽约时报》的新闻报道。《纽约时报》的网站一个主要目标就是要“构建用户的电子社区”。网站不断改版和推出的创新服务也都以此目标为核心。如在关键的垂直内容如购物、房地产、娱乐、旅游等领域加强建设。通过吸引用户、加深与用户互动而将“用户使用转换成收入。这种以用户为中心的融合实践在很长一段时间沿用至今。

“以用户为中心”的理论基础主要是新闻自由理论和民主参与理论。“以用户为中心”是西方新闻界“言论与出版自由”这个传统价值体系的延伸。所谓“言论及出版自由”包括采访自由、传播自由、表达自由、阅听自由，其中重点在于新闻传播媒介机构的传播自由。但“把新闻自由的主要精神理解为新闻传播机构报道新闻的自由是片面的，它充其量是实现新闻自由的一个条件，而不是新闻自由的主要目的。新闻自由所追求的应是全体公民搜集、传播、收受新闻的自由，开办、占有、使用、接触新闻媒介的自由；以及发表，特别是通过新闻传播媒介发表意见与评论的自由”。以互联网、手机为代表的新媒体具有互动性、个性化、主动性、参与性等主要特征。当媒体的发言权开始向普通公民转移时，“以用户为中心”的传播理念把新闻自由的公民主体性推向了一个崭新的广阔空间。②

媒介融合时代基于用户需求，在传播模式上做了两大改变：一是增强互动性，积极让用户参与信息生产过程中来，这一改变主要契合传统媒体在数字化转型过程中，适应新媒体互动性特征所作出的尝试。二是基于用户画像，借用智能技术为用户提供私人定制的个性化信息。用户作为媒体信息的接受者而言，其接收的信息更加个性化、时效化。移动通信时代、云计算和大数据等新技术的应用，用户所接收的信息不再是“千人一面”，而是“千人千面”的，通过智能技术手段，当用户浏览信息时，会生成自己的个性化标签，媒体生产内容时会根据用户的喜好提供他们感兴趣的信息。当用户需求作为指引媒介融合实践的风向标时，媒

① 李程. 浅议以用户为中心的创新[J]. 中国传媒科技，2010（11）：70-73.
② 李程. 浅议以用户为中心的创新[J]. 中国传媒科技，2010（11）：70-73.

介融合的价值和可行性也通过满足不同用户综合的需求上，通过崭新的媒介形态与参与互动的方式满足用户多样化需求。这种思维的变化是媒介转型中与“用户”建立信任关系，提升媒介服务水平的基础。一方面，媒介在转型升级的过程中，需要培养与用户之间的关系，培养用户的使用习惯、增强用户的黏度、建立与用户的媒介信任关系。基于这些目的，融合媒体在传播内容的过程中要注重多角度、多媒体、多维度呈现信息，力求吸引用户的注意。另一方面，媒介融合的最终目的是通过构建全媒体的生态系统，从信息的提供出发，广泛地通过媒介这一平台，为用户提供“多元化”的服务，以延伸媒介平台的产业链，取得更多的经济效益。因此，无论从吸引用户需求，还是扩展媒介的功能，实现延伸价值的目标，媒介融合都需要以用户需求为基本出发点。

综上，数字技术是媒介融合的先决条件，国家相关政策的支持为媒介融合提供了保障，满足用户需求是媒介融合的出发点和归宿，传媒产业的做大做强是媒介融合的最终目标。媒介融合动因在不同的国家有不同的特点，要深刻认识到这一点，且需要基于以上三个方面，具体再进行分析，才能深刻认识到不同社会背景下媒介融合的具体呈现。

第三节 媒介融合的类型

中国人民大学新闻学院蔡雯教授认为，“媒介融合”包含三个必不可少的核心内容：媒介内容的融合、传播渠道的融合、媒介终端的融合。基于这三方面的内容，结合中西方媒介融合实践，我们将从所有权层面、业务层面、技术层面三个维度阐述媒介融合的类型。

一、所有权层面的媒介融合

所有权层面的媒体融合，只要指传媒公司或大型的传媒集团通过媒体之间的并购或媒体行业与其他行业的整合与并购、所有权集中的方式，组建大型的媒介传媒集团，通过不同的媒介形式打造核心竞争力。从广义上讲，媒介所有权的融合，既包括传媒领域内部各媒介机构之间的所有权融合，也包括传媒机构通过跨行业、跨领域发展，与其他领域内的相关机构所形成的所有权融合，如传媒业与电子产业、电信业等领域的所有权融合。[①]媒介的所有权决定了媒体的归属及相应的管制问题，媒介所有权的状况决定着媒介的运作方式。所有权的融合是媒介整合与协同作战的必然，通过所有权的合并，媒介融合进入组织结构性的融合，实现新闻资源的共享、开发与整合。

媒介的集团化是媒介所有权融合的重要表现，在西方国家市场经济条件下，媒介集团的形成是一个自然的过程，媒介的规模、媒介的类型及体制等特征均由市场来决定，利用媒介所有权的融合组建跨媒介、跨行业的媒介超级集团，极大地促进了传播媒介的垄断。西方媒介集团的建立在很大程度上是媒介所有者最大化追求市场效益的举措，是相关利益者在市场

① 刘颖悟，汪丽. 媒介融合的概念界定与内涵解析[J]. 传媒，2012（1）：73-75.

机制驱动下，寻求商业同盟的结果。因此，西方媒介集团与其他商业集团并无实质上的区别，媒介所有权的集中是媒介集团化的一种必然，也是媒介组织自由竞争发展的必然产物。在市场竞争下，有竞争的媒介在生存的道路上无非就是胜者为王，要么越做越大，要么就在竞争中失败，媒介所有权的集中是市场经济条件下媒介企业运作的必然结果。

与西方媒介集团化遵循市场规律不同，我国媒介集团的产生和发展在一定程度上是政府行为和市场因素共同起作用的结果，而政府的作用又是首要的。在媒介单位转企改制的推动下，国家逐渐将新闻媒介推向市场，走向自负盈亏的道路，在社会主义市场经济的客观要求下，媒介集团化是新闻媒介进入竞争生态，能够抵住外在压力的重要保障。但是，国内媒介集团化的发展并没有改变媒体的基本属性，媒介所有权仍然归行政主导，这一点是不能动摇的。因此，国内所有权的融合通常表现为不同媒介形态的合并或重组，如某一地方的“报业集团”和“广电集团”合并，组建融媒体中心，或者是“电视台”和“电台”合并，组建广电集团或者报业集团，实现资源的有效配置，优化媒介表现形式，这些媒介融合方式从根本上看媒介集团的所有权还是归“事业单位”所有。只是表现形式上，通过各平台之间的协同运作，实现 1+1+1>N 的效果，将整个媒介集团的利益最大化发挥出来，通过媒介集团的联合，可以将电视、广播、报纸等传统媒体与网络、手机、移动互联网等新媒体自身的优势发挥出来，弥补了各自先天的不足。

二、业务层面的媒介融合

随着媒介技术的革新与融合，各类传播媒介在行为、目标等业务实践层面的交叉愈加频繁，这使得媒介业务也逐步走向融合。媒介融合带来了传统观念的变革，改变了传统媒体新闻采集与制作的路程，并逐渐演变成一种独立运行、流程完整、操作规范的新闻生产模式。即不同的媒体集中在一个信息操作平台上，统一筹划、资源共享、相互协调、取长补短。根据各自媒体和受众的特点对信息进行分类加工，制成不同的新闻产品，最后通过不同的传播渠道传播给特定的受众。这种崭新的新闻生产模式是对传统新闻采编流程的整合与重构，它将使新闻业务呈现出一种前所未有的态势：新闻传播主体由职业新闻工作者独家垄断转变为职业人员与社会公众共同分享。新闻采集和编辑加工更重视新闻信息资源的增值活动，通过对新闻信息资源的深度开发，优化配置，实现新闻信息的整合传播。新闻报道方式由单线性的平面化方式转变为非线性、全方位、立体化的方式。①具体而言，媒介业务融合可细分为以下三方面。②

（一）业务形态融合

主要表现为融合新闻生产的变革，分属于不同形态的内容生产，依托数字技术形成跨平台和跨媒体的使用，利用数字化终端，形成多层次、多类型内容媒介产品。其承载着媒介信息的文字、图片、音频、视频等不同的媒介形态，融合为多媒体形态，从而使信息内容的叙

① 张丽萍. 新媒体时代新闻业务形态的变革[J]. 新闻实践，2008（1）：28-29.
② 刘颖悟，汪丽. 媒介融合的概念界定与内涵解析[J]. 传媒，2012（1）：73-75.

事形式实现融合。媒介融合基本趋势是内容的多媒体化，是对单一媒体业务的继承与革新。[①] 媒体融合可以使媒体产品相互嵌入、多元组合。数字化使各种媒体产品有了共同的平台基础，这给媒体产品的整合带来了便利。各个媒体的内容可以更加方便地实现相互嵌入，经过高科技的媒体，使产品得到加工、重组和翻新，再投入市场。市场中的产品将出现更为多样化的版本和更为丰富的内容，以满足更个性化的需求。[②]如人民日报社探索融合报道的新形态，尝试全息技术、H5、互动新闻、动图、音视频直播、无人机新闻采制、VR 新闻等全新报道方式，适应用户阅听场景的新转换，适应移动传播社交化、个性化、视频化的新趋势。人民日报“中央厨房”设立数据与可视化实验室，在大数据新闻、新闻可视化方面进行融合新闻尝试。

（二）业务技能融合

业务形态的融合要求传媒从业者所掌握的技能也趋于多方位甚至全方位发展。在人类社会发展中，记者很长一段时间被冠以“无冕之王”的荣誉，人们对新闻记者的认识往往是收集、撰写、编辑新闻，最终将新闻作品呈现在报纸、广播或电视上，因此，传统记者注重的是“采、写、编”的训练。随着人工智能、大数据、5G 技术的运用下，新闻智能生产体系已建立，对新闻从业者业务要求提出了更高的要求。新闻的数字化生产对采编人才的要求更高，除了掌握图、文、视频等媒体产品的采编技能，还要求新闻记者掌握多媒体平台采编技术，特别是对互联网传播技术的熟练运用。以美国有线电视新闻网（CNN）为例，为实施数字化发展战略，CNN 要求电视记者全部转型为全媒体记者，除了负责策划、拍摄、发布、连线等日常业务之外，还要能够适应全媒体采编流程，为所有平台供稿，同时掌握数字化新闻采编技能、跨平台编辑与信息发布技能、信息检索与数据分析技能等。在这个过程中，尤其需要新闻记者能够胜任移动直播、社交媒体发布运营等新媒体业务，熟练使用 SPSS、Flash 等软件，完成数据分析、模拟场景制作等工作。而这恰恰对新闻工作人员的业务水平构成了挑战，成了很多新闻记者转型途中难以突破的技术壁垒。[③]

（三）业务经营融合

除业务形态与从业者业务技能的融合外，经营上的融合同样是媒介业务融合的重要内容。根据瑞奇·戈登（Rich Cordon）的阐释，所谓战术融合，通常指不同所有权下的报纸、广播、影视、互联网等媒体之间在具体内容和营销管理等领域的通力合作。业务经营方面的融合主要表现为：一要拓展媒介的盈利方式。媒介融合形成了跨平台、多媒体业务相互融合，相互支撑的格局，媒介的企业要转变盈利模式，在传统广告业务收入之外，还应该探索其他的盈利模式。如广播电视媒体通过探索 O2O 到 T2O 的电视内容生产模式，通过将产品作为节目内容的一个不可或缺的部分，联合天猫国际等电商平台，实现即看即买的模式，这就拓展了电视节目的盈利范围。二要注重媒介的运营。在传统媒体条件下，媒介的运营主要依赖信息提供者掌控信息传播内容，通过文字、图片、音频、视频等传播信息的载体，向受众进行单方向的传播，而受众被动地接受信息。在这一过程中，信息提供者占据主动地位。然而，随着

① 彭兰. 媒介融合时代的合与分[J]. 中国记者，2007（2）：87-88.

② 王金会. 媒介融合环境下广播业的发展[J]. 中国传媒科技，2007（2）：38-41.

③ 童晓霞. 媒介融合时代新闻记者的转型[J]，视听纵横，2017（1）：22-24.

媒体融合的纵深发展，一般公众在作为信息的接收者的同时也是信息的传播者，从而形成了以受众需求为基础的双向传播模式。在这一传播模式的作用下，信息的接收者还会对信息进行二次甚至多次的扩散性传播，从而使媒介平台的价值呈现几何级的增长。因而，为了更好地应对媒体融合的发展态势，媒介企业应当以受众需求为中心，辅之以信息提供商和媒介方，从而实现新技术条件下媒介经营模式的转型和运营效率的提升。

三、技术层面的媒介融合

从本质上讲，媒介融合首先是传播技术的融合，即两种或多种技术融合后形成某种新传播技术，新传播技术具有多种技术特点又有其独特性。①早期的媒介融合将新技术（信息网络）看作已有的媒介体系的延伸，利用新技术来拓展媒介传播渠道。在技术的推动下，媒介融合的实践经历了渠道延伸、新媒体内容独立运作、数字化和全媒体平台这四个阶段。②技术层面的融合主要体现在渠道的融合和终端的融合两个方面。

（一）媒介渠道融合

媒介渠道的融合，指基于网络化技术的应用，将不同媒介类型、不同形态信息内容的传输渠道由单一性、差异化走向融合与互联互通，从而形成共通的，兼容性的传播平台。媒介渠道的融合以“三网融合”为典型代表。早期的媒介融合，在新技术的推动下，打通“渠道”是关键，报业进入互联网后，渠道与内容经营分离，渠道掌握在电信运营商及网络巨头手里，在此背景下，强调“渠道为王”。以腾讯•大楚网为例，由腾讯公司和湖北日报传媒集团于2008年合资创办，其通过网民电脑桌面的QQ客户端，以区域IP定位的方式，为当地网民的强大渠道。再如澎湃新闻打破固有的封闭新闻生产渠道，澎湃新闻采编团队不再是唯一的内容生产者，邀请用户参与，将客户端定义为信息和内容交流的平台，实现新闻互动双向流动，成为优质内容为核心，信息源多元化，信息资源共享的平台。字节跳动通过聚合型渠道的打通，形成坐拥今日头条、抖音短视频、西瓜视频、火山小视频等 APP，覆盖图文、短视频、长视频的产品矩阵；技术上，经过6年优化，成为国内优秀智能推荐算法平台。

（二）接收终端融合

媒介终端的融合指将多种媒体功能整合在一起，以一种开放的终端平台将信息和服务传递给使用者。这是指在数字化、网络化技术的推动下，媒介消费者所使用的信息接收终端设备，呈现出多种功能融于一体的特征，并“以一种开放的终端平台将信息和服务传递给使用者”。具体的终端类型，如数字电视一体机、互联网电视机、个人电脑、手持多媒体终端等。如人民日报社已经形成以人民日报客户端为核心的“两微一端”移动传播矩阵。人民日报微博账号在发布新闻的同时，可以和用户进行实时高频率互动，让广大用户增强参与感，更能

① 王金会. 媒介融合环境下广播业的发展[J]. 中国传媒科技，2007（2）：38-41.
② 人民网. 国内外媒介融合的理论探讨与实践研究综述及人民网客户端发展策略分析. http://media.people.com.cn/n1/2017/0112/c409701-29019371.html.

增加用户黏性。微信公众号的每天不定时推送，让用户感觉新闻就发生在身边一般，提高兴趣。人民日报手机客户端，加大技术支撑，把握个性化、社交化、视频化的趋势，实现一流的用户体验，打造中国移动互联网上深具公信力和影响力的主流门户、权威观点引擎、聚合信息平台。

当前，媒介融合的生态主体更为多元，消解了传媒行业之间、传媒与其他行业之间、内容和技术之间的边界，各大媒体秉成全程、全息、全员、全效的目标，转变传统媒体的话语形态随着 5G 商用步伐的加快，各级媒体将再次迎来技术革命的发展潮，在智慧媒体、智慧广电、智慧城市的建设中实现突破。媒介融合的实践还在继续，在技术赋能的背景下，媒介融合实践在深度和广度上会更进一步，需要我们时刻关注这一变化。

思考题

1. 结合当前，谈谈你对媒介融合的理解。
2. 媒介融合对新闻内容生产的影响。
3. 媒介融合产生的动因是什么?

第二章 融合新闻的概述

本章学习目标

1. 了解融合新闻的概念。
2. 掌握融合新闻的基本内涵即动因。
3. 掌握融合新闻的特点。

案例导学：人民网 “武汉日记”，陪伴武汉战“疫”

二〇二〇年庚子春节前夕，疫情发生后，人民网总网记者主动请缨奔赴武汉，与湖北频道记者奔走于武汉的重症监护室、居民社区、援鄂医疗队驻地、火神山和雷神山建筑工地等，用文字、图片、短视频 Vlog、直播等形式为网友打开了直击战“疫”一线的窗口。50 多天 40 多篇武汉日记，在人民网法人微博和官方微信上推送。“武汉日记”系列报道在各平台总访问量超过 1 亿。

——资料来源：人民网

图 2-1 人民网“武汉日记”，陪伴武汉战“疫”

上述新闻报道利用用文字、图片、短视频 Vlog、直播等形式为武汉抗疫这一新闻专题服务，体现了“融合新闻”的特征。在媒介融合背景下，大众媒介从各自独立经营转向多种媒介联合运作，尤其是在新闻信息采集发布上联合行动，能最大限度地减少人力、资金和设备的投入，降低新闻生产成本。媒介融合在探索的过程中会促进了相应的新闻传播业务流程的设计及管理的变化，促使了“融合新闻”的产生。“融合新闻”是以媒介之间的合作以及媒介组织结构与工作流程的改变为前提的[①]，是全媒体时代媒体联动手段整合所形成的新闻，2020 年两会期间，新华社融合新闻作品发稿量占 2/3，从这一数字可以看出，融合新闻已成为当前新闻报道的常态，是媒体竞争力的动力源泉。

第一节　融合新闻的定义

“融合新闻”（Convergence Journalism）的实践最早起源 21 世纪初，美国的论坛公司（The Tribune Company）和媒介综合集团（Media General Inc.）这两家公司都以自己所拥有的并且同在一个地区的报社、电视台和网站作基础，构造了不同类型的“融合新闻”的平台，并取得引人瞩的成果。[②]2000 年美国综合媒介集团投资 4 000 万美元，在佛罗里达州坦帕市建立“坦帕新闻中心”，将属下的坦帕论坛报以及网站 Tampa Bay Online、电视台 WFLA-TV，还有集团网站 TMO.com 的编辑部门集中起来运行，目的是让他们彼此间实现信息交换和资源共享。虽然这几家媒体各自拥有独立的办公区域、人员及新闻生产运作机制，但在新闻中心的大楼里设置了统一的新闻指挥平台，在突发性事件发生时，能高效及时地调动各媒体资源，在第一时间进行报道。在坦帕新闻中心，各个媒介平台每天都会召集编辑、记者参加编前会，专门为融合新闻报道做准备和策划，每一次策划都有其他平台的编辑、记者参加其中，他们相互之间交换意见，协调不同媒介平台的兴趣点，持续不断地寻找和探寻媒介之间可以做融合报道的机会。[③]坦帕新闻中心的实践在全球范围内为融合新闻实践提供了可参考的范本，从整

① 蔡雯. “融合新闻”：应用新闻学研究的新视野[J]. 淮海工学院学报（社会科学版），2007（3）：68-71.

② 蔡雯. 媒介融合前景下的新闻传播变革——试论“融合新闻”及其挑战[J]. 国际新闻界，2006（5）：31-35.

③ 宋宣谕. 浅析融合新闻外延下的全媒介联动新闻中心——以美国佛罗里达州坦帕市坦帕新闻中心为雏形[J]. 新闻传播，2013（9）：47-48+50.

合媒介资源、发挥各自所长、节约成本和发挥传播效果的角度上看，融合新闻是媒介集团化发展的必然选择。

补充资料：

新闻媒体在媒介融合实践过程中推出了一批新闻作品，可追溯到2007年8月1日，苏达州密西西比河上有着40年历史的35州际公路大桥突然倒塌，13人遇难，144人受伤。明星论坛报业集团网站上推出了《8月的13秒——35州际公路大桥的倒塌》。这一报道中，融合了短视频、音频新闻、图片+文字结合的方式将大桥倒塌的瞬间全方位呈现在公众面前。具体表现为：通过开场模拟桥梁倒塌过程的短视频还原突发事件的核心要素；现场救护的音响声临其境的还原现场；大桥倒塌现场及救援者和受难者的图片进行动态直播；辅助大量文字进行全方位深度报道，让整个事件完整、生动、有人情味的展现出来，体现出了突发新闻报道的核心要素与人文关怀。

“融合新闻”的定义，不同的国家不同的时间段根据具体新闻实践有不同的界定。西方的学者从“融合新闻”的生产流程、特征、表现形式等方面给“融合新闻”下了定义：

美国的学者达里尔·莫恩（Daryl Moen）把“融合新闻”称为“多样化新闻”（Multiple Journalism），认为融合新闻的主要特点是将多种媒介的新闻传播活动整合进来，采用多媒体、多渠道的方式进行新闻传播活动。[①]强调新闻报道过程中结合传统媒体和新媒体特点，统一在一个信息平台上操作，采用多种媒体形式进行报道，根据各自媒体受众特点进行新闻内容生产、加工，为受众提供丰富的新闻产品。

美国“背包记者”先驱人物、学者简·史蒂文斯（Jane Stevens）给“融合新闻”下了这样一个定义：“融合新闻即文本、照片、视频段落、音响、图表和互动性的集合体，它以非线性结构呈现在网站上，不同媒介的内容相互补充且不重复。……媒体在制作融合新闻时要充分利用网络新闻的两大特征提供背景并保持传播的延续性，以便于提供充分的背景资料。”这是从融合新闻的表现形式及非线性叙事特点出发作的界定。

美国南加州大学安利伯格传播学院教授拉里·普里瑟（Larry Pryor）指出：“融合新闻发生在新闻编辑部中，新闻从业人员一起工作，为多种媒体的平台生产多样化的新闻产品，并以互动性的内容服务大众，通常以一周7日、每日24小时的周期运行。”

美国南加州大学安利伯格传播学院教授普里瑟提出“过程说”，他将融合新闻作为一个过程，即“融合新闻发生在新闻编辑部中，新闻从业人员一起工作，为多种媒体平台生产多样化的新闻产品，以互动性的内容服务大众。”[②]

2003年，洛里·戴默（Lori Demo）等美国学者在题为《融合连续统一体：媒介新闻编辑部合作研究的一种模式》的论文中，界定了“融合新闻”的几种模式以及每一种模式的具体含义：

1. 交互推广，指作为合作伙伴的媒介相互利用对方推广自己的内容，如电视介绍报纸的内容。

① 蔡雯. 媒介融合发展与新闻资源开发[J]. 西南民族大学学报（人文社科版），2006（7）：126-129.

② 宋宣谕. 浅析融合新闻外延下的全媒介联动新闻中心——以美国佛罗里达州坦帕市坦帕新闻中心为雏形[J]. 新闻传播，2013（9）：47-48+50.

2. 克隆，指作为合作伙伴的媒介不加改动地刊播对方的内容。

3. 合竞，指作为合作伙伴的媒介之间既有合作又有竞争。主要指新闻媒体在报道过程中走向合作、相互促进、共享资源，如报纸工作者参与电视新闻进行解释和补充；报纸和电视台共享新闻线索。作者认为，虽然他们之间有合作，但媒体之间依然有所保留，相互戒备，各媒体记者不愿意透露那些具有独家价值的新闻信息。

4. 内容分享，指作为合作伙伴的媒介定期相互交换线索和新闻信息，并在一些报道领域中进行合作。如选举报道、调查性报道等，彼此分享信息资源，甚至共同设计报道方案，但各媒介的新闻产品仍然是由各自的采编人员独立制作的。

5. 融合（Convergence），指作为合作伙伴的媒介在新闻采集与新闻播发两个方面进行全方位的合作，他们的共同目标是利用不同媒介的优势最有效地报道新闻，表现为多个媒介的记者编辑组成一个共同的报道小组，策划新闻报道并完成采编制作，并且决定哪一部分内容最适合在哪个媒介上播发。①

这五种模式都是基于媒介之间的合作方式为分类标准的，五种模式的新闻融合程度依次由弱到强、由简单到复杂。由此可见，“融合新闻”的产生基于媒介间的合作与互动。②这表明媒体之间有竞争也有合作，在信息共享的过程中相互促进，共谋发展。

目前被普遍接受的定义是 2003 年由美国西北大学教授李奇·高登提出的。他指出，在美国存在五种类型的“融合新闻”，分别是所有权融合、策略性融合、结构性融合、信息采集融合和新闻表达的融合。总体说来是在媒介融合的大背景下，大型的传媒集团可以利用自身拥有多种媒介的优势，实现内容的共享，不同的媒介可以把自己采集到的独家信息卖给有需要的媒体。

有关“融合新闻”的概念，国内最早由中国人民大学蔡雯教授在发表的成果中提出：③**“融合新闻”（Convergence Journalism），在美国被称为“多样化新闻”（Multiple Journalism），主要特点是采用多媒体手段进行新闻传播活动**④。

徐晓敏在《中华新闻报》中提出：融合新闻又称为多样化新闻，主要指利用多媒体手段进行新闻传播活动。他指出融合新闻的特点包括：

（1）新闻业务整合化。融合新闻突破传统媒体间的限制，整合所有的媒介，统一规划、资源共享，建立新的新闻采编流程，集中力量采集新闻素材，再根据各自受众的接受特点进行加工，制成不同的新闻产品，最后通过不同的传播渠道传播给受众。

（2）新闻载体数字化。数字技术和通讯技术的飞速发展，传播终端呈现数字化特点，电信服务商和互联网服务商与传统媒体融合在一起，退出各种数字移动终端来作为新闻内容的载体，进入到人们的信息生活中。所以，媒介融合的结果，就是除了报纸、广播和电视外，电脑、手机、iPad 等数字载体也能让人们随时随地接受信息。

（3）视觉传达多样化。融合新闻利用多媒体技术将文字、声音、图片、图像集于一体，视觉传达上将更加丰富多样、形象生动。读者可以随意检索信息，采取看、听、视等多种方

① 李齐. 浅析融合新闻[J]. 新闻天地（论文版），2009（Z1）：61-62.

② 宋宣谕. 浅析融合新闻外延下的全媒介联动新闻中心——以美国佛罗里达州坦帕市坦帕新闻中心为雏形[J]. 新闻传播，2013（9）：47-48+50.

③ 蔡雯. 新闻传播的变化融合了什么——从美国新闻传播的变化谈起[J]. 中国记者，2005（9）：74-76.

④ 蔡雯. 媒介融合前景下的新闻传播变革——试论“融合新闻”及其挑战[C]// 中国人民大学新闻与社会发展研究中心. 媒介产业全球化·多样性·认同——第七届世界传媒经济学术会议论文集. 中国人民大学新闻与社会发展研究中心：中国人民大学新闻与社会发展研究中心，2006：3.

式的接收，视觉传达方式更加的人性化和便捷化。[1]

有学者认为：融合新闻，是指多种新闻媒体活动的整合，采用多媒体的方式进行多渠道的传播。最终呈现在受众面前的作品形态，不再是传统报纸单一文本的新闻，而是融合了不同媒介文本、展示在多个媒介上的融合新闻。”[2]

从以上关于“融合新闻”的概念可以看出，融合新闻的起源就是复杂的，其概念在表述上有一点不同，这表明了关于“融合新闻”的实践在不同国家，不同地域甚至不同媒体之间都存在着一定的差异。综合国内外学者的研究成果，融合新闻的概念可从广义上和狭义上进行理解：

广义的融合新闻指充分利用新媒体技术进行的融合新闻采集、制作、分发的全过程。狭义的融合新闻：指基于新兴媒介平台或技术整合，制作而成的融合多种媒介元素的新闻形态。这些媒介元素包括我们熟悉的文字、声音、图像、也包括互动方式。

基于融合新闻概念的思考，蔡雯教授认为：我们今天所说的全媒体生态实际上就是融合新闻生态。这意味着我们需要在融合思维的总体指导下，推动新闻实践创新。“融合新闻”必将超越“媒体组织之间的战略的、操作的、文化的联盟”这一界定，不只是“媒介之间的合作模式”，而演变成一种独立运行、流程完整、操作规范的新闻生产模式。[3]因此，在理解融合新闻的定义和范围时，不能仅仅单纯地从融合新闻表现元素的多媒融合来看，更应该从融合新闻生产的整个流程出发，全面的理解融合新闻生产实践。

第二节 融合新闻的基本内涵

2020 年的两会上，关于民法典的话题备受关注，这部历经几十年、凝聚几代人心血编纂的法典，和每个人的生活息息相关，其重要性不言而喻，媒体也特别将关注的目光投向了民法典。2020 年 5 月，新华社和腾讯新闻联合，独家合作的互动 H5《民法典|人生大冲关》(图 2-2)，根据民法典草案内容，设计了遭遇“校园贷”、被高空坠物砸伤、受疫情影响与房东商量减免租金等场景，在轻松的氛围中，帮助读者真切体会这本“社会生活百科全书”将如何影响日常生活。面对这样一部涉及问题众多、专业度高的法典，媒体在宣传报道中需要抓住亮点、准确阐释，同时还要在内容上通俗易懂、在形式上活泼生动，这并非易事。

上述 H5《民法典|人生大冲关》，以互动的形式让读者能够在玩乐的过程中了解民法典中与人们生活息息相关的规定，获得用户的一致好评。这支 H5 产品不仅因为做到了内容、技术、形式上的融合，还因为作品的互动性将用户综合成一个整体，产生协同效应，这正是融合新闻思维的产物。

① 徐晓敏. 融合新闻：新闻传播业的新转型，中华新闻报，2007（12）.
② 陈敏婷，金冠军. 融合新闻趋势下的新闻报道[J]. 今传媒，2011，19（12）：101-102.
③ 蔡雯. 媒介融合前景下的新闻传播变革——试论“融合新闻”及其挑战[J]. 国际新闻界，2006（5）：31-35.

图 2-2　互动 H5 网页《民法典|人生大冲关》

一、融合思维的两个维度

融合新闻意味着两个层面的融合，**即表现元素层面的多媒融合和生产运营层面的渠道融合**。具体表现如下：

（一）新闻报道形式上，强调融合多种媒介元素

在融合新闻出现以前，传统媒体都根据自身的特点生产新闻，其新闻报道都具有一定的局限性，传统媒体各自为营，互不干扰。报纸主要利用文字、图片进行报道，信息承载量大，形式缺乏形象性，电视则靠视听语言给受众直观的体验，广播则依靠声音传递信息，从不同的媒介表现元素来看，文字、图像、声音都各自有优势，也有其局限性。统合新闻的出现解决了传统媒体各自为营，单一传达信息的局限性，综合采用声音、图像、文字等传统媒体的主要表现形式，结合 H5、可视化图表、VR 等革命实践，带来了一种全新的新闻报道范式。

融合新闻的报道，要充分利用各种媒介元素进行融合新闻的报道，实现信息传播的直观化、人性化、便捷化的特征。2021 年两会报道期间，新华网紧扣两会主题、抓住社会关注热点，强化技术创新应用、加快前沿领域探索，着力打造了多款契合年轻网民喜好，技术先进、样态新颖，可看、可听、可玩、可感的创新型融媒体产品，在网上形成广泛传播，产生强烈社会反响，获得广大网民点赞。

图 2-3　短视频《【创意 MR 艺术舞台秀】舞动“十四五”》

2021 年 3 月 10 日，新华网推出短视频《【创意 MR 艺术舞台秀】舞动“十四五”》（图 2-3）。该片没有旁白，只有舞蹈演员和数据在音乐声中翩翩起舞。通过运用 MR 实时渲染虚拟引擎、动态捕捉、Motion Control 运动控制系统、分身克隆等技术，将“十三五”成就和“十四五”规划内容在舞蹈演员手中、脚下诞生、上扬、发光和跳动。

短片中结合舞台美术和影视动画，开创了数字视觉呈现的先河，给网民带来全新的极致观看体验。产品视觉效果丰富，有大胆的用色和风格变化，也有神奇的透视空间和转场效果，多种场景风格更好地体现了“十四五”题材中的多个领域和主题，针对内容定制场景主题，抽象、科幻、国风、卡通等风格变化，将“十四五”规划

的重点通过场景的“情绪”传达出来。

受众在观看短片时，每一幅图每一个场景既有逻辑顺序，又是不同的艺术风格，出人意料的特效和动画陆续出现，高密度、高质量画面与信息让观众在整个观看过程直呼“过瘾十足”“眼睛都不够用了”“必须N刷！”。产品播发后在今日头条、腾讯新闻、新浪新闻、Bilibili、知乎等传播渠道重点推荐展示，播发2小时全渠道总访问量突破1500万。[①]

（二）新闻报道分发上，强调融合多个渠道平台。

相同的新闻报道采用不同的表现形式，在不同渠道平台发布，以此满足不同用户群体的需求。新华社在2021年两会期间，根据不同的用户群体、不同的分发渠道特点制作了不同的融合新闻，都引起了广泛关注。3月5日，由新华社国内部承制的《十四五@十四亿》正式上线，这部“唱到青年人心里”的MV歌曲，一上线便引爆全网：腾讯新闻微信插件和腾讯视频各端总浏览量3.1亿；“十四亿人的十四五”新浪微博话题阅读量破1.4亿，登上热搜榜；3月7日，“十四五之青年宝藏”系列创意融媒报道开始上线，融合音视频、文字、图片、动漫等多种表达形式，创新解读“十四五”规划纲要草案，H5作品《快看，这里藏着“选专业秘笈”》《我和职场焦虑和解了》等新华社版“选专业秘笈”做得“走心”“贴心”，很快在腾讯新闻客户端占据首页大图位置，总浏览量近1 500万。在此基础上还利用H5制作了H5小游戏《寻宝人大会》一经上线立刻受到好评，被全国人大公号第一时间转发，学习强国也进行了转发。从新华社的实践中我们可以看出，融合新闻强调的是多角度、多渠道满足用户的需求，从而达到整合传播的效果。

二、融合新闻的主要形态与新闻观念

融合新闻又包含着更为丰富的内涵，融合思维则是融合新闻实践的核心精神内涵，体现在新闻报道的策划、制作、发布与运营的整个生产过程中。**具体而言，融合新闻既是一种新兴的新闻形态，也意味着一种全新的新闻观念。**

（一）融合新闻意味着一种新兴的新闻形态

不同于传统的新闻样式，是一种多媒融合的新闻形态。技术不断发展，新闻信息分发的平台越来越多，平台新的功能被挖掘和开发，融合新闻的呈现形式也越来越多元化。新技术在旧有媒介元素的基础上，又催生出各种新颖的整合形态，它给人们带来新鲜感的同时，也增强了新闻报道的表现力、传播力和影响力。

从表现形式上来看，代表性融合新闻形态包括：**网页新闻、H5新闻、VR新闻、短视频新闻、数据新闻、动画新闻、新闻游戏、移动直播新闻等新兴的新闻形态。**融合新闻策划并不意味着滥用以上新兴的表现方式，而是综合考虑分发渠道的特点和新闻题材的特性，选择最优的呈现方式。这些表现形式我们将在后面章节的学习中具体再进行探讨。

每年两会报道都是媒体关注的重点议题，可以说是媒体竞争的绝对红海，如何在两会报

---

① 中国记协网. 新华网：两会融媒体报道凸显“技术范儿”[EB/OL]. http://www.zgjx.cn/2021-03/16/c_139814109.htm.

道中脱颖而出。**除了基本的选题策划和内容创新，形式创新同等重要**。这几年，各大媒体纷纷开展融合新闻策划，也就是说尝试通过融合新闻这一新兴的媒介形式吸引公众注意力。

在今年政府工作报告解读报道中，新华网改变宏大叙事方式，利用“MR+数据可视化”的方式推出《希望之苗 于此报告》（图 2-4），从“疫苗”切入，以中国有何底气做出“全民免费接种新冠疫苗”这一承诺为主线，通过主持人引导播报并综合运用 MR 混合现实技术与 Motion Control 技术，由点及面、层层深入，将政府工作报告中的关键数据进行可视化呈现，带网民从政府工作报告中找寻答案，揭示“中国之诺”背后的中国优势、中国力量，给网民带来沉浸式体验。

图 2-4 视频《希望之苗 于此报告》

又如作品《3D 立体音像分析丨这样看，政府工作报告更“声”动》，新华社再次运用 AI 声像分析技术，将 2021 年政府工作报告重点核心内容音频进行拆解、成像，同时运用三维建模技术从创新、乡村、生态等五个方面构建动画图景，并以 3D 立体书的形态呈现，产品将声音与动画完美结合，使网民在收听音频的同时，借助动画让音频内容更加形象可感，意趣盎然，带来听觉视觉双重享受。

图 2-5 视频《3D 立体音像分析丨这样看，政府工作报告更“声”动》

（二）融合新闻意味着一种新闻观念

融合新闻的生产逐渐重构了传统新闻的生产、发布和运营的观念，形成了全新的发展理念，这种发展理念以用户思维为突破，以多媒融合作为新闻形态的核心标志，以用户参与作为新闻生产的目标，以互动响应作为叙事表达的主要特征。这四大特征作为融合新闻生产必须要考虑的四个维度，也是融合思维的集中体现。围绕着这些内容，融合新闻从“策划—生产—运营”方面都进入了一个全新的新闻体系：

一是融合思维主导下的新闻策划体系。在媒介融合的推动下，媒体之间走向共融共通，“你中有我，我中有你”，一个新闻报道可采用多种形式进行报道，在选择具体形式时，需要紧密结合不同发布平台的特性，进行新闻策划。力求全媒覆盖，根据发布平台的特点，打造适应不同新闻渠道传播特点的新闻产品。

二是用户思维主导下的新闻生产体系。融合新闻强调的是提高新闻报道的传播力和影响力。要提高传播效果，就要获得用户的好评。因此，融合新闻在生产过程中要时刻针对用户的个性化需求，尊重用户的体验，从媒体市场出发，生产出满足用户多元需求的新闻产品。

三是互动思维主导下的新闻运营体系。互动性作为新媒体的特征，是区别于传统媒体最大的特征。互动性是能够促使用户关注、参与及分享的重要表现。在新媒体技术、人工智能技术的支持下，融合新闻强调打造参与式、沉浸式、分享式的融媒体产品。通过互动提高用户对新闻的认知，培养用户忠诚度，进一步提升主流媒体的影响力。

案例：H5《跟着嫦娥去探月》

嫦娥四号于 2018 年 12 月 8 日发射成功，并于 2018 年 12 月 12 日成功被月球引力捕获，进入绕月轨道。2019 年 1 月 3 日上午嫦娥四号成功登陆月球背面，并传回首张清晰影像。人民网在这些新闻信息的基础上策划了这款融合新闻产品。

这支 H5 在互动上具有代入感，利用交互性设计，让用户体验嫦娥四号的探月之旅。从实验室点击发射按钮、火箭发射、飞行过程、进入月球转移轨道等各个重要的节点，用户可选择拍摄，最后生成一张祝贺嫦娥四号着陆成功的海报。这种方式在满足用户好奇心的基础上，充分尊重用户的互动体验，交互感强。

图 2-6 H5《跟着嫦娥去探月》

融合新闻改变了传统的新闻生产理念和思维方式，每当进行新闻报道的时，新闻工作者总是努力寻找最优化的表达语言，最优化的新闻形态，最优化的发布渠道，而这种新兴的新闻生产观念，就是融合新闻观念。因此，融合新闻代表的是一种新的新闻观念，强调的是基于新媒体语言开展的融媒体产品制作实践。在 5G、人工智能、大数据、虚拟现实（VR/AR/MR）、H5 等新媒体技术的推动下，新媒体的语言及叙事有了更多的可能性，如 H5 主要面向移动终端的设计语言和交互方式，很好地契合了新媒体时代，用户的信息需求、娱乐性需求还有社交需求。

“融合新闻”无论是作为媒介组织间的合作，还是作为未来新闻媒介的新闻生产模式，都是对传统新闻传播模式的整合与重构，这种变革对于各类型传媒实现新闻资源的深度开发具有重要作用。随着传统媒体和新兴媒体的深度融合，融合新闻必然会成为未来新闻表达的主流和趋势，融合新闻不仅意味着一种新闻形式，更重要的是它重构了我们关于新闻的理解和认识。当我们在媒介融合的总体语境下谈论融合新闻，它回应的是一个更大的融合新闻生态。这意味着我们需要在融合思维，也就是多媒融合、渠道融合的总体指导下来认识和把握今天的新闻活动。

三、融合新闻产生的原因

融合新闻在中国的推进主要存在三种发展逻辑：**政治逻辑；市场逻辑；技术逻辑**。具体表现为：

（一）政治逻辑

网络传播速度快、形式新、观点多，感染力和社会动员力都很强，它逐渐成为一个重要的舆论阵地。与此同时，网络舆论的形成具有突发性、冲突性、匿名性、难控性等系列的特点、形塑了复杂的网络舆论格局和严峻的意识形态形势。在全新的媒体格局、舆论生态面前，处于意识形态工作前沿的新闻舆论工作如何借助新媒体传播优势，创新传播方式和手段，尽快掌握舆论场上的主动权。

2018 年 8 月，习近平总书记在全国宣传思想工作会议上强调，宣传思想干部要不断掌握新知识、熟悉新领域、开拓新视野，增强本领能力，加强调查研究，不断增强脚力、眼力、脑力、笔力，努力打造一支政治过硬、本领高强、求实创新、能打胜仗的宣传思想工作队伍。这是习近平总书记继2016年2月在新闻舆论工作座谈会上明确提出“好的新闻报道，要靠好的作风文风来完成，靠好的脚力、眼力、脑力、笔力得来”之后，时隔两年再次强调增强“四力”的重要性，并将面向新闻舆论工作者的要求扩大到整个宣传思想战线。这是对新形势下宣传思想战线队伍建设提出的总要求。融合新闻是提升“四力”的重要方式，因此在政治逻辑的推动下，通过融合新闻加强舆论引导，实现舆论引导是当下意识形态工作的新趋势。

补充资料：

侠客岛简介

（中国新闻奖第二十八届新媒体品牌栏目获奖作品）

专栏定位：作为人民日报海外版旗下新媒体品牌，“侠客岛”自2014年创办以来，牢固树立“四个意识”，坚持守正持中立场，以时政新闻解读为主业，在微信、微博、门户网站、主要资讯客户端等多个媒体平台落地，以优质内容、清新文风，“成为融合发展时期主流媒体积极影响海内外舆论的轻骑兵”（中宣部《新闻阅评》）。2017年9月20日，新华社刊发《主旋律更响亮 正能量更强劲——党的十八大以来宣传思想文化工作综述》，把“侠客岛”作为“中央主要媒体打造的微博微信公众号”的典型。

作品评介：“侠客岛”坚持原创，绝大部分稿件为《人民日报海外版》编辑记者或特约作者写作，较好地体现了“时、度、效”的要求。一是时效性强。第一时间解读重大热点新闻事件，及时传播党中央精神，进行舆论引导、挤压负面声音。二是尺度拿捏到位。既能站位高、领会深、把握稳，发挥中央媒体在舆论场中“定海神针”的作用，又能将“高大上”的时政话题变成“接地气”的网络话语，赢得用户认可。三是社会效果良好。不仅善于寻求“最大公约数”，广泛凝聚社会共识，更在涉及中国国家利益的舆论斗争中，坚持原则立场，力求理性客观，在海外舆论场，尤其是台港澳地区及海外华人圈拥有广泛影响力。

形式体裁：“侠客岛”的原创内容以2 000字左右的时政解读文章为主，图文并茂，版式清朗，注重移动端用户的阅读体验。除文字外，“侠客岛”还应用互联网思维，积极整合人民日报社内外资源，开发多种传播形式，如视频、H5、动漫、小游戏、在线直播、线下活动等，扩大了品牌栏目影响力，丰富了用户体验。

风格特点：“侠客岛”有如下几个特点：一是“大事不隔天”。对于重大国内外时政热点话题，均在当天第一时间进行解读。二是观点正能量。重大时政新闻，准确把握中央精神，行文严守宣传纪律，积极正面影响舆论；突发公共事件，及时解疑释惑、澄清谬误、明辨是非；尚在发酵的热点事件，适当出声，帮助用户正确认识；针对境外炒作揣测，坚决亮明态度，针锋相对斗争。三是话语接地气。文章口语化程度高，多用短段落、短句子，注重将政治术语、专业名词通俗化。标题也符合移动互联网用户阅读习惯：有的简短有力，如《新一届常委，亮相!》；有的态度明确，如《辽宁舰穿越台湾海峡，背后有几重警告》；有的突出悬念，如《谁是证监会主席要抓的“资本大鳄”？》；也有的诙谐幽默，如《特朗普终于踢开了站在他背后的男人》。

受众反映：“侠客岛”的媒体融合实践得到了用户的广泛认可。目前，在微信公众平台、海外网、新浪微博、今日头条、企鹅媒体平台、搜狐、凤凰、网易等多个互联网平台上，“侠客岛”的总用户量突破1 000万。“侠客岛”的用户遍及全球五大洲，覆盖全国所有的省、区、市，以20~40岁的用户为主体，受教育程度高、对品牌忠诚度高。目前，“侠客岛”微信公号保持25%左右的打开率（全平台平均4.6%），活跃度高。用户问卷调查结果显示，74%用户表示“每篇都看”、“认可侠客岛的内容”。“侠客岛”的品牌实践与用户认可度，使之成为许多新闻研究者研究党报融合发展的重要样本。《新闻战线》《国际新闻传播》《新闻与写作》《三项学习教育通讯》《网络传播》等多家业内核心期刊和权威杂志刊登过“侠客岛”相关研究论文，“侠客岛的新媒体实践”成为不少新闻专业博士、硕士、学士毕业论文的研究方向。

——资料来源：中国记协网

（二）市场逻辑

在互联网时代，人们获取信息的渠道逐渐转移，今日头条、腾讯等平台型媒体兴起，传统媒体不断被侵袭，发行量开始萎缩，广告收入也在快速下降，面对如此大的转型压力，新媒体的特点是将受众思维转换为用户思维，信息接收者地位大大提高。在理解的市场竞争中，媒体要在生存发展，就要顺应时代变化，吸引用户注意力，必须转变以传播者为主导的思路，培养用户思维，主动迎合市场需求。因此，数字化、网络化转型成为必然选择，转型意味着媒介融合发展不但是内容分发渠道上的改变，而且是内容生产制作上的创新。媒体要推出迎合受众趣味，符合用户思维和消费方式的融合新闻产品。一方面，融合新闻能满足用户个性化需求。融合新闻强调的是多媒整合，集中优势资源，针对特定用户进行新闻信息的加工，因此，生产出来的每一则融合新闻的产品都具有个性化特征。另一方面，融合新闻优化了新闻表达方式，特别是改变了时政类的新闻呈现形式，使用户乐于接受，从而能为媒体争取更多用户的关注，融合新闻是媒介生态格局变化和市场推动发展的产物。

2015年中共十八届五中全会在北京召开，“十三五”规划是其中重要议题，它勾勒了未来五年中国经济社会发展的基本蓝图，这样一个严肃正经的时政新闻，如何吸引受众的注意力呢？在复兴路上工作室的创作者手中，这条新闻变成了轻松有趣的一则视频：《十三五之歌》。伴随着简单轻快的歌曲，画面以动画的形式展开，讲述了“十三五”规划制定到落实的全过程，外国人用自己的腔调反复吟唱“十三五”，以一种诙谐的方式突显了“十三五”规划的重要性，像《十三五之歌》这样转变重大议题的宣传风格，以生动的呈现方式接近受众，迎合他们的趣味和需求，把我们想讲的和受众想听的有效地结合起来，这样才能事半功倍地讲好中国故事。

（三）技术逻辑

随着传播技术的发展，新闻传播在渠道、内容、受众等方方面面，都发生了深刻的变化，融合新闻正是其产物，而技术进一步的革新，又驱动着融合新闻不断创新，这主要体现在两个方面：一是5G、大数据、人工智能技术的发展，为融合新闻生产提供了积极的技术保障，颠覆了传统新闻生产流程，大大提高了新闻生产与传播的效率。二是虚拟现实、H5等技术驱动着融合新闻在形式、语言、形态等方面的不断创新，使更多满足用户不同需求，适应于现代信息获取习惯的信息整合方式不断出现，从而优化信息传播效果。技术发展不断影响着融合新闻的呈现，它也能够深入融合新闻的生产过程，推动生产流程的升级调整。

2018 年两会期间，新华社媒体大脑生产发布了首条 MGC（机器生产内容）[①]的两会视频新闻《2018 两会 MGC 舆情热点》（图 2-7），在 15 秒内媒体大脑分析 5 亿网页，总结两会期间的舆论热词和热门的内容，并生成可视化的图表，自动完成配音、配图和视频剪辑，作为国内第一个媒体人工智能平台，媒体大脑颠覆了以往新闻生产的模式，以技术为驱动，大幅提高了新闻生产的效率。成为智能化的新闻生产基础设施。

图 2-7　视频《2018 两会 MGC 舆情热点》

中央人民广播电视总台“5G+4K/8K+AI”战略的赋能下，2021 年春晚新技术喷涌，实现了多个“首次”：总台 8K 超高清试验频道实现全球首次 8K 直播；“央视频”和“央视文艺”实现首次“VR 视频+三维声”直播；采用伴随制播模式实现 4K 智能直播，并在上海国际传媒港融媒体影院实现首次 4K 影院直播。专家表示，春晚的新技术集中展示了我国科技创新的成果，为观众带来了一场突破感官体验的视听享受。[②]

通过以上案例我们可以看出，技术为融合新闻的产生带来了可能性，随着技术的广泛使用，融合新闻将带给用户更多的体验，在新闻信息传播中将发挥着重要的作用。

第三节　融合新闻的特点

在我国，“融合新闻”在 Web1.0 时代起源，Web2.0 时代快速发展，多元化媒介的产生、用户共同参与和互动性为“融合新闻”的产生创造了条件。融合新闻在不同的阶段，其表现形式跟随者技术实现的可能性，都有不同的特征。

Web1.0 时代的融合新闻强调的是图文并茂的进行新闻叙事，与早期的图文单独叙事不同，强调的是图片与文字相比，对新闻的表达同等重要。文字与图片的融合，能优势互补、相互支撑。图片能满足网络时代受众直观化信息的需求，帮助文字建立现场感，对新闻的真实性起补充说明的作用。文字则是图片内容的延伸，帮助用户更为深入的挖掘新闻图片背后的深层次意义，引发受众思考。可以理解为文字是图片的延伸和拓展，图片是文字的呈现及印证。

Web2.0 时代，融合新闻的类型更为多样。在 3G 时代，出现的网络新闻、手机报、手机短信新闻、RSS 聚合新闻，在一定程度上充分利用了文字、图片、flash、漫画等多媒体形态进行新闻表达。4G 时代，出现的短视频新闻、H5 新闻、VR 新闻、可视化新闻、众包新闻、AI 新闻等，在新媒体技术的推动下，融合新闻在报道速度、报道角度、报道方式方面呈现快速、多元、个性化的特征。

---

① MGC（机器生产内容）新闻是通过摄像头、传感器等设备智能收集数据和信息，实时检测新闻事件，结合新闻发生地附近的多维数据，智能进行内容分类、数据分析、数据可视化、稿件撰写、视频剪辑、全程配音等一系列工作，给媒体和记者提供富媒体内容的新闻线索和新闻素材.

② 刘阳. 中央广播电视总台春晚观众规模逾十二亿　刷新多项传播纪录[EB/OL]. 新华网，2021-02-13[2021-07-15]. http://www. xinhuanet. com/local/2021-02/13/c_1127097350. htm.

在 Web3.0 阶段，在大数据、人工智能、5G 的推动下，融合新闻生产将全面进入智能化阶段。随着 5G 的普及，未来融合新闻的形态将更为多元，用户体验将更直观。

尽管受到传播技术的影响，融合新闻在不同的时期有不同的表现，但可以看到的是当前的融合新闻是在前面实践的基础上进一步完善的，已进入了成熟阶段，具体而言，当前融合新闻的特征可概括为：

一、智能化生产

融合新闻强调多元素的视觉表达，不仅需要利用文字、图片素材，还需要结合拟真环境下的音频和视频、新技术等手段进行叙事，理解融合新闻对在采编环节的特点，可以从技术的多元化和形式的多样化来理解。无论在什么时期，融合新闻的实践往往走在技术应用的前列，利用新技术，获取及时、全面的新闻数据资源是首先要考虑的问题。

2019 年 12 月 13 日，南方周末“Green+绿色创变者大会”在北京召开，来自政界、学界、商界和传媒界的专业人士一同回顾了过去十年的环境新闻，也展望了未来技术发展将给环境记者带来的机遇和挑战。清华大学新闻与传播学院教授陈昌凤讲述了十年后记者的日常，她说十年后，一位环境记者的工作状态可能这样的：

> 早上 8 点，记者乘坐无人驾驶车前往办公室的路上，传感器发回了空气污染的警告，接着派出两架无人机到现场采样。半小时以后，算法通过社交媒体的信息分析告诉记者，今天的热点话题是空气质量和儿童呼吸困难。
>
> 9 点钟到办公室，记者用人机对话调出了历史空气数据，确认污染指数高于同期。无人机监测的样本结果也表明，今天确实是处于污染状态。10 点，记者戴上增强现实眼镜，浏览上百个社交媒体上的现场图片及视频，发现新建工厂附近空气能见度较低，调用算法，分析机器人相机所拍照片。
>
> 11 点，文本分析程序扫描政府公开文件、公函、公告、数据等，智能助手将与该工厂相关的违规操作、公开谴责、执照撤销等信息高亮显示。记者联系该工厂的公关公司，语音文本分析显示其接线代表的语气情感为“迟疑、紧张”，记者怀疑其隐藏详情。
>
> 智能助手用自然语言程序帮记者绘制了引起污染工厂老板的家族图谱，发现老板有一位远亲是负责监测环境的官员。于是记者将环境议题和政府管理进行了协同，报道主题变得更加重磅。[①]

上述故事来自美国《哥伦比亚评论》对 2027 年一个普通记者日常工作的描述。目前，这幅场景中的大部分已经成为现实。随着 5G 技术的进一步推动、AI 赋能、大数据、无人机、算法、虚拟现实正在广泛应用于新闻业。在不可阻挡的媒介融合趋势和潮流中，这些新兴媒介技术改变了传统的信息传播方式，也重构了媒介生态的传播格局面对未来的传媒变局。

早在 2017 年 6 月，新华社和阿里巴巴集团共同投资成立了新华智云科技有限公司，旨在用智能技术赋能内容行业，帮助内容生产人员更好、更快地采集和处理新闻资源。2017 年 12

① 刘佳. 清华大学陈昌凤：未来十年记者可能是这样工作的[EB/OL]. 南方周末，2020-01-10 [2021-07-15]. https: //new. qq. com/omn/20200111/20200111A01CCU00. html.

月 26 日，中国第一个媒体人工智能平台“媒体大脑”对外发布，旨在用智能技术赋能媒体，探索和实践个性化生产、可视化呈现、互动化传播。媒体大脑的对外发布，是我国融合新闻生产正式迈向智能化的主要标志。如表 2-1 所示，新华智云在探索智能化生产的过程中，丰富和完善了相关的服务。2019 年，发布“媒体大脑 3.0 融媒中心智能化解决方案”，利用区块链技术和 AI 技术，在已有的 30 余款媒体机器人的基础上，为媒体工作者提供“策、采、编、发、审、存”的各个环节提供高效智能的内容生产服务。2020 年人民提报创作大脑正式发布，结合人工智能和算法赋能，为新闻工作者提供全媒体智能工具箱，借助人物识别、精准拆条、语音识别，实现智能化、高效率生产。

在内容采集环节，智能语音之别能力能帮助记者快速将采访、会议的录音内容实时转换为文字，并同步到电脑端上，大幅度提高了记者的工作效率。智能化的应用解放了传统采编人员的双手，通过人工赋能，基于用户阅读偏好，通过实时监测、实时语音识别，能自动发现新闻线索，及时有效获取新闻事件的地理位置、历史数据资料，并与同类事件进行横向和纵向比较，则可快速进行内容分类、数据采集与分析、数据可视化生成并完成新闻稿件撰写、新闻视频制作及多媒体产品制作的全部工作。

在内容分发上，通过大数据分析用户画像，能精准洞察不同群体用户特征，为用户提供个性化的融合新闻产品，让新闻内容真正为用户服务，从而实现与用户之间有效的沟通，拉近媒体与用户之间的距离，从而达到扩大媒体影响力，提升用户体验的效果。

在版权保护上，利用区块链技术，为新闻生产者提供版权保护。通过数据能力和算法判别技术，能够在第一时间登记原创内容，帮助媒体机构和内容生产者快速了解自身内容在全网的使用、传播情况，杜绝抄袭、“洗稿”乱象的产生。

表 2-1　新华智云大事记

年度	大事记
2017	中国第一个媒体人工智能平台“媒体大脑”对外发布
2018 年	新华智云自主研发中国第一个媒体人工智能平台“媒体大脑”，并推出“MAGIC 短视频智能生产平台”； “媒体大脑·MAGIC”实战俄罗斯足球世界杯，机器生产的短视频占据世界杯短视频半壁江山
2019 年	新华智云在国内首次推出 30 多款“媒体机器人”，成为中国“媒体机器人”主要的生产商和服务商。 发布“媒体大脑 3.0 融媒中心智能化解决方案”
2020 年	疫情报道机器人发布上线，帮助媒体人提速疫情报道，深挖数据背后故事，快速传播有效信息； 新华智云发布“两会机器人”，通过 50 多款智能模板、虚拟主播等智媒技术，帮助全国 300 多家媒体创新报道全国两会 新华智云挂牌国家重点实验室，并首次推出实体 MAGIC 机器人，这是国内首个 Vlog 机器人
2021 年	新华智云发布仿真虚拟主播，达到世界领先水平

随着人工智能、虚拟现实、增强现实、人脸识别技术的应用，融合新闻生产在未来会进

一步融入这些技术，在融合新闻采编生产流程中，会突破现有的内容生产模式，通过技术赋能，生产出更具有新闻价值、贴近真实、时效性更强的融合新闻产品。

二、形式的多样性

2018 年中国新闻奖首次把融媒新闻产品纳入了评选范畴，内容包括融媒短视频、融媒直播、融媒栏目、融媒界面、融媒创新等多部作品。目前，融合新闻的文本强调的是视觉、听觉、触觉、感知上的综合体验，通过全感官的体验，让用户嵌入到新闻叙事中，当前主要的融合新闻形式及表现形式的侧重点分别为：短视频擅长视听的文本形式，利用视听元素讲故事；H5 新闻强调多种元素的整合，拥有更大的互动性、趣味性和社交性；VR 新闻强调 360 度全景呈现，有助于创设一种沉浸式的认知体验；数据新闻擅长挖掘隐藏在数据背后的关联，通过可视化的方式呈现新闻世界的关系；新闻游戏擅长用游戏化的方式讲述新闻故事。

2019 年 4 月 6 日，山东广播电视台《问政山东》节目问政山东省农业农村厅主要负责人。面对病死猪乱丢弃的问题，主持人李莎用 8 次连环提问，层层递进追问当地负责人。当晚短视频“李莎八问”推出，在网上引起强烈反响。编辑精选直播问政中的经典镜头，以真实调查素材为背景，以主持人犀利的问政为主体，配以花式字幕，采用适合互联网传播的方式，制作推出短视频“李莎八问”。短视频呈现了问政现场真实、紧张、尴尬的氛围，聚焦形式主义、官僚主义突出问题，助推舆论监督，助力工作落实。

三、以用户为中心

在新媒体环境下，媒介生态格局发生了变化，信息传播的资源不再是传统媒体的专利，传播权力中心下移，信息的超载让媒介之间的竞争日益加剧。在传统媒体时代，传统媒体在同一时间将 1 个节目传输给 1 000 万人时，效率是高效的；而在新媒体时代，传统媒体和新媒体一同，在同一时间有超过 1 000 万的节目推送到 1 个人眼前，用户可选择的内容增多，用户主动权大大增加。在这样的竞争环境下，以数字技术驱动的新媒体拥有更大的竞争力，在传输速度、内容呈现的多元化、精准传输上，新媒体都是高效的。当前的媒介形态，已完全脱离了传统媒体时代单一的“传—受”局面，“受众”已向“用户”转变，其主动性、选择性增强，在智能化新闻生产的推动下，基于用户个性化需要定制推送的新闻信息产品，已成为融合新闻实践首先要考虑的一个问题。新华社在推动融媒体实践的过程中，屡屡推出令人耳目一新的新闻报道作品，获得“90 后”“00 后”等年轻群体的热捧，充分地展示了“以用户为中心”的新媒体思维。

传播技术的发展打破了传播渠道集中的局面，传受双方在传播过程中的地位发生了变化，互动频率也越来越高。在媒介融合的推动下，传播角色的交叉和转换可以同时进行，呈现一体化趋势。以媒介传播对象特征出现的读者、听众、受众、网民细分的“受众”概念已被“用户”的概念所取代。[①]在新的传播空间中，融合新闻在推行的过程中要时刻将“用户思维”放在首位。

在这个需要突破边界、重组要素的融合新闻时代，一切的创意表达也都是为了更好的用户体验，如果想做好融合新闻报道，就需要关注用户，以用户思维为指导，是融合新闻的首

① 栾轶玫. 融时代的生态重塑[J]. 今传媒，2011，19（1）：18-21.

要思维。这就意味着融合新闻还必须符合用户的使用习惯，甚至满足用户未曾被开发出的新需求，最大限度地方便读者进行无障碍阅读。

一切以用户为中心，即站在用户的角度来思考问题，一切以用户为中心，解决用户痛点，满足用户需求，增强与用户的互动和联系。用户思维在融合新闻中具体在将用户的主观感受作为思考的出发点，强调所设计的产品在视听感受、舒适性、界面布局、互动响应等方面给用户提供最优质的服务。如澎湃新闻 H5《天渠：遵义老村支书黄大发 36 年引水修渠记》（可见图 5-1）以水为叙事线索，用渐进式动画、360 度全景照片、音频等多种报道形式，将内容进行全景展现。这是对传统叙事、表达、呈现、传播的突破。而从深层次看，它的创作源于对用户的体验和观感的视角转换，进而对技术和形式的创新应用。

四、内容的互动性

融合新闻是制作者与用户交流的中介，通过交互性元素的设计，让用户参与其中，在参与的过程中感知新闻信息。融合新闻报道强调的是新闻作品与用户的交互融合，通过作品的交互引起用户关注、分享，实现用户与用户之间的社交融合。通常情况下，互动性体现为在融合新闻制作中，通过视频、图像、音频、其他文本多种形式的整合，通过多层次用户控制，将新闻信息传递出去。

第二十九届中国新闻奖新媒体创意互动一等奖作品 H5《幸福照相馆》，2018 年央视财经频道基于腾讯天天 P 图首创的“多人脸融合”技术，以“致敬改革开放 40 周年”为主题推出的多媒体融合创意互动项目，只要上传家人的单人照片，就可一键生成不同年代的全家福，见证 40 年中国家庭生活的巨大变迁。多媒体融合互动 H5，从春节照全家福切入，以独特视角、人文情怀、全新创意，向改革开放 40 年致敬。

再如人民日报客户端出品的 H5《复兴大道 70 号》（图 2-8），以中华人民共和国成立 70 周年为背景，采用“一镜到底”的形式，通过丰富多元的场景变化与精细翔实的内容细节，描绘了新中国成立 70 年来的光辉岁月，记录了时代变革与社会发展的沧桑巨变。整个作品在手机端长约 55 屏，覆盖 500 多个历史事件和场景，包括 4 000 多个人物、500 余座建筑、200 余件物品，用户可手动“观览”70 年发展路，并且在恢复高考等具有鲜明时代特点的场景里“打卡”留影。此外，产品还通过声效、动画、AI 换脸等多项互动，让用户更好地体验新闻产品，实现全维度、沉浸式的体验。

图 2-8　H5《复兴大道 70 号》

思考题

1. 简述融合新闻的定义和特征是什么？
2. 论述融合新闻的基本内涵。
3. 智能媒体时代融合新闻的发展趋势是什么？

第三章

融合新闻的采编和制作流

本章学习目标

1. 掌握什么是中央厨房。
2. 掌握融合新闻的采编和制作流程。
3. 熟记四全媒体。

第一节 融合新闻的采编制作流程

媒介融合带来了传统观念的变革，对于传统媒体而言，转型发展是当前迫在眉睫的事情。在新的舆论传播格局下，主流媒体如何根据用户的需求，通过新闻报道连接用户、聚拢用户，已成为主流媒体需要解决的问题。新技术的出现改变了传统媒体新闻采集与制作的路程，并逐渐演变成一种独立运行、流程完整、操作规范的新闻生产模式。2017 年，人民日报社大胆尝试，打破原有采编机构的藩篱，在全社范围内打通策划、采访、编辑、发布、评价各环节，实现信息资源高度共享，形成传统报道与新媒体传播并重的全媒体生产机制——“中央厨房”的生产模式。“中央厨房”指的是采集同一个内容素材进入全媒体数据库，而媒体内各类传播渠道、子媒体根据需要对这些素材进行二次加工，生产出各种形态的新闻产品；最后将这些新闻产品按照介质特点、传播速度、传播需要，在多种媒介平台逐级发布、传播的生产体系。通过内容集约化制作，实现新闻信息的多级开发，以提高传播效果，节约传播成本。在融合实践中，人民日报中央厨房引入互联网思维，积极运用云计算、大数据、AR、VR 等新技术，把内容和数据作为业务重点，打造集热点监测、线索发现、精准推荐、效果追踪、用户分析、运营管理等为一体的数据化、智能化采编运营体系。

国内对中央厨房的尝试最早是在 2007 年，广州日报社成立的滚动新闻部开始，接着烟台日报传媒集团成立了全媒体平台，初步形成了中央厨房的理念和架构模型。在中央厨房的理念推动下，多个媒体集团都在积极建设中央厨房式的采编系统。从其制作的视频可见，2014 年人民日报社启动“全媒体平台”项目，就成立了统一指挥调度的新闻编辑中心，实现了报纸、网站、客户端等传统媒体与新媒体的资源共享，力求在新的传播格局中提升主流媒体的舆论引导能力。在实践过程中，人民日报通过精心的策划和大数据分析，力求将新闻信息用可视化的方式呈现出来。融合新闻得以广泛传播，归功于人民日报社的“中央厨房”，创立了一套全新的内容生产机制。这种生产机制被称为媒体融合的样板间，为全国各大媒体融媒体中心的建立树立了标杆。

在融合实践中，人民日报中央厨房引入互联网思维，积极运用云计算、大数据、AR、VR 等新技术，把内容和数据作为业务重点，打造集热点监测、线索发现、精准推荐、效果追踪、用户分析、运营管理等为一体的数据化、智能化采编运营体系。**“中央厨房”的发展理念是：一次采集、动态整合、多个渠道、多次发布**。即不同的媒体集中在一个信息操作平台上，统一筹划、资源共享、相互协调、取长补短。各个媒体根据自身定位和用户的特点对信息进行加工，制作成不同的新闻产品后，通过不同的传播渠道传播给用户。这种全媒体的新闻生产模式是对传统新闻采编流程的整合与重构。具体而言，全媒体的采编体系包括四个方面：即生产体系一体化、渠道整合一体化、技术支撑一体化、精准运营一体化。

一、生产体系一体化

生产体系一体化指的是“中央厨房”在内容生产和发布上，实现了新闻采编播发的一体化制作，形成了全流程打通的媒体融合体系。生产体系的一体化主要体现在新闻策划环节，通过构建线索集中共享、策划一体统筹、信息全网感知、情况全员反馈的新流程。

在新闻策划上，通过总编协调会、采前会等方式要求各部门集中通报线索，在报社内部实现线索资源共享，从而为后续的一体策划奠定基础。人民日报社通过全媒体生产体系，打通公网接口，与腾讯等国内知名互联网公司合作，对几十万家新闻网站、微信公众号、微博账号、论坛等进行全网实时监控，监测到的舆情热点信息都会第一时间进入中央厨房线索与热点发现系统。热点线索发现后会及时在电子大屏幕上靠拢，值班编辑和记者只要电脑或者手机上安装这个系统，就可以第一时间获取线索信息；每天上午 9 点，报社白班的副总编辑会召集各部门采编负责人进行线索通报和选题沟通，对重复选题进行集约分配、化零为整。同时，及时收集各部门信息反馈，通过跨部门方式组织力量进行融媒体创新报道，以便抢占移动端，打造现象级传播产品。

二、渠道整合的一体化

渠道整合的一体化即前线记者将内容素材采集进全媒体数据库，媒体内各类传播渠道、自媒体根据自身传播特点，对内容素材进行二次加工，从而生产出符合自身 传播形态的新闻产品，实现一套人马、多个出口的运营模式。所有的新闻产品先从人民日报社所属媒体客户端进行发布，再进一步与国内外主流媒体、新闻网站合作供稿，从而实现报道“一体策划、一次采集、多种生成、多元传播、全天滚动、全球覆盖”。

在多次重大活动报道中，人民日报中央厨房启动“1+N”的报道模式，即 1 名上会记者对应后方 N 名编辑和技术人员。记者在上会过程中发现的任何好线索、好点子都可以迅速联系后方编辑，直接转化到生产环节，由后方编辑和技术提供支援，记者只需要完成现场的一次采集，后方就能生产出图解、H5、直播、视频、VR 等多种形态的报道，最终所有素材和产品都会进入公共稿库，既服务于人民日报系的媒体，也向国内外合作媒体推送。例如 2016 年两会期间，人民日报“中央厨房”生产出了适合在不同传播渠道传播且好看、好玩又具有新闻性的产品。H5 作品《看！有人把十三五画下来》，将十三五期间，我们的生活带来了巨大的改革和方便以素描画风格的形式展现出来。

在中央厨房的规划中，采编联动平台专门设置采访中心，用于对跨部门、跨单位的采访力量进行统一调度，实现任务统一分配和绩效统一考核。同时，在媒资整合上，中央厨房不仅完成了人民日报内的内容资源整合，还完成上游 400 多家媒体、企业、政府机构、国际组织的内容资源接入，其中已签署内容合作的机构包括上海报业、河南日报、四川日报、湖南日报、广州日报、内蒙古日报、贵阳日报、光大集团、腾讯、招商局、世界卫生组织等。此外，还运用大数据和云计算技术打造“中国媒体融合云”项目，旨在聚拢各方资源，形成行业发展合力。

三、技术支撑一体化

中央厨房的技术支撑体系包括六大模块：即传播效果评估系统、可视化产品制作工具、新媒体日用发布管理系统、报纸版面智能化设计系统、内部用户管理系统、互联网用户管理系统。通过六大技术系统，中央厨房实现了对内容分发、传播效果监测、舆情监测、用户行为分析等有力的管理，最终形成新媒体优先发布、报纸深度挖掘、全媒体覆盖的工作模式。

值得注意的是，技术人员在人民日报中央厨房的报道策划中发挥着重要作用。比如协调会或采前会之前，技术人员都要提前准备一些数据报告，如哪些话题最近比较热、哪种形式用户喜闻乐见等。这些数据，都是完成创意策划的重要参考。技术人员会运用 H5、游戏设计等技术，对内容进行可视化生产。

四、精准运营一体化

精准运营一体化是指通过大数据资源和技术，实现新闻产品的精准推送和运营。

“中央厨房”搭建的六大信息系统实现了对内容分发、传播效果监测、舆情监测、用户行为分析等的有力管理，通过对每一篇稿件的传播效果进行评估、追踪，“中央厨房”了解了每一个用户的阅读偏好、习惯和行为特征，并将精确细分的新闻内容和受众阅读偏好进行智能化匹配，实现精准运营。

通过多渠道发布作品的同时，需要分析各渠道背后的用户偏好。利用人民日报中央厨房的技术能力，能够准确判断用户大致是什么人，他们的年龄区间、性别甚至是兴趣爱好，他们在什么时间、什么地点、用什么样的频率和方式，关注媒体的报道。所有这些数据都可以帮助媒体更加准确地了解自己的用户，为他们提供更加精准的内容推荐。

从实际的运行效果来看，“中央厨房”机制在整合资源、形成合力以及创新产品和报道方式等方面，都有积极的作用。“中央厨房”机制提升了处理信息的灵活性，打通了各渠道之间的沟通障碍，使融合新闻的生产效率更高。

第二节 融合新闻的最终实现目标

媒体融合是互联网时代下的媒体产业发展方向。伴随着 5G、AI、大数据、物联网等的高速发展，创新技术已经被认为融媒体建设的关键支点，伴随着技术出现的 H5，VR，动画，游戏、动画、短视频、数据新闻等一系列适合移动终端的新兴媒体形态，都是契合媒介技术发展的，每一种新闻形态都有其自身的融合语言，也有其不可替代的传播优势，特别体现为一种独特的认知体验和接受效果。

融合新闻实践的最终目标是推动传统媒体与新兴媒体的深度融合发展，最终构建一种理

想的媒介生态格局，即全媒体格局。全媒体意味着一种完整的、整合的、协同的媒介格局或传播生态。全媒体概念的出现实际上是对媒介融合发展格局的提炼和概括。2019 年 1 月 25 日，习近平总书记在中共中央政治局第十二次集体学习时发表重要讲话，提出“全媒体”发展理念。什么是全媒体格局，我们可以从中央提出的“四全媒体”理念入手，全媒体格局即全程媒体、全息媒体、全员媒体、全效媒体。它们不仅勾勒出了全媒体格局的基本内涵，也勾勒出了融合新闻发展的未来蓝图。

一、全程媒体

全程媒体，意味着信息传播活动突破了传统媒体的时空限制，传播可以随时随地发生，受众可以随时随地获取信息。全程媒体有两个特点，第一是“全时性”。要求信息传播的直播状态，也就是 24 小时全覆盖、无死角的播出模式，今天移动直播的普及更是将全时性、发挥到淋漓尽致。第二是“全景性”。要求信息传播的全方位、全视角，特别是在重大事件中要全景式地呈现事件发展的整个过程和脉络，包括不同的声音、不同的立场、不同的表现。

2017 年 8 月，广西北部柳州融水杆洞乡突发 2 次山洪，全乡群众被困多日，成为通信、水、电中断的“孤岛”。《广西日报》记者第一时间赶赴灾区一线，因灾情恶化一度“失联”数十小时，在风雨中用手机记录下了当地乡镇干部组织营救、自救的珍贵视频画面，不惜冒生命危险穿越 40 处塌方，经历两次突围送出用生命拍摄的新闻视频，第一时间让外界知晓灾区情况。广西日报社紧急成立融媒体专项报道组，通过综合相关事件背景信息，融合图文音视等素材，运用网络语言将短视频精心编排成为一篇记者突围险境的冒险新闻故事。详见《柳州融水突围记 | 广西日报记者“失联”数十小时，在穿越 40 处塌方后发回灾区最新画面》相关报道。

图 3-1　广西日报记者采访柳州大水

二、全息媒体

全息媒体强调信息呈现的模态整合问题，它意味着信息表达突破了单一的文字或声音表现方式，呈现出文字、声音、图形、图像、动画、VR、AR 等两种以上媒介元素的整合状态。

全息媒体有两层含义：第一是完整的信息形态；第二是全新的信息体验。当多种媒介元素聚合到一起，信息表达的形态便极为丰富。因此，全息媒体创设了一种积极的认知效果，随着信息技术、人工智能、全息技术的发展，未来将成为一个万物皆媒，万物皆屏的时代，任何信息都可以很生动地呈现在我们面前，虚拟和现实的界限也大大的模糊，而深刻的嵌入到彼此的结构中，虚拟亦现实，现实亦虚拟。第二十八届中国新闻奖特别奖《两会进行时》，采用视频优先、移动优先、直播优先的方式对两会进行了全方位、全天候的报道。

补充资料：第二十八届中国新闻奖特别奖《两会进行时》

《两会进行时》是 2017 年人民网视频优先、直播优先、移动优先的重要体现，是“报网融合”的一次生动实践，直播时长、观看人数到达到了新闻网站同类产品的顶峰。《两会进行时》3 月 2 日下午试播，3 月 3 日首播，到 3 月 15 日，累计直播时长达 120 小时，累计观看达 1.38 亿余人次。这既是人民网的“初体验”，也成为全国各大媒体的“独一份”。直播首日，各界“围观群众”就逾 200 万，创下中央重点新闻网站两会直播时长和规模的新纪录。

节目中既有前方记者的一线报道，又有后方演播室的高端访谈，还有精心编辑的会场花絮及创意微视频。其中，“最前方”实时连线会场，使亿万网友迅速获知两会进展；“两会即时评”紧扣每日热点，带来权威解读和精彩观点；“两会分会场”整合诸多素材，力图用短小生动的微视频方式，从会场揭秘、知识普及、精彩花絮等角度，提供稿件 70 余条。《两会进行时》充分展现出“人民系”的“融力量”，受邀嘉宾中有 15 位人民日报社编辑、记者，高度契合报网融合的时代号召。《两会进行时》也是一次技术大比拼。如何在全天候直播的过程中保障信号稳定传输、如何打造可靠的网络环境，是这场直播面临的最大挑战。人民网启用了 2016 年自主研发的移动直播平台，这一已经吸引百余家媒体机构、政府机构、知名自媒体、名人明星等入驻的直播平台，能满足多路、跨区域等多种录制场景中音视频流切换处理要求，全媒体一体化导播台和移动直播台 APP 给人民网带来了采编工作的移动化“小革命”。基于 2016 年人民网研发的移动直播平台这一技术储备，节目团队在极短的时间里，搭建了一站式移动直播解决方案，包括内容采集、实时转码、分发加速、网络优化等核心功能。在输出端口方面，除 PC 端、手机客户端口外，网络电视部为《两会进行时》制作了微信小程序，通过小程序的“两会”和“推荐”两个版块，实现微信实时观看及分享。

——资料来源：中国记协网

2017 年 4 月 20 日，我国首艘货运飞船“天舟一号”在中国文昌航天发射场执行飞行任务。这是我国空间站货物运输系统首次实用性亮相，将为我国空间站组装建造和长期运营奠定重要技术基础。为了能让受众更身临其境地感受我国首单“太空快递”的运送过程和中国航天事业的发展，CCTV-1《中国相册》栏目联手央视网，对此次发射进行近距离 VR 直播，并开创了三个“首次”：首次航天领域 VR 直播、首次最近距离全程直播火箭发射、首次在 VR 直播中引入专业讲解员。这一案例也是典型的全息媒体的体现。

三、全员媒体

全员媒体强调的是信息生产的主体整合问题，它意味着信息传播实践中的多元参与和多元互动。“全员化”也顺应了普通公众参与社会事务的需要。近年来，快手、抖音等多个短视频平台的兴起，就是公众参与度大大提升的体现。新媒体时代，每个人都是一个麦克风，这就打破了传统媒体，你说我听，你播我看的生产和发布模式。2010 年《新周刊》的年终盘点的关键词是围观改变中国，强调的是全民参与的信息生产实践。今天，每个人都可被编织进一个巨大的关系之网，我们不仅仅是一个信息的消费者，还是一个信息的生产者，美国著名未来学家托夫勒在《第三次浪潮》一书中，为这种前所未有的糅合身份发明了一个专门的概念叫产消者。产消者既是信息是生产者，也是信息消费者，信息传播呈现出社会化生产趋势。产消者是生产者和消费者的结合，意味着新媒体时代每个人即是信息的生产者，也是信息的消费者。信息传播呈现前所未有的社会化趋势。因此，全员媒体意味着极大地激发普通公众的信息生产潜力，充分发挥普通公众在信息生产实践中的效力。

四、全效媒体

全效媒体强调的是信息传播的效力整合问题，它意味着媒介渠道的协同作战，以及媒介功能的效能拓展，从而实现媒介传播能力和效果的最优化。简单来说，全效媒体具有两层含义：一是媒介渠道的协同作战，也就是发挥每一种媒介渠道的优势，相互融合、协同作战，最大限度地实现传播效力。二是媒介功能的效能拓展，也就是说，媒介平台要集成内容生产、信息发布、社交活动、综合服务等多种功能。所谓的信息一条街，或者全媒体矩阵强调的恰恰就是全效媒体对未来媒介融合发展的效能承诺。2017 年 10 月，党的十九大召开前夕，新文化推出 H5 作品《点赞十九大，中国强起来》用声音致敬新时代，新华网邀请了不同圈层的知名人士，为十九大录制祝福语，网友可在微博、微信客户端、网站上听到各界“爱豆”为十九大活动录制的祝福音频，与喜欢的“爱豆”传递正能量，为十九大点赞。如在“点赞十九大，中国强起来”系列融媒互动报道中，活动中不同的媒介渠道协同作战，做到了科互动、可分享、可体验。该作品自从 10 月 13 日发起后，接力人次高达 5.12 亿，点赞人次达 1.2 亿，页面浏览量超过了 30 亿，为十九大召开奠定了好的氛围。

补充资料:《点赞十九大，中国强起来》互动报道产品

产品顺应受众移动端阅读习惯，强化优质创意与先进技术深入融合。首次以音频互动为主打形态开展大型主题报道，第一次用互联网技术推出党代会个性化纪念首日封，辅以 H5 轻应用、人工智能、文字、图片、短视频等多种形式和技术，打造设计精美、体验良好的融媒创新产品。

产品紧扣关键节点、迭代深化报道。10 月 18 日十九大开幕当天第一时间推出“进入新时代，中国强起来”特刊，率先在互联网上设置“新时代”议题，率先以“进入新时代”为主题组织网友互动活动；20 日率先推出“我是报告诵读者”，邀请党代表诵读报告，及时深化主题，掀起产品又一关注高潮，实现阶梯递进式传播效果。

产品聚焦民众的利益交汇点、情感共鸣点、价值共生点，有效探索主流媒体社交互动模式。邀请丁宁、蒙曼、董明珠、房方等十九大代表，袁隆平、张瑞敏、马化腾、焦裕禄的女儿焦守云等百余名知名人士录音、领读，鼓励网友社交分享。品突破传统报道传播路径，利用跨界思维创新传播渠道。首次与“新四大发邀请普通民众和数十所高校学生上传祝福音频、诵读十九大报告，参与者既有 5 岁孩童，也有耄耋老人，通过互动有效拉近普通人与党代会距离，成功利用 UGC（用户创造内容）唱响主旋律、弘扬正能量、振奋精气神。

——资料来源：中国记协网

思考题

1. 中央厨房对于媒介融合的影响。
2. 谈谈你对四全媒体的认识。
3. 智能化生产给新闻带来的影响是什么？

第四章 融合新闻的报道策划

本章学习目标

1. 掌握融合新闻策划的定义及在新闻生产中的作用。
2. 掌握融合新闻策划的“时、效、度”。

案例导学：

新华社原创 Rap《十四五@十四亿》刷屏
把“十四五”规划“说唱”到中国青年的心里头

新华社原创 Rap《十四五@十四亿》刷屏：用说唱形式宣传大政方针成为吸引年轻网友的一道“招牌菜”这就是新华社最近推出的刷屏“神曲”《十四五@十四亿》。这首时尚的歌曲采用说唱的方式，融合动漫、中国风等元素，通过朗朗上口的旋律，生动阐释“十四五”规划与人们日常生活的联系，让网友增进对“十四五”规划和 2035 年远景目标纲要草案的理解。

图 4-1 《十四五@十四亿》

这已经不是新华社第一次用 Rap（说唱）的形式宣传报道国家的大政方针政策了，从 2016 年全网刷屏的《四个全面》，再到人们热议的《PPAP 垃圾分类》和新华社版《大唐 Gang》，再到如今炙手可热的《十四五@十四亿》……新华社的“Rapper”（说唱歌手）们用符合年轻人的说唱音乐方式，将宏大主题进行更加青春化的演绎，在不失内容严肃性的基础上，极大增强了传播效果，吸引了更多年轻人学习和讨论。

3 月 5 日，《十四五@十四亿》正式上线，一上线便引爆全网：腾讯新闻微信插件和腾讯视频各端总浏览量 3.1 亿；“十四亿人的十四五”新浪微博话题阅读量破 1.4 亿，登上热搜榜；QQ 音乐、酷狗、酷我浏览量达 6 000 万，新华社微信公众号浏览 10 多万，新华社客户端浏览 130.8 万……

在重要节点，结合最具新闻性的内容推出融媒体产品，是新华社这几年推动媒体深度融合发展的“标配”。在近几年的两会报道中，《十四五@十四亿》主创团队都推出了不少类似融媒产品：如 2018 年两会，结合国家主席首次进行宪法宣誓，推出微视频《誓言》；2020 年两会，结合民法典，推出 H5 互动小游戏《民法典|人生大冲关》，等等。

——资料来源：《新华每日电讯》

一个好的融合新闻产品是离不开新闻策划的。对于广大新闻工作者而言，都会深深体会到新闻策划的重要性。早在 20 世纪 90 年代末，新闻策划就成了当时新闻界热门话题。新闻报道者对新闻报道的事先准备和思考会大大提升新闻报道的传播效果，做好新闻策划是主流媒体提升舆论引导力的重要步骤。与传统新闻生产不同，融合新闻强调的是综合利用新媒体技术及各个表现形式，为用户提供可看、可感、可接受的新闻产品。考虑融合新闻的传播效果，更多层面上会从融合新闻的社交属性入手，让用户主动选择、主动分享、促进融合新闻产品的传播效果。经过事先策划的新闻，以用户的角度去进行换位思考，往往会体现新闻产品的个性化特征，是新闻生产机构的核心竞争力的表现。融合新闻产品要发挥除了信息告知外的作用，引起用户的深思，必须经过融合新闻团队的集体努力，结合用户特征、在运营层面精准触及，才能在整个生产流程产生联动效应。融合新闻的生产是一个系统工程，需要各个环节、各个部门的相互协作才能相互促进，因此事先的策划显得十分重要。

第一节 融合新闻策划概述

2020 年两会，因与每个人的生活息息相关，民法典成为大家关注的热点话题，民法典涉及的专业问题众多，专业强度较高，媒体在宣传报道时需要抓住亮点，对相应的内容准确阐释同时，需要在内容上用通俗易懂、形式生动的方式讲述。如何处理好专业性欲通俗性的问题是媒体在进行相关报道的一大难题。对此，人民日报新媒体中心余法治头条工作室联合，根据用户的喜好，推出了 3D 动画短视频《当哪吒遇上民法典》，成为传播典范。该片将用户比较普遍关注的隐私权、高空抛物、高利贷、离婚冷静期等具体问题置于具体场景中，通过主要人物哪吒推动叙事，用形象生动、通俗易懂的方式将具体条款与公众生活做了阐述，在寓教于乐的过程中，推动了普法教育，获得一致好评。

人民网客户端善于用动画的方式将枯燥的时政新闻讲活，早在 2019 年两会期，人民网客户端推出了短视频《孙悟空的三个锦囊》，视频中沿袭了影片《大闹天宫》的核心元素。主要讲述了人大代表在治理环境污染、加大扶贫力度，为民解忧的具体做法，仅上线 6 小时，播放即超过 1 000 万次。2020 年 5 人民网又推出了另一则创意短视频《"桃园三兄弟"用上民法典》，讲述了当遇到高空坠物砸伤、婚内单方举债、口头遗孤问题的解决办法。

人民网的这一系列策划，通过用户熟悉的中国传统文化故事、典型动画人物形象，有效地振动了用户心目中的集体认同，将晦涩难懂的法律规定置于具体生活场景中，用熟知的人物形象和创意的故事场景简单清晰的做了阐述，用户的接受度高。通过这些案例我们可以看出，一部好的融合新闻作品是根据特定的新闻事件，结合鲜活的表现元素、创意思维、有效运营整合进行的生产策划，新闻策划在推动融合新闻发展方面具有重要的作用。

一、融合新闻策划概述

（一）融合新闻策划的定义

新闻报道策划简单地讲是新闻编辑通过对新闻资源的开发与配置，实现最佳传播效果的创造性活动。融合新闻策划：就是在新闻报道活动开始前对选题、角度、呈现形式等报道要素进行统筹谋划，并综合考量客观环境、技术实现、现实条件，实现对新闻素材的最大开发与利用，从而达到传播效果的最大化、最优化的过程。

融合新闻策划更强调的在尊重特定新闻事件的新闻价值基础上，强调资源的整合和充分利用，力求换位思考，从用户的需求角度出发，考虑到形式的匹配、技术实现的可能及传播效果的整个过程，涉及融合新闻生产的整个流程的综合考量。在融合新闻业务实践中，前期的选择策划也是媒体合理利用资源，提升竞争力的关键所在。

（二）做好融合新闻策划的关键

在各种声音交织的媒介融合时代，如何才能使媒体通过新闻策划，彰显自身的特色，增强竞争力，是当前融合媒体发展需要首先考虑的问题。纵观新闻策划在新闻生产中的作用及经验，我们认为，融合新闻策划也要像传统新闻策划一样，关键是要把握好新闻策划："时、度、效"问题。

1. 融合新闻策划之时

"时"主要指把握新闻时效性的同时，要注重把握时机。一方面，社交媒体的兴起，大大缩短了新闻的生命周期，这就要求新闻媒体在保证真实的前提下，要准确、全面、快速的第一时间进行新闻报道，积极进行议程设置，掌握话语的主动权。另一方面，强调新闻的及时性，并不意味着我们只追求报道的速度，还应该讲究的是报道的时机。新闻媒体需要仔细甄别，认真调查用户对新闻事件的关注范围，在找准用户痛点的过程中，通过新闻策划使新闻内容能够有效地符合当前传播环境和社会现实的需要。2019 年，在最新的生活垃圾分类新标准出台后，支付宝和答答星球顺势而为，推出了垃圾分类小游戏 H5《9012 年最难挑战：垃圾分类……我已经"死"了》的新闻游戏，游戏通过垃圾分类闭卷考的形式，引导用户对不断弹出的垃圾进行分类；腾讯新闻出品了 H5《垃圾分类大挑战》以互动游戏的方式教大家进行垃圾分类。

这两款新闻 H5 都顺应了时事，根据重要的时间节点，及时贴近"垃圾分类"的时事热点做了快速反应，主动出击，通过受众参与度极高的游戏形式，普及垃圾分类知识，把握好了报道时机。

2. 融合新闻策划之度

"度"就是指新闻策划的尺度与分寸，还要注重报道的深度和角度。也就是说新闻策划要拿捏好是否报道、报道多少和怎样报道的尺度和分寸，还应该包括衡量其新闻价值大小，选择的深度和角度。这两方面体现了新闻策划的方向性和重要性。当前，新闻媒体在发挥舆论引导方面，具有重要的作用，新时期的媒体要时刻以党和人民的根本利益出发，坚持党性原则与社会效益的统一。因此，新闻报道的度要求媒体在进行融合新闻策划时要始终做到以下四点：

（1）要坚持党性与人民性的统一。《求是》杂志指出："体现党的意志就是体现人民的意志，宣传党的主张就是宣传人民的主张。"在这一原则指导下，坚持党性，新闻舆论工作才能有明确的立场和指向；坚持人民性，新闻舆论工作才能获得活力源泉和动力根基。新闻媒体要始终为人民服务，而不是为少数人服务。新闻媒体要把对党负责和对人民负责统一起来，把服务群众同教育引导群众结合起来，把满足需要和提供素养结合起来。

（2）评估新闻报道的社会影响与价值，做出与新闻素材相符的策划。在做融合新闻策划时，要始终坚持讲新闻价值的五个要素作为衡量标准，去判断特定事件的社会影响力，注重抓典型。同时，又要考虑新闻素材的属性，根据不同的事件，充分利用适合的表现形式加以策划，提升新闻报道的影响力。

（3）使新闻报道的各个部分互相配合。融合新闻策划是一个系统的工程，在召开策划会的时候要明确各个部门的分工，让全媒体中心的各个部分参与其中，实现资源的整合和联动。

（4）要考虑到新闻策划的可行性。新闻策划要充分考虑实施的可能性，包括团队的资源整合力量，技术的可及性，用户的喜好等都应该作为评价标准。

图 4-2　短视频《臊子书记》

2018 年 10 天津浸云新媒体乘势推出了短视频《臊子书记》（图 4-2），该视频讲述了 80 后青年教师宋鹏被选派到甘肃陇南大寨村担任党支部第一书记，工作 3 年，通过带领村民挖掘地方特色——沙湾臊子、打造电商产业链最终帮助村民摆脱贫困，从而被村民尊称为“臊子书记”的故事。

该视频的策划把握好了“度”，以“平凡人的不凡故事，小切口正能量大情怀”为出发点，利用主人公撰写的 200 多篇扶贫日志为创作出发点，形成的视频脚本，首先，叙事视角得当。该作品展现的是主人公 3 年以来脱贫攻坚的成果，以扶贫日志为出发点，用第一人称的视角展现经历发扶贫故事，从遇到困难，解决问题上展示了扶贫干部的实际心动及脱贫决心。在这个过程中，并没有过分拔高“臊子书记”的形象，他的扶贫成效与评价通过村民的视角进行讲述的，真实还原了大寨村脱贫攻坚的经历。其次，人物选择的典型性，“臊子书记”在整个脱贫攻坚的队伍中具有代表性，该视频通过讲述他个人的扶贫故事，映射出成千上万的脱贫攻坚故事，用小切口展现脱贫攻坚的大能量。

图 4-3　短视频《奇迹：全球院士点赞中国》

在新闻策划中，怎样选取人物，是把握好度的核心，对人物表达能够传递出一定的价值取向，同时权威人物更能够增强言说的说服力。党的十九大召开前夕，中国外文局融媒体中心、《人民日报海外版》、欧美同学会三家单位联合出品了《奇迹：全球院士点赞中国》（图 4-3）系列产品，作为党的十九大献礼。

该专题于中共十九大前推出，围绕全球院士的中国故事这一极具新闻性的话题展开，紧扣中国共产党对推动经济发展、从严治党做出的不懈努力，中国四十多年来取得的巨大成就等内容。这个作品围绕全球的院士对中国的印象，对中国变迁的感知，对中国发展的建议等方面，反映了近年来我国在科教文卫各个方面的卓越发展。从选取人物来看，这些院士涉及无线通讯、农业、植物学、医学、环境科学等领域。院士们通过自己的亲身感知或经历讲述了他们与中国的渊源、合作，他们所经历的中国发展，并对其研究领域内中国所处的国际地位进行客观判断，对中国未来发展提出建议，通过采访混剪的形式展现了中国四十多年来取得的巨大成就等内容。由此看来，新闻策划时选择合适的人物，把握好采访的角度，能够增强新闻的公信力。

3. 新闻策划之效

“效”即新闻报道的传播效果，新闻报道之效是指通过恰当的新闻策划活动，增强新闻报道的传播力、引导力、影响力与公信力。融合新闻的传播效果主要是从产品的交互性和社交性出发的，重点是用新媒体技术，创新新闻传播方式，生产出多元的产品，能够让用户在体验、观看的过程中有一种耳目一新的感觉。通过互动参与，先让用户沉浸在具体情境中，在获得体验的过程中去传递某种信息。

2018 年春节，恰逢改革开放四十周年的时代节点，央视财经频道基于腾讯“天天 P 图”软件首创的“多人脸融合”技术，以“致敬改革开放 40 周年”为主题，推出多媒体融合创意互动项目 H5《幸福照相馆》。

在进入《幸福照相馆》的界面时，用户可上传家人的单人照片，就可以根据设定的全家福模板，随时随地生成一张不同年代的全家福照片，通过不同年代、风格、家庭照片展现改革开放四十年来不同时代的特点。用户可以根据自己的喜好和需求进行选择，通过主动上传，生成全家福照片后易引起用户的二次转发，形成裂变式的传播。

要实现传播效果，提升融合新闻报道的影响力，首先需要根据用户的特点，找准用户的痛点，以用户为中心，才能有针对性的生产适合的产品。2017 年两会期间，中国日报推出特别节目《英国小哥细数两会关键词》(图 4-4)，该视频通过“一镜到底”的方式解读与两会有关的关键词，通过“外国人讲中国故事”的方法与虚拟抠像技术结合，利用海外读者乐于接受的方法，易于理解的语言，反映中国社会的变迁，以及中国取得的巨大成就的原因。从画面上看，通过人物与画面中其他元素的互动，提升了视频观看的趣味性，实现了较好的传播效果。

图 4-4　短视频《英国小哥细数两会关键词》

第二节　新闻选题策划

新闻选题是新闻生产活动的起点。①当我们以新闻价值作为选题策划的依据时，应该充分考虑新媒体语境中的社会心态和公众心理，如此才能更好地把握融合新闻选题。比如，新媒体舆论生态中，情绪和情感的意义被极大地放大了，那些大凡能够拨动社会情绪的议题，必然会成为新闻关注的热点。而当这种社会情绪遭遇新兴的技术方式，并且以一种新的新闻形态（如 H5 新闻、VR 新闻、动画新闻、新闻游戏）呈现出来，便有可能成为既定技术语言主导下的新闻选题。选题就是问题，有了问题，才谈得上新闻的价值和意义。

新闻策划包含的环节比较多，但首要的问题是选题策划。如果说记者就是镜头后面那个人，选题策划就意味着我们的镜头要对准哪里，聚焦哪里。一个选题究竟有没有价值，关键看它在特定语境找那个的意义。一般来说，大凡具有新闻价值的议题，如时效性、重要性、显著性、接近性、趣味性比较突出的议题，都可以纳入到新闻选题策划的范围。也可以理解为“哪里有社会问题，哪里就有选题”。也就是说选题策划的关键就是要明确社会问题的藏身之所。

暨南大学刘涛教授在发表的论文中提出，融合新闻的选择可以从三个维度来把握新闻选

① 刘涛. 融合新闻选题：“信息逻辑”与“流量逻辑”的对接[J]. 教育传媒研究，2020（1）：20-24.

题的策划思路：一是从社会痛点中找选题，二是从重大议题中找选题，三是从大数据中找选题。①基于此，本文也按照上述三个维度对融合新闻的选题作具体论述：

一、从社会痛点中找选题

一般来说，社会痛点是由各种复杂原因长期积累造成的。这些问题短期内无法根除，就会给社会和公众带来持续性的疼痛感。②近年来，教育问题、保障问题、住房问题、食品安全、医疗卫生、环保问题、城乡差距等问题都引起公众的广泛关注。但其中的矛盾，在短时间内可能还无法非常完善的解决。因此，它们便成为社会的难题和痛点。今天的中国处于转型期，原有的利益格局被打破，新的利益均衡机制还在不断完善之中，许多社会问题或矛盾都会在这一时期集中出现。因此，媒体应该保持对社会疼痛的职业敏感，真正理解当前社会存在的问题，并给出客观、理性、深入的呈现和分析。这是媒体的职责之所在。

聚焦老百姓普遍关注的高空抛物问题上，2019 年《南方都市报》以长图的形式生产了《希望这栋丑陋的楼里，没有你我》（图 4-5），模拟了住在这栋楼里面的各个年龄阶段的人群的生活场景，以及可能会出现的高空抛物现象，在受害人都被扔的高空抛物砸到后，列举了因高空抛物产生不利影响的新闻，用模拟和真实结合的方式告诉大家高空抛物的事实及破坏性。列举生活中常见的香蕉皮、铁钉、麻将、啤酒瓶、西瓜皮、鸡蛋等物体从高空中落下的危害性，生动形象地展现了老少都可能深受其害的社会现实，给人以警醒的作用。

图 4-5　长图《希望这栋丑陋的楼里，没有你我》

二、重大议题中找选题

所谓重大议题，就是一段时期内整个国家重点关注的话题。重大议题本身就具有“重要性”和“显著性”，因而具有先天的社会关注度。从重大议题中找选题，意味着我们要时刻关注身边的大事，大事出现时，我们往往要有所作为。比如可以从两会、“一带一路”、中国梦、讲好中国故事、乡村振兴、精准扶贫、改革开放 40 年、恢复高考 40 年、红军长征胜利 70 周年、新中国成立 70 周年、建党 100 周年中寻找选题，出发回应社会热点。

图 4-6　H5《看，这就是当年的我》

图 4-7　H5《幸福长街 40 号》

2018 年 12 月，人民日报客户端为纪念改革开放 40 周年也推出了 H5 产品《看，这就是当年的我》和《幸福长街 40 号》。在 H5《这就是当年的我》（图 4-6）中，可以选择有七八十年代的时尚青年、高考生、个体户、农民工、企业家、运动员、天安门前的游客等形象，只要上传自己的照片，就能合成一张自己在改革

① 刘涛. 融合新闻选题：“信息逻辑”与“流量逻辑”的对接[J]. 教育传媒研究，2020（1）：20-24.

② 刘涛. 融合新闻选题：“信息逻辑”与“流量逻辑”的对接[J]. 教育传媒研究，2020（1）：20-24.

开放中的“历史影像”，互动性强。《幸福长街 40 号》（图 4-7）主要用长图展现改革开放 40 年来的重要事件、典型人物、电视剧等，用户跟随界面的滑动可体验时代的变迁，在滑动时每到新的情景，背景音乐都会跟着变化，时代感强。交互创新上，长图中重要的节点都有“小相机”按钮，点击后可以将当前页拍摄下来存为海报，海报中配有与图相关的走心文案，代入感和互动性都很强。这两则 H5 产品都从历史维度展现了改革开放以来的时代变迁，展现了人民日报在面对重大议题时的精准策划，也以用户为中心，增加了产品的交互性，提升了媒体的公信力和影响力。

2020 年 9 月 27 日，新华社为新中国成立 70 周年献礼，策划推出了短视频《新中国密码：15665，611612!》，短片将《没有共产党就没有新中国》这首老歌改编，赋予了新的生命力，以歌曲作者曹火星女儿的讲述贯穿全片，运用富有创意和冲击力的表现形式，生动展现了中国共产党带领人民不懈奋斗，迎来从站起来、富起来、到强起来伟大飞跃的壮伟历程，在新中国成立 70 周年之际，引导观众读懂中国共产党的初心和使命，上线后在全网形成刷屏之效，被众多媒体和公众号模仿。截至 2020 年 10 月 9 日，微电影海内外总播放量达 7.28 亿次，推送量 17.58 亿次，收获点赞 4 036 万。①

三、在大数据中找选题

在大数据时代，每一个人的生活都不可避免地与各种数据发生关系，也在源源不断地制造着各种数据。数据生活成为今天最基本的“生活方式”。寻找选题的过程中，大数据为我们提供什么样的思路？实际上，现实生活中往往隐藏着各种看得见和看不见的社会问题，利用大数据分析往往提供了一条非常有效的探索路径。其实大数据分析一般能够发现事物之间隐秘的关系或规律。这种关系和规律，往往有助于我们更加清晰地把握现实。

2017 年，电子科技大学利用大数据挖掘与分析，发掘家庭经济困难的同学，通过对学生在校内消费情况，如食堂、超市、乘坐校际班车等，分析学生的消费水平，结合学生的社交特征、行为轨迹挖掘困难指数较高的同学，并为贫困学生每月发放 600 元隐形补助。从这一案例可以说明在数字媒体时代我们可以通过大数据挖掘隐藏在事物背后的关联，这就是大数据思维。2016 年美国大选期间，凤凰网以全民投票的方式，对特朗普和希拉里谁会获胜进行了在线展示，根据形成海量数据，进行了融合新闻报道。财新网数据新闻作品《追踪境外输入病例 30 天：归来之路几多曲折》（图 4-8）利用图表、地图、动态图、关系图为我们展示了境外输入病例增长情况、分布情况、来自哪些国家，输入病例的身份、病例的轨迹等进行了可视化呈现。记者在梳理数据时发现，因回国航班减少，回国人员中转次数增多及改签数增多之间的关联。用大数据为我们的新闻策划及报道内容服务。

图 4-8 数据新闻《追踪境外输入病例 30 天：归来之路几多曲折》

我们通过大数据分析，发现一些难以识别或者不为人知的社会问题，这便是大数据中找选题的基本内涵。大数据中不仅仅有数据，还驻扎着一个个不为人知的新闻真相。

---

① 中国记协网，http: //www. zgjx. cn/2020-10/28/c_139472590_2. htm [EB/OL].

第三节 融合新闻表现形态策划

如果说将融合新闻作品的创作看成是做饭的过程，选题就是选食材确定后，就进入烹饪食材的过程，不同的烹饪方法做出来的菜的味道是不一样的。但每一种蔬菜都不是随便怎么做都好吃的，就像新闻事件本身是一样的，事件的大小、事件的属性及事件最适合的表现形式等都是有差异的。因此，不同的新闻事件需要综合考虑表现形式，才能做出合时宜的融合新闻产品。

简单理解，融合新闻形态策划需要综合考虑技术、叙事方式、叙事结构等各方面因素，具体在策划过程中应在确定立意的基础上，注重表现形式及叙事语言的策划。同一事件，视角不同，呈现方式千差万别，效果自然不一样。当前我们应该知道的是融合新闻产品的主体构成是视觉文本，新媒体视觉文本的语言结构，叙事逻辑，界面响应方式，用户互动体验如何创新，都成为叙事语言创新的重中之重。接下来我们将结合具体案例从表现形式创新和叙事语言创新对这一问题进行探讨。

一、立意

立意即融合新闻作品所包含的思想内容，包括创作者的构思设想、意图和动机等，是融合新闻的核心所在。是新闻工作者对新闻事件的认识由感性到理性的过程，是新闻报道深度的重要体现。立意是选择报道角度的问题，不同的报道角度有不同的表现，要求新颖和深刻。

2018 年两会期间，在融合新闻报道上，各媒体充分利用了新技术、新手段，开启全方位、多角度的融合新闻报道。以人民日报社、新华社、中央电视台等为代表的主流媒体融合动画、脱口秀、H5、纪录片等手段，推出多款新闻产品。《人民日报》推出国家形象系列宣传片《中国一分钟》《中国很赞》《政府工作报告怎么读？人民日报为你建了一座城！》《Rap 动画唱两会，带你唱响新时代！》等系列视频。新华社客户端推出系列短视频《洋记者看两会》、动画《跃然纸上看报告》《政府工作报告》，以外国人的视角来看两会情况；腾讯新闻推出的动画短视频《350 秒速览最高检工作报告！干货都在这里了》；中央电视台推出的台网联动栏目《央视快评》人民日报社的《当检察法遇上孙悟空》等新闻产品创意十足，各具特色，从不同的立意和视角让时政新闻更丰富多元。

人民日报社《中国一分钟》系列微视频创造性的以“一分钟”为切入口，展现改革开放 40 周年的成就，将宏大叙事按照时间刻度微缩，以小见大，展现中国人民追梦前行的风貌。系列微视频对传播模式进行创新，融通线上与线下、全国与地方、传统媒体与新媒体，线上阅读播放量超 24 亿，线下覆盖用户超 2.5 亿，达到海量传播和广泛好评双重效果，是 2018

年的标杆性爆款融媒体产品。“一分钟”被称为 2018 年的“现象级 IP”，在全国引发竞相模仿，影响一直延续至今。①

在脱贫攻坚报道上，2018 年新湖南客户端推出 H5《苗寨“十八”变》(图 4-9)，该作品的立意借用了“女大十八变”的俗语，展示了十八洞 5 年以来脱贫攻坚的变化，作品以当地极富民族特色的苗歌为主线，结合方言、音视频、360 度全景航拍等，加上与作品浑然天成的互动设计，讲述了 5 位村民 5 年来不一样的“拔穷根”、奔小康的脱贫致富故事，真实动人，极大地提升了读者的阅读体验感，形式新颖，创新和互动性强，极具说服力和传播力。②

图 4-9 H5《苗寨“十八”变》

二、表现形式创新

新兴媒介技术的发展使得除了“两微一端”之外，短视频新闻、H5 新闻、虚拟现实（VR、AR、MR)、数据新闻、动画新闻、新闻游戏、全息投影等技术在不断拓展融合新闻的媒介形态。任何一种媒介形态都有其独特的文本特点和呈现风格，都有其不可替代的表现优势。

短视频迎合了视觉时代的文本形式要求，善于用视听语言讲述新闻故事。H5 新闻拥有更大的互动性、趣味性和社交性，操作便捷。VR 新闻有助于创设一种沉浸式的认知体验；MR 有助于虚实结合，增强内容表现，震撼效果强。数据新闻擅长通过可视化的方式呈现新闻世界的数据关系。新闻游戏擅长通过游戏化的程序修辞来讲述新闻故事。

总体来说，每一种新兴媒体形式都有自身的传播特色，同时也有其不同于其他媒体的文本形态和表现语言。因此，针对既定的新闻选题和内容，融合形态策划的首要问题，就是要充分了解各种新媒体形态，结合新闻事件立意，选择最优化的表现形式来作为融合新闻叙事的承载方式。如新媒体时代的视觉消费对逼真的空间细节、沉浸式的认识体验，提出了更高的要求。因此，VR 新闻就迅速成为一种新兴的新闻形式。在作品《天舟一号发射任务 VR 全景直播》中，通过 VR 直播，全程记录火箭发射的过程，用户通过屏幕 360 度观看火箭发射、火箭吊装、运转的全过程，场面震撼，沉浸式效果强。

在第三十届中国新闻奖入选作品中，“数说 70 年”数据新闻可视化系列短视频产品，从消费、饮食、大国工程、数字经济、生态、外贸六个方面，充分展现人民生活在 70 年历程中不断改善并持续提升的发展过程。数据由单调转向丰富，数据与图像紧密结合并互为补充，不仅有助于提升信息传达的精准度，更消弭了数字在视觉上的单调乏味。数据由静态转向动态，在展现出分项数据的同时，更直观地凸显出数据对比情况及数据发展趋势，让用户在短时间内接收到大量信息，以“上帝视角”对发展全局一目了然。③

2021 年两会报道期间，新华网紧扣两会主题，强化技术创新应用，出品了多款技术先进、形式新颖，可看、可听、可玩的融合新闻产品，产生了强烈的社会反响。运用 MR+MOCO 技术推出的短视频《【创意 MR 艺术舞台秀】舞动“十四五”》《希望之苗 于此报告》；运用 AI

① 中国记协网，http: //www. xinhuanet. com//zgjx/2019-05/23/c_138080601. htm [EB/OL].

② 中国记协网，http: //www. xinhuanet. com//zgjx/2019-05/24/c_138082786. htm [EB/OL].

③ 中国记协网，http: //www. zgjx. cn/2020-10/14/c_139439652. htm [EB/OL].

声像分析技术，推出了《3D 立体音像分析丨这样看，政府工作报告更“声”动》；运用交互手绘长图制作了《萌新记者两会上岗锦囊》；利用 H5，制作了《两会“睿”心跳》《小睿看会丨未来怎么干，国家有答案！》《小睿看会丨朗朗读书声，出彩少年时》；利用 MR 全息技术制作了两会特别访谈《有话问两会》，都引起了广泛关注。

如果我们仅仅在现有新闻形式上寻求突破，那便大大限制了融媒产品策划和开发的想象力。因此，融合新闻的形式策划要紧密结合新技术的变化，并用新媒体思维突破传统新闻表达的边界，同时学会征用其他文化形态和娱乐形态为新闻生产服务。

三、叙事语言创新

如果仅仅从新闻产品的元素构成来看，不同的元素按照不同的语言规律整合到一起，便形成了不同的融合新闻产品。考查融合方式的创新，首先要理解不同媒介元素融合的底层装置。对于任何一种新闻形式而言，融合形态策划的关键，是多媒融合的整合规律和机制的探讨。一般来说，融合方式创新要基于三个原则：

第一是媒介元素选择的科学性和适用性。融合新闻并不是一味追求炫酷的效果，一切设计的前提和初衷就是要追求更好的传播效果。根据传播内容和接受心理的基本特征来决定选择何种媒介元素。采用何种叙事方式。

第二是媒介元素整合的多媒性和丰富性。相对于单一媒介元素，基于多种媒介元素的多感官刺激，往往能够产生更大的传播效果。从而有助于用户形成更为丰富的认知共振。

第三是媒介元素叙事的拟真性和交互性。融合新闻的传播土壤主要是社交网络，这便决定了融合新闻往往是作为链接的产品，是关系中的产品。因此，融合新闻是否能够创设友好的用户体验，成为产品生命的主要评价指标。

显然，融合方式创新需要在媒介元素选择，媒介元素整合，媒介元素叙事三个维度上进行。2018 年，中央电视台以乡愁为角度切入，推出原创视频《鼓岭 鼓岭》，用沙画加电视资料画面加现场回访的方式来呈现叙事。用沙画还原历史，用采访和资料画面来深情讲述这一跨越百年的传奇故事。原声加沙画精巧结合的收尾，将情绪和立意都同时提升至新高度，全篇娓娓道来，温馨质朴，又充满人文情怀。该片真实巧妙地表达了习近平同志细致入微的人文情怀、加德纳老人发自肺腑的异乡“乡愁”。微视频一经推出就好评如潮，福建电视台《新闻联播》播出该节目，央广网、澎湃新闻、中国新闻网等多家媒体第一时间转发该视频，新浪、腾讯、网易、搜狐、凤凰网、南方网、今日头条、一点资讯等均置顶推荐。

未来，媒介融合的方向是构建全媒体生态。实际上融合新闻并非是传统新闻在新媒体平台上的简单移植，它意味着一种崭新的新闻生产系统和发布格局。融合新闻实践的最高境界或终极目标是：打造一个整体性、系统性的融合新闻生态。具体来说，包括产品维度的多媒融合、传播维度的渠道融合、以及运营维度的产销融合。除了上述选题策划、形态策划外，整合传播策划也是十分重要的。集体来说要考虑两个维度的：一是渠道融合，二是跨界融合。渠道融合回应的是融合新闻发布的渠道整合与对话问题。跨界融合回应的是融合新闻运营的行业渗透与互补问题。

渠道融合策划意味着一种系统性的生产体系策划。一方面，它强调同一新闻议题在不同渠道的智能发布。需要从文本形态、表现方式、叙事语言上重构相应的媒介内容。另一方面打造全媒体矩阵，不同渠道协同作战。面向不同渠道进行有针对性的策划，各取所长，协同作战，从而实现不同渠道的联动效应，发挥整体性的传播效力。简单来说，融合新闻不仅体现为形式创新，还体现为渠道对话。即运营机制的融合，最终目的是回应一个更大的智能生产与发布生态。

跨界融合主要指行业之间或渠道之间的相互渗透与相互融合。它的目标是使融合新闻产品从表层进入纵深，从局部进入系统，从端口进入网络，从渠道进入生态，从而获得更大的传播效力和社会认同。在万物皆媒、万物互联的智媒时代，跨界融合必然成为融合新闻传播的基本思维。

思考题

1. 融合新闻策划的重要性体现在哪里?
2. 如何做好新闻策划?
3. 融合新闻的选题如何把握好“时、效、度”？
4. 根据选题的三个方向，分别就当下发生的事中各找出 1 个选题。

第五章 融合新闻的叙事逻辑

本章学习目标

1. 掌握融合新闻为什么要讲故事？
2. 掌握讲好新闻故事的方法。
3. 掌握融合新闻叙事的结构。

案例导学：

《长幅互动连环画 | 天渠：遵义老村支书黄大发36年引水修渠记》

2017年4月23日，澎湃新闻刊发H5产品《长幅互动连环画 | 天渠：遵义老村支书黄大发36年引水修渠记》，沿用大气磅礴的海报封面，开篇69个字为整个报道奠定了基调：一道万米水渠，跨36年建成，过三个村子，绕三重大山，穿三处绝壁，越三道险崖。一位村支书，用一辈子的时间，彻底打破了村庄干渴的“宿命”，带领千余人打开了脱贫致富之门。

图5-1　H5“天渠”

H5还原了老支书黄大发从20多岁的毛头小伙到60岁的花甲老人，青春耗尽，“拿命去换”终于带领村民修通了万米水渠的故事，布局条理清晰，感人至深。第二页由黄大发清唱的当地歌谣，带着历史的沧桑，一开篇就把整个产品的讲述带入高潮。之后，第一次修渠失败、一个字一个字认新华字典学习水利知识、挨家挨户走遍7个村民组、带头在腰间绑上绳子吊上悬崖、“为了水，我愿拿命来换”、在卡车下过等细节无不令人感动，画面与文字均令读者印象深刻，而最后4名“80后”和“90后”的口述，更是体现了天渠精神的传承。

17页的H5产品以水为主线，用下拉式长幅连环画、渐进式动画、360度全景照片、图集、音频、视频、交互式体验等多种报道形式，全景地展现了黄大发带领老一代修渠脱贫、带动新一代致富的历史长卷，用新闻媒体的社会责任感，为当地的发展历程记录下了浓墨重彩的注脚。

为了提高事件还原的真实度，整个H5制作与画风选用了朴实且带有平面装饰意味的黑白风格创作，角色处理采用写实的手法，生动传神，画面背景与人物主体关系黑白布局得体，以金色作为点缀，稳重大气又不失活跃的细节，在这个新媒体与手机阅读时代，带给了读者更全面立体、更轻松、却更震撼的阅读体验。

创新主旋律报道、典型人物报道表达方式，取得极好的社会传播效果，上线一天后阅读数即达300万上。该H5报道包括多种表现形式：下拉式长幅连环画，渐进式动画，360度全景照片、图集、音频、视频、交互式体验等，别具匠心，丰满而立体。

——来源：中国记协网

第一节　内容生产的故事性

习近平总书记在党的新闻舆论工作座谈会上讲话指出：讲故事就是讲事实、讲形象、讲情感、讲道理。①讲故事作为人类知识传播最原始的形式，至今依然是人与人交流和沟通，

① 学而时习. 习近平：讲好中国故事，传播好中国声音[N/OL]. 求是网，(2021-06-02)[2021-07-15]. http://www.qstheory.cn/zhuanqu/2021-06/02/c_1127522386.htm.

信息获取的有效方式。在现代传播系统中，讲故事成为普遍的产品理念，即按照公众的认知来打造易于理解、能够有情感共鸣的产品，让用户能够接受、认可。讲故事的人希望通过故事跟人交流和沟通，或是传递讲述者的思想，或是分享大家感兴趣的事，人类的文明在讲故事中得以传承和发展。对于新闻来讲，也要讲故事，新闻叙事的常见思路是故事化叙事，即通过对新闻故事的呈现来抵达更广的认识世界。新闻叙事的目的就是让深刻的主题在故事结构中显现出来。

简单来说，讲故事就是要将公众的接受心理，整合到节目的叙事链条中，或者说，按照公众的认知心理来打造完美的故事。显然，讲故事是一种普遍的产品理念，对于新闻来说，当然也要讲故事。

新闻故事，有广义和狭义之分：广义的新闻故事指一切具有新闻价值的议题或事件；而狭义的新闻故事则主要指反映既定新闻主题的微观故事，特别是人物命运故事。[①]如何讲好新闻故事，涉及新闻如何叙事的问题。许多时候，深刻的道理只有通过形象化的表述，用讲故事的方式才能打动人、说服人。讲好新闻故事，主要是利用新闻文本的属性，结合故事结构、表现形式，将宏大的主题与微观叙事紧密结合起来，以承载社会主题。

在新闻叙事中，讲事实才能说服人，讲形象才能打动人，讲情感才能感染人，讲道理才能影响人。下面，我们将从四个方面对新闻如何讲故事进行论述：

一、讲事实——新闻生命力的体现

真实是新闻的生命，讲事实就是在尊重客观事实的基础上，去寻事情真相。新闻是对新近发生的事实的报道，新闻来源于事实、新闻事实也是新闻实践要探讨的根本问题，当前传播技术快速发展，新闻生态发生了巨大的转型和变化，尽管说新闻呈现方式越来越丰富，但我们必须承认，融合新闻时代，新闻叙事要坚持“新闻生产从事实到新闻”的实践逻辑。我们不能为了花哨的形式，忘记了新闻的初衷。新媒体时代，信息的数量繁多，信息的超载给人们的生活带来负担。新闻媒体需要在信息泛滥中，坚持讲事实，为用户提供正确、有用的信息，有利于维护社会秩序。2020 年，在全球抗疫时期，网络上针对新型冠状病毒的谣言比平常要多很多，特殊时期，用户往往有很多的不确定性，网络上有很多情绪和观点会影响公众的判断力，加上谣言的盛行进一步加大了公众的恐慌，会引发社会问题。很多媒体在抗疫期间都采取了及时粉碎谣言的方式，将客观、真实的信息及时公布，让真相显现出来，对于团结一致抗疫具有重要的作用。

融合新闻时代，除了尊重客观事实外，我们需要做的还有通过直观、易懂的方式去讲好新闻故事。融合新闻是新媒体时代的产物，就必须借助多种技术工具来寻求真相，即要讲好今天发生的事实，又要善于分析事物的联系，挖掘内部真实故事。

财新网擅长用数据新闻可视化的方式讲述新闻事实，其《数字说》栏目，通过数据图表的方式，以创新手法将隐藏在数据背后的事实挖掘出来，让新闻更为直观。如数据新闻《新冠逝者：献给疫情中离去的生命》（图 5-2），用可视化的方式将海内外的逝者进行了呈现，在

---

① 刘涛. 融合新闻如何讲好故事[J]. 教育传媒研究，2020（3）：9-13.

交互界面中，可以选择一名逝者、已收录的逝者、医护人员或来自同一家庭，还可以“点击”名字查看详情，伴随着切换、长按、搜索的主动选择，用户可以了解具体逝者去世的原因。作品中，每一个花瓣代表一个逝者，就中国和海外逝者情况做了对比，非常直观地还原了新闻信息，将复杂的逝者信息统一在交互图表中，可使用户了解到更多的新闻事实。

图 5-2　数据新闻《新冠逝者：献给疫情中离去的生命》

二、讲形象——抽象议题的直观表达

对于如何讲好新闻故事，在全世界范围内，《华尔街日报》可称为全球讲述新闻故事的典范。“华尔街日报体”之所以备受推崇，实际上源于其对故事、人物、命运、悬念、细节等新闻要素的重视。就主题性新闻而言，如何将一个抽象的社会议题转换为公众可以微观认知和把握的具体问题，“华尔街日报体”的常见叙述思路就是从“小”处入手，也就是从小人物、小命运、小场景、小细节切入，创设一个微观接受语境，从而第一时间捕获公众的注意力。然后再以“小”见“大”，过渡到对新闻背景和主题的认知，由此实现微观故事与宏大主题的无缝衔接。

讲形象就是要用生动形象的方式讲故事。媒体往往根据自身的定位，挖掘有意思的素材。在创作时用灵活的角度、巧妙的机构、生动的情节、细腻的刻画，还原了新闻现场中的人和事，新西兰的交互式动画 *Oat the Goat*，就兼备这些特点，是反校园霸凌教育的优秀范本。新西兰是经合组织（OECD）成员国家中霸凌现象最为严重的国家之一。为此，新西兰教育部联合国内的创意机构，针对即将迈入小学的儿童，开展了一项预防霸凌的教育普及活动。他们用一个交互式的动画，讲述了一个经典的童话故事。让孩子们在重温温馨的动画场景中，主动体会童话背后的内涵，这个故事讲述了小山羊的历险故事。他背着小书包，带着手杖，立志要爬上最高的那座山，精致的造型设计和巧妙的镜头语言，让小山羊的形象活灵活现。走过一个山洞，听到里面传来阵阵笑声，走近一看，发现是其他小山羊在欺凌一个小怪物。故事的悬念刚刚展开，孩子们就要在四张卡片中选择一张来帮助小山羊做决定，这个交互式的设置，引导孩子做出正确的选择，让他们不再是霸凌的旁观者。童话的最后，当参与霸凌的小伙伴们都改邪归正，在悠扬的音乐和唯美的画面中，他们一起登上了那座最高的山。可以说小山羊的形象不仅吸引孩子们的兴趣，还激发了他们的同理心。让他们在追问剧情，享受画面美感的同时意识到反霸凌的重要性。

图 5-3　推荐图书：[美]威廉·E. 布隆代尔，《〈华尔街日报〉是如何讲故事的》

融合新闻的叙事，要善于利用各种先进的技术和手段，将用户认为枯燥、繁杂的新闻信息用简单易懂的方式展现出来。如财新网作品《通向留学 offer 的 54 条路》用游戏的方式，告诉用户出国要花钱，在拿到 offer 之前，通向留学之路的成本取决于用户自己选哪条路。用新闻游戏的方式让用户根据自身的情况进行不同的选择，每进行一次选择，界面都会出现总计需要花费的成本总额，直观形象地把最后拿下 offer 所花费的总额呈现出来，给用户参考和借鉴，在留学花费问题上形象的讲述了这一社会现实。

图 5-4　数据新闻《通向留学 Offer 的 54 条路》

在大数据、人工智能、5G、动画、H5、移动直播、全息技术、虚拟现实、视频的联动下，融合新闻的形式丰富，用不同的形式讲述的新闻故事，更为形象，只有形象、有趣、生动才能吸引用户，形成传播影响力。

二、讲情感

新闻应该是有情感、有温度的。讲情感的意思就是要打造感人至深的故事语境。融合新闻作品如果能让用户进入一个精心营造的动人语境，作品也就能更好地引起用户的情感共鸣。优秀的融合新闻要注意情感如何表达。一般来看，创作团队需要从最鲜活的现场中提取真实故事的素材，精心设计作品的结构，并用通俗形象的语言表达出来，这样才能增强新闻的说服力，引发情感共鸣，从而起到感动人、凝聚人、引导人的正面作用。2019 年 4 月，网易新闻推出以环保为主题的 H5 作品《英雄》(图 5-5)，名为英雄，但这其实是一个出乎意料的反英雄主义的作品，用户能够随着手指的滑动看到新闻内容，首先是一组统计数据，统计了在自然灾害中失去生命的人数，这一触目惊心的数字，直接营造了一个悲痛的接收情境。随后，超人英雄出现，接住了在地震中仓皇逃生的小女孩，又击退了汹涌咆哮的海啸。就在用户为超人英雄的胜利庆祝之际，化身为魔鬼的海啸卷土重来，残忍杀害了这个超人英雄，这告诉人们，人类无休止的肆意破坏，最终会导致被吞噬的命运。只有每个人能勇于发声，积极行动才能自我拯救。跌宕起伏的剧情和制作精良的画面，不仅推动了剧情的发展，也让人们的情绪不断起伏，这一作品从感人至深的故事，过渡到了发人深思的环保主题。这体现了融合新闻的人情味和巨大的情感潜力。

图 5-5　H5《英雄》

就话语策略而言，融合新闻的话语生产不仅强调事实层面的逻辑基础，同时强调情感维度的修辞实践。融合新闻的话语规则极大地释放了情感话语的边界和力量。当新媒体游戏规则对融合新闻的呈现形式提出了多样性、趣味性和消费性的要求，“诉诸情感”便成为一种较为普遍的修辞策略。尽管说“讲情感”是一种普遍的叙事手法，但融合新闻将“情感话语”的使用或再造推向了一个新的修辞维度。[①]人民日报 2019 年出品的 H5《一根线能盘出啥》(图 5-6)，形象地用一根声波作为加载进度的显示，后出现一支铅笔，以铅笔的视角展现不同主人

① 刘涛. 作为话语实践的融合新闻[J]. 教育传媒研究，2020（4）：15-18.

的生活状况，以小见大，展现出两会期间关注的民生民意，展现出了两会用最简单的方式接收全国的各种声音。

北京日报客户端联合快手推出了 H5《40 年大美时光》（图 5-7），通过交互式画面为用户带来改革开放四十年的光影穿越之旅。利用手绘、VR 全景、重力感应等技术，随着不同年代的穿越，让用户进行沉浸式的体验。在讲述不同年代的故事时，利用具有年代特征的标志性代表如飞鸽自行车、小霸王等凸显了时代记忆。综合来看，产品通过将标志性物件、典型人物串成完整的故事场景，讲述同一时刻多人的故事，全方位地描绘一个时代多年龄跨度的不同记忆烙印，非常形象地将 40 年的变化体现出来，能够引发观众的共鸣。

2020 年在抗疫期间，新湖南客户端精心策划了一系列新媒体创意海报《这些痕迹，刻在你脸上，痛在我心里》（图 5-8），用细节讲好“疫”线故事，用温度引发情感共鸣。利用 9 张特写镜头，表现了医护人员在抗疫过程中坚毅的眼神、略显疲惫却面带微笑的表情，给人温暖和力量，以新闻图片为核心要素，设计制作创意海报，用最真实的新闻图片讲述最鲜活的战“疫”故事，图片内容真实感人。该产品充分运用新媒体的交互、跟评、点赞等功能，传递战“疫”时刻的人间温情，感动了众多网友。

图 5-6　H5《一根线能盘出啥》

图 5-7　H5《40 年大美时光》

图 5-8　创意海报《这些痕迹，刻在你脸上，痛在我心里》

三、讲道理

讲道理就是强化“说理”的理念和力度；讲故事的最终“落脚点”是讲道理。融合时代的新闻报道不仅仅是对信息的传达，更重要的是在于知识生产。讲道理就是通过以构建话语的方式，对知识进行生产，实现“感人悟道”的效果。在日常生活中，说理讲求的是注重方式方法、理性表达、交流看法。只有信誉诚实可靠、逻辑环环相扣、情绪恰如其分，才能有效传播道理。

讲道理，就是要第一时间传递科学知识，让人明辨是非，帮助人们树立正确的认识。对于融合新闻而言，要善于用用户易于接受的方式进行推广传播。2020 年，广西新闻网在疫情期间推出了公益系列动画《阿扭哥》，共制作了 8 期，每期长约 1 分钟，用与众不同的视角讲述了新冠病毒的传染场所、居家消毒注意事项、一线记者的防护守则等，生动的将疫情期间的注意事项告知用户。

2020 年，中国网英文微视频评论栏目《中国 3 分钟》积极策划选题，连续制作了 6 期节目，讲述中国为控制疫情做出的巨大努力，讲述抗疫中发生的感人故事。内容分别是《共克时艰　中国打响疫情阻击战》《抗击新冠病毒：岂曰无衣　与子同袍》《面对疫病　人类应有相通的悲喜》《疫情下的中国经济：逆水行舟 迎难而上》《聚焦长沙复工复产 中国经济转危为机按下加速键》《中国开展“无接触式”教学 一些变化正在发生》，用事实和数据反驳了外媒唱衰中国经济。该系列视频内容翔实，有理有据，在境内外社交平台播发后引起强烈反响，传播效果显著。该节目在“中国马赛克”“中国网英文”及“热点中国”3个脸书账号发布后，72小时内累计阅读量超过2.4亿，视频播放量达117.4万次，超过91万名网友参与互动。其中，《共克时艰 中国打响疫情阻击战》一集创下《中国3分钟》2015年开播以来的阅读量和播放量最高纪录，分别达4 225万次和356万次。视频既有点又有面，既有对重要热点的关注，亦有对恶意攻击中国的言行的直接回击。每一期选题、每一个角度，都经过精心设计，用事实讲述了中国对抗击新冠肺炎疫情所做出的努力，让海外观众看到了中国团结的民族精神，并向国际社会传递了中国立场和中国理念。

真正的说理能够解释社会上的各种知识、道德规范问题，这对于明辨是非，帮助人们树立正确的价值观是非常重要的。说理，从字面意思来看，就是要以理服人，只有这样才能显示出理性和道义的力量。2018年1月23日，一则关于军校学员列车让座的新闻引发了对于军人该不该让座，军人该不该优先的话题讨论。一周后，人民日报发布了短视频《谁是站到最后的人》(图5-9)，这则新闻紧扣热点，从侧面做出了回应：“应该让军人依法优先，就像在战场上他们比我们优先一样”。视频一开始弱化了军人的身份，而是选择了探究勇气的含义这个主题，吸引用户，在最后阶段才亮出军人的特殊身份，这种循循善诱的以引导方式，很快就激起了网民对军人身份的理解，他们深刻认识到军人的牺牲精神和奉献精神，这个视频讲清楚了日常生活中军人为什么要优先这个常识问题，有效提升了舆论引导的效果。

2020年江西网络广播电视台推出战“疫”短视频《我妈妈是战“疫”超人》(图5-10)以一系列影像的组接形成逻辑。以“妈妈对孩子的不舍”为切入点，烘托医护人员大爱无疆的精神。视频用质朴的生活影响，借助孩子的视角和话语，让真情实感流露出来，用户在观看时能找到共鸣点，增强说服力。

图5-9 短视频《谁是站到最后的人》

图5-10 短视频《我妈妈是战“疫”超人》

第二节 融合新闻的叙事结构

融合新闻利用技术元素，运用多种视觉元素，引入用户们的参与，并按照一定的顺序将许多故事统摄到篇幅有限的报道中，在这样的形式下，用户既能从不一样的视角看待社会现象，又能获得更多层次的信息。

融合新闻的叙事法则是什么？暨南大学刘涛教授在发表的论文《融合新闻叙事：语言、结构与互动》中对融合新闻的叙事进行了概括说明。他认为当前融合新闻的常见叙事结构：一是时间叙事，二是空间叙事，三是关系叙事。[①]时间叙事以时间的流逝为线索，在这个叙事维度里面，用户能够了解关于特定社会想象的信息，还能够梳理清楚事件的来龙去脉，空间叙事强调使用地图，把许多新闻元素聚合在一个叙事图景中，这展现了新闻报道视角的宏观转向。关系叙事，更多关注的是怎样展示和重构主体间的相关关系，突破常规的因果关系，呈现一个更加丰富的新闻认知世界。一方面，用户要发挥主动性，来链接起新闻表象背后的各种关系。另一方面，这些关系的发现也影响了用户如何认识新闻。

一、时间叙事

时间叙事指的是融合新闻要按照时间顺序来呈现事件发展的全貌。这是新闻叙事比较常见的方式，也符合人们认知的基本逻辑。这类新闻中总是有设定好的时间线索和故事情节，用户能通过点击、滑动之类的操作行为，按照特定顺序来获知新闻信息。时间这个维度串联起了大量的信息，特定的触发机制，还让用户有机会去发现更多的故事细节。在时间叙事中，通常用时间轴表现，可以用不同颜色的点表示新闻事件，我们可以拖动时间轴，选择任意的时间点，了解到这个时间段内的相关事件。可以点击时间轴上任何一个点，还能够直接跳到具体的新闻报道。这种以时间为轴讲故事的新闻，增加了新闻的信息量，使我们能在宏观叙事层面了解更多信息。显然，遵循线性逻辑的时间叙事呈现了历时性或共时性的新闻事件，也给用户提供了深入了解同类事件的可能入口，实现了更多样的叙事可能。

新华网推出的 H5 作品《40 年 · 大国名片》（图 5-11），用交互图表的方式记载了改革开放 40 年面向世界所展示出的立体、智慧的、立体的中国，利用界面选择的形式可浏览孔子学院、国产大飞机、中国高铁、中国建筑、载人飞船、中国港口、中国桥梁、共享经济、世界工厂这些作为大国名片的领域在 1978 年-2017 年所取得的成绩，以时间轴为叙事逻辑，让我们感受到了这些领域的进步与飞跃。

图 5-11　H5《40 年 · 大国名片》

二、空间叙事

融合新闻还会按照空间结构和空间逻辑来讲故事。2017 年，凤凰新闻用声音作为每个城市的标签制作了 H5《听声音，猜城市》，让用户利用声音逻辑做选择题，采用三选一的形式进行交互设计充分地利用了“沉浸性”“交互性”的特点，打破了传统新闻的时间和空间上的局限性。

① 刘涛，杨烁燏. 融合新闻叙事：语言、结构与互动[J]. 新闻与写作，2019（9）：67-73.

空间叙事，最常见的空间叙事方式就是地图叙事。地图交代了一种空间关系和空间结构，创设了一种把握世界的视觉结构，在地图融合新闻中，用户通过点击、移动、拖拽等方式，和叙事文本积极互动，来获得独特的空间感。和传统新闻相比，交互新闻不仅做到了个体叙事的空间化，还把许多个体的故事组合成庞大的时空体，展现了一个宏观叙事空间。财新网针对吸烟危害推出可视化作品《健康中国 无烟立法进行时》，用地图的形式告诉大家禁烟法令的覆盖城市，利用鼠标点击具体城市，就会显示相应的详细信息，还可以拖拽地图，了解全国各个城市的情况，用地图和可视化图表的形式参与叙事，更直观形象。显然，利用地图等空间方式来讲述新闻故事，成为融合新闻非常重要的一种新闻叙事形式。

三、关系叙事

融合新闻叙事的目的，主要以视觉化的方式揭示某种看不见的关系或规律。融合新闻恰好满足了这种需求，能够以图示化的方式，揭示复杂世界的种种关系。一般来说，传统新闻强调呈现因果关系，融合新闻更加擅长发现和呈现各种相关关系。如何发现数据中各种有价值的关系，并且以揭示关系有基本的叙事动力，就构成了关系叙事。关系叙事实际上编织了一个巨大的关系认知网络，还把我们悄无声息地带入设计好的叙事逻辑之中，让我们成为叙事线索之间的链接点，让融合新闻充满想象的空间。针对世界地球日，财新网策划了数据新闻作品《你向大海丢弃的塑料哪儿去了》（图 5-12），形象展现了人们向海洋丢弃的塑料可能最终会到达人体内脏的关系。

图 5-12　数据新闻《你向大海丢弃的塑料哪儿去了》

值得注意的是，不同的叙事结构意味着新闻故事组织逻辑。无论选择哪一种叙事结构来讲故事，都要符合融合新闻具体选题和呈现形式，让用户自然而然地发现，甚至重构其中的认知进路，从而建立起基于自身认知和体验的独特的新闻叙事空间。

第三节　融合新闻的互动与社交

互动性的介入突破了传统新闻的静态形式，用多种技术手段、多种视觉元素的组合，超越了传统新闻的时空界限，拓展了新闻叙事的无限可能。根据用户参与互动的程度，我们可以把新闻创意互动叙事分成三种类型：一是界面响应，即指用户能按照页面提示进行相应操作，在设置好的叙事路径中获得信息；二是路径选择，指新闻生产者事先设置几种路径让用户选择，不一样的选择会导向不一样的结局，丰富了新闻叙事的层次和内容；三是角色扮演，常用于新闻游戏，有着非常强的自主性，能自定义内容框架，自己选择叙事路径，还能操作一定的组件对象，实现新闻叙事的价值。具体表现为：

一、界面响应

用户在界面响应类融合新闻中，能按照特定的逻辑，根据页面的提示进行操作，如点击、拖动或长按等，以此触发页面中的声音、图像或动画，阅读新闻。如人民日报 H5《渐渐远去的老行当》，通过进入界面，让用户根据所看到的工作场景进行选择，每一个场景有三个选项，分别展示了爆米花、剃头匠、钟表匠、弹棉花、吹糖人、锔瓷匠等十个行业的情况，通过让用户猜的交互界面，让用户记住这些被人快遗忘的社会回忆，增加用户体验感。全部看完之后提示用户输入姓名，然后生成用户的专属奖状，增强用户的满足感。

值得注意的是，在融合新闻界面响应类互动叙事中，用户实际上无法自由选择获取信息的路径，因此依然是新闻中被动的情节推动者，只是通过交互式体验满足了以用户为中心，让用户沉浸其中，有“主人公”的满足感。网易新闻在 2018 年 9 月 12 日推出了 H5《她挣扎 48 小时后死去，无人知晓》（图 5-13），呼吁大家关注濒危动物的生存环境，唤起人们的环保意识。在主题的呈现方面，这个故事把鲸鱼比拟为一个女孩，用人类受到伤害来暗指人类对濒危动物的伤害。故事开始时的第一人称视角和后来的视角转换，增强了读者的代入心理感，让观者参与到对鲸鱼的杀害中，也让大家设身处地感受到了鲸鱼的遭遇，激发用户的同理心，在形式的设计方面，这一作品使用了黑白墨稿，开始时的强烈对比把用户直接放置在故事场景里。随着用户不断下拉，一个紧张刺激的严肃故事，缓缓拉开序幕，视差滚动的动画效果，也让画面更有衔接感，更能突出主题，在体验故事的过程中，用户还能滑动拇指，触动上述各种动画效应，产生更深层次的情感共鸣。

图 5-13　H5《她挣扎 48 小时后死去，无人知晓》

在类似的融合新闻里，用户推动了新闻核心主题的表达，深刻的主题、新颖的表达能在界面响应这样一个形式当中完美地呈现出来。用户的积极转发还可以实现新闻的二次传播，体现了融合新闻非常高的完成度。

二、路径选择

在路径选择这种互动形式中，新闻故事首先被解构成许多个事件单元，用户通过选择叙事路径；实现时空跳转；形成个性格式；探索独特体验。这四个环节，从中自由选择一条路径，串联起不同的叙事单元，来形成自己的故事。我们可以根据兴趣和经验，在时间和空间上任意跳转，产生独特的时空体验。在人机交互技术设定好的语言中，新闻文本系统为我们设置了可识别文本，用户则通过一系列动作，如点击、移动、悬停、输入等，“直接干预”新闻叙事，来挖掘新闻背后的深层内涵。为了纪念改革开放 40 年，广东电视旗下的触电新闻策划了《穿越 40 年，请开始你的传奇人生》(图 5-14，这则新闻以一句谚语展开，下面为用户设置了两个选项，修路或种树。用户向上滑动手指，会进入人生新阶段，两个选项代表的支线讲述不同的故事，而用户在其余人生节点的选择也会导致完全不同的人生。最后阶段，用户还能生成个人的专属海报。在这类融合新闻中，用户不再是“被动的剧情推动者”，而是“自己命运的主宰者”。自由的叙事路线激发了用户的参与热情，也让用户在复杂的剧情中始终集中注意力。感兴趣的用户还能再走一遍，探索故事更多的可能性。这种互动叙事的好处在于，用户实际上帮忙建构了故事线，也就能对事件有更深刻的印象。高度参与提升了用户的积极性和转发扩散的热情，实现了更好的新闻传播效果。

图 5-14　H5《穿越 40 年，请开始你的传奇人生》

三、角色扮演

角色扮演就是让用户在新闻游戏里扮演角色，完成特定任务。新闻游戏可以说是交互程度最高的一种叙事形式，它容纳了更大的信息量，还激发了用户的主体性，形成了新的新闻叙事策略。我们不仅能从中获得体验感和沉浸感，还能“零距离”感受新闻事实背后的社会现象。2021 年新华网推出角色扮演创意互动视频《转行》(图 5-15)，用互动游戏的方式讲述脱贫故事不同于以往的 H5 作品，这款互动视频产品将真人拍摄与三维场景虚实结合，使用角色扮演和模拟经营的方式，让用户通过扮演“鬼先生”或“女猎人”，讲述二人转行脱贫致富的故事。产品的故事是根据真实故事改编，符合新闻真实性原则，利用新闻游戏将扶贫这一主题激活，让老题材焕发生机，同时贴近用户的喜好，让参与感更强。

图 5-15　互动视频《转行》

如果说界面响应、路径选择等形式给用户带来参与叙事的可能，角色扮演这样一些新闻游戏则将这一可能性发挥到了极致，把传递信息的新闻转换成了能表达情感的体验或经历，激活了用户的同理心，让我们能零距离感受战争等诸多社会问题，还用充满趣味性、互动性的形式中和了题材的严肃和枯燥。角色扮演类新闻叙事的流行实际上暗示着将用户置于新闻故事中的巨大潜力，我们也将摆脱新闻议程设置的框架，能够探索独到的新闻体验，挖掘个性化的新闻故事。

第四节　叙事过程中要有人文关怀

传统新闻叙事总是携带着非常浓厚的人文主义色彩，强调在人的维度上讲述新闻故事，然后在个体的微观命运里直观表达宏大的社会主题。简单来说，人文理念是新闻表达的基本指导理念，人文故事是新闻内容的基本叙事策略，人文关怀是新闻话语的基本价值取向。

作为一种社会思潮，人文主义起源于文艺复兴时期的人本思想，强调一切应当从人的生命和权利出发，这就把人推向了认识活动的价值中心。人文观念也是中国的重要思想遗产，《易经》强调“观乎人文以化成天下”，董仲舒认为“天地之精所有生物者，莫贵于人”，无一例外，都在表达人占据着价值判断的中心位置这样一种理念。人文主义思潮不仅影响了当代文化的认知方式和叙事体系，使所有叙事实际上都在回应人的问题，也影响了新闻话语的叙事和表达系统。其中，最直接的表现就是新闻对人文故事的有效呈现。20世纪60年代以来，为了强化新闻的可读性和人文性，美国《华尔街日报》开始积极探索非事件类新闻的叙事策略，甚至形成了以“故事化叙事”为特征的“华尔街日报体”。随后，华尔街日报体成为全球新闻叙事的主导理念，尤其主导着非事件类新闻报道的叙事观念。这种理念强调新闻的故事化叙事，也就是用人文故事来组织新闻，然后在微观的人物故事以及命运结构中，触及宏大的社会矛盾或社会议题。概括来说，在传统新闻的观念体系里，新闻的主体是人，新闻的主旨是为人服务，新闻叙事也就更多地围绕个体的存在和个体故事展开。在融合新闻叙事中，除了花哨的形式，如何让人文观念占据主导地位？或者换句话说，如何让融合新闻讲好人文故事？这就需要融合新闻在人的维度和故事语境中使人文故事始终在场，让多样化的表达形式服务于和人息息相关的社会议题。这样才能进一步影响公众，让人们对融合新闻产生新的认知体验和认同方式。实现宏大叙事与个体叙事的结合，从而让新闻达到“既见森林，又见树木”境界，有宏观层面的总体描述，也有微观层面的个体内容呈现，这是重构融合新闻的人文向度的基本思路和方向。

具体来说，如何把人文向度整合到融合新闻的视觉叙事体系之中，我们可以从两个叙事维度进行突破。一是嵌入叙事；二是并置叙事。嵌入叙事强调利用融合新闻的交互设计和它在数据整合方面的嵌入能力，将微观故事嵌入到融合新闻的叙事系统中实现宏观主题和微观故事的有机结合。并置叙事更侧重对融合新闻和传统新闻这两种新闻叙事方式的有效整合，也就是说把它们并置在一个新闻文本中，分别发挥图像叙事和文字叙事的优势，实现感性认知与理性认知的积极对话。通过观察当前的融合新闻叙事体系，我们可以发现相关的尝试总体上都在沿着这两个维度逐渐展开，接下来，我们将结合相关案例分别探讨这两种叙事理念的内涵和操作方法。

一、嵌入叙事

嵌入叙事的本质其实就是利用融合新闻的多元素整合优势，在可视化的过程中嵌入相关的人文故事，融合新闻的可视化技术实际上创造了一个开放的叙事系统，尤其是其中的交互设计特征，大大地拓展了新闻叙事的多元素整合能力。融合新闻的层级结构、复式路径、游戏叙事甚至按钮节点，都有助于人文向度向融合新闻叙事系统中的嵌入。用户可以根据需要，点击制定的按钮或链接，获取相应的故事，由纽约设计公司 Hyperakt 开发的数据新闻《全球难民数据计划》就整合了多方数据，用可视化交互图表的形式呈现出 1976 到 2017 年近四十年间的全球难民流动的情况。动态交互图表不仅呈现了这些年间的数据变化，还内置了许多按钮和链接，以此嵌入发生在不同年份和国家的难民事件，我们只要点击世界地图中的国家热区，就能获得具体的描述信息。比如事件相关的图文故事，具体来看随着时间轴的不断前进，图表左上角滚动着的数字显示了难民的数据，而图表下方列出了具体的难民事件，这就把微观故事嵌入到全球难民生存处境。这样的宏大叙事语境中实现了局部细节和整体情况的有效结合。可以说，这样的可视化新闻项目既有森林又见树木，不仅展现了全球难民的流动情况，也因为人文故事的嵌入，极大地拉近了公众与难民间的心理认同距离。

二、并置叙事

并置叙事的本质其实就是在重构一种新的叙事文本，也就是一种整合了新媒体新闻和传统新闻的互文式叙事。所谓并置，强调的是在同一个文本中，图表叙事和文字叙事之间存在并置关系，二者各取所长。一方面，融合新闻能在视觉维度上发挥主题呈现的优势，理性表达社会议题，另一方面，还能在人文维度上发挥语言文字的故事叙事优势，实现硬新闻的软着陆。可以说并置叙事算是一种比较常见的融合新闻叙事方式，在表现形式上，类似于融合新闻和新闻特写的一种杂糅形态。其中，代表性的作品有《移民档案 2016 洪水暴至》《五环以外》《青岛中石化管道爆炸事故》等。具体来看，财新网在 2018 年制作的融合新闻《五环以外》（图 5-16），以“北京五环以外”为主题，综合运用了深度报道和数据可视化等形式，勾勒出这里流动人口的生存百态。这一融合新闻分为九个部分，前六个部分是比例尺寸不断缩小的五环地图。通过观看地图，我们能初步认识，形成对这一区域的基本印象，从第八部分开始，编辑团队选择了 12 个角度，具体展示了五环以外的多个民生指标，用户点击具体的圆圈，就能看到相关的维度的具体情况，然后对五环以外的各区有更全面的了解。第九部分还为用户提供了开放性的互动空间，围绕如果能够满足两项指标，五环之外的哪处会是你的理想居所这一问题，我们可以分别在横轴和纵轴上选择指标，图表会根据不同的指标呈现出理想的居所。除了以生动的形式展现这一特殊的生活空间，最后四章的深度报道也为人们讲述了发生在这里的生活故事和点滴细节。这些报道以文字形式深入介绍了五环之外的具体情况，包括这一空间的诞生，空间中人物的生存处境，特殊背景下的生活图景，流动人口对未来的美好愿望等话题。可以说，无论是因《我是范雨素》而走红的皮村，还是充斥着洗衣机聒噪声的东半壁店村，都在种种表达元素的搭配和组合中体现了充满温度的人的气息。在这样的融合新闻中，社会议题与人文故事的互文叙事被容纳在并置的叙事结构中，充分拓展了融合新闻在人文维度上的想象力。在做融合新闻的过程中，要充分发挥各自的优势，让融合新闻更好地讲述与个体密切相关的故事。

图 5-16　融合新闻《五环以外》

思考题

1. 融合新闻是如何讲故事的?
2. 融合新闻的叙事结构有哪些?
3. 融合新闻应如何才能更好的体现人文关怀?

第六章 网络图文报道

本章学习目标

1. 了解网络图文报道的形式与特点。
2. 理解网络图文叙事的基本策略。
3. 掌握网络图文的编排与设计。
4. 能准确判断网络图文报道的多媒体形态。

案例导学：

2021 年 3 月 19 日，中美双方进行战略高层对话，由于美方在开场白时严重超时，且话语间不断挑起争端，我国代表在发言时回应，美国没有资格居高临下与中国对话，与中国打交道应该建立在互相尊重的基础之上。该段发言内容表明了我国的态度，也彰显了我国在新时代的全新面貌。我国媒体迅速进行报道，其中一张图片与文字结合的图文新闻迅速在朋友圈、微博等平台传播，极大地激发了我国人民的爱国情怀与民族自豪感。

图 6-1 各大媒体纷纷转发的“两个辛丑”的对比

——资源来源：光明网

从上述案例中可以看到，图文融合在一张图片中，内容可读可感，传播速度快且互动性强，融合新闻背景下的网络图文报道有了新的变化，接下来我们就一起进入本章网络图文报道的学习。

纵观人类传播史进程，不难发现，早在文字诞生之前，图形就已经作为一种重要的传播媒介存在于人们的日常生活之中，并持续到今天。纸媒时代，图文报道几乎是所有报纸争相使用的一种重要报道形式。而进入互联网时代，“有图有真相”已经成为大众在获取新闻信息时常常挂在嘴边的口头禅。融合新闻进程中，网络图文报道作为一种根植于传统媒体时代，成长于互联网时代的重要报道体裁，不可或缺。

第一节 网络图文报道的形式与特点

我国网络图文报道与我国互联网发展齐头并进，根植于 20 世纪 90 年代，1998 年新浪网的前身——四通利方对当时世界杯的报道是我国最早的网络图文报道。随后成立了时政中心频道（新浪网新闻中心的前身），开始引领中国商业门户网站的发展。1990 年末，全球媒介政策层面也开始将互联网与新闻传播工作关联起来，要求网络承担起第四媒体的职责。各大传统媒体纷纷入驻互联网，网络图文报道成为了当时互联网新闻最主要的传播方式。尽管早期的网络新闻几乎都是将纸媒的新闻复制粘贴到网络上，但这种复制粘贴的形式使得在传统媒体已经成熟的图文报道很好地在网络中得到了继承与发展，并持续到了今天。

最早的网络图文报道中，图片通常是配合文字出现，作为文字的点缀。初入互联网的用户们还不能很好地适应网络新闻报道形式，因此还常常在标题之下以“图”“多图”“组图”的字样标注作提示浏览之用。但随着网络带来的视觉冲击，使得报纸读者的习惯与偏好悄然转变，读图时代的到来使得网络新闻报道中不得不重视图文整合。融合新闻时代的今天，各大网络平台都相继开拓出了专门的“图文新闻”“图文报道”板块，图片在整个新闻报道中不仅仅只是为了增强新闻的真实性，它还能够帮助用户在整个新闻报道中更好地理解和解读新闻信息，甚至，静态的图片所传递的信息或者冲击力能够远远超过音频或者视频。

一、网络图文报道的定义

什么是网络图文报道，其实是没有一个公认的完整清晰的界定的，通常我们认为从广义上来讲，只要是指基于互联网平台刊载的同时包含图片与文字的报道内容都能够被称为网络图文报道。但是这个范围太广，如果就融合新闻中的网络图文报道而言，它不仅仅只是简单的图片与文字的组合，而是应该真正的要做到图文并重，图文相融。具体来说，图片与文字在整个报道中地位平等，“两翼齐飞”。在版面上，图片跟文字所占的空间基本相同，甚至图片可以铺满整个版面，文字在图片中显示。同时图片跟文字可分可合，分离开的图片和文字可以单独成篇，融合在一起则成为一个有机整体，二者充分融合，相辅相成。就形式上而言，网络图文新闻应该具有较强的互动性，形式多样且丰富，“图能够吸引读者的眼球，而文能够留住读者进行深度阅读。”“图给予版面感性感染力，文给予版面理性说服力。”①

近年来，随着融合新闻的发展，网络图文报道也在随之不断成长，图片不再仅仅是对版面起到美化修饰作用，它不断地为增强新闻的真实性提供着重要的佐证。图文不再是排斥的关系，“有图有真相”就是对图片与文字融合的最有力表达。用户们对于图片的追求，促使新闻网站开始在分类中添加了“图文新闻”“图文报道”等栏目。

同时网络图文报道的形式也更加的丰富多样，不再局限于早期的静态图片，动态图片增强了网页的动感；超链接时的网络的利用率大大增加；手绘漫画等形式的出现使得图片的功能在一定程度上音视频也无法取代。

二、网络图文报道的形式与主要构成要素

从 1994 年，英国《每日电讯报》最早在网络上发表新闻报道开始，网络新闻的发展日新

① 金君俐. 从“图文并重”到“图文融合”——论读图时代的办报理念创新[J]. 新闻大学，2014（4）：144-147.

月异。到了2006年，以英国的《卫报》为代表，首先在新闻传播的内容发布上做了要求，提出了“网络优先”的策略，其要求所有网络优先的稿件需要先在网络上发布，然后才能在纸质版上刊出。遗憾的是，中国的网络图文报道并没有随世界大势获得快速发展。如前所述，由于早期的网络新闻几乎都是将纸媒的新闻复制粘贴到网络上，网络图文报道渐渐成为了传统纸质新闻报道的附庸——搬运的纸质的内容。直到融合新闻时代的到来，线性的新闻生产与传播方式和扁平化的呈现方式均被突破，文字、图片、音频、视频有了更加丰富多样的组合的可能，新闻故事的讲述不再局限于某一种形式。传统媒体开始重视网络新闻报道与传统报纸端的差异，一方面延续优质内容，另一方面进行形式革新。

（一）网络图文报道的形式

图片主要包括两类，一类是照片，一类是图表。图表的分类更为细致和具体，包括了我们常见的各类统计图、地图、词云图等。融合新闻的网络图文报道按照图片与文字的画面组成来看，主要有两种类型。一种是全屏图片式，这是一种铺满整个报纸页面的形式，内容主要包括了部分的或者完整的引语，然后用较大的字体将其制作成图像，在页面中呈现。这种报道类型所有一个独特的优势，即书面报道中的核心信息能够明确得以凸现。另一种类型主要是指要点列表式，它是指在利用图形传递信息时，将内容制作为一条条的解释要点，形成信息列表的形式或登记的总结性报道，包括来自评价者、新闻官员和消费者的评论。这种图文报道类型主要目的在于强化关注从新闻文字稿中获得的信息。[①]

按照文章中图片的数量来进行划分，主要分为“单图+文字”与“多图+文字”的形式，前者通常是一张典型图片配合文字出现以展现新闻报道的主要内容；后者的表现形式较为多样，以单组图或多组图形式出现凸显新闻报道主题，或者以新闻内容相关度选择不同的图片进行配合报道。

从网络图文报道的构成要素来看，融合新闻中的网络图文报道主要有以下几类。第一，“静态图片+文字”形式，这是网络图文报道中最为常见的形式，也是网络图文报道最早使用的一种报道形式。第二，“动态图片+文字”形式，随着新媒体技术的持续发展以及媒体融合的深入，动态图片开始在新闻报道中使用，动态图片的加入一方面增加了网络图文报道的真实性，另一方面也增强了受众的体验感。第三，“超链接+文字”形式，随着移动互联网络的发展，触屏阅读的需要使得超链接+文字形式的新闻报道更为常见，用户点击小图或者图片切割的某一部分即可通过超链接浏览更为丰富的图文内容，这种形式的网络图文报道非常适宜小屏传播，节约了内容的版面，最大限度地提供更加丰富多样的报道元素。

（二）网络图文报道的主要构成要素

网络图文报道的构成要素主要包括四个，标题、导语、引入与概要，四个要素相互作用，共同传递新闻主要价值内容。

① 方惠,刘海龙. 2018年中国的传播学研究[J]. 国际新闻界，2019（1）：23-40.

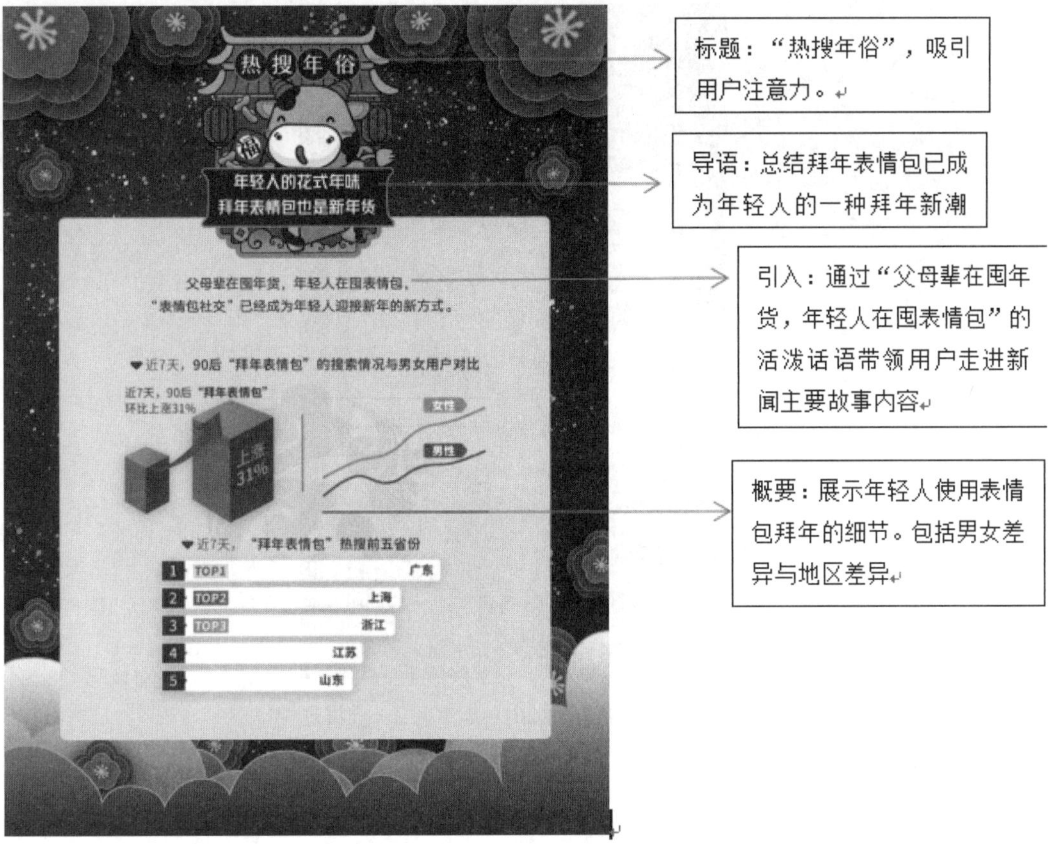

图 6-2　新华网《2021 年中国人的年味图鉴》图文报道构成要素详解

新华网《2021 年中国人的年味图鉴》整个报道由九张图片拼接而成，每张图片可单独构成内容浏览。每张图片均包含了以上四个要素。以标题吸引注意力，导语总结故事的主要活动，引入带领用户进入新闻，概要提供新闻的细节内容。

三、网络图文报道的特点

过去，传统媒体的图文报道通常是图片辅助文字来增加新闻报道的真实性。进入互联网时代之后，尤其是在融合新闻中，图片的作用发生了比较大的变化，有时用户在阅读内容时甚至不再像过去一样着眼于文章的标题抑或是导语，而是把目光聚焦于图片，基于此，编辑在进行网络图文报道整合时，往往会做出比较大的调整。例如，2019 年 1 月 13 日四川进入"两会时间"。在进行了持续一周的报道之后，川报观察于 2019 年 1 月 19 日特别推出乐"两会词云"报道，一天主推一个词，让受众换个角度看两会。而在发布这一条消息时，其采用的就是网络图文报道的形式，仅仅一张图片就将文字内容融入其中，并且将《四川日报》两会期间始终秉持的"坚"字精神以及后续的报道方向及时准确传递给了受众（图 6-3 所示）。由此可见，融合新闻背景下的网络图文报道有其自身与众不同的特点。

图 6-3　川报新闻 2019 年 1 月 19 日推送

（一）简洁

简洁是融合新闻背景下网络图文报道区别于传统图文报道的最大特点，传统图文报道常常因为文字内容过多，导致图片版面限制而被迫缩小。网络的发展使得用户时间越来越碎片化，大段的文字内容用户常常难以耐心阅读，寻求更加快捷有效的报道方式，提高用户阅读以及获取新闻信息的效率尤为重要，改变原有的图文报道形式，图文充分融合简洁明快地传递信息，在这样的背景下能大大提升媒介使用效率以及用户信息获取效率。

第二十八届中国新闻奖三等奖获奖报道《喜讯捎给总书记——回访习近平看望慰问过的家庭》刊载于中国女网，属于网络专题报道，详细记录了习近平总书记慰问过的 19 个家庭回访状况。尽管 19 个家庭内容非常丰富，但是进入报道页面后，整个页面却非常简洁，不计入相关链接及其他元素，就报道静态页面来看，整个网络页面文字不足 500 字，以一张单图内嵌文字的形式点明了报道的中心——“国家好，民族好，家庭才能好”；然后是整个报道的导语，简单的陈述了新闻事实；接下来用一张地图标注了总书记去到的各个省区，艺术字图片将回访中的一些语录进行了汇总；最后是 19 张图片代表 19 个家庭，每张图片配合家庭名字以及地点，链接了 19 期关于 19 个家庭完整的回访报道。整个页面摆脱了传统的图文新闻大段文字累赘叙述和图片排版问题，简洁明晰，充分体现了网络图文报道简洁的特点。

（二）高时效性

时效性是新闻报道最重要的特征之一，移动互联网时代的新闻报道对于新闻时效性的竞争更甚，“抢报”已经成为当前媒体工作者至关重要的工作。网络图文报道的特点之一就是具有高时效性。时效性更多集中体现在突发事件的报道中，争分夺秒第一时间将信息传递给用户使得媒体从业者没有时间等待事件的后续发展，也不能迅速展开调查完整的交代整个事件的始末，于是图片作为一种获取较其他多媒体形式更便捷容易的形式，配合文字，能够帮助媒体工作者快速交代新闻信息，为“抢报”节约时间。

当前环境下，图片对于提升新闻事件的时效性必不可缺，网络图文报道的时效性相对于传统新闻报道而言，时效性更强。除此之外，在一些重大事件发生之后，为了正确引导舆论、避免引起不必要的恐慌，或者是辟谣，都常常在第一时间采用图文报道的形式。官方通常会将文字集中整理后，在最上方居中位置添加警徽等重要标志，制作成为一张蓝底白字的“通报”图片，而这些图片又会同时被众多媒体转载使用，以便在第一时间将重要信息传递给用户。

（三）强互动性

传统媒体时代的报道，其互动性由于传播媒介的影响而大打折扣，进入网络传播时代之后，整个传播的互动性大大增加，网络图文报道的互动性也不断增强。这种互动不再仅仅只是简单的开辟出“留言板”给用户提供发言场所，还体现在用户能够与报道实现交互，增强用户的“对话感”。

在前文提到的作品《喜讯捎给总书记——回访习近平看望慰问过的家庭》的图文报道中，有一张地图。当用户使用鼠标（PC 端）或者手指（移动端）在地图中选择自己想要看的省份时，地图上就会出现一个对话框，显示该省份总书记看望过的家庭所在地点、时间以及家庭等信息，用户可以充分自主选择。另外在后续的内容中，用户也可以自主选择想要浏览的家庭。互联网技术的快速发展增加了多种网络图文报道与用户的互动形式，这种强互动性使得用户对于信息的利用更加动态、自主和便捷。

（四）融合性

随着新闻内容生产创新的持续深入，传统的静态图片使用已经不能用户的需求，满足用户需求，图文交融才能真正的提升网络图文报道的质量。2012 年《纽约时报》刊载的《雪崩》特稿，其使用静态动态图片相配合，同时还在报道中融入了音视频等多媒体形式，真正实现了报道的高融合性。随后，世界各大媒体纷纷效仿，在图文报道中实现了多媒体的融合，至此，网络图文报道的融合性不断提升，融合性也成为了当前网络图文报道的一大特点，并被广泛应用与实践，产生了非常多的优秀作品。

2019 年 10 月 7 日，新重庆客户端《2019 对话 1949：时代变了 初心未变》（图 6-4 所示）报道将网络图文报道的融合性提升到了一个新的台阶。通过技术革新，该报道用户可以选择单双机两种不同的阅读方式，例如在单机模式下的左右双屏中，可以出现一边是代表 1949 年的人物漫画，另一边是 2019 年的人物视频，视频中的人物与漫画中的动漫形象对话。如果选择切换至双机模式，两位主人公还能够在两个不同的终端屏幕中实现互相穿越，整个模式采用分屏互动提升了交互性，展现出了图文报道极强的交互性特征。

图 6-4 《2019 对话 1949：时代变了 初心未变》

第二节 网络图文的编排与设计

我国的网络新闻发展经历了复制粘贴—加工整合独家创新三个阶段，网络图文报道从“以图配文，图文整合”到“图文并重”再到“以图为主，以文配图”，最后实现“图文融合”。主要是由于多媒体所带来的强大的视觉冲击力改变了报纸读者原有的阅读习惯与阅读偏好，文字的吸引力开始逐渐下降，于是，新闻内容不再单单依靠文字内容，开始逐渐强调对于图文内容的整合。随着图文整合的深入，一种以丰富的设计元素为特点，致力于提升视觉化体验新闻传播实践发展起来，并逐渐成为了主流。[①]大量使用照片与图表，并结合计算机技术以及多媒体摄影技术等数字化手段，通过设计，使得平面化的图文报道实现了真正意义上的视觉创新。各类图片的不同组合给读者带来了不同以往的视觉感受与阅读体验。

一、网络图文编排原则

融合时代的网络图文报道与传统图文报道有着截然不同的特点，但网络图文报道在编排中也必须始终坚持新闻报道的最基本也是最重要的原则——真实性原则，并在此基础上再结合媒介融合的基本规律并加以创新。总的来说，网络图文报道编排创新主要需要遵循三个基本的原则，首先是表达真实准确原则，其次是形式简洁明了原则，最后是前后统一原则。

（一）表达真实准确

表达真实准确原则包括了两个方面，一方面是图文配合所表达的内容应该是真实无误的；另一方面不同类型的报道应当选择最为准确恰当的方式，图文呼应，以此来准确传递传播者的主张。

1. 贯彻新闻真实性原则

互联网作为一种开放性极高的传播平台，加之为了追求新闻传播的时效性，媒体工作者在某些时候便会不经过充分的审查便使用相关图片，从而导致报道失实。另外随着数码技术的发展，某些不法分子利用技术修饰图片传递不实信息，这种情况下尽管媒体工作者尽管有所“把关”，但是也有可能被误判，报道也会失实。无论是哪一种情况，究其根源还是因为网络传播过程中，新闻信息的传播常常绕过了传统媒体“议程设置”“把关”的关键环节，给虚假图片的“繁殖”提供了温床。

在进行网络图文报道编排时，最重要的就是要严把“真实关”。首先，要确保图片的

① 马宁，曹培鑫，路淼. 媒介融合趋势下的视觉新闻变迁——从写作观念、图文整合到全媒体革新[J]. 传媒. 2016(5): 88-90.

真实性，除了一些特殊报道需要对图片进行了修饰（例如需要对新闻当事人进行“打码”等）之外，确保照片本身的真实性及来源的真实性；对于图表，尤其是涉及数据的图片，特别要注意其中的数据内容是否真实。其次，图片意思表示真实，在确定了图片本身的真实性之后，要保证图片所传递的信息是真实的。在传统媒体时代，刻意摆拍就已经存在，在公民摄影的今天，摆拍更是屡见不鲜，所以媒体工作者不仅要判断图片本身是否真实，还应该确保图片背后的内容是否真实，是否是刻意而为之的摆拍。最后，文字表达真实，当我们确保了图片的真实性之后，需要考虑的便是文字的真实性了，不能根据图片随意去臆断结论，有了图片作为真实性的佐证，依然需要媒体工作者对文字的真实性拉起最后一道防线。

2. 图文呼应，准确传递主张

网络图文报道编排除了要确保真实性之外，还要考虑图文呼应问题。图片凭借较强的直观性或较大的视觉冲击力吸引用户的目光，文字通过准确简练的表达传递事件背后的故事以及细枝末节，两者缺一不可。互相呼应，才能够准确传递传播者意图及主张，同时也让用户准确且便捷地获取全部信息。网络图文呼应主要包括两种情况，一种是不同类型的图片与不同的文字报道类型相呼应，一种是一篇报道中的图片与文字也要相互呼应。

不同类型的报道需要选择不同类型的图片与之相呼应，例如组图需要与深度报道相配合，如果一则消息配合组图就会显得累赘，而深度报道就需要组图来进行配合与呼应；当图片已经能够完全交代事件时，正文甚至不需要出现，仅仅用一则标题配合漫画就能够说明事件交代信息（图 6-5 所示）；在有的情况下，文字可以直接嵌入图片，不需要再进行其余的赘述。

一篇报道中的文字与图片呼应是指报道内容与图片内容一致，避免出现张冠李戴的情况。2020 年 2 月 15 日，正值全国人民关注新冠肺炎疫情，关注武汉疫情的紧要关头，中国新闻网发布了一条微博“关注新冠肺炎 【武汉雪地上写巨幅中国加油】2 月 15 日，湖北武汉迎来降雪。武汉一小区雪地里书写着巨大的“中国”字样，还画有一只紧握的拳头。武汉加油，中国加油！（中新社记者 张畅 摄）”并配了一张书写着“中国”和画着“拳头”的雪景图，但最后证实中国新闻网所使用的配图是当天山东省潍坊市下雪后市民为武汉加油、为中国加油的图片。

轿子没了“老爷”仍在

图 6-5　新闻漫画《轿子没了，“老爷”仍在》

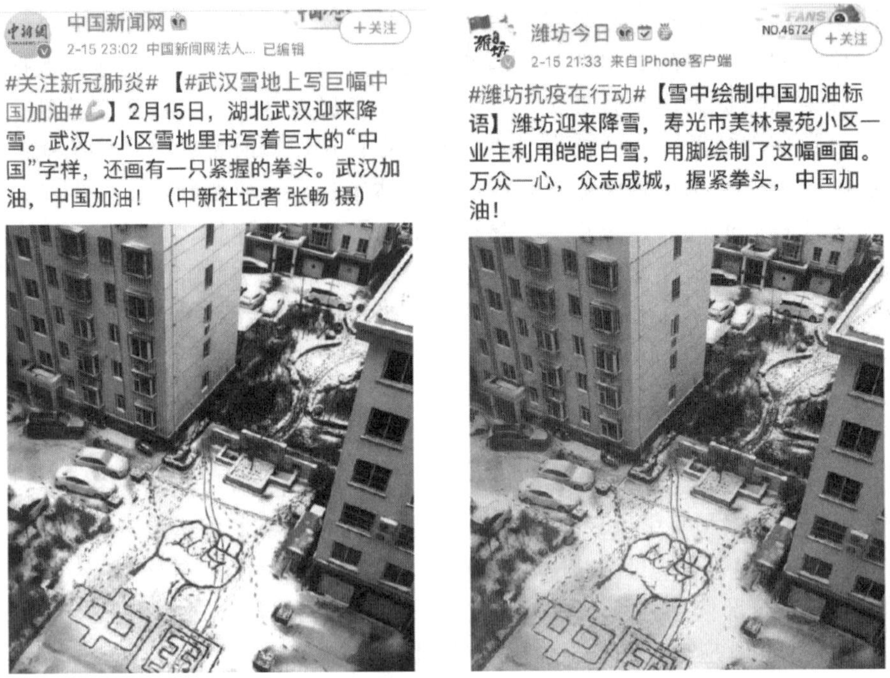

图 6-6　中国新闻网与潍坊今日当天微博截图

由此可见，图文不相呼应会造成新闻信息传递失实。尤其是在移动端的小屏幕传播中，由于版面的限制，往往需要在图片之下链接相关文字，因此格外要注意图片与文字一一对应，防止出错，地图与配合的时间、地点、家庭信息都应该一一呼应，清晰准确。

（二）形式简洁明了

网络图文编排需要适应网络图文报道简洁的特点，形式越简洁明了越能够便于用户阅读，也更能够契合不同类型媒介传播最佳的原则，从而实现最好的传播效果。具体来说，在网络图文报道中要增加文章的易读性以及版面空间的利用率，使得整个编排简洁明了，有以下几种形式可供选择。

1. 超链接

超链接是图文融合最早使用的一种形式，具体的实践中，超链接的形式可以是小图链接到大图，也可以是由图片链接到相关的文字、音视频、网页报道等。发展到今天的超链接，常常与图片不同的切换形式组合使用，比如常见的图片自动滚动或图片切换，当鼠标（或手指）放到某张图片上，滚动停止或切换到另一张图片，鼠标（或手指）点击该图片，图片链接到相关报道或图片放大等。

图 6-7《四十年·四十家》

2019 年 11 月 14 日，新华网首发纪念改革开放四十年的网络专题报道《四十年·四十家》就是使用的这样的形式，在一个页面中就容纳了来自 40 个家庭的 80 张不同的图片，用户通过滑动手指或鼠标翻看叠加在一起的新老照片的效果，鼠标（或手指）点击图片可以链接到大图，大图上配有相关的家庭信息，同时链接进去之后还能选择翻页具体查看40年前后两张图片的对比。在过去，很难想象能够在一个页面中就能够容纳80张图片，但是通过超链接以及图文融合的方式，现在能够做到了，超链接的使用大大提升了空间利用率，使得整个页面干净简洁，同时图文的配合更加密切，一文一图，不易出错。这种形式通常在需要呈现大量图片素材以及新闻主体较多的报道中使用。

2. 全景照片

传统的全景照片是指将视线能看到的90度或者360度的画面呈现在一个二维空间中，随着多媒体摄影技术的发展，现在的全景照片能够将我们生活的环境通过全方位拍摄后利用，将所有的环境完整地呈现在一个立体的空间中，使用户有身临其境之感。现在很多媒体进行报道的过程中都会使用全景图片，澎湃新闻就专门为全景图片的使用开辟了“全景现场”栏目，将所有使用全景图片进行的报道放在此栏目之中。

2019年9月10日中国经济网刊载《全景体验“永不落幕”的线上世园会》，将北京世博会的所有美好的画面永久的保存了下来。编辑部在第三十届中国新闻奖推荐表中表示该作品“不仅集合了无人机拍摄、单反拍摄等传统采编技术，同时也使用了全景图片拼合技术、全景新闻生产制作技术、人工智能语音生成技术等新型新闻采编技术”。该报道真正地实现了“从高空俯瞰世园会全景”，用户能够通过该全景图片，浏览全球110个国家以及国内多个省市和120个非官方参展者的整体面貌，同时可支持缩小、放大的自由观看；如果触屏点击全景图片中提前设定的点位，用户还能够观看场内80多个场馆、展位的具体细节。网络图文报道中使用全景图片，将过去的多张图片或者多组图片合成在一起，放在一张图片中，不仅能够简化画面空间，其利用鼠标（或手指）便能实现推拉摇移的“跟踪”浏览效果，更是能够增加用户的沉浸式体验，提升用户的参与度与互动性。全景图片通常在需要展现宏大空间场景或者对于一些需要留存的重要场所或线上场馆展览等报道中使用。

图6-8 《全景体验“永不落幕”的线上世园会》

3. 电子相册

电子相册这一形式在如今大家并不陌生，随着智能手机技术的发展，现阶段几乎所有的新款智能机型的相册都带有自动制作电子相册的功能。电子相册其实就是将多张图片以切割、淡出、切换、重叠、强调、升降、放大等不同效果进行运用后，使得静态的图片能够呈现出视频一样的表达效果，图片之间的切换时间可以自定义，同时还能够在电子相册所使用的不同图片中插入超链接。

2019年10月14日，中国吉林网新闻专题《3 800公里的特别记录丨国境线上的坚守》就是网络图文融合报道模式，在“双目峰上的‘红三连五班’”板块，其使用电子相册这一形式，图片渐渐放大细节，然后又渐渐退出更换下一张图片，对“三连

图6-9 《3800公里的特别记录|国境线上的坚守》

五班”的故事进行了生动细致的讲述。

电子相册这一形式可以使得海量图片在一个画框中展现，同时还能够将图片动态化，强调图片中的某些细节，对于一些涉及老照片整理或者故事讲述的叙事型报道，电子相册这一形式在表达上尤为有效。

4. 地图或图表

地图和图表与其他形式相比较，最大的优势在于能够更加直观的传递信息，同时也能更加具体的展现变化，因此地图和图表依然是网络图文报道不可忽略的重要形式。2017 年 8 月，广西北部强降雨导致柳州融水杆洞乡突发 2 次山洪，全乡群众被困，一时之间该乡成为通信、

而截至今晚18:00，柳江水位已涨至81.76米（警戒水位82.5米）。

时间	水位	流量
2017-08-14 18:00	81.76	null
2017-08-14 17:00	81.59	13200
2017-08-14 16:00	81.43	13000
2017-08-14 15:00	81.28	12800
2017-08-14 14:00	81.14	12800
2017-08-14 13:00	80.96	12500
2017-08-14 12:00	80.78	12400
2017-08-14 11:00	80.63	12200
2017-08-14 10:00	80.47	11900
2017-08-14 09:50	80.41	12400
2017-08-14 09:00	80.28	11600
2017-08-14 08:00	80.08	11400
2017-08-14 07:00	79.9	11200

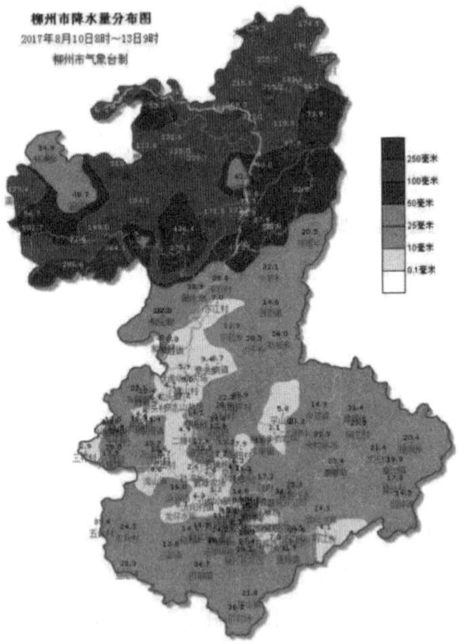

图 6-10　报道中的地图与图表

水、电中断的“孤岛”。广西日报记者第一时间奔赴灾区，因灾情“失联”与灾民们共同度过了数十小时，在这个过程中依靠手机拍摄下了许多灾民们自救以及灾情的相关图片与视频，最终突围将珍贵的资料传递了出来。在《广西日报》客户端及公众号发表的《柳州融水突围记丨广西日报记者“失联”数十小时，在穿越 40 处塌方后发回灾区最新画面！》一文中，照片与视频均为手机拍摄，但是在众多图片中，其专门加入了地图与图表，以地图来表示事件发生地当时的降水情况与其他区域的差别，以图表来展现随着时间推移，水位警戒线的变化等。并非照片与视频不能传递灾情的险恶与山洪的无情，而是地图与图表的加入能够让读者更加直观准确地获取相关的信息。所以，地图和图表的形式也是在进行网络图文报道编排中需要使用的，在交通事故、灾难报道、经济发展等类型报道中使用较多。随着技术的发展，现在的地图与图表已经不仅仅只是静态的了，动态地图、电子地图以及动态图表等形式也开始越来越多的运用在各类报道之中。

5. 图片动态化

图片动态化顾名思义就是通过技术使得静态的图片动起来，有很多不同的方法能够实现，比较常见的是动图、动漫以及 flash 视频。动图在图文报道中的作用主要是为了突出一些关键环节或者增强用户的体验感，更好地造成视觉冲击力以吸引用户的注意力。在《雪崩》报道中，开篇便运用了一张大幅的动态图片，风狂雪暴，既让人感受到了恶劣的气候条件，又能够吸引读者关注后续发展。动漫通常是为了将文字不能表达的内容用动画的形式展现给用户，例如发射卫星的一些具体技术环节，由于不能够完整的记录展示，因此常常会用动漫的形式来展现完整的发射流程。Flash 视频与电子相册类似，例如 2019 年 12 月 31 日新华网曾刊载一篇无障碍报道《好在有你》，报道中主人公的成长经历就是用其从小的照片制作的一个 flash 视频，这种形式能够更加完整的展现人物的故事。图片动态化有很多不同的类型，上文提到的动态图表以及动态地图也是图片动态化的形式，但不管是哪一种，都是为了让静态的图片活起来，使用户的体验感与参与感更充分，增加与用户的互动性的，给用户更好地阅读感受。

（三）前后统一

网络图文报道编排的前后统一原则主要是指整个报道的色彩、文字字号及字体、图片的画幅图表布局等需要统一。不同板块之间的划分既需要明确，但又不能太过于突兀，以免给用户的阅读增加难度。因此大部分报道都会有一个统一的色彩基调，对于不同板块会有些细微的配色差异，但都仅仅体现在文字的颜色变化上，板块大标题的字体字号通常都是一致的，所有板块标题下的正文所使用的字体字号也是一致的。就图片而言，不同板块内的图片形式可以变换，但是板块内的图片也要尽量统一，都使用横幅或者竖幅的图片，图片的尺寸尽量统一。整个报道里的图片布局也应该统一。以《3 800 公里的特别记录|国境线上的坚守》这篇报道来说，全文用蓝色贯穿整个页面，8 个不同的板块其大标题字体基本一致，同时大标题的图标都是用的是五角星，布局一致，仅用了不同的颜色来划分。尽管不同板块使用不同的图片形式，但是每个板块内的图片一致，包括裁剪尺寸或形状都是一致的。图片与文字搭配的时候每个板块尽管设计不同，但都是图片整齐排列与文字对应或者堆成排列。所以，整篇报道看起来非常简洁且和谐，重点也是明确的。网络图文报道编排的前后统一会使得整个版面看起来简洁，不会显得杂乱。同时也便于用户更快捷地获取自己所需要的信息。

二、网络图文的设计

网络图文报道设计首先需要考虑的是整个报道的主题，根据报道的主题确定整个报道的色彩搭配等。第二个需要重点考虑的要素是让用户第一眼获取最为关键的信息，二级信息次之，以此类推。第三还需要考虑画面整体协调、部分细节处的处理等。最后才是需要考虑美观问题。

（一）网络图文设计的常见问题

网络图文设计对于编辑的要求较高，一般来说，在刚开始接触网络图文设计的时候，需要避免出现几个常见的问题。第一，图文比例失调，画面失衡。通常来说会有两种表现，一种是图多文少，一种是文多图少。在报道中如何进行版面设计，在网络图文设计技巧中具体会讲到。第二，结构层次不清。整个画面的布局呈现出表格式，样式单调，难以区分主次且不便于修改。这种情况会让用户难以把握报道重点，使信息获取率降低，用户的阅读体验极差。第三，布局拥挤。由于色彩搭配以及字体字号选择不恰当，常常会让人感觉整个图文页面显得拥挤不堪，使得画面的美化度大打折扣。第四，图片变形失真。有页面空间的限制，为了排版的需要有时会对图片进行裁剪，或者是裁剪成一些特殊形状，或者仅仅只是对图片尺寸进行调整，不论是哪一种情况，都要避免改变图片原有的比例，变形失真的图片除了会影响美观之外，还会影响用户对于报道的真实性的判断。

（二）网络图文设计的技巧

网络图文设计的技巧有很多，根据上文提到的网络图文设计的常见问题以及设计中通常使用的一些技巧，在此进行简要梳理。

1. 黄金分割原则

图文报道中的黄金分割原则本质上与在摄影领域所说的黄金分割是一致的，主要是指将画面整体一分为二后，较大部分与整体部分的比值等于较小部分与较大部分的比值，其比值约为 0.618。由于这个比例被公认为是最能引起美感的比例，因此被称为黄金分割，此后在各领域中广泛应用。具体到网络图文设计中来，主要有两个方面需要遵守黄金分割原则。一方面指图片与文字的比例要遵循黄金分割原则，在报道设计时就要确定报道是以文字为主还是以图片为主，图片与文字的比例关系达到黄金分割能够与主次关系达成一致，用户能够迅速把握报道的主体。以图 6-11 中“井冈山”图片为例，其文字所占的比例与该图片的比例就是遵循了黄金分割，在这个报道中首先作者是希望用户首先看到图片，再浏览对应的文字。另一方面指画面虚实对比需要符合黄金分割比例，对于有限的网页版面，为了做到良好的图文搭配和内容填充，常常需要进行留白，留白有助于建立不同元素之间的关系，引导读者的注意力，留白也是追求画面简洁的最佳方式之一，但是画面的留白的比例如何确立，这就需要遵循黄金分割原则了，图片与文字所占的比例与留白的比例构成黄金分割，往往能够使画面布局更加赏心悦目，避免画面布局拥挤问题（如图 6-12 所示）。

图 6-11 《开放的中国：美丽江西秀天下》作品图片与文字的黄金分割

图 6-12 《开放的中国：美丽江西秀天下》作品图片与留白的黄金分割

2. 图文比例处理

网络图文报道中文字与图片的比例因为新闻事件的不同，不可能一直做到图文比例的黄金分割关系，如何处理其他不同的图文比例，通常的还有三种办法。第一，图文比例均衡。这个时候我们往往可以采用平分法，图文横向平均分布或者纵向平均分布即可。第二，图多文少。又分为两类情况，一是一张图片对应少量的文字，这个时候可以将文字内嵌进图片内部进行处理布局；二是多张图片对应少量文字，则可以建立图文单元进行处理，两类情况可以组合使用。第三，文多图少。当整个报道的文字较多时，首先需要注意处理文字的明度与色相与图片色彩的问题，两者的对比越大时，文字就越清晰。一般来说，大标题需要加强对比，正文部分的文字通常使用黑色和纯度低的颜色。其次，当文字内容较多时，为了吸引用户阅读文字内容，可以采用沿着视觉流向来排布信息，研究者通过研究发现，当信息按照视觉流向进行排布的时候，图片中的主体会引导用户去观看文字信息。为了增强画面内容的丰富度，则可以将图片进行设计裁剪，比如以圆形或其他一些图形形状来处理图片等。最后，文字较多时还需要减小文字之间的对比，来形成画面中文字统一，产生严肃稳定的美感。

3. 报道结构层次的建立

网络图文报道的主次关系建立需要考虑当篇报道的不同内容的重要性来进行设定，但是对于报道的主题而言，都是不可以回避的首要考虑因素。而在页面设计中，色彩可以很好地展现主题，因此在进行整个页面设计时，主色彩基调首先应该切合整个报道的主题。例如《3 800公里的特别记录|国境线上的坚守》报道讲述的就是人民警察的坚守，这个时候整个报道的主

要对象就是国境线上的人民警察，所以整个报道的主色调就是警服的蓝色，很好地契合了报道的主题。此外在一些特殊时间节点，比如说国家公祭日等，页面的主色彩应该以黑白灰色调为主，以显示严肃庄重之感。报道的主题确定之后，就要考虑整个图文内容的重要性排序了，通常建立整个报道的结构层次可以通过改变界面元素的大小、颜色和位置来确立。比如可以将重要的板块放在前面，同时对于重要的内容可以通过加大标题字号，改变字体颜色、添加背景色或者字体加粗来实现。

4. 页面美化

页面的美化一方面是为了使得整个报道页面简单干净，避免产生页面拥挤不堪等问题；另一方面是为了使得整个画面布局丰富生动。就文字设计来说，一般而言，一篇报道中文字的字体使用不应超过 4 种，通常使用 2~3 种即可，字体过多会使得整篇报道杂乱，缺乏整体感。一些抢眼的字体以及较大字号通常在标题中使用，正文部分尽量选择常见的稳定的字体与字号，通过改变文字的位置、方向、颜色等也可以实现画面的丰富性。就图片来说，方形裁剪的图片较为严谨稳定，配合网格式结构，能够增强整个报道的理性视觉美感；自由裁剪的图片，比如圆形等图片则更加活泼有朝气，但如果处理不好会使得画面杂乱。就图片与图片的关系而言，图片之间的面积比例小会给人稳定的感觉，面积比例大则跳跃性更强；图片之间无间隙的整齐排列，会给用户信息丰富的感觉；而留较小的间隙则可以增加整个画面的空间感；较大的间隙则会使得画面效果更加平稳。

第三节 网络图文叙事的基本策略

网络图文报道叙事的基本策略按照报道的进程来说主要分为两种，一种是线性的叙事策略，这种类型的叙事策略通常按照时间顺序或者故事的逻辑顺序进行讲述，符合用户通常的阅读习惯，与过去的传统报道比较，其在报道形式上做了较多的探索和创新，增加了与用户的互动性以及用户的参与度。另一种是非线性的叙事策略，这种类型的叙事方式是与新媒体技术的发展相伴而行的，用户时间越来越碎片化，于是对于一些内容过多的报道用户通常比较缺乏耐心，希望能够用最低的时间成本最大程度地获取阅读体验，于是更加以用户为中心的非线性的叙事策略也就应运而生。

一、按照报道进程划分

（一）线性叙事策略

尽管媒体工作者对于线性叙事并不陌生，但是融合背景下的网络图文报道中的线性叙事策略也有一些新的变化，主要集中体现在叙事过程中一些新的叙事方式的运用上。

1. 按时间顺序叙事

按照时间顺序叙事是新闻报道中最常见的一种叙事手法，图文报道也不例外。以时间为线索讲述新闻内容，能够清晰地体现出时间段内新闻主体（新闻事件或新闻人物）的发展变化，不易出错，同时准确地交代整个报道的全貌。融合新闻中的图文报道在叙事时采用时间顺序叙事时做出了一些改变，即利用多媒体技术实现了用户能够直接在阅读过程中任意进入报道中的任意时刻进行深度阅读浏览，也无形中拉近了与用户的距离，增强了用户的参与度。

2018 年 12 月 29 日，闪电新闻客户端发布了一则报道《跨越 40 年，2019 的车开过来了》，该作品以 1978 年改革开放为时间起点，利用手绘街景地图为底衬，以第一人称“我”的视角乘上时间列车，讲述了 40 年时间里的重大变革。作品虽然按照时间顺序叙事，但在其中用户通过手指触动屏幕画面，开始跟随时间跑动，过程中呈现了人物与交通出行关系的变化，全面展现了改革开放 40 年带来的历史变革，在整个叙事过程中添加了 40 余个用户有强烈共鸣的历史符号，对改革开放 40 年间人物与时代有高度共鸣的每一个点、每一个时间段都进行了特色鲜明、赋有时代印记典型的场景化还原，同时利用动漫这一艺术化表现手段，将再现的内容场景呈现给用户。整个报道多角度、立体化、全方位展现了中国在高速发展中所处的历史地位和取得的历史成就，提升了用户对我国改革开放 40 年间的成就的多维度的认知、理解，并进一步引发了用户的共鸣。该报道充分体现了融合背景下图文报道按照时间顺序叙事的新变化，充分展现了融合性和互动性。

2. 按逻辑顺序叙事

按逻辑顺序叙事的报道通常是媒体从业者在遵循了新闻真实性以及客观性的前提下，将整个新闻内容以讲故事的形式报道出来。通常使用的逻辑顺序有六种，包括由一般到特殊、由抽象到具体、由主要到次要、由现象到本质、由原因到结果、由概念到应用。通过这种叙事方式，将新闻真实性与故事性融合，揭露事件的本质，使用户产生同感。这种类型的叙事方式通常来说互动性较弱，但是能够将文字图像化，使得用户的阅读体验更加丰富。

2019 年 3 月 6 日，人民网发布了《习近平向一位蒙古族村支书问路：去嘎查，路怎么走？》图解报道。从习总书记与蒙古族村支书对话的现象揭露了该村发展的现状如何的本质问题。报道写道总书记询问村支书“通辽市区距离你们那儿有多远，交通方便吗？”村支书回答“方便，坐车一个半小时就到了”时，在后面立刻附上了一张当地的局部地图，并专门用红色加粗的虚线标注了从通辽至村支书所在村东萨拉嘎查的线路，线路旁边附上小汽车图标，以显示使用的交通方式是汽车。这张地图将村支书描述的交通方式以及距离更加具体化了，使用户的感受更加深刻。

（二）非线性叙事策略

互联网技术的飞速发展使得互联网的用户数不断激增，图文报道越来越重视以用户为中心。随着工作与生活节奏不断加快，用户时间碎片化特点更加显著；移动互联的发展与完善，用户需要能够随时随地满足自己互动化表达与获取信息的需求；用户在选择新媒体平台与内容时更加自主，从而使得内容生产愈加个性化。在此背景下，线性叙事已经远远不能满足用户需求，非线性的叙事策略应运而生。这一类型的叙事模式完全打破常规，创意性更强，图文设计更加简洁，互动性极强且操作也非常便捷，用户能个性自主地参与到报道中来，体现了越来越以用户为中心的报道趋向。

1. 自主探索

自主探索是利用新媒体的互动性，将事件放在单一的画面中分版块、多形式进行讲述。版块之间不一定具有密切的逻辑关系，如果略过某些分版块对整体意义的把握影响不会太大，各个部分的内容有深度，让用户能够在报道中自主选择感兴趣的内容。利用用户的选择性注意，与自己深入细致、多样丰富的报道内容，吸引用户通过报道感知和探寻到事件后更深刻的含义，并让不同的用户能够获得不同的意义感知。

生态环境部、发展改革委于 2019 年 1 月联合印发了《长江保护修复攻坚战行动计划》。交汇点新闻的采编团队以此作为基点，开展了大型融媒新闻行动。2019 年 12 月 30 日于交汇点新闻客户端刊发报道《6 397 公里的守护》，该作品通过长江水利委员会水文局公布的长江长度 6 397 公里制作了手绘版长江长卷，制作者在这张画卷中通过巧妙构思，设置了具有代表性、标志性的景观、动植物等画面，全景式地记录与展现了长江流域生态、文化保护的生动图景。将用户通过“班会”引入地图之后，一个小小的江豚瓶将作为指引图标，带领用户走完接下来的旅程。用户此时便可以点击地图开启“守护”行动，守护的第一站，就是长江源头。当用户选择“守护”之后，会出现关于长江源头的多媒体形式的实际采编内容，包括了文字诗词欣赏、聆听长江的各种声音等。整个作品极强的技术创新性，通过采用模拟定位滑动方式，使得用户浏览更加流畅、操作方式更加简便，互动性也更强。作品设置里，用户可以自主选择“守护”的站点，即使一个站点都不选择“守护”，也可以浏览整个长江的全景面貌手绘画卷。但是为了吸引用户更多地探索报道内容，升华报道的主题意义，作品设置了如果用户守护了全部 11 个站点，到达“我已守护 6 397 公里的长江”界面后，就可以解锁定制版的《长江之歌》。“你从雪山走来，春潮是你的风采；你向东海奔去，惊涛是你的气概”，让用户此报道中长江的情感更深刻，意义感知更巨大。

2. 情境体验

情境在线是基于多媒体技术，将真实的场景在报道中再现出来，用户通过交互设置进行操作，通过自主体验而感受事件的本质。这种叙事策略通常在全景画面中呈现，通过 3D 模型等数字化技术，将真实场景复刻下来，用户能够在网络中进行宛如真实场景的情境体验。在一些报道中还会将线下的真实场景与线上场景进行联动设置，进一步增加用户的沉浸式体验与参与感。

2018 年 11 月 30 日，为了让不能到现场参观的用户群体身临其境感受改革开放 40 年的伟大成就，央视网配合国家博物馆“伟大的变革——庆祝改革开放 40 周年大型展览”发布了同名网上展馆——“伟大的变革——庆祝改革开放 40 周年大型展览”网上展馆，让广大用户群体足不出户也能体验和感受祖国改革开放 40 年来的光辉历程。该线上展馆“采取多媒体互动叠加图文、音视频等形式，集纳 154 张场馆全景图、2325 张展板图片、225 个视频、34 个解说音频与歌曲，以及 1 609 个图片与视频热点等展览全要素，全方位再现了“伟大的变革——庆祝改革开放 40 周年大型展览”的全貌。用户点击进入浏览之后，就能够通过页面左侧的 3D 地图或者目录选择自己感兴趣的展区进入，进入相应展区之后，用户可以能够拖动页面进行全景自主浏览，也可以点击页面浏览中的“自动观展”。自主观展可以放大自己感兴趣的画面，还能够点击屏幕中闪烁的小圆圈，浏览相关的图片文字信息或其他的多媒体内容。作品采编制作团队介绍该作品“设有实时参与互动留言入口，网友观展后可以随时发表观展感受、分享观展体验。同时在实体展现场搭建有互动合影专区，为参展观众留下‘独家记忆’。用户可以通过电脑和手机随时随地访问网上展馆，沉浸式、漫游式地自主体验参观，详细了解展览内容信息，身临其境感受改革开放 40 年的光辉历程、伟大成就和宝贵经验。”

融媒体时代的网络图文报道叙事策略总体上是对传统媒体时代图文报道的更新和扩展，并在此基础上更加的注重了多媒体形式的融合，更加考虑用户的参与感、沉浸感、互动感以及体验感。几种叙事策略通常不是单一地出现在一个作品中，而常常以组合的形式一起运用在各类优秀的网络图文报道之中。当然，上述叙事策略并不是全部，网络图文报道中还有很多的叙事角度和方式等待我们去发掘。

第四节 网络图文报道的多媒体形态

融合新闻背景下的网络图文报道不可脱离多媒体的融合，其形态丰富多样，就多媒体包装形式来看，有电子报、电子杂志、H5 等类型。从报道本身使用的多媒体形态来看，现阶段的网络图文报道主要还是以“图片+文字”的形式呈现的，随着融合的深入，也出现了“图文+音频”“图文+视频”或者“图文+音频+视频”等多媒体形式。

一、电子报

电子报是将一篇或多篇完整的图文报道以报纸的形式进行包装。常见的有两种，一种是将传统媒体上的图文报道直接以电子版的形式呈现给用户，其在版面设计上与纸质报纸区别不大，差别在于用户能够自主拉伸、放大或者缩小图片以及文字内容进行查看。另一种是模仿报纸的图文板块设计的网络图文报道，其可以插入超链接等其他的多媒体形式。内容可以更加丰富生动。

二、电子杂志

电子杂志（或电子书）是模仿传统杂志形式制作的，对于内容较多的网络图文报道，可以采用这种包装形式，其可以自主选择页数，不同页面可以添加不同的排版形式。图片与文字在其中可静可动，拥有目录页，便于用户快速查找信息。页面与页面直接可以设计链接进行跳转，同时还能够跳转到发布媒体的首页链接中，提升媒体的知名度。由于融合的网络图文报道相较于其他图文报道制作成本较高，而将网页转化为电子杂志（电子书）快速便捷且制作成本较低，所以电子杂志（电子书）也是回收制作成本的方式之一。普利策获奖作品《雪崩》曾以 2.99 美元的售价在亚马逊发布《雪崩》电子书，在之后《纽约时报》也用电子书的形式推出了其他的报道。[①]

三、H5

“H5”，或者 HTML5，其实就是一种新的网页形式，是在浏览器中打开的网页应用，因此其成为了新媒体时代各种类型的报道进行包装“落地”的首选。“H5”中呈现的网络图文报道配合其本身跨平台的优势，在移动端或 PC 端所有大小的屏幕都能匹配，扩展了用户阅读渠道，适应用户随时随地阅读的需要，能够迅速提升传播效果。由于“H5”改良了网页内容被插件约束的场合排场，提升了阅读的顺畅度，使得页面内容丰富生动，但看起来又美观简练，大大提高了用户的阅读体验。

四、“图文+音频”

图片与文字构成的图文报道只能够满足用户读图的需要，增强用户的视觉体验。随着用户需求的拓展，在报道中添加听觉元素成为了网络图文报道多媒体融合的方式。视觉与听觉的结合，使得整个报道更加完整立体，听觉元素可以增强报道的真实性，也能够让用户情感进一步升华。音频元素通常在人物报道、现场报道以及叙事型报道中添加使用。

2019 年 4 月，3 位武汉黄陂区青云村村民代表冒着倾盆大雨给市扶贫办送去一封联名信，72 位村民签名并按上红手印，请求挽留青云村两名驻村干部杜凡、付旭东。长江日报记者得知此事后为了讲述联名信背后的故事，开展了深入的走访采访工作，于 2019 年 6 月 13 日长江日报微信公众号发布作品《72 个红手印，究竟为了留住谁？》（图 6-13），这个作品中专门设计了“听心声”和“看事迹”两个部分的互动内容。其中“听心声”部分以联名信 72 个红手印图片为背景，添加了对应的 72 个村名的“心声”音频内容，用户只要点击图片中的一个“红手印”就能够收听对应的“手印

图 6-13 《72 个红手印，究竟为了留住谁？》

① 韩士皓，彭兰. 融合新闻里程碑之作——普利策新闻奖作品《雪崩》解析[J]. 新闻界. 2014（3）：65-69.

人”的“心声”。该设计是“图文+音频”的典型，红色的指纹、村民说到动情处的哽咽声，使得报道极具视觉冲击力和感染力。

五、“图文+视频”

音频的添加对于增强报道的感染力而言有时并不太够，在这种情况下就需要直接在报道中添加视频，视频本身具备了视听结合的特点，其能够增强画面的动感，还能对于图片与文字不能呈现的内容作补充，让报道的维度得以扩展。

2019 年 8 月 6 日光明网发布专题报道《可爱的中国》（图 6-14），在整个报道中除了文字与配合讲述我国各民族文化传承、发展、创新故事之外，还添加了 58 集，每集时长 3 分钟的短视频来讲述每个民族自己的文化故事；另外还加入了宣传片以及特别短视频等视频内容。真实、立体、生动地讲述了文化传承、延续与创新的故事，阐释了中国精神与中国价值。第三十届中国新闻奖组委会评价此作品“图片说话，视频讲述”，使得整个报道张力十足。

图 6-14 《可爱的中国》

六、“图文+音频+视频”

网络图文报道的多媒体形态往往不是单一的，图文、音频、视频共同使用也是当前发展的新趋势。通常这种类型中，音频是以背景音乐或者音响的形式出现，而同期声等使用较少，一般同期声等声音直接在视频中出现使用。上一节中提到的案例《6397 公里的守护》就是一则“图文+音频+视频”多媒体形态的优秀报道。

新媒体时代技术的迅速发展为网络图文报道提供了新的思路，网络图文正朝着多媒体形态迈步，网络图文报道的多媒体形态与当前多媒体技术的发展密不可分，VR 全景等新的多媒体形态也在尝试与图文报道结合。报道的多媒体形态与包装多媒体形式结合，为网络图文报道打开了一道崭新的融合之门。

思考题

1. 请简述网络图文报道的形式与特点
2. 结合具体的网络图文报道案例，分析其所采用的叙事策略与编排技巧。
3. 结合本章所学知识，选择恰当的多媒体形态，尝试制作一则融合性的网络图文校园新闻报道。

第七章 短视频新闻报道

本章学习目标

1. 了解短视频给新闻生产带来的变革。
2. 掌握短视频新闻的传播特征。
3. 理解短视频新闻的叙事风格。
4. 思考未来短视频的发展方向。

案例导学：短视频《为了人民》

2021 年全国两会召开之际，津云新媒体推出了短视频报道《为了人民》，短视频通过与音乐配合，将英雄故事进行了生动的讲述，描绘出多名了共产党人的精神力量，体现了他们的服务人民、为了人民的信念与担当。由此传递出中国共产党的人民立场以及全心全意为人民服务的根本宗旨。

图 7-1:《为了人民》二维码

整个短视频从选题到内容创作都与过去的报道有较大的差异，生动的细节的传达效果更加富有感染力。除了将中心主题融入故事中，在最后通过对未来发展的蓝图勾画，再一次将“为了人民”的理念有力传达，取得了很好的传播效果。

2012 年 11 月，“快手”平台发布短视频，成为我国短视频最早的发布平台，之后短视频平台如雨后春笋般快速发展壮大起来。《2020 中国网络视听发展研究报告》显示，截至 2020 年 10 月 13 日，网络视听用户规模突破 9 亿，其中短视频用户规模达 8.18 亿，近九成网民使用短视频。短视频已经成为了仅次于即时通信的第二大网络应用。短视频是指“在各种新媒体平台上播放的、适合在移动状态和短时间休闲状态下观看的、高频推送的视频内容，总时长不超过 5 分钟。任何人都可以利用智能移动终端进行拍摄、编辑，并可以随时上传，在多种 PC 端或移动端社交媒体平台上实时分享、互动的新型新闻视频产品。”[①]短视频的出现适应了用户碎片化阅读的需求，给用户带来了更的接近感与临场感，成为了我国新闻媒体媒介融合转型的重要方式。随着短视频的行业标准愈加规范，2014 年，新华社推出了国内首个短视频新闻客户端——“15 秒”，至此，主流媒体纷纷踏入短视频新闻专业化领域，短视频新闻发展越来越好，成为了融合新闻的重要组成部分。

第一节 短视频给新闻生产带来的变革

4G 时代开始，新媒体打破了传统媒体信息生产与分发模式，短视频以个性化、低门槛、多形式、碎片化、即时性、社交化、互动化等特性迅速抢占了市场空间。用户注意力被吸引，空余时间被占据，传统媒体不得不转变思路，加快媒介融合进程短视频新闻产品不断涌现，传统新闻生产流程破打破、生产主体丰富、生产方式转变、分发模式改变。短视频在变革传统新闻生产的同时，也推动了传统媒体的转型，推动了融媒体建设与发展。

① 常江，徐帅. 短视频新闻：从事实导向到体验导向[J]. 青年记者，2017（7）.

一、短视频打破传统新闻生产流程

传统媒体时代，新闻的生产正如路透社所言：新闻是经过若干道工序生产出来的产品，各道工序的质量要量化为可控制指标，按照不同的指标对生产流程进行组织、计划和控制，以保证产品的质量，提高生产工作效率。也就是说，传统媒体新闻生产流程是封闭的，生产周期是较长的，生产成本较高，形成了较为固定的线性生产模式。其囊括了四个环节，即确定选题—采集素材—素材加工—后期制作（编辑）。短视频时代，新闻生产流程不再是一个闭环，环节也不再固定，甚至可以合并或者省略掉其中的某些环节。

（一）短视频新闻的选题变化

短视频的兴起为新闻报道注入了新的活力，同时也对新闻报道的选题提出了新的要求，从新闻选题类型到新闻选题来源，都与过去有所差异。

1. 短视频新闻选题类型

传统媒体时代，新闻的选题首先考虑的是新闻的重要性，按照不同的媒体类型确定适合自身定位的选题，以此来分发给目标受众。短视频新闻时代，传统媒体依然以自身定位出发确定选题，但是在实际选题确立过程中有了新的考量标准。首先，短视频新闻由于其往往属于一站式新闻，所以时效性极强；其次短视频新闻由于是读“秒”新闻，时长限制，因此不适宜应用于深度报道；最后，短视频的分发平台往往兼具社交属性，用户使用平台通常是为了释放压力，“硬”新闻尤其是时政新闻的传播力较弱，即使是“硬”新闻往往也需要“硬”话“软”说。综上，短视频新闻的新闻价值要素倾向于优先考虑时间性、重要性与贴近性，因此短视频新闻的选题主要类型为：突发新闻、社会热点新闻、参与性新闻、趣闻等。选题与人们的生活息息相关，能够引起人们的共鸣与共情。除此之外，短视频新闻的选题还有一个与传统媒体时代新闻选题截然不同的特点，即选题内容能够以动态视觉化的内容呈现，这要求新闻现场是“活”的，能够有丰富的视觉呈现。

2021 年 2 月 3 日傍晚，央视新闻微博号通过“微博云剪”剪辑了当天新闻中的一小段内容，共计 1 分 02 秒，然后重新配合文案（图 7-2）：

#听说我过年不回家爸妈寄来的年货#，满是牵挂🤗“收到 60 斤的大包裹，腊肉腊鱼一大堆，冰箱都塞不下”；“收到了妈妈寄的饺子，每种馅约 200 个”；“家里寄了羊肉、牛肉干、酱牛肉……”这个春节，不少人选择在工作地过年，却早早收到了家里寄来的年货↓网友：#过年最重要的仪式感#，就是吃到这一口家乡的味道🖤。

该条微博即短视频新闻，选题贴近因疫情呼吁大家就地过年的热点，发布时间为春运期间，具有亲情属性，能引发用户的共鸣与共情，且话题的参与性强，视频画面简单，同期声配合网友晒出的年货图片，视觉性强。该条新闻发出后，话题“听说我过年不回家爸妈寄来的年货”在两小时内就登上了微博热搜榜，阅读量超过了 6 000 万，参与讨论跟帖的人数超过 4 000。

图 7-2　央视新闻微博号“年货”原微博

2. 短视频新闻选题来源

短视频新闻诞生于社会化媒体盛行的时代，短视频平台大多都兼具社交属性，因此，短视频新闻的来源与过去大不相同，选题来源更加丰富，与用户的贴近性更强，主要增加了以下三条途径。

首先是选题来自各大社交平台，包括 QQ、微信、微博等，这一选题途径通常有两种方式，一种是新闻从业人员自己浏览社交平台发掘出有价值的新闻选题；另一种是用户通过私信等方式与记者取得联系，记者根据新闻价值要素判断其提供的选题是否可以深入挖掘制作。

其次是选题来自热门新媒体平台的排行榜，包括微信公众号文章排行、抖音、微博热搜、今日头条等。排行榜能够有力的说明事件的社会关注度，记者通过排行榜寻找选题，并从新闻专业角度展开报道，从而提升传播效果。2019 年 10 月 10 日 18 点 10 分左右，一辆货车在无锡锡港路上跨桥路段行驶过程中，出现了桥面侧翻垮塌。货车砸中桥底车辆，事故共造成 3 人死亡，2 人受伤。事件发生后迅速登上了微博热搜榜，引发了广泛讨论。各大媒体以此为选题，通过附近车辆行车记录仪拍摄的现场画面，生产出了与报道主体密切相关的短视频新闻，用户通过短视频新闻能快速获取事件的全过程以及事件发生的原因，后续的处理等内容。

最后是媒体工作者将提前可以预期的事件作为选题策划，在特定的时间节点通过策划新媒体活动或者提前进行安排设计，以此展开报道。

2019 年 5 月 27 日，中国妇女报社获知 5 月 28 日，新中国成立后的第二批女飞行员、82 岁的苗晓红将在时隔 30 年后再次飞上蓝天，以此鼓励更多的年轻女性加入到飞行员的队伍中，同时将此作为中华人民共和国成立 70 周年的献礼。于是在这一提前得知这一消息的情况下，中国妇女报社立刻判断这个选题具有极强的价值，于是做了详尽的选题设计以及报道安排。5 月 28 日上午，该报记者赶到北京平谷石佛寺机场，将现场情况第一时间在微博上进行了报道的同时，还用摄像机记录下了苗晓红从准备起飞、冲上云霄、在空中飞行 40 分钟、高歌《我爱祖国的蓝天》，到顺利降落的全过程，并对苗晓红本人、她的爱人和战友们进行了深入采访。素材采集后立刻开始剪辑制作，于当天 14 时在中国妇女报社微信公众号上发布短视频新闻《创纪录！82 岁女飞行员再次冲上云霄》，一时间成为全网热点，网友们纷纷称赞苗晓红为“硬核奶奶”。中国妇女报能够在第一时间进行报道并取得良好的传播效果，就是得益于其提前做了周全的安排与策划。

二、短视频背景下传统新闻生产主体丰富

互联网时代“人人都有麦克风”，公民新闻的出现已经打破了传统媒体新闻生产依靠专业新闻记者进行的局面，但是由于技术的限制，之前的公民新闻在内容的呈现上与专业媒体相比较而言是相差甚远的。此外，过去的新闻生产的人员分工往往非常明确，有专业的记者、编辑进行内容采集的设计与编排，专业的摄影与摄像师负责图片等视觉内容的记录，剪辑师进行内容的非线性编辑以及后期的包装制作等，这不仅要求新闻从业人员拥有专业能力与素养，还要求媒体需要具备优质的硬件设施，才能保证新闻质量的提升。随着技术飞速发展，一部手机就能够实现集信息采集、摄影、摄像、后期在内的所有功能，同时这些功能的操作非常便捷易上手，公民不一定需要经过长期的、专业的训练就能够进行操作。同时由于短视频时长较短，不需要很多专业的拍摄技巧，只需要尽可能真实地、完整地记录事件本身即可。短视频的出现不仅改变了传统媒体时代的新闻生产主体，另外还推动了公民新闻进一步向前发展，突破了技术以及专业素养的壁垒。现在所有的用户都能够拿起手机对具有新闻价值的内容进行报道，我们通常将这些新的新闻生产者统称为 UGC（User Generated Content，用户生成内容）。UGC 的出现扩充了短视频背景下的新闻生产主体的力量，使得新闻生产主体更加丰富。

传统新闻生产主体丰富还表现在，短视频背景下，传统媒体的新闻生产主体对于自身的升级与发展。就目前我国短视频发展来说，总体上的 UGC 内容多，而 PGC（Professional Generated Content，专业生产内容）内容少；娱乐性的内容占据主流，高品质的资讯内容缺口依然很大。面对这种情况，传统媒体新闻生产主体必须转型，以填补当前的缺口。除了市场需要新闻记者转型之外，我国媒介融合进程中，大量的传统媒体进行了全媒体转型，这也意味着过去的采、编、播各自独立的体系被打破，新闻生产者必须自身完成全媒体转型以适应全媒体报道的需要，将采、写、摄、录、编、播等技能集中于一身。目前很多新闻媒体都为自己的从业人员提供了专业的短视频平台，记者能够在平台上完成新闻采、编、播全部环节，实现一站式操作。

短视频浪潮冲击下，无论是新闻生产队伍的壮大还是传统新闻生产主体自身的丰富，二者都不是单一而言的。PGC 需要学习 UGC 对社会话题与热点的把握，利用自身优势对 UGC 内容进行优质化提升；UGC 则需要学习 PGC 对于新闻角度的选择、对报道质量的把控等，以此来实现突破与提升。PGC 与 UGC 合力，能更好地推动短视频新闻的发展。央视曾在新闻联播中播出了用户自主生产的短视频作品《厉害了，我的国》，就是 UGC 与 PGC 合力的优秀作品。

三、短视频推动新闻生产方式转变

随着短视频不断地发展，大量 UGC 内容出现在各大短视频平台，UGC 成为了不可忽视的生产主体，UGC 内容也推动了传统媒体转变自身新闻生产思路，突破固有的新闻生产方式，

形成了三种主要的新闻内容生产方式。

一是以 UGC 为主的新闻生产方式。目前我国各大短视频新闻平台几乎都拥有自身的 UGC 内容生产与运营团队，很多时候我们称他们为“拍客”，他们“隐藏”在社会的各个角落，以新闻目击者的视角观察社会、报道新闻，有其天然的优势。以腾讯旗下“我们视频”为例，其在 2018 年 1 月成立了 UGC 运营团队拍者组，拍者组成员和其他用户都可以通过官方渠道、微信群、微博、秒拍、微视等平台提供新闻线索。据统计，所有渠道在工作日每天接收到的新闻线索可以超过 300 条。UGC 新闻内容生产方式主要集中在突发新闻事件与社会民生类内容领域。

2021 年开年不久，抖音某资讯号发布了一条使用婴儿护肤霜所导致的“大头娃娃”事件，一时之间在网络上引发热议，该抖音账号拥有超两千万粉丝，以其与用户的天然贴近性优势，将调查类社会新闻用极具代入感的短视频进行报道，取得了广大用户的信任。事件曝光之后，大量用户私信该资讯号，上百种婴儿面霜请求其检测，大量媒体纷纷跟踪报道此事件，最后公安机关、消费者协会等介入调查，厂商被处罚与关闭。由此可见，UGC 新闻生产方式公共性强、人情味足、互动性与参与性高，有其自身的独特价值。

二是以专业化为主的 PGC 新闻生产方式。尽管 UGC 内容生产模式有其天然优势与独特价值，但是由于其自身缺乏专业记者的职业素养，报道过程中容易受到主观情绪以及“刻板印象”的影响。另外其在内容拍摄与制作过程中行为完全自主，可能会导致伦理性问题出现，侵犯隐私等情况频发，“不持记者证，不属于专业新闻机构，没有得到被摄者同意就生产并上传内容，是短视频 UGC 新闻生产关系中的潜在伦理威胁。”[①]综上，短视频新闻生产依然离不开专业的新闻从业者，目前大量的短视频新闻平台依然是以 PGC 内容生产方式为主。以大数据和算法在海量内容中抓取选题，从专业角度出发，对选题进行深度采写，制作成短视频新闻分发的生产方式依然是专业媒体新闻内容的主要生产模式。PGC 新闻生产方式对于重大新闻报道尤其重要，对于提升媒体自身的公信力与话语权有重要影响。短视频时代的 PGC 内容生产方式与过去相比而言，破解了过去时效性较低的难题。过去，记者采集新闻素材往往带着沉甸甸的摄像设备，拍摄完成之后拷贝回传至编辑部，效率较低。短视频时代，媒体内部团队打通，不同类别的工作人员统一安排调度、有效分工，实现了全媒体联动。图文编辑、直播编辑、视频编辑、美编、拍者运营、新媒体运营、文字记者、摄影记者、后期分发等纷纷助力协调生产。早已从过去一个人的战斗，演化成“一人主导，多方配合”的协同作战模式。例如腾讯“我们视频”团队，其一个新闻选题微信群内拥有来自新京报各个部门的成员、团队中各个栏目的成员和分发平台的成员，信息在群内充分流通，每个环节的任务迅速得以完成。“一体化”的生产模式能大大提升效率，还有利于问题的检查，是短视频时代新闻内容生产中一种高效的生产方式。

2019 年 2 月 1 日，央视新闻客户端发布了一则时长 1 分 15 秒的短视频新闻《【独家 V 观】习近平看望“快递小哥”》，记录了习近平总书记在结束北京前门东区看望慰问乘车返回途中，临时下车来到前门石头胡同的快递服务点看望仍在工作的快递小哥的情景，央视新闻记者以其专业的职业素养，在总书记临时下车的情况下，紧急使用备用手机记录下了习总书记与快递小哥交流的温暖时刻，后期编辑立刻制作，后期保留手机拍摄的原生态记录风格，各个环节紧密配合下，第一时间将作品推出，作品真实质朴、打动人心。当天刷爆了朋友圈，全网

① 和莹．短视频 UGC 新闻生产研究及模式反思[J]．青年记者，2020（9）：40-41.

播放量突破 2.9 亿。由此可见，短视频时代传统媒体的时效性难题得到了有效破解，同时也可以看到，专业媒体的独家性、新闻敏锐度、媒介素养、应变能力等都是 UGC 难以超越的。

三是重构出了 PGC 与 UGC 合作的 PUGC（Professional User Generated Content,专业用户生产内容）合作的内容生产方式。UGC 内容活跃的情况下，大量用户纷纷参与，整个内容市场良莠不齐，同质化内容与劣质化内容多。把关人的缺失与机制尚未完善，导致虚假内容频频出现。而 PGC 内容尽管质量较高，但在建立用户黏性和贴近用户等方面远不及 UGC 内容。PUGC 内容生产方式在这种背景下出现。这一模式中，内容主要的生产步骤仍由用户完成，但是专业媒体或者机构需要对其生产的内容进行“把关”，二者共同合力完成新闻内容的生产。通常拍者完成内容拍摄后将内容发送到微信群，专业记者或编辑看到内容后求证内容真实性并对内容质量进行把关，之后再将内容进行分发。例如主打资讯阅读的短视频产品“梨视频”，其主要采用的新闻内容生产模式就是 PUGC 模式，大量内容和素材来源于用户，用户拍摄相关素材后，其再对素材进行审核补充、剪辑等。PUGC 模式弥补了 UGC 与 PGC 各自的缺陷，增强了二者之间的互动与联动，对于提升新闻的广度与深度，扩大报道的影响力度与辐射范围有重要作用。

四、短视频改变新闻分发模式

过去传统媒体的新闻发布机制是高度中心化的，进入互联网时代，这种高度中心化逐渐被打破，短视频的出现与发展则是完全颠覆了这一发布机制。短视频生产的快速与易操作性使得 UGC 内容活跃，大量用户入驻进行自主内容生产；此外，短视频的“一键分享”机制又提升了内容传播的效率。在这种情况下，用户主动性与选择性提升，新闻内容的发布权下放，过去传统媒体的技术“垄断”被打破，新闻发布机制变革，去中心化的新闻发布机制取代了过去高度中心化的发布机制。去中心化的发布机制带来了新闻信息的爆发式增长，用户越来越难以在海量的内容中筛选出自身需要的优质内容，短视频在此背景下推动了以“意见领袖”为中心的新闻发布机制的出现；技术的发展又推动了算法为用户精确推送个性化的内容。二者共同配合为用户在呈几何式增长的海量新闻信息中满足自身的需求。

同时，传统媒体在过去分发渠道是很单一的，基本上是“自产自销”式的，纸媒的内容分发渠道是自己的报纸，电视媒体的分发渠道是对应的电视台等，用户根据不同类型新闻报道的需要选择不同的分发渠道，选择空间较小。随着媒介融合的深入，新闻的分发渠道才得以扩宽，门户网站以及“两微一端”几乎成为了各大传统媒体的“标配”。但是尽管分发渠道拓宽了，这一时期的新闻分发呈现出了不加选择将同一内容形态在不同渠道分发的特点，也就意味着虽然渠道多了，但内容呈现还是一样的，对于用户而言，选择的空间并没有扩大多少。直到短视频兴起，移动短视频应用和平台迅速增加、短视频在社交媒体中的内嵌，一方面再一次拓宽了新闻信息的分发渠道；另一方面，各类平台的特色分明使得媒体开始结合新闻自身特点与分发渠道的特点，再将内容进行多平台联合分发。这种分发模式常常在微信公众号中以文字配合短视频的深度报道为主；在抖音等同类型短视频平台账号中以亲民的语态、简短的文案配合视频中的花字等形式呈现；在自身的客户端中以自身媒体定位出发进行不同的呈现等。这一分发模式有利于高效利用不同的分发渠道，解决海量信息与有价值信息之间的矛盾，拓宽用户的选择空间。

第二节 短视频新闻的传播特征

短视频时代的到来推动了短视频新闻的快速发展，作为一种能承载丰富信息的小体量传播新形态，迅速满足了用户高效化、碎片化、社交化的阅读需求，展现出蓬勃旺盛的生命力。具体来看，短视频新闻区别于传播形态，有其自身的传播特征。

一、平民化视角

短视频新闻平民化视角主要包括三个方面，一是报道对象的平民化。传播主体在报道内容选择时往往选取的是发生在普通大众身上的故事，报道对象选择有明显的平民化倾向。这一点主要是由于短视频新闻与其他新闻传播形态相比较，其时效性与传播效率都较高；另外大量的短视频平台以记录生活定位出发，成为满足用户休闲放松的平台，因此大多短视频新闻内容选题都集中在社会性话题与趣味性话题，而这些新闻内容的主角通常都是普通社会大众，所以短视频新闻的报道对象有平民化的倾向。资讯类短视频新闻平台“梨视频”，其报道对象约有 70%为社会普通大众。报道对象选择平民化，能够体现出新闻对于民生的关注，也能展现出新闻媒体的人文关怀。

二是而是报道主体的平民化视角。由于短视频突破了技术壁垒，低门槛使得大量用户入驻并开始自主生产并传播内容，也就是 UGC 内容。在这种情况下，短视频新闻的传播主体有很大一部分是普通大众，他们通常作为新闻事件的目击者来报道新闻内容，在报道过程中展现出了从自身出发的“平民化”视角，报道带有自己的思想与情绪。尽管报道主体的“平民化”视角会使得报道可能带有主观性，但是在这样的报道中，传播主体不再是冷静的、理性的旁观者，亲历者、目击者的身份使得整个新闻报道真实可信，同时也更具有“人情味”，能够反映生活本色，让用户能感同身受。

三是新闻生产过程中的平民化叙事。短视频新闻与当前用户的阅读习惯相适应，在新闻叙事上使用口语化与平民化的表达，摒弃了过去刻板化与严肃化的语言，在报道中常使用一些网络流行语，拉近与用户的距离，贴近用户的审美习惯。新闻报道的方式贴近和适应用户的阅读习惯，营造了良好的传播氛围，提升了新闻内容的曝光率与关注度，也更能引发用户对于内容的情感共鸣。

二、移动化与社交化

短视频新闻兴起于 4G 时代，整个互联网向移动互联网发展，移动客户端成为很多用户获取信息最为重要的渠道。短视频新闻具有极强的移动性，尤其值得注意的是，短视频突破了

“横屏视频”的限制，促进了“竖屏视频”时代的到来。竖屏视频与智能手机推动下的“竖屏时代”完美契合，在人人“机不离手”的时代，走路、吃饭、逛街等碎片时间里，人们几乎随时随地都在使用手机，“竖屏视频”满足了用户单手使用手机的需求，短视频新闻贴合移动终端传播，具有高度的移动性，能随时随地满足用户的需求，成为了用户获取新闻信息的重要方式。与此同时，“竖屏视频”天然具有社交和互动基因，用户能够直接进行社交与互动；短视频新闻的社交化还体现在平台具有很强的社交属性上。短视频新闻兴起于社交媒体与自媒体大受欢迎的时代，同时其主要用户就是生长于这个时代的年轻群体，其新闻报道具备所有社交网络的基本属性，用户参与整个新闻传播的所有环节，他们承担着信源、信道、信宿的所有功能，内容发布之后，其传播呈现出“病毒式”的特点，围绕用户的社交圈不断扩大蔓延。

短视频新闻传播的移动化与社交化特征，将新闻生产与移动社交平台充分结合，在丰富自身的平台社交属性的同时，还增加了用户的社交方式，用户通过发布短视频新闻，能够参与社会治理，获得他人的认同与社会认可，达成自身的社会化目的。

三、生活化与场景化

短视频新闻由于时长短、对网络环境的要求低等特征，使得其使用门槛较低，用户能够随时随地使用，有效地迎合了当前人们的生活节奏以及需求，具有很浓烈的生活气息。尤其是在2017 年 Vlog 形式引入我国并应用于短视频新闻之后，短视频新闻的生活化气息更加浓厚，创作直接以第一人称视角出发进行拍摄和记录，通过后期制作形成了兼具纪实性与生活性的日记，深受广大用户的欢迎，也使得短视频新闻的说服力增强，可信度提升，与用户的距离感缩小。

2019 年 11 月 3 日新湖南客户端推出了系列短视频《十八洞龙金彪的 Vlog 丨脱贫之后》，讲述了十八洞年轻村民龙金彪在脱贫之后的故事，以龙金彪的视角展现了十八洞村人在脱贫之后为了不返贫、努力致富奔小康的生动实践。作品拍摄前，采编团队已经持续关注龙金彪的成长生活长达四年之久，录制前还对整个十八洞村开展了半个月的村民走访与记录，但是最后所有的内容仅通过一条短视频讲述。在整个拍摄过程中，采编团队与当地村民同吃同住，和龙金彪一起走在田间山头，用摄像机记录下了真实的、鲜活的村民生活画面。从村民遇到困难质疑龙金彪“做不了别人的牛，就不要耽误别人的春”，到最后为他加油，采编团队通过挖掘大量的故事细节、运用极具特色的苗家俚语，使得整个故事有血有肉，生动地展现在了用户面前。报道中龙金彪的生活细节充分体现，他在田里干农活等场景拉近了整个报道与用户之间的距离，使得整个作品丰富有内涵。作品当天点击量突破了 200 万，用户们纷纷为村民们脱贫后的勤奋拼搏点赞。

“使用场景”是移动互联网时代常常提及的词汇，短视频新闻的传播特征之一便是场景化，用户通常在闲暇时浏览短视频新闻，其中在家浏览的频率更高；另外在睡觉前也是用户浏览短视频新闻的重要场景。此外用户在乘坐交通工具外出时浏览短视频新闻的频率较高，体现出短视频新闻的场景化传播通常还具有较强的伴随性。短视频新闻自身的时长较短、竖屏传播又使其内容聚焦性更强，因此特别适合展现一些具体细致的生活场景，在这种情况下，这一类短视频新闻内容更能受到用户的青睐。短视频新闻拉近了用户与新闻现场的距离，在很多重要的新闻场景中，都使用短视频形式进行呈现，比如国家领导人出席外交活动，司法机关对某些引发社会关注的案件进行宣判等。配合新闻标题中“现场直击”“亲临现场”等词汇，通过竖屏形式放大细节，辅助背景音乐与同期声等效果，让用户能真正产生“面对面”如临其境的现场感，具有极强的视听冲击力，使用户得到沉浸式体验。

短视频新闻以其短小精悍的内容在注意力分散的时代不断地适应用户碎片化、移动化、社交化的阅读需求，立体生动的视频呈现弥补了图文报道的单调性，日益成为用户获取新闻信息的主要渠道。

第三节 短视频新闻的叙事风格

中国互联网信息中心发布第 47 次《中国互联网络发展状况统计报告》显示，截至 2020 年 12 月，我国网民规模达 9.89 亿，其中短视频用户规模达 8.73 亿，与 2020 年 3 月相比，短短 9 个月的时候，短视频用户数增长了 1 亿。短视频“短平快”的特点扩展了新闻生态空间，短视频新闻从“舶来品”到不断革新，在我国的发展态势越来越好，形成了自身特有的叙事风格。

一、叙事主体个体化

在过去的新闻报道叙事中，为了更加真实全面地展现新闻事件，常常使用多元化的叙事主体参与讲述，记者对新闻事件进行采编，成为整个新闻报道的客观叙事主体。为了增强新闻的真实性与升华主题等，新闻当事人在整个新闻报道中充当增第一人称视角的叙事主体、目击者等则充当第三人称视角的叙事主体。编辑统筹把握整个新闻报道是全知的叙事主体各个叙事主体在新闻报道中交叉出现对新闻内容进行综合的呈现与讲述。短视频时代，用户注意力不易聚焦，碎片化的阅读方式使得多元化的叙事主体不能吸引用户。此外，短视频时长的限制也不适合进行多元化的叙事主体，一般而言，短视频新闻通常都是从某一个单一角度进行切入，在非常有限的时间内将新闻事件中最为精华、核心的部分运用视听语言展现出来，并将新闻内容交代清楚。其叙事主体是单一的，通常由新闻当事人直接使用第一人称视角展开或者由编辑（主持人）对内容进行整体统筹之后直接展开，没有过去的新闻口播等内容，短视频新闻中也很少有两个及以上的叙事主体。过去新闻报道中的叙事主体被文字所取代，新闻的主题直接在标题文案中呈现，同期声、解说以及一些补充性质的内容用字幕呈现。这样的呈现方式能够帮助用户快速地获取信息。新媒体时代，用户更加关注“人”，从而通过对“人”的考量去推究到背后的主题，所以个体化的叙事主体能够拉近跟用户的距离，符合用户对“人”的关注的情感需求。

2018 年 1 月 26 日 18 时 18 分，桂林日报社新媒体运营中心“第一时间 APP”发布了一条 1 分 34 秒的短视频新闻《生死时速！患者心脏骤停，桂林女医生跟着病床边跑边做心肺复苏》，整个短视频以广西壮族自治区南溪山医院医生张红雨为叙事主体，报道了 2018 年 1 月 19 日，重症冠心病患者在前往手术室的途中心脏骤停，医生张红雨跟着病床一路小跑，一路为患者做心肺复苏，在不懈坚持与努力下，患者最终转危为安，十多天后康复出院。

报道发出之后，当天播放量突破 30 余万次，视频被央视等转载，引发广泛关注。许多网友纷纷留言表示“看哭了”，该新闻对于缓解医患矛盾，改善医患关系，宣传救死扶伤精神起到了积极作用。新闻叙事主体的个体化能够以“小”见“大”，以新闻当事人的视角进行叙事更是能够增加用户的代入感，引发用户的情感共鸣，也体现了在当前新媒体媒介生态下，“以人为本”“以人为媒”的传播新规律，增强了新闻内容的传播力与易读性。

二、叙事内容碎片化

传统视频新闻对叙事内容整理往往是有组织的、逻辑严谨周密的，基本具备起因、经过、结果三个重要的要素，以线性叙事模式呈现。新媒体技术的高速发展推动了信息社会的到来，信息爆炸的环境里，短视频以其“短平快”的特点适应着信息传播与接收的碎片化特征，碎片化叙事内容与细节化叙事内容助力短视频新闻的发展，使得短视频新闻形成了表达紧凑、逻辑简练、节奏感强的风格，区别于过去的传统视频新闻报道。短视频新闻的“短”并不是简单将过去“长”视频缩短，而是通过对素材进行整理加工之后，形成全新的碎片化的内容进行报道。这种碎片化的表达使得短视频新闻通常难以完整找到新闻报道的“五要素”，整个新闻内容是不完整与非连续性的，但是却能够对整个新闻中最核心的内容进行强调，或者对事件中的细节深入展开从而引发对新的话题的探讨。叙事内容碎片化通常的操作有三种形式。

一是直接在其他视频新闻中或电视节目等内容中截取最具代表性的核心内容，形成一个新的话题或者进行强调，帮助用户快速获取有效信息，也能通过核心的画面第一时间吸引到用户的注意力，引爆话题。这种形式最常出现的平台是微博，微博自带的“微博云剪”功能作为技术辅助，“微博话题”作为内容的表达载体，形成合力，各大传统新闻媒体将电视新闻报道内容中核心内容剪辑为短视频新闻进行推送。例如央视新闻微博官方账号带话题#钟山被催睡觉和妻子讨价还价#发布了一条短视频新闻，就是直接截取了电视节目《故事里的中国》

图 7-3　央视新闻微博号推送的微博内容

采访钟南山院士的那一期节目中的一小段内容，该条微博点赞量突破 19 万次，评论转发数均超 5 000 条，视频内容仅仅只有 23 秒，但是通过对生活细节的碎片描述，用轻松的语态向用户展现了科研工作者的辛苦与科研精神的内核。

二是将重大主题报道切割为一个个短视频内容，用户通过主动搜索不同的内容，获取事件的完整面貌。重大主题报道在传统视频新闻中往往过于冗长，用户难以在新媒体时代一次完整看完整个报道内容，按照时间或者故事发展逻辑等对内容进行碎片化剪辑，用户能够只选择收看自己感兴趣的内容或者利用碎片化时间主动搜索不同的片段浏览，完成整个事件的浏览与思考。这种形式一方面能够将长内容分解开来，对主题进行充分诠释，另一方面也增强了用户的主动参与感。

三是直接拍摄素材或加工现有素材制作短视频新闻。对现有的素材或者拍摄的素材进行加工处理，将碎片化的信息集中形成内容更极致、主题传递更精准的新闻报道，以此实现碎片化传播效果最大化。碎片化阅读时代，短视频新闻很大的一个特点就是要把握住开场的前三秒，也就是通常说的“黄金三秒”，并不是内容传递越多越好，而是要在视频一开始就直击用户痛点，引发用户的情感共鸣。

人民日报抖音号在 2021 年 2 月 10 日发布了一条 10 秒左右的短视频新闻，文案为《你为我挡风遮雨，我也在用小小的力量努力爱着你，雨天里的这幕好暖!》，整个画面用竖屏形式呈现，画面上天空下着雨，一个父亲在前面骑三轮车，女儿在后面戴着帽子，手拿着扇子努力给父亲遮雨。就是这样一个小小的片段配合字幕与文案，获得了 174 万次点赞，1.9 万次评论，网友们表示“这一幕太暖了”“点赞”。由此可见，在新的媒介生态环境中，这种“以小见大”的碎片化内容叙事风格，满足了用户的情感需求，也是媒体进行融合创新叙事的新的勇敢尝试。

三、叙事表达情感化

传统媒体通过严肃话语体系与新闻专业主义来提升自己的公信力，树立自身的权威性。新媒体不断发展，社会化媒体的崛起，新闻报道互动性不断增强，“民间舆论场”与“官方舆论场”逐渐打通。同时，短视频的主要用户为年轻群体，他们对于新事物接受度高，创造性强，自我情绪表达充分。为了拉近与用户的距离，实现融合过程中真正意义上的“下场”，众多新闻媒体在短视频新闻叙事语言表达上愈来愈加平民化与口语化，以期拉近与用户的情感距离。也愈来愈照顾用户的情感体验，期望通过情感共鸣打通与用户的距离。综上，短视频新闻在叙事表达上呈现出情感化趋势。

叙事语言表达的情感化主要体现在短视频新闻的标题与字幕中，文字作为画面的补充内容，吸引着用户的注意力。大量的文字内容都是用通俗易懂的直白表达形式，例如“大片既视感”“酷”等口语化词汇的使用。甚至很多新闻媒体现在还常常使用一些年轻群体喜欢的网络流行语，“泪崩”“好嗨哟”“世界那么大，我想去看看”等，通过文字语言的口语化和通俗化，拉近了与用户之间的距离，同时使得“硬新闻”“软表达”，更易被用户所接受，传播效果更好。在新闻标题和新闻结束时还常常使用类似于“你愿意为他们点赞吗？”的话语，增强新闻的互动感与共情感，甚至在一些新闻标题和内容中大量使用感叹号，进行情绪强调，这些都是叙事语言表达情感化的重要体现。另一个重要体现是叙事过程中的情感化表达。过去，新闻报道中对于背景音乐的使用是非常谨慎的，大多只在一些同期声或者会议新闻中会出现背景音乐，而在短视频新闻中，背景音乐被广泛应用，背景音乐的使用能够迅速引发用户的情感共鸣与共情。除了背景音乐助推情感化叙事之外，短视频新闻往往选择具有冲击力的画面来传递新闻的价值取向。

2020 年疫情期间，上海广播电视台看看新闻 KNEWS 曾发布短视频新闻《她们褪下口罩那一刻 模样太让人心疼》。医务人员为了在防护服紧缺的情况下，为了省下一套防护服，长达 9 个多小时都没有脱下身上的防护服与口罩。画面展现了取下口罩那一刻，医护人员脸上深深的口罩印子，这些极具冲击力的画面配合着背景音乐，无不让人动容与流泪，更好地将正能量与医护人员爱岗敬业的精神传递给了用户。融合新闻发展过程中，如何更好地将新闻背后的情感与能量传递，实现更多的用户触达，短视频新闻的情感化叙事表达值得参考与学习。

四、叙事形式多样化

短视频新闻作为后起之秀，在融媒叙事上做了诸多革新，其中值得一提的就是叙事形式，过去视频类新闻的叙事形式通常是单调的，使用的技术手段也是单一的。着眼于当下我国短视频新闻领域，其叙事形式丰富多样，创意十足。除了利用技术对常见的新闻报道类型进行革新之外，还将纪录片、微电影等形式运用到了新闻报道之中。短视频新闻叙事形式的多样化主要表现在两个方面。

图 7-4　中国一分钟·跬步致远》

一是多样化的元素在新闻报道中的融合运用。过去的视频新闻报道的元素比较单一，主要包括了以字幕和画面为主的视觉元素和以同期声及口播为主的听觉元素。短视频新闻的报道元素更加丰富。2018 年人民日报社出的系列短视频新闻作品《中国一分钟》(图 7-4)，跳脱出了过去的宏大叙事视角，从“一分钟”这个小角度切入，将碎片化的各种画面剪辑汇聚在一起凸显主题，同时配合字幕、画面、音乐等元素，去掉了播音员配音等传统元素，打通了线上与线下，使得硬新闻实现了软着陆，与用户达成了情感共振，成为了当年的现象级作品。

同年，央视新闻客户端发布的短视频新闻作品《鼓岭！鼓岭！》，将沙画、电视资料画面、现场回访、音乐等众多元素融合在一起，最后又以原声沙画收尾，契合作品“乡愁”这一切入视角，同时又传递出新闻主题，展现了习近平总书记的人文情怀，增强了作品的感染力，提升了其传播力，与过去的时政类新闻报道区别开来，独具风格与吸引力。

二是多样化的体裁在新闻报道中的运用。尽管短视频新闻有严格的时间限制，但是在实践过程中，依然实现了多样化体裁在这一报道形式中的运用。包括了微纪录片、微电影等形式。2018 年第 5 个国家扶贫日，津云客户端发布了短视频新闻纪录片作品《臊子书记》，作品创新的采用纪录片形式，制作团队深入主人公宋鹏扶贫地——大寨村，通过长达半个月的蹲点采访，利用 GoPro、无人机等摄像设备对宋鹏的扶贫故事进行了真实记录。后期制作时采用了 MG 动画以及 3D 技术等，全方位地展示了“互联网+扶贫”的成果。整个作品真实又有趣，新闻主题在这一形式中得以增强。

作品《上桥，今天和溜索说再见》以微电影的形式描述了 2018 年 9 月四川凉山州溜索改桥工程全面建设的情况。通过片子主人公——对坪镇一个在金沙江畔生活的乡村教师邹金萍最后一次走溜索过江的故事，讲述了以前溜索、渡船等出行不便和她的生活息息相关的细节，情感真挚细腻，并由此刻画出了一座桥的建设牵动着她生活和心理的转变。主人公讲故事的形式结合社交媒体流行的表达方式，用户共情的同时也将“溜索改桥”工程的价值进行了传递。整个报道兼具新闻性与故事性，传播效果极佳。

第四节 短视频新闻的叙事转向

短视频新闻发展的时间不长，但是却迅速形成了自身独有的叙事风格。进入 5G 时代，短视频新闻发展步伐加快，新的新闻理念也随着短视频新闻发展出现，其中最为典型的就是 Vlog（视频博客）与 Mojo（移动新闻）的出现，Vlog 是指从第一人称自述角度出发拍摄的个人视频日志，带有极强的个人化风格，用以记录真实生活的视频，其时长多为 3~15 分钟。2009 年在《韦氏词典》中收录，2012 在国外逐渐流行，2016 年刚进入我国时发展缓慢，2018 年后开始呈现井喷式增长态势，2019 年两会中被运用到新闻报道领域。Mojo 指移动新闻，目前主要作为一种重要的新闻报道理念在国外进行尝试推广，指的是专业记者使用智能手机进行全媒体的专业新闻报道，以智能手机来生产专业新闻，真正改变新闻的生产方式，将新闻报道与社交平台结合，在社交平台等移动端报道新闻。二者有一个非常显著的共同点，即都依托微型拍摄设备随时展开记录与报道，并将报道即时通过多传播渠道进行传播，它们在一定程度上为短视频新闻未来的叙事发展提供了新的思路。

一、Vlog 给短视频新闻叙事注入新的活力

Vlog 作为个人视频日志应用到新闻领域，首先带来的便是新闻叙事视角以及叙事表达的变化，整个新闻叙事视角以记录者本人的第一视角展开，在严肃的新闻内容中带入了日常化与生活化的气息，能直接让用户感受到记录者本人的人格特质，容易产生“名人效应”。

2019 年中国日报双语微信推出《Vlog：小姐姐的两会初体验》系列短视频报道，记录了记者“小彭”以日常化和个性化的视角向用户展现其关注的两会的重要问题，作品创新表达语态，突破圈层，整个表达极具网感，“小彭”标志性的微笑以及流利的英语口语表达等都在微博等新媒体平台上引发了用户的广泛讨论，“小彭”也被网友们亲切地称为“小姐姐”，吸引了大批“粉丝”，从而带动了新闻事件的关注度与传播力。

其次，Vlog 打破了短视频新闻固有的画面视角，Vlog 在拍摄过程中有大量的自拍镜头语言，这些镜头通常是以“近景”出现，跟我们在日常生活中与人交流的视觉画面感高度吻合，因此用户能与记录者产生“面对面”的交流感，这样的镜头语言进一步拉近用户跟记录者的距离，使用户产生“心理在场”感，从而更容易和用户进行平等化的互动，以此来寻找新的报道角度与话题。最后，Vlog 打通了“台前”与“幕后”，过去的新闻工作

者通常都是以职业性的着装以及专业化的表达出现在用户的视野之中，也就是我们常说的“台前”；同时一些时政类新闻内容往往也离用户的生活比较遥远，通常也处在“台前”之中，充满了“神秘感”。Vlog 的出现刚刚好能够揭开这层“神秘的面纱”，将“幕后”的故事呈现在了用户面前。

疫情期间，中央电视台联合湖北广播电视台等专业媒体，与 Bilibili、快手等视频平台推出了短视频融媒新闻作品《武汉：我的战“疫”日记》(图 7-5)，作品每集时长约 5 分钟，讲述了在武汉坚守的人们的故事，这些人包括了一线医护人员、媒体从业者、军人、志愿者等，通过他们向远离武汉的人们展现了“抗疫”背后的故事，也描绘了不同的职业背后的故事。总之，Vlog 为短视频新闻注入了新的活力，让新闻更具生命力，年轻且有趣。

图 7-5 《武汉：我的战“疫”日记》

二、Mojo 变革短视频新闻生产理念

Mojo 作为在智能手机技术迅速革新过程中提出的一种新的新闻理念，目前在国外已经有一些专业媒体开始推广普及。短视频中的 UGC 内容其实就是利用手机对当前发生的内容进行记录，与 Mojo 类似，但是 Mojo 与其最大的区别就是生产主体是专业记者，UGC 的介入不能改变现有的移动社交媒体环境，但是大量的专业记者的进入能够改变现有的移动社交媒体环境。专业记者通过熟练地掌握智能手机生产新闻内容的流程，然后将新闻内容通过用户最为熟悉的移动智能手机传递给他们。专业记者与智能手机共同构成一个多媒体，“为眼前发生的任何事而随时准备着”，手机不仅仅只是拍摄和编辑新闻内容的工具，它同时还是非常重要的一种传播方式，通过手机在如今假新闻泛滥的社交媒体中随时传播新闻，能有效改善当前的社交媒体环境。意大利最负盛名的战地记者 Nico Piro 就是坚定的 Mojo 推行者，他认为传统媒体的用户正在流失，这时不应该将他们吸引回传统媒体，而应该到用户新的所在地去传播新闻内容。这个所在地正是移动手机终端。同时，手机的使用还能够让你的受访对象降低防备，敞开心扉，因为手机也是受访对象日常使用的工具，但是摄像机不是。目前，各国的新闻媒体都在为了使手机整个到新闻编辑部的工作中而努力，手机的易用性与媒体组织的复杂性有冲突，打破冲突，构建新的适合 Mojo 发展的新闻生产模式仍需不断创新与努力。

思考题

1. 结合实际谈谈你对短视频变革新闻生产的认识。
2. 请举例说明短视频新闻的传播特征。
3. 结合短视频新闻的叙事风格，尝试拍摄一则校园短视频新闻。

第八章 新媒体音频新闻

本章学习目标

1. 了解移动音频的发展历程与特征。
2. 明确移动音频对新闻叙事的要求。
3. 理解跨媒介叙事并掌握音频新闻跨媒介叙事特征。
4. 谈谈全场景时代音频新闻的机遇与挑战。

案例导学：融媒体作品《听，长江说》

2017年1月21日湖北广播电视台长江云融媒平台推出了融媒体作品《听，长江说》，该作品选题来源于我国对于长江流域生态环境的修复工作的重视，意义重大。选题确定后，湖北广电派出了多名记者编辑前往长江生态流域，对重点保护区内的标志性声音元素进行了采集。包括了麋鹿鸣叫声、江豚呼吸声、白天鹅叫声等音响元素，并将其剪辑为清晰可听的精华片段。之后，声音元素配合文字、画面，共同在H5页面中以互动游戏的形式呈现，作品极具互动性与趣味性，吸引了数以亿计的用户参与，传播效果极佳。值得一提的是，该作品在2018年4月，习总书记考察湖北长江经济带时引发了二次传播，点击量突破2亿。过去稍纵即逝的声音元素在今天不仅能够保存和延续，还与其他元素一起，形成了巨大的传播效果，音频新闻在融合新闻时代，具有了新的时代气息与生命力。

图 8-1 《听，长江说》

移动互联网时代冲击着传统广播媒体，传统广播媒体一方面面临着新媒介生态环境的变革，另一方面也遭遇媒介制度更新的危机。为此，传统广播媒体不得不主动出击，寻求新的发展。近些年来，传统广播媒体不断与新媒体结合，进行全媒体转型，同时也丰富自身的传播形态，打造新媒体产业平台，在充分发挥自身音频内容生产与制作优势的基础上，填补市场空白，着力致力于本地化以及服务型内容的创新与生产，极致发挥自身的伴随性及互动性特质。2010年，我国第一家移动音频平台——豆瓣FM诞生，随后相继出现了大量移动音频平台，为用户提供包括新闻资讯、有声阅读、音乐等在内的多元化音频内容。伴随着知识付费时代的到来，众多平台也相继形成了完整的新媒体产业链，盈利渠道多样，移动音频发展逐渐完善。在此背景下，移动音频新闻也得到了发展，新媒体音频新闻对新闻叙事提出了新的要求，同时在传播过程中也呈现出跨媒介叙事的特征，音频新闻在全场景时代机遇与挑战并存。

第一节 移动音频对新闻叙事的要求

移动互联网时代带来信息几何式增长的同时，也使得用户的时间愈加碎片化，注意力成为当下的稀缺资源。在此背景下，音频内容以其特有的伴随性、便携性特征为基础，辅以短平快内容，完美地契合了移动互联网的碎片化内容以及超越时空限制的信息传播的特质。声音媒介作为人听觉的延伸，在传播过程中能够解放用户的双眼，双眼的解放也就意味着用户注意力的解放。因此，音频这一对于用户时间的非独占性质的产业在新媒体时代得以迅速发展，在媒介融合背景下，音频成为了最容易进入移动互联网的传播形态之一。音频与移动终端配合，在新媒体技术的推动与支撑之下保证了听觉内容传播的稳定性，同时也搭建起了音频媒体与用户之间过去所没有的互动平台。移动音频新闻在移动音频的发展中顺势而生，一方面极致发挥移动音频媒体的优势，另一方面改进报道叙事策略，提升传播效果。

一、融合视域下的移动音频新闻

移动音频主要是指将智能移动终端作为传播载体进行声音传播，例如智能手机、平板电脑、智能可穿戴设备等、车载音响等传递内容，抑或是在移动互联网技术的推动之下，将音频内容以在线或下载的方式进行收听。2010 年，随着“豆瓣 FM”的问世，移动音频市场大门逐渐在我国被打开，出现了大量的移动音频平台，以及内置移动音频功能的其他综合类平台。近些年，它们通过持续不断地为用户提供有声读物、播客直播、广播情景剧等多重内容，吸引了大量的用户进入移动音频市场。用户向移动音频领域的转移使得新闻传媒业也开始在这一领域发力，移动音频新闻应运而生，提供了一种新的融合新闻形式，并不断发展。

（一）音频新闻的发展历程

音频新闻最早的发布平台是广播，在对新闻素材的采集后，利用声音对新闻内容进行报道与制作，通过广播将内容传递给受众，是一种非常典型的“听觉”新闻。随着技术的革新与发展，今天的音频新闻已经不再局限于广播媒介，新闻分发渠道从传统的广播电台，延伸至了互联网、新媒体等领域。音频新闻的功能也由广播时代单一的宣传与播报功能逐渐丰富。广播新闻在过去技术发展欠缺的时代因为选择性差、缺乏互动、转瞬即逝、难以突破时空障碍等因素，导致受众群体较少。随着互联网技术的迅速发展以及移动智能终端的普及，音频新闻过去的缺陷得以克服，用户能够随时随地对内容进行自主播放与回听，同时广播与其他新媒体技术不断融合，互动属性也逐渐显现。在移动音频与新闻碰撞的过程中，音频新闻在融合视域下成长起来。目前，音频新闻的呈现形式愈加多元化，音频新闻在新的媒介环境中释放出了新的活力。

回望音频新闻的发展历程，可以划分为四个阶段，分别是传统广播时代、网络音频时代、移动音频时代以及全场景音频时代。从大众媒体中占有重要席位的广播媒体，到电脑在线收听电台节目、甚至用 MP3 等电子设备收听播客的网络音频，再到智能手机的音频应用，使得音频能够在线或离线收听，打破了时空限制，进入移动音频的发展阶段。如今，车载智能硬件、智能音箱等终端产品接入音频内容，多设备的无缝衔接也打造了高效的全场景收听体验，大大拓展了手机之外的收听场景，音频产业来到了全场景的新时代。

1. 传统广播时代

广播新闻刚刚出现时，主要采用的是由播音员对报纸内容进行播读的报道形式，简单来说就是用口语“复制”报纸内容。在 20 世纪上半叶，报纸的发展受挫，广播新闻以其特有的高时效与跨空间的特点被重视，因为获得了大量的技术与资金支持，诞生了许多优秀的广播作品，如《这里是伦敦》《炉边谈话》等，广播新闻在这一时期迅速发展，被誉为广播的“黄金时代”。在我国，中央人民广播电台的前身延安新华广播于 1940 年 12 月 30 日第一次发声，文字不再是受众获取新闻信息的主要渠道，广播这种听觉媒介开始为受众提供新闻信息，从此我国广播新闻事业开始发展。由于广播新闻能够克服文字的晦涩、传播成本低、准入门槛低等优势，在当时迅速占领了我国广大农村市场，守在村口的大喇叭下抑或是收音机旁收听广播新闻成为了对受众而言极具仪式感的事情。与全球广播发展历程几乎一致，这一阶段，我国的广播新闻内容也主要来源于报社或通讯社，以对报纸进行“口语化”朗读的形式呈现以时政新闻为主的内容。随后，广播新闻继续进行发展探索，增加与丰富了节目形态，建立起了自身特色。手持小型收音机、车载收音机等使得广播新闻的传播物理空间发生了迁移，到了20世纪末期，听新闻已经成为了公众日常生活的常态。但是这一状况并未持续太长时间，随着电视媒体的发展，广播新闻开始遭遇挑战。尤其是1993年《东方时空》的出现，这种电视上呈现“杂志”新闻资讯的方式被大众认可与接收，广播新闻受众大量流失，广播新闻不断调整自身内容编排、节目形态等，寻求新的发展路径。

2. 网络音频时代

进入21世纪之后，互联网开始迅速发展起来，广播媒体与互联网开展了多样化的互动与结合，广播新闻形态变化，开始在互联网技术的加持下重新焕发生机。最开始，广播利用互联网平台，将内容直接上传至网络，受众可以在网络中进行点播或者实时收听，互联网技术使得音频新闻内容不再是转瞬即逝的，网络受众可以利用将内容进行下载储存，同时，受众不再是被动的内容接收者，还能够与传播者进行互动，形成反馈。但是广播新闻上传至网络上，并没有对内容按照网络的特点进行重新改良与编排，而是直接广播内容的音频文件直接上传至网络，导致当时网络中的广播新闻内容同质化程度较高，此外，由于当时互联网本身也处于起步发展阶段，网民人数本就有限，因此，网络广播新闻受众群体上升趋势较缓。伴随着互联网技术的发展，网民数量的激增，网络广播发展也进入了新的阶段，专业的网络电台出现，广播媒体开始针对网络电台专门生产与制作内容，甚至还出现了商业性质的网络广播电台。单就国内情况来看，2005 年，中央人民广播电台在其广播网站——中国广播网上建立了“银河网络电台”，整个电台定位与网络匹配，产生了较大的影响力。一年时间内吸引了超10万用户注册，同时带动了广播网站浏览量的提升。与此同时，这一时期的另一个重要传播载体是“播客”，主要是指利用RSS（简易信息聚合）将音频内容文件上传或者下载指电脑或者是MP3等播放器之中进行播放的形式。2004年，美国的“每日源头代码”网站诞生，成为了世界上第一个播客网站。同年，BBC 开设了其第一个周播新闻播客《我们的时代》；一年之后，又推出了日播新闻播客《今天》；随着新闻播客的市场接受度越来越高，于2007年提供了定制播客服务——i Player。世界各国掀起了播客热潮，世界各国的一些主流新闻媒体，例如《每日电讯报》《卫报》《纽约时报》《华盛顿邮报》等都相继在新闻播客领域进行了尝试。我国的第一家播客网站是“土豆网”，建立于2005年4月。随后，一些主流网站也开辟了播客板块，同时还涌现出了诸如“播客天下”在内的一些新兴网站，另外传统广播网站也纷纷在平台中加入了播客元素。由于播客提供了用户自由上传内容与接收内容的平台，用户参与热情度极高，使得音频内容再次吸引了大批用户的关注。播客的出现使得互联网时代的广播新闻与过去相比较而言，具有了个人化、社交化等属性，其内容生产主体以及传播渠道更加多元，因此，音频新闻的概念替代了过去的广播新闻。需要注意的是，这一阶段，尽管音频新闻得到了一定程度的发展，但由于内容需要借助MP3等移动电子设备进行上传与下载，程序繁琐且时效性差，音频内容总体而言依然在时空上受限，实时的内容更新不易，没有从真正意义上实现移动化。

3. 移动音频时代

网络音频的移动化是随着移动互联网时代的到来实现的，媒介融合的趋势下，为了能够提升核心竞争力，音频媒体也在积极探索融合发展之路，过去在互联网上的音频内容纷纷转向了移动智能平台。2010 年，国外以 BBC 为主的一大批传统主流媒体提出了“移动优先”的传播理念，内容的传播渠道逐渐以移动智能终端为先。国内的移动音频发展与传统媒体搭建“两微一端”的移动传播矩阵并行。相继在移动社交平台微博、微信中开通了“微电台”“微信公众号”以及嵌入移动平台之中的音频传播形态。这一阶段，从中央层面也明确了互联网传播的移动化趋势，并出台了相应的指导意见。大量的传统广播媒体建立起了自己的客户端，例如北京人民广播电台与上海东方广播中心分别推出了“听听 FM”与“阿基米德 FM”移动客户端。此外，基于融媒体形态的“云平台”相继搭建起来，如湖北广电的“长江云”江苏广电的“荔枝云”等。除了主流媒体在这一阶段移动化进程加快之外，商业网络电台也迅速崛起。首先表现在聚合类音频平台的迅速成长，例如“喜马拉雅”“荔枝”等平台。其次，在 2014—2019 年这 5 年间，播客再次被注入了新的活力，中文播客新增数量达 6 380 档，所涉及的领域包括了政治、经济、文娱、艺术等。总之，移动互联网激发了听觉文化的新觉醒，音频新闻在这一阶段互动性大大提升，不再是单一的广播，而是转变成为了音频聚合内容。智能手机等移动智能终端拓宽了用户的收听场景，另外，移动车载空间成为了音频新闻的重要分发渠道。音频新闻在移动互联时代作为信息传播的一种重要方式，实现了多形态的融合。

4. 全场景音频时代

尽管移动互联时代，音频的发展已经非常迅速，成为了传媒业争相抢占的“蓝海”，但是其在传播上依然呈现出了对于移动智能终端的极强依赖性，人工智能技术的发展使得这种依赖性削减。我国人工智能的篇章开启于 2017 年，国务院印发《新一代人工智能发展规划》。随后，国家广播电视总局也发布了《关于促进智慧广电发展的指导意见》，其中就明确提出了要将移动优先和人工智能作为智慧广电发展的两大战略性支点。目前，5G、大数据、云计算等新兴信息技术正推动着全球音频传播向智能化方向迈进。这种推动作用首先体现在音频内容的制作与生产中，广播内容过去的生产流程被打破，智能化的人机协同内容生产模式成为了一种新常态，内容生产效率显著提升。此外，人工智能技术还能精准定位用户，实现智能化、个性化、精准化的内容分发。近几年，以智能语音助手为主的移动智能终端发展速度较快，音频内容借此机会，展开了全方位的布局，相继与智能家居、车联网、传感器等结合，音频新闻在这一阶段新闻价值趣味性提升，互动性加强。各类移动智能设备之间无缝衔接着音频内容的传递，移动音频的全场景时代到来。

（二）移动音频新闻的特征

随着移动化传播在融合时代逐渐成为了一种新常态，广播新闻也开始变革，发展成为了移动音频新闻，过去广播新闻难以保存、选择性差、依赖终端等缺点逐一克服，移动音频新闻正借助人工智能技术的东风，凭借自身的强伴随性，在融合进程中进行着多场景、移动化的立体式传播方式吸引着越来越多的年轻化用户群体回流。

1. 用户逐渐年轻化

近些年来，随着广播媒体融合的深入，音频新闻市场的用户规模逐渐扩大，值得关注的是，扩大的用户群中，显现出了年轻化的特征，不少媒体人都十分看好音频新闻的发展前景。

根据相关数据机构调查显示，从当前音频新闻市场的用户群体年龄来看，25~44 岁的用户人数达到了 49%。从用户的受教育程度来看，用户的学历也比较高。除了现有数据之外，对比近年来的发展状况，可以看到这类用户群体比重还在不断增加。音频新闻用户年轻化，整体受教育程度高与高收入带来的是音频新闻市场的用户媒介素养的提升与活力的增加。因此，在音频新闻内容的生产制作与裂变传播过程中，需要注重提升内容品质，着力打造含金量高的新闻内容，提升内容的互动性，学习移动传播的裂变式传播方式，利用社交媒体平台拓宽传播渠道，提升传播效果。

2. 移动立体化传播

过去广播媒体的移动化传播主要依托于收音机，互联网时代，播客使得移动传播得以延续，但是无论是哪一种形式，对移动电子设备的依赖性都过强。近年来，音频媒体与新技术的融合更加深入，不同的媒介渠道之间的边界逐渐被打破，音频媒体的信息语境愈加丰富与多元。进入移动时代，大量的视觉元素使得用户感官失衡与疲累，而听觉元素由于自身更加关注情感的传达与表述，填补了其他媒体形式的缺陷。音频新闻内容在当前能够有效平衡大量视觉元素对于感官的冲击，能够帮助用户更加全面立体地对新闻信息进行理解。此外，随着移动智能手机对公众生活场景的全覆盖，声音媒介能够凭借自身强大的场景适应能力，给用户营造一个全方位的立体信息接收空间。这种移动的立体化传播能够使得用户对音频内容的接收更加流动与自由，用户与社会之间的互动增强，激发了社会文化的潜在的深层活力。

3. 伴随性

在对媒体的价值进行衡量时，其中一个重要的判断标准就在于媒体自身所具有的伴随性属性，尤其是在当前的数字化移动传播时代，伴随性将成为媒体的核心竞争力之一。在这一属性上，音频媒体具有与生俱来的优势。在过去，无论是报纸还是电视媒体，公众在获取内容时，都需要极高的参与度，在接收信息时往往难以开展其他活动；互联网的出现，也并未改变这一情况。但是音频内容却不同，公众能够在利用音频媒体接收信息的同时进行其他的活动。举例来说，公众能够在开车时收听交通广播获取交通信息；在看书时收听知识类音频内容进行补充拓展；做家务或者休闲放松时能够通过听音乐来舒缓情绪，等等。这种极高的伴随性对于如今的社会尤其适用，公众在上下班途中的地铁、公交上，开车堵车的路途中，在舒缓压力的运动过程中都可以利用音频媒体获取内容。音频媒体的伴随性与当前的场景化传播相匹配，用户在不同的场景中对于内容的需求是有差异性的，音频新闻在之后的发展在专注媒体自身的伴随性的同时，也需要将用户的个性化需求囊括在考虑范畴之内，为用户进行多场景的个性化伴随内容，真正使得“听觉文化”融入进用户的日常生活之中。

4. 智能化

无论是从人工智能技术的硬件条件，还是国家对于人工智能的政策推动，都可以看到智能媒体正在逐步走进公众的日常生活之中。例如我们现在常见的智能语音技术，智能家居系统，移动车载系统，可穿戴传感器设备等等，都已经被公众所熟悉且广泛使用，智能技术的逐渐成熟为音频内容提供了多元的分发渠道与传播载体，用户接触音频内容的过程中，智能设备已经成为了重要节点。音频内容的智能化特征显现明显。2017 年，中央人民广播电台的音频客户端“中国广播”通过与阿里巴巴公司的合作，将自己的音频内容置入了“天猫精灵X1”之中，随后这几年，各大音频媒体纷纷开始探寻与互联网科技公司的合作模式，通过内容与其对接，在智能家居与智能车载系统中大放异彩，智能化布局趋势势不可挡。早已入场的移动智能设备，推动了音频内容的智能化，主流新闻媒体在商业音频媒体与互联网科技公司的合作中也找准了融合方向。例如，福建广播影视集团就推出了一款“广电车盒子”，该产品能够实现语音声控、举报抓拍、行车记录等强大功能，同时还具有极强的趣味性与互动性，直接能够与社交媒体建立连接，属于典型的智能终端产品。2018 年，湖南人民广播电台直接将 AI 智能语音技术在广播中应用，开发出了智能化的语音文本编辑系统，通过此系统，直接对过去的传统广播的编辑以及校对模式进行了颠覆，编辑记者只需要通过剪辑文字内容就可以直接同步语音内容的编辑，这种剪辑还带有智能化修饰功能，使得内容之间的衔接更为自然，表达也更加流畅。

《正二扒经》是由封面新闻与阿里巴巴合作的一款互联网科技行业脱口秀节目。针对用户逐渐年轻化且高知高收入的特征，其在主持人的选择与内容表达中都进行了思考，选择了一种利用轻松方言来进行深度内容传递的方式，通过年轻用户常用的平台进行内容分发，精准定位了目标用户群。该新闻节目的两位主持人都是土生土长的成都人，因此对于成都方言尤其熟悉，表达起来特别地道，一下就能拉近与用户之间的距离。此外，二人对成都文化也非常熟悉，能够感知当下年轻人的喜好，在本土化传播上极具优势。从移动立体化传播来看，封面新闻将大量的优质音频内容在各类移动终端进行投放，包括了其自身的微博账号、微信公众号、头条号、大鱼号等，除此之外，在蜻蜓 FM、喜马拉雅等移动平台也进行了投放，实现了较为全面的布局。从伴随性与场景化传播来看，封面新闻在音频新闻领域一直致力于打造“用耳朵打开封面”的用户观念，用户能够在多场景下通过不同的平台接收音频内容，在不同场景下实现“一心二用”，加强了用户对于碎片时间的利用，同时也是对用户学习场景的一种有效拓展。就《正二扒经》来说，成都地区的所有用户，能够通过“早上好”“成都早新闻”“晚上好”等不同的语音口令，实现不同时间场景下的内容接收，具有极强的伴随性。目前，封面新闻利用长期以来的技术赋能观念，打造了一大批优秀的资讯栏目，利用 AI 智能技术，在业内实现了前沿的语音播报模式，媒体智能化特征显现。

（二）移动音频对新闻叙事的要求

移动互联网时代，新媒体不断冲击着广播媒体，广播媒体在此背景下积极探索与新媒体的融合，在融合过程中，移动音频需要把握新媒体传播的特点，从而进行内容生产与传播，才能够吸引用户群体，取得良好的传播效果，提升传播力。也就是说，移动音频对新闻叙事提出了新的要求。

1. “短”化叙事内容

融合媒体时代，用户的阅读习惯深刻变革，从过去的深度阅读转变为了浅阅读与快速阅读，用户时间的碎片化使得其更加倾向于碎片化的内容选择。因此，在移动音频时代，音频新闻的叙事内容应该呈现出“短”音频的特点。这种短音频，不是简单地将音频内容缩短，而是要对新闻主题进行深度提炼，从而进行概括，以简短内容实现精品传播，抑或是在宏大的新闻主题中，选择一个细小的切入口进行新闻报道。在信息爆炸的时代背景之下，短小精悍的内容往往更具有传播优势。音频新闻的内容叙事要以为用户提供个性化需求为基础，帮助用户缩减信息筛选成本，让内容真正成为用户的每日必看。例如有的用户通过一段时间持续每天收听《早安！新闻来啦》后，表示早起听新闻也成为了一种习惯，融入了自己的生活。此外，“短”化的叙事内容能够给用户带来独特的体验，对于用户来说，将长音频内容切割为短音频内容，能够使得内容更加适应当前的场景化接收特点，同时也为新闻内容获取了多次分发的机会。短音频由于时长短，内容精华，传播快，会为用户带来的独特的听觉体验。

《睡前聊一会儿》是人民日报评论在微信公众号中添加的短音频新闻版块儿，内置于其夜读栏目中，每期内容长度基本上在 4~5 分钟之间。从取名来看，直接定位了用户的场景，睡前用户对信息的需求度以及在理解内容时，都处于一个比较放松的状况之下，这时候，短音频内容就格外吸引用户的关注。此外，在叙事中，由新闻的评论者直接与用户对话，叙事主体不再是过去的播音员，在对话的过程中营造了更为轻松的氛围，用户从短内容中获取共识，从而形成认同。由此可见，叙事内容的“短”化并不意味着新闻内容深度和严肃性的流失，这种全新的新闻形态，能够将新闻评论者的深度观点用轻松的话语传递给用户，同时也能形成媒体自己的特有风格。《睡前聊一会儿》目前已经培养了一大批忠实用户，适应了融合媒体发展背景下，用户的生活节奏。

2. 丰富叙事元素

新媒体技术的发展使得技术的稀缺性下降，媒介的深度融合带来了新闻传播业的变革，媒介不再是行业之间的界限。目前，整个媒体行业都在进行四全媒体建设，其中在内容的生产中，就突出表现为全媒体化的内容形态表达，音频、视频、图片、文字、直播等叙事元素共同作用，增强了新闻内容的可读性。因此，音频新闻的叙事也需要对多元素加以利用，新闻生产者需要通过丰富的叙事元素进行内容建构，创新内容形态的同时，其实也是在拓展自身的传播渠道，多种元素参与叙事，还能够突破音频的单一传播介质，从而推动音频的全场景化模型的建构，实现音频新闻传播的立体化与全方位。目前，音频新闻市场中已经涌现出了一批优秀的多元素参与叙事的音频新闻作品，通过对音频、视频、图片、文字、直播等叙事元素的运用，将作品投放于包括微信公众号、爱奇艺、梨视频、腾讯视频、网站等各大新媒体平台之中，实现了良好的传播效果。丰富的叙事元素参与音频新闻作品已经逐渐成为常态。

2017 年 10 月 26 日，中国之声微信公众号推出了音频新闻《听，新时代常委之声！》，该作品以音频内容为主，利用图片、文字与视频共同打造，给用户带去了全新的立体化的听觉体验，取得了很好的传播效果。首先，整个作品利用 H5 的形式呈现，用户点击进入之后，便会通过一段音乐配合现场收录下来的视频原声，呈现一张常委们的合照。其次，用长卷画轴的形式展现常委们的单人照或者合照，照片配合音频内容，用户可以自己进行选择，点击收听音频，便可收听每位常委的声音，在报道的最后呈现的是十九届中共中央政治局常委中外记者见面会上习近平总书记的讲话视频以及音频原声。《听，新时代常委之声！》利用多样化的叙事元素，实现了脱离点播母体进行音频传播的立体化广播报道，提升了报道效果。

3. 平民叙事语态

叙事语态主要是指新闻内容生产者在进行内容叙事中所使用的叙事态度以及表达的方式。使用恰当的表达方式以及正确的叙事态度传递新闻内容影响着传播效果，同时也决定着媒体自身的风格定位。在当前的传播环境中，用户的自主选择性强，媒体需要能够最有效的利用表达拉近与用户之间的关系，尤其是传受关系的改变使得媒体不再是过去“高高在上”的内容传播者，双方的关系愈加平等，更加的需要媒体进行平民化的表达。对于音频新闻而言，声音是进行内容表达以及呈现叙事态度的唯一方式，只有通过亲切的平民化语言，为用户建构一种在场效应，才能够使音频内容优势体现，实现与用户之间的共情与共识。例如前文提到的《正二扒经》栏目，由于其目标用户是成都市民，因此其直接选择使用正宗的方言进行内容的播报，从一开始就拉近了用户之间的距离。

《打赢脱贫攻坚战》是一档全景记录河南省各地脱贫攻坚时间的音频类新闻系列报道，河南新闻广播在节目制作前采集了非常多的素材，派出了多路编辑记者，深入到河南的各个贫困点进村入户，通过长时间的蹲点记录与采访，真实地还原了我国中原大地发生的动人扶贫故事。整个报道中，从叙事态度来看，极为真诚，无论是前期的素材采集与积累，还是从内容生产与制作，河南新闻广播的记者都在用实践记录。他们深入群众，与当地的村民同吃同住，甚至还一同劳作，采制了《黄河滩区飞出的“金凤凰”》《捡柿子还是摘桃子》《互联网+草根创业》等一系列报道。这些报道利用平民化的语言，将严肃的新闻内容，通过充满现场感的“聊天”，将内容呈现给了用户。报道播出之后，用户纷纷留言表示听到了基层的声音，感受到了温暖与亲切。由此可见，叙事语态对于新闻传播十分重要，在新媒体环境中，必须坚持平民化的表达，以真诚的态度对待新闻内容，才能够让报道饱满立体，使得用户产生共鸣。

第二节 音频的跨媒介叙事特征

跨媒介叙事这一概念最早由美国麻省理工学院传播学与电影艺术教授、现任南加州大学传播学院教授亨利·詹金斯（Henry Jenkins）在 2003 年提出，主要指一种以集体智慧基于协同创作的内容创意理念。此后随着其研究的深入，于 2006 年在其著作《融合文化：新旧媒体的冲突之所》将这一概念与多案例关联进行了阐述。詹金斯将其界定为：在内容的创作过程中需要充分考虑受众在不同媒介平台中的内容体验需求，因此创作前需要围绕一个统一的主题，基于这一主题在不同的媒介平台中展开相互独立但实际在逻辑上高度关联的故事主线，使得主题的传递更加的立体与全面。需要注意的是，跨媒介叙事与多媒体叙事、多模式叙事交叉媒体叙事有所差异，跨媒介叙事强调利用多种模式与多样化的传播平台进行一个故事内容的传达，但是这种内容的传达不是单独分布在各个平台之中，而是在不同的平台将同一故事中适用于各平台的部分内容拆解后放入其中，并注重对网络和各种社交媒体的运用，也注重用户在线上与线下的互动。多元化的叙事元素注入音频内容之中，推动了音频新闻的跨媒介叙事的进程，当前音频新闻的跨媒介叙事呈现出以下特征。

（一）互文性

互文性是指基于一个故事而展开延展，基于这个“元故事”从而生出许多其他的故事分支，这些故事分支中的要素之间能够形成极强的互补关系，从而吸引用户的持续性关注与参与。互文性能够增强内容的趣味性，同时又能够提升用户黏性。

案例:《中国声音中国年》

在2021年《中国声音中国年》正式播出之前，围绕这一核心内容，策划了许多故事分支来进行宣发。以《揽月入海》为例，其元故事是我国“蛟龙号”深海载人潜水器首席潜航员，全海深载人潜水器总设计师，“奋斗者”号总设计师、万米海试总指挥——叶聪背后的故事以及精神。记者前期采访中了解到叶聪在海试期间变胖了，饺子与火锅各吃了三次，还在甲板上烧烤的一个有趣的新闻主人公故事内容，于是将该内容剪辑为围绕故事主人公的短视频，作为一个故事分支，并将其投放在微博、微信以及抖音等短视频平台。在元故事呈现之前，这一分支配合微博话题“中国潜航员海试期间包饺子吃火锅”，受到了用户的关注，微博阅读量接近4 000万次。用户通过这个分支进入元故事，对叶聪进行全面而立体的了解，提升了主报道的传播效果。

（二）可提取性

用户阅读、收听或者收看新闻，主要是为了更好地了解周围的现实世界或者通过获取新闻资讯内容来指导日常生活。但是事实上，信息是没有办法进行具体感知的存在，所以跨媒介叙事的一个重要特征就是提供一种真实可感的东西，使得用户能够以纪念品的形式对内容进行保存。对于音频新闻而言，可以是相应的纪念版光碟，也可以发布文字版内容的书籍以及其他的一些周边纪念品。

央广网的专题音频新闻《致我们正在消逝的文化印记》（图8-2）以文化传播为导向，通过多地区多层面的文化内容表达，客观地描绘出了处于社会经济转型期的国民的精神文明领域中存在的传承与消逝、危机和挣扎，引起用户在当前社会环境背景下进行深入思考，正面引导社会舆论，体现了新闻媒体铁肩担道义的精神风貌。作为重大主题报道，对其进行“实物化”留存尤显重要。制作团队早已意识到这一点，积极开发周边产品，选择了每一季中的典型照片，制作为了明信片，并在明信片上印有报道内容识别的二维码，实现了双向提取。明信片自身就具有极强的文化属性，通过微博平台的有奖问答，这些明信片送到了参与互动的用户手中，此外在《温暖回家路》节目中也作为礼品出现，后来还陆陆续续在其他一些重大活动中作为嘉宾的纪念礼品送出。明信片随着内容被广泛地在实际生活中传播，使得内容的传播链条拉长，实现了低成本的多次传播效果。

图8-2 《致我们正在消逝的文化印记》

（三）参与性

跨媒介叙事强调社交媒体与网络的运用，因此具有极强的参与性特征。一方面，用户的参与性提升能够实现更好的交互性，同时还能够更加精确地了解用户的需求。对于音频新闻内容而言，这种参与可以是在内容收听过程中表达自己的情绪与态度；也可以是将内容延展到其他平台吸引用户参与，比如设置热门微博话题有奖征集活动，吸引用户参与；还可以是线下的参与形式，例如之前提到的湖北汛期广播，就通过广播号召用户参与大型的救助活动，募集救灾资金等。

具体方法

1.在FM107官微主界面进入“全民开赞”，便发现五个功能，从上到下依次为：打赏、点赞、打脸和积分兑换、活动规则。

2.点击“**打赏**”，出现一个二维码。直接长按二维码识别后，进入微信支付系统。您可以随意输入金额，为我们的节目打赏。您捐出的钱将汇入“微笑私家车”公益活动，用于帮助贫困人群。

3.点击“**点赞**”，您将收到一条回复：你是本时段第几位点赞者。同时，您将获取1分积分，累积积分在规定有效期限内可以兑换奖品。

4.点击一次“**打脸**”，您将收到一条回复：你是本时段第几位打脸者。同时，您将获取1分积分，累积积分在规定有效期限内可以兑换奖品。

5.您在一个小时的节目时段内，只能“点赞”三次，但只能积1分；打脸次数不限，也只能积1分。听众可查询自己的积分，进入兑换商城，兑换相应奖品。

本互动规则最终解释权归城市之声所有

图 8-3　浙江电台“全民点赞”用户参与方法

（四）沉浸感

沉浸感是指通过充分地调动用户的感官与认知，从而营造一种使得用户参与内容的感觉，让用户完全沉浸其中，进入一个基于内容建构起来的虚拟的世界之中。这种沉浸感的建立可以依托于 VR 技术。音频新闻的沉浸感建立可以通过全息音频以及虚拟社群布局来实现。全息音频是指用户在任何场景中收听音频时，都可以到达新闻现场之中。例如正在新闻中提到高山时，用户可以直接登上山顶；提到潜水时，用户能够潜入海底。《纽约时报》很早就推出了一款名为“Walking New York”的体验式产品，用户戴上 VR 设备，就能够置身于纽约街头，选择抵达自己想去的地方。虚拟社群布局主要是将音频内容深入到虚拟在线社区之中。2017 年这种虚拟社区的尝试就已经实现，用户能够在虚拟环境中，同时与自己的 8 个好友一起玩游戏社交，实现实时交互。音频新闻与 VR 技术的结合，能够使得沉浸感提升，改变音频过去长久以来单向的、被动的传播状况。

第三节　全场景时代音频新闻的机遇与挑战

前文中我们提到，音频的全场景时代已然到来，音频内容已经融入用户日常生活之中，成为了与之相伴的一部分。据有关调查显示，有超七成的音频用户认为多终端实时接收音频内容非常重要。全场景时代下，音频新闻的发展需要与相关的硬件制造商、系统开发进行深度合作，通过深耕内容，利用技术赋能，从而搭建起可循环的音频新闻生态环境，服务用户的全场景信息接收需求。

一、音频新闻的全场景时代发展基础

音频新闻的全场景时代发展不是一蹴而就的，基于移动互联时代，用户的需求个性化特征明显，多元化的传播场景与多样化的传播节点推动着全场景时代的到来。音频新闻内容生产主体在此背景下，借助技术，利用硬件设施与系统研发，共同服务用户需求，实现音频新闻的全场景时代发展。

（一）用户层面

首先，当前的音频媒体用户在平台中呈现出了较高的活跃度与极强的用户黏性，使得音频媒体实现多场景立体化传播成为了可能。据艾瑞咨询发布的《中国网络音频全媒体发展研究报告（2018 年）》显示，目前我国的音频用户对于音频内容的收听频率较高，有 62.7%的用户每天都会收听音频内容；同时，用户对于音频内容的接收呈现出长时性，也就是说，用户每次收听音频内容的时间较长，整体来看，体现出用户在平台中的高活跃性。这种高活跃度与强用户黏性，为音频内容的多场景甚至是全场景的传播奠定了基础。其次，不同的用户每天进入平台收听内容的时间段是不同的，在不同的空间中，用户均有个性化的内容需求，收听场景愈加多元化。同时，在对内容的接收上呈现出时间场景与空间场景的高度吻合特征。简单举例来说，用户在早上这一时间场景中收听音频内容与大量用户在上班途中这一空间场景中收听音频内容的情况是基本吻合的。用户对于音频内容的需求已经不再局限于某单一时间段或单一空间之中，早中晚以及工作、通勤、休闲等空间场景中，均有大量用户进行内容的接收。音频内容的用户收听行为呈现出了一种动态分布的特征，愈加个性化的用户需求以及细致的场景划分推动着音频媒体的全场景时代到来。

（二）硬件与技术层面

硬件层面主要表现在智能音箱的发展上。智能音箱主要是指利用智能语音交互技术，产品能够独立进行联网使用，具备强大的语音识别、内容搜索、音频内容接收等功能的一种基于第三方服务的智能化产品。随着阿里巴巴公司在 2017 年在智能音箱领域投入大量资金，我国的智能音箱发展崛起，整个智能音箱市场规模扩大，出现了质的飞跃。2018 年，大量新进企业入驻智能音箱市场，智能音箱发展势头持续高涨。单从零售渠道数据来看，销量已经突破了 600 万台。智能音箱的迅速发展为音频新闻的全场景传播提供了硬件支持，尤其是在智能音箱与智能家居和车载系统结合后，音频新闻的收听场景覆盖面更加广泛。在硬件设施的完善情况下，技术也得以发展。智能语音技术与智能音箱完美配合，能够直接在空间环境中实现远程唤醒。这一技术搭载在智能音箱之中后，应用于各类家电产品，使得在居家生活环境中，能够在随时随地实现智能语音操控。与智能手机先比较而言，智能语音助手能够直接解放用户的双手与双眼，便捷的获取音频内容的同时，还能够减轻对于智能手机的依赖性，此外，远程唤醒模式与智能手机的近程唤醒模式相比较而言更具优势。更重要的是，智能语音助手具有历史记录功能，通过云记录，能够直接续播用户之间的内容，这种断点续播功能使得用户的个性化需求得以满足，语音交互的功能更加便捷统一。

二、音频新闻全场景时代的挑战

尽管音频新闻随着深入融合的进程以及自身的特性使得大量用户逐渐回流，但是不可否认的是，音频媒体依然面临着一些挑战，主要体现在以下几个方面。

（一）用户注意力稀缺时代的激烈竞争

当前时代背景下，传受关系发生巨大变革，用户拥有了更多的自主权，面对多元化的内容提供者，他们能够主动根据自己的喜好、兴趣与个性化的功能需求自主的选择内容，用户的注意力在当下成为了一种稀缺资源。一方面，音频新闻媒体需要与其他新闻媒体一起竞争，抢占用户注意力；另一方面，音频新闻内容还需要与其他音频内容争夺用户注意力资源。传统媒体时代，广播新闻主要是与报纸、电视争夺受众市场，由于三者之间存在着显著的差异性，竞争不是特别激烈。但是在如今的内容生产情境下，音频新闻生产媒体面对的新闻内容生产者除了传统的报纸、电视之外，还有大量的网络新闻内容生产者，一些新闻资讯平台、公民新闻主体等，都成为其主要竞争对手。除了竞争对手数量的增加外，竞争对手的实力也大大增强，网络新媒体平台能够进行多样化形态的内容生产，互动性更强，音频新闻在此种环境中，尤其需要进行更加深度的融合，努力突围。另外，音频新闻内容本身还面临着与其他音频内容的竞争，在目前的社会时期来看，用户更加追求新奇的、泛娱乐化的传播内容，包括了音乐、有声小说、广播剧等，严肃化的新闻内容在这些海量内容的冲击下，生存空间窄化。因此音频新闻更需要深耕内容，提升内容的价值与趣味性。

（二）融媒体环境中渠道优势丧失

在融媒体环境下，大量的平台型媒体涌现，音频媒体过去的在地性优势不再，这也是音频新闻在全场景传播中面临的重大挑战之一。如今，与今日头条等类似的聚合内容平台大量出现，利用算法技术、传感器定位以及大数据工具，其能够直接精准定位到自己的用户群体以及其所处的地理位置，然后进行个性化的内容推荐或定制化的内容服务，随之而来的是平台的用户黏性的提升。音频媒体的在地性渠道优势在此情况下丧失，在竞争中处理劣势。除了聚合内容平台之外，与目前的移动社交媒体相比较而言，音频新闻的快速响应优势也丧失了。移动社交媒体平台中，用户主体地位体现最为明显，低门槛的内容生产工具与畅通的传播渠道，使得用户能够随时生成内容并上传，这种即时的信息传递给音频新闻生产主体带来了较大的竞争压力。

（三）用户参与性需求得不到满足

音频新闻内容依靠声音进行传播，尽管其在一些场景中具有优势，但是面对其他的新闻呈现形式，由于声音内容本身的可见性较低，因此用户难以迅速地提取相关新闻事实或新闻观点等内容，往往需要耗费较多的时间。此外，用户在现有的媒介生态环境中，表达欲望与参与欲望强烈，交互性成为用户选择媒体的重要标准，而音频媒体的互动性较弱，用户在渠道中难以分化。因此，音频新闻媒体在提升互动性上还需要思考，目前的音频新闻媒体平台中，用户的参与性需求是难以得到满足的。

三、音频新闻全场景时代的发展策略

尽管音频新闻在全场景时代背景下依然面临这许多的挑战，但是我们仍应看到音频新闻的发展机遇，同时积极展开变革，提升音频在全场景时代的发展状况。

（一）发掘优势，提升自身竞争实力

音频新闻在当下的发展首先要做的是深挖自身的优势，适配全场景时代。第一，音频新闻具有极强的“短、平、快”的信息传播特点，特别适宜在当前社会环境中报道突发新闻事件。要明确的是，这种报道不是局限于过去的报道形式，而是需要与新媒体技术融合，进一步发挥自身优势。可以采用融媒体的“中央厨房”进行云平台搭建，从而能够建立起素材采集库，素材采集库的建立一方面可以提升报道时效，另一方面素材采集还可以提供用户参与渠道，增加与用户之间的互动，增强用户与媒体之间的黏性。音频新闻的第二大优势在于声音的伴随性，声音的强伴随性能够使得内容与场景共存，并且渗透进用户的生活之中。音频新闻需要利用这一优势，通过多平台多渠道的内容分发，将声音传递到多元的场景之中。例如可以与手机厂商、新媒体平台等合作，通过提供优质的声音内容，扩大传播渠道，提升用户对于音频新闻内容的使用与满足。

2016 年 6 月至 7 月，湖北省遭遇连续强降雨，暴雨导致湖北多地受灾，灾情严重。在此情况下，湖北之声连续 20 多天推出防汛抗灾直播——《2016 防汛应急大直播——迎战暴雨》特别节目，直播时长达到了 190 小时，刷新了湖北广播史的多项纪录，包括了持续时间最长、涉及范围最大、投入兵力最多等，同时还第一次实现全天 18 小时全新闻直播，创造了湖北广播史上与重大事件同步、与日播时间同步的全时直播，第一次实现了融媒体立体直播。在灾情应急报道中，湖北广播台充分发挥自身优势，提升了自身的竞争力。具体分析如下：第一，湖北之声利用了其“长江云”客户端进行实时的全程网络直播，同时多渠道进行内容分发，包括了腾讯新闻、微博、阿基米德 FM、斗鱼、微信等各大平台，实现了全媒体传播。第二，在于特定场景传播，提供贴心内容，利用直播的形式，为灾区的听众提供汛情知识指导等服务。第三，通过资源共享的形式，提升了内容生产的效率，在报道期间，整个广播电视台内部通过协作，将全台的记者、内容、素材、稿件等资源进行了共享。第四，通过线上线下的渠道打通，增强了与用户的互动，提供了用户参与渠道。在直播中和各大新媒体平台中均直接提供了用户参与的渠道，用户能够对灾区进行帮扶等，在线下也开展了相应的献爱心等帮扶活动。第五，深入融合，适应需求，彰显主流媒体风采。整个报道贯彻融合思维，内容分发体现出分众化与个性化特质，同时传统媒体平台与新媒体平台渠道畅通，体现了我国音频媒体在融合时代的风采与力量。

图 8-4　湖北之声正在进行直播画面

（二）音频新闻要探寻自身场景适配

在今天的传播环境中，场景成为了所有媒体的竞争核心要素之一，音频新闻要想能够在全场景时代突围发展，必须要明确自身的场景意义。首先，音频新闻需要去探寻适合自身的场景，利用车载空间、通勤途中等，在多元的场景中去匹配适合的传播内容，从而提升用户群，实现内容覆盖。此外，还需要对探寻到的场景进行深入分析，了解场景内的用户特征，包括用户的画像，用户的媒体使用行为特征等，通过对场景内用户的分析与观察，搭建起内容与用户之间的关系，从而为用户提供有效的新闻内容服务，提升用户黏性。

（三）技术赋能，满足用户需求

虽然依靠音频新闻媒体自身力量难以进行有效互动，用户的参与性需求得不到满足。但是随着技术的发展，利用技术赋能，提升用户的需求满足，能够有效地促进音频新闻在全场景时代的发展。现有的媒介环境中，用户的需求往往是分众化与个性化的，要想能够最大程度地满足用户的需求，就需要对用户的个性化行为数据进行记录。传感器就是一个很好的选择，智能手机自带的传感器能够对用户的地理位置、健康指数等进行实时记录，通过对这些数据的整理与分析，洞察用户背后的需求，从而为其通过精准的个性化服务。举例来说，通过传感器我们可以知道用户在不同时间段的心率数据，当我们通过数据记录发现用户每天傍晚 7 点至 7 点半，心率都较高时，大概能够分析出该用户有跑步的习惯，从而在其间为其推送一些跑步相关的新闻资讯。当用户的心率较为平稳时，往往是用户休息时间，可在休息之前半小时推荐一些轻松的新闻内容。总之，利用技术赋能，充分了解用户需求，个性化地提供内容，从而用声音陪伴用户。

广播新闻的发展历史延续性较强，在融媒体时代中，其极高的伴随性与听觉内容传播，能够使得其在大量的场景中体现出独特的优势。要把握并利用好这一优势，不仅仅需要依靠广播端口，还需要取材新媒体，同时利用新媒体传播渠道，整合传统媒体报道内容。除此之外在当前技术发展倒逼变革的时代下，智能技术依然成为了音频内容可以搭载的东风，需要加以利用。总之音频新闻的融合之路还需不断探索，寻求用户需求，增强互动属性，建构跨媒介叙事生态环境，全场景渠道畅通将成为音频新闻发展的有益路径。

思考题

1. 简述音频新闻的发展历程
2. 结合移动音频对新闻叙事的要求，选择一个广播作品进行移动化传播策划。
3. 谈谈你对音频全场景发展的看法。

第九章 数据新闻

本章学习目标

1. 理解数据新闻的概念与基本特征。
2. 了解数据新闻的主要生产机构与发展历程。
3. 掌握数据获取与分析方法。
4. 区分数据可视化与故事化。
5. 谈谈你对数据新闻未来发展的看法。

案例导学：

2020年底，随着我国脱贫攻坚收尾工作的进行，我国现行标准下的贫困人口全部清零，所有贫困县全部摘帽，取得了百年以来彪炳史册的成绩。2021年2月23日，新华网数据新闻专栏刊载《【数·百年】摆脱贫困 中国这样走过》，利用大量的数据展示了我国从1978年到2020年间各领域的变化，清晰的描绘出了我国的脱贫之路。在大数据时代的今天，用数据讲好中国故事已经成为了各大媒体的新闻报道中的重要形式，数据新闻的发展值得期待。

图9-1 《【数·百年】摆脱贫困 中国这样走过》

计算机技术与互联网技术的飞速发展，数据信息呈现出几何式倍增态势。“大数据”一词被广泛提及，并以各种各样的形式存在于我们的日常生活之中，深刻的影响和改变着我们的生活。迈尔–舍恩伯格《大数据时代》一书中提到，如今，大数据已经进入到社会生活的各个领域之中，对社会的方方面面产生中重要影响，涵盖了政治、经济、文化、教育、交通、科技、商业以及医疗等各个领域。[1]诚然，进入大数据时代后，各行各业都无法脱离其影响，应主动与其建立联系，以此来适应时代的变革与发展。传媒业首当其冲，数据新闻作为一种全新的报道模式，在此背景下，开始被国内外媒体广泛使用并研究。

第一节 数据新闻的概念和基本特征

随着互联网技术的发展，人们的阅读习惯和场景发生了重大转变，大量的浏览以及阅读行为都离不开互联网编织起来的庞大关系网络，数据在这张网络中极易被捕捉。2011年，全球著名咨询公司麦肯锡发布《大数据：下一个创新、竞争和生产力的前沿》研究报告，一时间，“大数据”开始走进公众视野并逐渐普及，引发了全球范围内对于“大数据”的关注与讨论。2013年开启了大数据元年，全球踏入了“大数据时代”，开启了重要的时代变革与转型，大数据开始被频繁应用在各个领域与行业。数据的价值被认可并加以利用，例如通过数据评估新媒体的传播力，预测春运，电商利用数据了解消费者行为等。传媒业在时代洪流中先行，寻找到了媒体融合发展的新契机——数据新闻。数据新闻的发展除了得益于大数据时代的到来之外，还有一个重要的助推力，即全球对于“数据开放”的呼声愈来愈高。早在2011年，美国、英国、巴西、菲律宾、南非等八个国家就联合签署了《开放数据声明》，成立开放政府合作伙伴，以此来实现数据的开放使用，截至2014年，世界已经有63个国家加入。除了政府公开数据进行了数据开放努力之外，一些企业和非官方数据统计机构也在尝试开放数据使用，包括一些传媒组织也开始自建数据库。目前，我国的大部分融媒体中心后台系统中都包含了对自身报道相关数据进行汇集的云盘平台。数据开放热潮使得数据的查找更加便利和合法化，同时也有益于数据长期延续的使用，为数据新闻的发展提供了资源储备与便利。目前，互联

① [美]维克托·迈尔-舍恩伯格. 大数据时代[M]. 杭州：浙江人民出版社，2013.

网技术日新月异，许多数据处理平台建立，数据新闻的呈现形式已经越来越丰富，数据可视化使得用户越来越青睐这一新闻报道类型。

一、数据新闻的概念

“数据新闻”这一理念最早被提出，要追溯到 2006 年，《华盛顿邮报》的一名软件开发人员，同时也是 Every Block 网站的创建者阿德里安·哈罗瓦提（Adrian Holovaty）在一个媒体组织的论坛中发表了名为“报纸网站变革的一种基本方法”的演讲，并在当中提出了数据新闻的相关理念。哈罗瓦提认为媒体应该利用计算机技术对原始数据进行相关处理，使之能够为大众提供更具有价值和参考性的报道内容，让公众能够更加深刻地认识和理解世界。这种报道方式能够有效地与过去以讲故事为核心的报道方式形成互补，从而适应新媒体时代媒体融合发展的需要，哈罗瓦提因此也被业界称为“数据新闻的创立者”。① 如哈罗瓦提所言，对数据的处理离不开计算机技术，所以很多学者认为数据新闻是在计算机辅助报道的基础上所形成的一种从技术角度推动新闻业发展的新的报道模式。2011 年 1 月，美国计算机辅助报道协会大会上，众多学者们达成共识，认为“计算机辅助报道”已经无法阐述这一概念，“数据新闻”这一概念便被抛出，并在此之后被全球媒体从业人员使用。对“数据新闻”这一概念的界定很多，但是目前最被广泛接受的是《数据新闻手册》中的定义，即“数据新闻，简而言之就是用数据处理的新闻。与其他新闻形式的不同之处在于，数据新闻把传统的新闻敏感性和有说服力的叙事能力与海量的数字信息相结合创造了新的可能，能够帮助新闻工作者通过信息图表来报道一个复杂的故事”。②在我国，目前学界和业界对于数据新闻的定义的基础基本都来自国外，同时结合我国的实践以及媒介融合深度发展过程中，数据新闻可视化形式的多样化，有一些理论革新，综合国内学者从不同视角对数据新闻进行解读，本书对数据新闻的界定如下：广义上来看，数据新闻是在技术飞速发展过程中出现的一种以大数据为核心的新型报道方式，深刻地影响并推动着新闻业的发展。狭义来说，数据新闻其本质是“数据驱动新闻”，新闻工作者围绕数据进行一系列新闻生产流程化操作（包括数据搜集、筛选、处理、分析）后，利用可视化技术来进行新闻内容呈现的一种全新的新闻报道形式。

二、数据新闻的基本特征

数据新闻作为在大数据时代兴起并发展的一种区别于传统媒体时代的新闻报道形式，有其自身的特点。

（一）以数据为存在基础

数据新闻诞生且发展于大数据时代，数据的价值不断被挖掘与利用，公众逐渐认识到数

① 方洁. 数据新闻概论[M]. 北京：中国人民大学出版社，2019.

② GRAY J, BOUNEGRU L, CHAMBERS L，等. 数据新闻手册[EB/OL]. 蔡立，陈镜玉，陈俊玲，等，译. 开放知识基金会@中国，（2012）[2021-07-15]. https：//xiaoyongzi. github.io/web/index.html.

据的重要性，基于此，全球掀起了“开放数据”热潮。技术的发展使得我们能够对海量的数据进行储存，数据开放使得我们能够获取到更多数据内容。数据作为数据新闻的“地基”“地基”打牢后“高楼”才能建起来，只有依靠准确的数据进行内容的生产，数据新闻才能存在和发展，才能够利用数据将更具说服力的内容传递给公众。我国疫情暴发初期，正是得益于各地卫健委等坚持不懈地提供各项数据，媒体才能够依靠所提供的各项数据，每天准时将疫情的准确信息传递给公众，让公众及时地了解到疫情的真实状况，减少恐慌，配合政府的各项防疫举措，在短时间内取得了抗疫的重大突破，稳定了民心。

（二）以可视化为主要呈现形式

可视化（Visualization）是专业技术人员通过利用计算机图形学和图像处理技术，将海量的、非量化的数据转换成图形或图像，以此能够在屏幕上向用户进行直观的展示，同时还能够与用户进行交互的一种技术。其涉及图像处理、计算机图形学、计算机辅助设计、计算机视觉等多个领域，是研究数据表现形式、进行数据处理与决策分析等问题的一项综合技术。目前可视化技术不仅仅在数据新闻领域广泛使用，正在快速发展的虚拟现实技术也是以图形图像的可视化为基础的。在数据新闻中，有很多数据进行处理之后，用文字展现过于枯燥与冗长，利用可视化技术将这些数据结果制作成动静结合的图表、图像、动画等形式，能够生动有趣地展现报道内容，同时表达也更加直观清晰。同时可视化技术还能够实现数据与用户之间的交互，形成立体可感的阅读体验。

疫情期间，财新网推出了数据新闻可视化作品《了解你附近的“新冠肺炎”定点医院》，利用 GPS 定位与互动地图，将全国各地的“新冠肺炎”定点医院用图标的形式展现在地图上，用户能够通过放大缩小地图快速找到距离自己最近的医院位置与具体情况等。可视化已经成为目前数据新闻最主要的一种呈现形式，强交互性以及直观性使得数据新闻报道更加生动、新颖、有趣。

（三）以服务公众和社会为传播目的

如前所述，数据新闻并不是一个从天而降的新东西，而是适应大数据时代的发展，为了能够对海量数据与海量信息进行处理，进而更好地将内容传递给用户的过程中出现的。所以就其传播目的而言，其本质上依然是为了公众和社会服务的，利用数据帮助公众更好地认识和了解周围的环境变化，掌握最新的社会发展情况与规律，预测事件未来的走向，便捷地在海量的数据中搜寻自己所需要的内容等。2015 年，中央电视台在《新闻联播》等几个重要栏目播出了一档数据新闻节目《数说命运共同体》，通过对超过 1 亿 GB 数据的挖掘与处理，分析发现了“一带一路”倡议沿线国家 40 多亿百姓休戚相关的密切联系。用可视化技术让数据说话，呈现出了“一带一路”倡议沿线国家间前所未见的联系图景，体现出了数据新闻极强的公共性属性。

（四）以移动端为主的多元化传播渠道

数据新闻的发展脉络几乎与移动互联网的发展并驾齐驱，移动互联网时代的到来深刻地改变了用户的阅读习惯，数据新闻作为在移动互联网时代产生并发展的一种新型报道形式，除了在传统媒体的传播渠道中进行传播之外，其在传播渠道上以移动端为主，伴随着短视频、H5 等新媒体产品的发展，数据新闻以依托这些形式与其融合，推出了短视频数据新闻、H5 数据新闻等产品。

2019 年 9 月，经济日报推出了《数说 70 年》数据新闻可视化系列短视频（图 9-2），整个数据新闻中的数据由过去的单调转向了丰富，将数据与图像进行了紧密结合并互为补充，一方面提升了信息传达的准确性，另一方面使得整个报道内容脱离了视觉上的单调与乏味。通过移动端短视频的形式，使用户在短时间内接收到大量信息，以“上帝视角”对发展全局一目了然。整组作品贴合移动互联网的传播方式，是为移动端量身打造的，将单调枯燥的数据制作成极具“网感”的新闻产品，是重大主题宣传中一次很有价值的探索和创新，刊发后收到网民的高度认可。

图 9-2 《数说 70 年——中国消费的“速度与激情”》

第二节 数据新闻的主要生产机构及发展历程

尽管一再强调数据新闻是技术飞速发展的情况下在大数据时代的一种全新的新闻报道形式，但其实早在 1821 年，英国《卫报》头版就曾有一篇以数据为主体的报道，展现了曼彻斯特小学生的在校人数以及平均消费统计数据等，从而报道了曼彻斯特的未成年人教育系统的相关情况；1921 年，《卫报》又通过图像的形式在其数据图表上标示了历史上不同时代的知名邮轮的尺寸变化，以呈现不同时代邮轮的变化……这些报道形式其实都是国外媒体在过去数据“稀缺”的背景下所做的一些数据新闻报道的尝试，也是我们能看到的最早的数据新闻的前身。由此可见，数据新闻的出现并不是一蹴而就的，其在技术变革与时代变迁过程中有自身漫长的发展历程，发展到今天，数据新闻也有了很多专业的生产机构，正在逐步走向专业化、规范化、融合化。

一、数据新闻的发展历程

纵观整个新闻史的时间长河，数据新闻在大数据时代到来的步伐中，历经了萌芽、兴起到成熟的三个阶段。一步步从精确新闻、计算机辅助新闻、数据库新闻走到了大数据新闻。

（一）萌芽

新闻报道的形式在不断地演变与发展，数据新闻作为一种新的报道形式，就是从西方的精确新闻报道一步步演变而来的。20 世纪 60 年代，精确新闻的报道理念在美国出现，美国记者菲利普·迈耶提出新闻报道中应该重视社会调查研究方法、调查数据以及调查结果的科学应用。随后，精确新闻开始被我国媒体尝试应用，部分高校也相继开设了精确新闻课程，精确新闻将定量分析的方法与概念引入到了新闻传播中，新闻从业者的数据意识与素养被启蒙，为数据新闻的兴起奠定了基础。尽管精确新闻引发了新闻从业者对于数据应用的重视，但是在具体的新闻实践过程中，困于当时数据开放程度较低，技术发展还不充分，精确新闻的数据来源主要依靠问卷调查、民意测验等方法，没有得到大规模的应用与推广。

（二）兴起

21 世纪初期，互联网技术和计算机技术突飞猛进，打破了精确新闻实践中的技术壁垒，一时间，计算机辅助新闻、数据库新闻等兴起并发展起来。计算机辅助新闻与数据库新闻报道与数据新闻有所区别，新闻报道中对于数据的使用通常是为了对内容进行辅助说明。所以，计算机辅助新闻与数据库新闻只能算是精确新闻向数据新闻的一种过渡。随后，数据新闻开始在国外兴起并逐渐传入中国。2011 年开始，国内四大门户网站纷纷推出了数据新闻专栏，国内数据新闻实践拉开序幕。这一阶段的数据新闻尽管有了充足的数据资源做储备，但是数据的可视化程度依然受限于技术的发展，主要依托静态单一的图表形式进行呈现，数据内容的可复制性强，处于对数据的表层解读阶段。

（三）成熟

数据新闻从兴起到成熟，其实质是其从单一静态图表化呈现形式走向了丰富的、动态的、交互的故事化的呈现形式。这个过程中最为重要的推动力便是技术的发展以及媒介的融合。融合新闻的里程碑作品、2013 年普利策新闻奖获奖作《雪崩》即为数据新闻，其表现形式丰富多样，通过数据深入挖掘新闻背后的故事内容，引发了全球范围内对于数据新闻的更广泛的关注。大数据、可视化技术、媒介融合的深入共同推动着我国数据新闻实践高潮的到来。财新网在创立了数据可视化实验室的基础上，又推出了新闻专栏“数字说”；网易新闻推出“数读”栏目；澎湃新闻推出“美术课”栏目……央视新闻频道也相继推出了“数说春运”“数说命运共同体”等多档数据新闻报道，新华网、人民网也陆续推出了专门的数据新闻栏目。数据新闻在实践中不断走向了成熟，目前的数据新闻越来越重视可视化呈现方式以及与用户之间的交互式体验，适应当下的场景化设置，基本能够满足用户的个性化需求，发展呈现欣欣向荣之态。

数据新闻从萌芽、兴起到成熟，各个阶段之间并不是取代关系，而是随着数据开放程度、技术发展变革，媒介融合深入，对于数据挖掘与处理的深度与广度拓展，数据的价值不断被发挥到最大。当前所谈的数据新闻根植于大数据时代，在新闻生产、呈现方式、叙事表达等各个方面较之前都是往前迈进了一大步，宣告这一种崭新的新闻报道形式的出现。

二、数据新闻的主要生产机构

自 2006 年阿德里安·哈罗瓦提提出并分享了“数据新闻”的理念之后，影响了众多的新闻从业者以及传媒行业，数据新闻的实践快速展开，部分发达国家相继出现了许多数据新闻生产机构。而我国的数据新闻实践较部分发达国家起步晚一些，但发展热情不减，数据新闻生产形成了以互联网四大门户网站发端、其他原创网络媒体平台开拓、传统主流媒体厚积薄发的态势。举例如下。

（一）互动新闻技术部——《纽约时报》

2007 年，《纽约时报》就建立了一个由记者和程序员组成的团队，也就是现在的互动新闻技术部，该部门主要工作是利用技术来报道新闻。在团队内部，程序员和记者分工明确，在分工的基础上又进行通力合作，提升了报道效率，利用科技和数据发掘出深度线索。该团队位于技术与采编部门之间，致力于为《纽约时报》探索“数字新闻报道的前路”。《纽约时报》新闻应用程序小组领导杰里米·鲍尔斯曾在谈到互动新闻技术部时表示，该团队的重要工作就是让软件工程师把中心放在新闻搜集与报道上，以此来帮助团队中的记者增强搜集新闻的能力。在这样的情况下，即便在跨数据平台的情况之下，团队也应该能够追逐新闻线索。

（二）《卫报》“数据博客”栏目

2009 年，西蒙·罗杰斯在《卫报》网站上创办了“数据博客”栏目，罗杰斯在接受采访时对“数据博客”有充分的解读，其最早是以博客形式存在的，专门储存并向用户展示《卫报》新闻报道背后的数据集，在后续的发展中，以此为基础，添加了首页、各国和全球范围的发展数据的搜索引擎、同时将网络上和《卫报》中视觉艺术家们的数据可视化作品在栏目中予以呈现，并积极探索公共开支数据的工具。团队每天利用谷歌电子表单来分享完整的数据，分析数据并制作成为可视化作品，然后用这些数据为报纸和新闻网站提供新闻故事，该栏目目前采用众包式数据。

目前，世界各国对于数据新闻的实践均未停歇，除了老牌传统媒体有专业的数据新闻生产机构外，以 Propublica、fivethirtyeight.com、Vox.com 为代表的原生网络新闻媒体也在努力积极探索数据新闻的生产与表达方式。

（三）网易“数读”栏目

2011 年底网易“数读”栏目上线，2012 年 2 月 9 日发布了该栏目的第一篇报道《两百年来 200 多万中国人成功移民美国》。栏目成立后，坚持“用数据说话，为读者提供轻量化的阅读体验”的定位，将充斥在现实社会与网络中的纷繁复杂的数据进行充分的挖掘、整理、分析，最后以恰当的可视化的形式呈现，讲述数据背后的新闻故事。目前，网易“数读”栏目拥有了多元化的传播渠道，除了网页以及网易 APP 之外，还开通了同名微信公众号、新浪微博等。

图 9-3　网易“数读”栏目

（四）“数据可视化实验室”——财新传媒

2013 年 10 月 8 日，财新传媒成立了数据可视化实验室，主要完成其数据新闻栏目“数字说”的数据新闻生产。财新传媒利用其自身丰富的财经商务类数据资源，结合实验室团队成员丰富且多元化的可视化呈现技巧，让数据新闻不再冰冷枯燥。团队成员配合密切，改变了过去新闻生产各环节“单打独斗”的形式，用专业且科学的方式抓取、筛选、处理、

分析数据，配合交互式网页设计，用最佳的可视化形式呈现给用户。2018 年的全球数据新闻奖评选中，“数字说”栏目击败了包括 BBC、彭博社在内的 11 家全球知名媒体机构，获得了“最佳大型数据新闻团队”奖。

图 9-4　财新“数字说”频道首页

（五）新华网“数据新闻”栏目

2012 年 11 月新华网启动了“数据新闻”项目，之后一直秉持“用数据传递价值”的栏目理念。栏目在 2014 年进行了第一次改版，增强了整个内容的交互性体验。2015 年获得了数据新闻栏目国内最高奖——中国新闻奖“中国新闻名专栏”奖项，并在随后进行了第二次改版，对整个栏目的表现形态、叙事方式等做了进一步优化。该栏目始终致力于改善用户阅读体验，希望让“数据”说话，从而使得新闻内容生动有趣，新闻信息能够赋能知识价值。该栏目自创办以来，数量、质量、以及专业化都可谓为“业界标杆”。

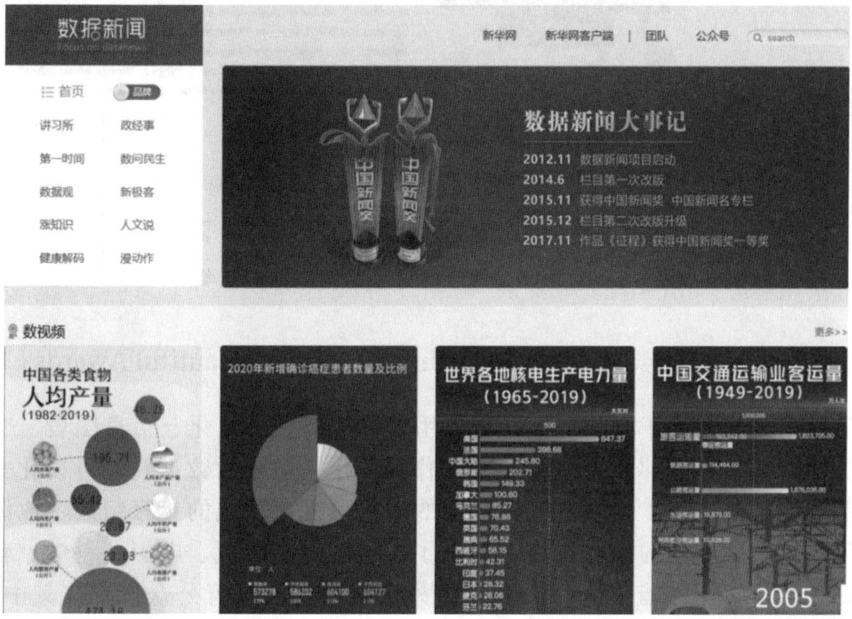

图 9-5　新华网“数据新闻”栏目首页

三、数据新闻重要奖项

随着数据新闻不断发展成熟，相关新闻奖项也开始设立，为优质数据新闻作品提供了展现平台，对优秀的数据新闻生产者以肯定和认可。

（一）全球数据新闻奖（Data Journalism Awards，DJA）

全球数据新闻奖是 2012 年由“全球编辑网”发起和组织，由谷歌新闻实验室和奈特基金会等赞助的全球首个专门用来表彰数据新闻领域优秀作品的国际性大奖。自该奖创立开始，就受到了全球新闻从业人员的广泛关注。该奖项每年都会对全球范围内的优秀数据新闻作品和新闻生产者进行评选，现已成为全球数据新闻领域的权威。2018 年，我国财新数据新闻中心获得了 2018 年度“全球最佳数据新闻团队奖”，也是自该奖项成立后首度获得这一奖项的中国媒体。

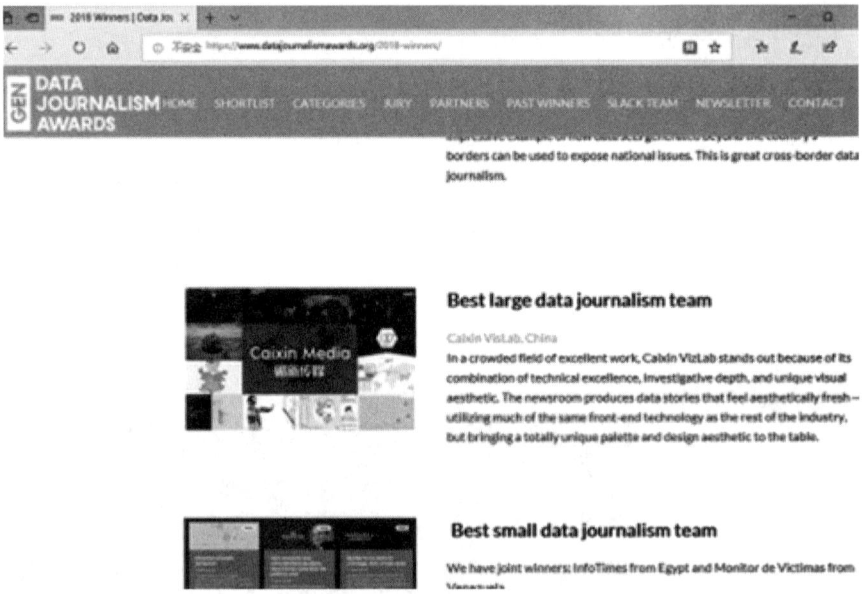

图 9-6　“2018 年度全球最佳数据新闻团队奖”

（二）凯度信息之美奖（The Kantar Information is Beautiful Awards）

凯度信息之美奖创立于 2012 年，专门用来评选信息可视化、信息图表、交互作品、信息艺术等领域最杰出的抑或是最富美感的作品。作为知名的数据新闻可视化奖项，其评委阵容可谓“豪华”，由 52 位来自世界各国的数据可视化领域的专家组成，他们不仅精通数据可视化，还有其专业的研究领域，包括了城市规划、游戏、电影、科学、新闻、政治软件工程、美术等。除了有专家评委团队之外，奖项还会进行公众投票，其中有超过 30 万名社区成员参与。主要设立了金、银、铜三大奖项和一些其他单项奖，包括了明日之星奖、最佳个体奖、社区选择奖、最美大奖等。该奖项的创立对于信息与数据可视化主题领域的拓展有重要作用。

（三）中国数据新闻大赛

中国数据新闻大赛由西安交通大学新闻与新媒体学院陈积银教授于 2015 年发起，主要目的是为了以赛促建，从而能够助力全国高等院校新闻传播相关专业的教学改革，旨在打通新闻传播领域学界与业界的壁垒，为我国新闻传播发展培养新媒体人才。截至目前该大赛已经成功举办了 5 届，形成了初具规模的全国性赛事。从大赛开办以来，一直长期秉持着大高水准办会的准则，在各届比赛中均积极联系相关学者与业界人士，同时邀请国外一些知名的院校新闻传播学科的专家学者参会，此外还积极动员并组织国内的各大高等院校新闻传播相关专业的本、硕、博学生与业界数据新闻精英参与，比赛作品不限定主题，内容丰富。大赛主要通过数据质量、数据分析、数据表现、设计、技术等维度评分。该赛事对于推动国内外数据新闻的交流与发展，加强我国传媒领域的研究与实践有重要意义。

第三节 数据的获取与分析

数据是数据新闻存在的基础与前提，需要注意的是，数据新闻选题主要来源于对海量话题的提前挖掘，也有少量选题是通过数据来确定的。无论是哪一种情况，数据新闻的制作流程还是首先确定选题，根据选题获取相关数据、筛选和整理，然后对数据进行分析，最后选择以何种可视化形式呈现内容。获取数据是数据新闻后续生产流程的基础，所获取的数据的可信度以及完整性决定了下一步对于数据的分析。

一、数据的获取

在获取数据之前，需要新闻工作者明确对于数据的需求，包括数据样本需求量、类型、范围等。明确了自身的数据需求之后，便可以开始获取数据，获取数据的渠道很多，要注意尽量获取原始数据、权威性数据。

（一）利用搜索引擎在网络上获取公开数据

利用搜索引擎获取数据是一种最为常见的快速获取数据的方法。在搜索引擎中获取数据要注意多引擎的使用方法，能够获取更加丰富和差异化的内容。此外可以在关键词后添加后缀检索数据集，使用符号提升数据检索的精确度。在搜索引擎中主要可以获取几种公开数据。一是政府部门相关网站，如国家统计局推出的“国家数据”平台；二是其他机构平台的数据，如企业、媒体、高校的网站等；三是图书馆馆藏资源，各大图书馆的丰富资源都是获取数据的宝库。

（二）Web 抓取与第三方平台数据获取

对于隐藏在网络中的无法使用搜索引擎直接获取的数据，就可以使用抓取工具或者第三方平台获取相关数据。常见的 Web 数据抓取工具包括：Python、Java、八爪鱼采集器、火车采集器等，其中 Python 以及 Java 等需要掌握编程语言，而八爪鱼采集器和火车采集器操作则相对简便，还有傻瓜式操作的简易模式，很容易上手。除了 Web 数据抓取工具之外，还可以通过一些第三方接口或平台获取数据，例如 twitter API、akshare 接口、西瓜数据等。

（三）访谈或调查方法获取数据

访谈或调查方法获取数据主要针对的是需要有明确的对象的数据或一些专业性极强的数据。通过直接面对面访谈或者发送邮件等方式访问数据的持有者、相关专家等获取数据。对于一些有特定人群的非“现成”数据，可以采用线上线下发放调查问卷的方式来获取。

（四）众包式数据

所谓“众包”，其实就是将所需要获取的数据分发给公众，利用群体智慧来获取数据。如前所述，《卫报》“数据博客”栏目数据采集的主要方式就是“众包”。2009 年，为了能够回答公众提出的英国国会议员违规消费的问题，英国政府在网络上公开了 4 年以来 100 余万份原始文件。面对海量的文件，记者们难以在短时间内应付如此庞大且海量的数据，于是《卫报》在其网站上直接邀请读者参与审读整理，在不到 80 小时的时间里，读者审读完成了 17 余万份原始文件，获取了充分的样本数据。

（五）其他

其他的一些数据获取方式还包括申请政府信息公开、培养固定的新闻信息源等。

二、数据的分析

数据新闻兴起之后，有部分新闻从业人员开始对职业持有悲观态度，认为在技术高速发展的时代，大量专业工作开始被技术取代。其实不然，对于数据的分析，依然需要新闻从业人员极强的专业知识储备、媒介素养以及新闻专业主义精神。在此基础对所采集的数据进行预处理，鉴别数据真实性、完整性以及时效性等，结合数据分析工具，对所获取的数据进行分析，从而让数据能够“有血有肉”。

（一）数据预处理

真实、完整的数据是进行数据分析的前提，其次还需要考虑数据的权威性、时效性等因素，因此在获取数据时候，首先需要对数据进行一次预处理，以保障后续的分析进行。

1. 数据客观性及完整性检验

首先，在数据获取环节，一类数据常常可以通过多个渠道获取，新闻生产者要根据获取来源的权威性和可靠性进行选择，同时还需要对不同来源的同类数据进行交叉验证，以尽可能保证数据的真实性与完整性。其次，还需要谨慎地对各类数据进行新闻价值判断，对数据集进行深入而广泛的探索与挖掘，尽可能多地保存有关联性的数据，以便后续叙事过程中能随时取用。例如影响个体采取行动与做出决策的变量是非常多的，很难通过一两个变量就解释清楚，考虑到这一点，就需要在前期尽可能多的将相关的背景数据进行充分收集，以便在后续能够使用相关数据进行解释。充分完整的数据保障数据新闻报道全面的基础。最后，新闻生产者应该明确数据并非总是客观的，尤其是图文型数据，其通常是由人来划分类型。除此之外，对数据的采集过程也是人为的，因此，个人的价值取向会影响到最终的数据，从而使数据带有一定的主观性。新闻生产者需要警惕，应以专业精神和新闻敏感度出发，结合选题背景，对数据采集及产出过程进行把握，考量数据产生背后的因素，避免自己掉入“数据陷阱”之中。例如要考查社交媒体上用户对于某一公共事件的舆论，不能仅仅只看总体的舆论风向，还需要注意不同的群体对于该事件的表达与评论。

2. 数据过滤

数据过滤通常又被称为“数据清洗”，主要是利用工具将众多数据中的无效数据进行清理，无效数据主要有三种类型。一是缺失数据，是指在采集到的数据中，个体数据或者数据的某一个属性缺失了，需要进行补全或无效清理。二是重复数据，重复数据首先需要判断是所有属性完全重复，还是仅仅是数值重复。数值重复可以备份后合并或删除，完全重复则不用备份，直接处理。三是异常数据。例如某些数据格式不一致等问题。在数据过滤环节，有很多有效的数据清洗工具和方法，下面作简单举例介绍。

（1）缺失数据处理

对于数据缺失值的处理，主要的方式包括直接忽略或删除，保留缺失值记录、在相应分析中做必要排除，应用默认值，使用同类样本平均值，预测可能值等。对缺失值的处理可以利用 R 语言、python 中的拉格朗日填充法等，本书简单介绍利用微软公司 Office Excel 软件处理空白单元格形式的缺失数据。

首先，在 Excel“开始”选项中选择“编辑”功能区，然后单击“查找与替换”，在下拉菜单中单击“定位”（快捷键“Ctrl+G”可直接选择“定位”），在“定位条件”选中“空值”确定，即可选中选区数据中的所有空值（图 9-7 所示）。第二步，确定处理方式，例如使用同类样本平均值填充，确定平均值数据或公式，按住“Ctrl”和“Enter”键，在不连续的区域中输入该数据或公式。第三步，对定位中的“空值”做标识，选择其中一个“空值”并同时长按“Ctrl”键选中全部剩余“空值”。最后，在最后一个被选中的“空值”中输入所需要录入的数据，按住“Ctrl”和“Enter”键，完成所有“空值”的统一数据录入。

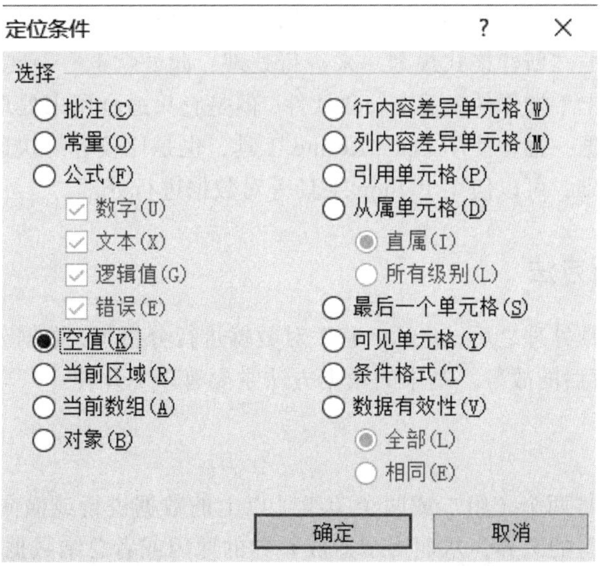

图 9-7　Excel 中“定位条件”选中空值确定

图 9-8　Excel 中“条件格式”选中“重复值”

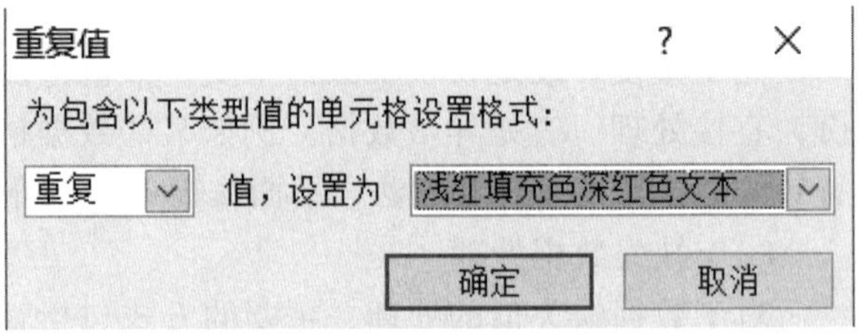

图 9-9　重复值对话框

（2）重复数据处理

对于重复数据，通常的处理方式就是进行合并或者清除，下面介绍利用 Excel 工具中条件格式快速直接清除重复数据的方法。选中目标数据选区，在“开始”菜单栏中选择“条件格式”选项，选择“突出显示单元格规则”，在下拉菜单中单击“重复值”（图 9-8 所示），然后弹出“重复值”对话框，在对话框中设置重复值的格式，点击确定（图 9-9 所示），重复值被标记，可直接删除。

（3）异常数据处理

异常数据的发现与处理可以利用工具绘制“箱形图”来实现，绘制“箱形图”的工具很多，如 Tableau、Excel 等。Excel 中插入图表里可以直接选择“箱形图”，根据绘制结果做出异常数据处理与判断。此外对于格式异常的数据，还可以利用 Excel“突出显示单元格规则”中的“其他规则”里的“新建格式规则”来进行处理，此处就不一一展开了。

数据过滤最容易上手操作的就是 Excel 软件，但是它只适合用来处理质量较好的数据。对于体量大且杂乱的数据，推荐使用 Open Refine 工具，也是比较容易快速上手操作的。当然，如果有一定的编程基础，可以使用 Python 工具等对数据进行处理。

（二）数据分析方法

在对数据进行了预处理之后，就可以着手对数据进行分析了，数据分析环节即让数据“开口”，深入挖掘数据背后的故事。基本的数据方法主要有以下几种。

1. 对比分析法

对比分析法是指将两个（组）或两个（组）以上的数据进行或横向、或纵向、或全方位的比较，分析数据之间的差异，从而揭示造成差异的原因或者总结数据各自的规律。

财新网“数字说”栏目的数据可视化新闻作品《那些年我们做过的广播体操》（图 9-10），

通过对比 60 年间广播体操从第一套到第九套的动作、燃脂率、背景音乐等方面的差异，揭示广播体操的编排规律、不同时代背景下“全民做操”的热度、现阶段健身方式多元化等问题。

图 9-10 《那些年我们做过的广播体操》

2. 分组分析法

分组分析是指将数据按照一定的标准（指标）进行分组，从而了解不同数据类型的特征、性质，进而揭示不同类型的数据的规律性以及相互之间的联系。需要注意的是分组分析法要坚持相互独立、完全穷尽的枚举分析法原则。分组内容之间不能有交叉，每个数据只能进入到一个组别，不能同时属于两个或两个以上组别；同时分组的时候也不能遗漏数据，将部分数据单独出来，不进行分组。

3. 预测分析法

预测分析时通过对现有的数据进行分析之后，预测未来的发展趋势或者事件的结果。例如对于体育新闻，通过对过往比赛数据的分析，预测比赛的结果等。要注意的是，使用预测分析法时，一方面要注意数据逻辑处理的严谨性与科学性，尽可能充分的考量数据关系中的各种要素；另一方面要注意数据来源对于预测结果的影响。

4. 相关分析法

《大数据时代》作者迈尔-舍恩伯格在书中写道：“大数据时代，相关关系比因果关系更重要”“相关关系能够帮助我们更好地了解这个世界”。这一方法是指对两个或两个以上的具备相关性的变量进行分析，判断变量之间是否存在不确定的统计关系，进而去衡量两个变量之间的相关程度及其方向。相关分析法能够有效地在大数据时代进行预测。2013 年谷歌公司曾发布了《谷歌搜索电影票房预测分析报告》，报告通过影片的搜索量与最终票房数据进行相关分析，发现两个变量之间存在极高的相关性，以此建立了“谷歌票房预测模型”，提前一周预测即将上映的影片的票房收入，预测准确度高度 94%。

第四节 数据的可视化与故事化

数据的可视化与故事化是数据新闻生产的最后一环，数据可视化指的是将图文数据、数值数据都转变成为最直接的视觉呈现形式的过程，使得内容的呈现具有视觉艺术效果。在数据新闻刚刚诞生的前几年，大量的数据新闻以各种各样的丰富的图表形式对数据进行展示，但是却未对数据背后的故事进行深入的挖掘与讲述，数据新闻不可避免地带上了技术化的特征，呈现出“重数据、轻叙事”的特征。然而实际上，数据新闻究其本质，依然新闻的一种，始终应该坚持事实第一原则，然后才在此基础上进行新闻事实的讲述。

如前所述，数据新闻首先是新闻，因此在新闻报道中，最重要的还是故事化的叙事。以数据为依托，对数据中的故事进行深入的挖掘，最后将数据转化为可以进行报道的新闻事件。可视化是对叙事的一种辅助技术，一方面能够使新闻报道的故事更具有层次感和逻辑性的同时兼具美感；另一方面还可以对新闻故事中的细节化内容进行解读，提升整个新闻报道的易读性。除此之外，可视化的呈现能将数据新闻与传统新闻进行区分，实现传统新闻所不具备的新闻价值，创新新闻报道的形式，提升传播效果。近年来，对于数据新闻可视化与故事化之间的关系研究越来越多，新闻生产机构也逐渐回归新闻本位，数据新闻不是技术化的产品，而是借助可视化技术来对数据进行故事化讲述的一种新闻报道形式。其核心依然是新闻故事化叙事，可视化是一种呈现的方式。如米尔科·劳伦兹在数据圆桌会议上所言：“数据新闻是一个不断提炼信息的过程，在此过程中，原始数据可以转化成有意义的信息，信息进而转化成有价值的故事。”近两年来，在数据新闻的实践过程中，业界对于二者的处理越来越好，呈现出一些有益的可视化叙事方式。

一、静态可视化呈现层次清晰的故事

静态可视化是目前我国数据新闻可视化运用最多的一种形式，包括了图片集、漫画、各类数据图表等形式。这一形式对于勾勒出新闻事件的层次脉络很有帮助，能够使通过设计迅速使读者厘清故事发展线索，整个故事框架清晰可见。要实现上述效果，就不能在报道中简单的堆砌信息图表，而是应该通过对数据的字体字号设置、图表颜色调整、设计版面区块等方式，来突出重点，引起读者的关注。制作静态可视化数据图表最常用的方法是利用 Excel、Spss 等本地工具和“镝数图表”这样的在线制作工具等。除了传统的各类静态图表，还包括了词云、时间轴等新的图表类型与图片等形式。

图 9-11　“镝数图表”首页

2020 年 11 月 10 日，澎湃美数课的数据新闻《要付“双 11”尾款了，准备好退货了吗？》就是将抽象的、杂乱的数据通过静态可视化讲“故事”的作品。标题以“双十一”“退货”与双十一“买买买”的现实形成反差，吸引用户。通过多张静态图表展现了直播带货中的种种问题，包括直播购物遭到投诉最多的问题、消费者参与或不参与对于直播购物的原因、顶流直播带货播主带货出现的问题、“618”等购物节时间点投诉往往更多等。通过数据的图表化，能够清楚地看到直播带货的后续保障不完善，进而在结尾介绍了国家针对前文提到的问题出台的相关法规。将抽象的数据转化成图表、图片或漫画等静态可视化形式，使新闻内容脉络更加清晰有条理，体现了新闻的故事化叙事特点，也增强了内容的可读性与易读性。

二、动态可视化增强故事的生动性与趣味性

动态可视化包括了动态图表、动画、音视频等形态，与静态可视化相比较，其大大削减了文字内容的枯燥性与单调性，视觉元素配合听觉元素，增强了新闻的感染力与生命力。动态图表、动画等形式使得新闻内容直观、清晰，更加生动活泼、富有趣味性。动态可视化通常使用一些视频软件、动态图表生成平台等进行制作。财新网“数字说”栏目曾策划了一期地球日特别报道《你向大海丢弃的数据哪儿去了》，报道中用动画的形式将海洋污染的各种数据进行了可视化，内容生动直观，讲述了海洋垃圾的来源，影响、治理方法等一系列问题，叙事逻辑清晰。

三、交互性可视化提升故事参与度

交互性可视化的实质其实是动态可视化，但是其在动态可视化中增加了信息传播的技术性，用户与传播内容之间能够进行自主且直接的交流。交互性可视化通常依靠文本挖掘技术、网络爬虫工具、API 接口、VR、地图等方式制作，作品一般具有较好的视觉呈现效果，传播效率高。

新华网 2017 年的数据新闻《征程——红军长征全景交互地图》（图 9-12）就是交互性极强的可视化叙事作品。作品呈现始终围绕纪念长征 80 周年的主题，通过 DEM 数字高程模型地理数据渲染出不同的地表景观，结合音视频，模拟展示了长征沿途的崇山峻岭、激流险滩。为增强网民的沉浸式体验，通过粒子系统的重力模拟出一整套天气系统，实现天气间的自然转化，增强网民阅读长征故事时的临场体验。除此之外，还在报道中增加了互动答题，用户可以一边浏览新闻一边答题，参与感更强。交互性可视化叙事提升了用户的自主性，除了能够自主选取内容之外，其参与度提升，沉浸感增加，对用户的吸引力更大。

图 9-12 《征程——红军长征全景交互地图》

第五节 数据新闻的未来发展趋势

随着各大媒体平台在数据新闻上的实践不断加深，均开辟出了相应的数据新闻栏目，数据新闻的发展也逐步走向成熟。相继也成立很多专门制作数据新闻的工作室，在一定程度上推动了数据新闻制作技术层面的突破。数据新闻的影响不断增加，应用领域不断扩大。与之相伴的是其新闻业务生产、生产技术、传播方式、传播渠道等各方面的变革，这也是数据新

闻面向未来的发展趋势。

一、数据新闻生产业务更加青睐预测性报道

在对过往的数据新闻作品选题进行研究过程中，不难发现，传播度较高的内容选题一般都倾向于开放性话题。事实上，开放性话题意味着该问题还没有一个稳定的发展趋势，大量的结论和观点都是以探讨不确定性的内容的形式所展开的。《大数据时代》一书中曾谈到大数据的核心就是预测，谷歌通过用户输入的与流感相关词汇的频次进行分析，预测出了流感的传染区域。在我国，百度也曾经通过数据预测了“十一黄金周”交通拥堵的情况。数据新闻作品通过专业的数据分析软件，专业的人员来解读数据背后所呈现的价值及趋势，客观的数据展现给用户的是多元的阅读视角，既尊重用户和事实，又能发挥数据新闻之所长，为用户的日常生活与行为决策提供科学的依据和指导。大数据时代，新闻报道将突破过去的传统叙事逻辑，不仅仅只着眼于过去和当下的故事。预测未来的发展，是新闻报道在新技术驱动下需要考量的方向，数据新闻恰好提供了调整传统新闻报道业务的契机。目前，我国数据新闻在预测性报道上已经做了一些探索和实践，例如在“春运”期间，利用数据提前预测天气情况对交通出行的影响，发布预警性的新闻，帮助回乡或返程人员提前调整出行计划等，传播效果好，受到了用户的好评。由此可见，预测性报道立足于客观数据，用事实说理，更容易得到用户的青睐，让其信服。尽管预测性报道会受到一些不确定因素的影响而具备预测失败的风险，但是也难以阻止预测性报道成为数据新闻未来发展的重点方向。

二、数据新闻的传播方式将逐渐短视频化

数据新闻的呈现与传播方式以可视化为主，而在众多的可视化选择中，数据新闻的选择将会是短视频。我国的短视频用户近两年以“亿”为单位迅猛增长，数据新闻与短视频的结合是用户平台转向所带来的。短视频与数据新闻的结合一方面能够清晰地呈现数据背后的故事，对历史进行描述；另一方面，对于预测性报道而言，短视频也有助于更好地对未来趋势进行呈现。澎湃的数据短视频新闻作品《49 秒看上海浦东陆家嘴是如何“长成”的？》（图 9-13）用 49 秒的时间展现了陆家嘴过去 26 年间的变化。以时间轴为线索，画面对准陆家嘴，26 年间高楼渐起，高度从 24 米到了 632 米，让用户直观地回顾了上海“第一高度”的变革，以此也对陆家嘴未来的发展抱有信心。此外，数据新闻作品的短视频化还能将多重信息进行整合，对热点新闻事件进行深入的描述和解读。数据与图像画面贴合并互相补充，既能够提升信息传递的准确度，又能够使得内容呈现丰富有趣。2019 年 9 月，经济日报微信号发布的“数说 70 年”数据新闻可视化系列短视频（图 9-14），将静态的数据转化为动

图 9-13《49 秒看上海浦东陆家嘴是如何“长成”的？》

图 9-14 《“数说 70 年”——中国外贸“修炼记”》

态的影像，在充分展现分项数据的同时，也直观地描绘了数据对比情况及发展趋势，用户在极短的时间里获取到了大量的信息，对 70 年来的发展了然于胸。数据新闻短视频化的“小试牛刀”取得的良好传播效果表明了未来数据新闻传播方式的选择，必然绕不开短视频，甚至未来的数据新闻会越来越短视频化。

三、数据嵌入虚拟现实，技术结合增强沉浸式体验

移动互联时代，新闻报道不应该仅仅被“阅读”，还应该被“体验”，这种体验是指让用户能够“沉浸”在新闻报道中。数据新闻作为近年来的这一种全新新闻报道形式，其也需要探索与增强新闻报道的“沉浸感”。增强“沉浸式”体验就绕不开虚拟现实技术。作为近年来最受欢迎的一种新技术，它能够给用户带来身临其境的感受，成为了融合新闻领域中的技术“新宠”。新闻生产者通过虚拟现实技术将用户带入新闻现场，用户能够与新闻现场产生互动，自主地去探索所需的新闻事实，脱离了过去新闻报道的视角局限。数据新闻与虚拟现实技术的结合实践已经开始，2018 年普利策新闻获奖作品《墙》通过虚拟现实技术，将美国与墨西哥边界的地形与植被等数据嵌入其中使得用户能够体验 3200 千米的边境，亲身体验边境的真实面目。《华尔街日报》也曾推出虚拟现实数据新闻作品《纳斯达克之旅》，将 1996 年—2016 年纳斯达克的综合指数变化曲线置于 3D 模型之上，用户能够以此为轨道，体验 21 年间股市的风云变幻。数据新闻与虚拟现实技术的结合，给数据新闻注入了新的活力，增加了新闻报道与用户之间的互动交流。尽管虚拟现实技术成本较高，用户适应性还不够，但是不可否认，虚拟现实技术是将数据嵌入其中的最佳方式，也是未来数据新闻的发展方向之一。随着虚拟现实技术的不断发展与成熟，将会为数据新闻带来新的惊喜。

四、移动化、个性化、定制化数据新闻产品推陈出新

随着 5G 时代的到来，大量用户转移到移动端，为了充分满足用户的需求，数据新闻业必须坚持“移动优先”的原则。社交媒体的快速发展，用户对新闻信息的需求也有了社交化倾向，移动端作为社交媒体入驻的主要载体，是数据新闻必须关注的重要场所，提升数据新闻的社交功能表现也是数据新闻生产者需要思考的重要问题，智能手机能够帮助数据新闻生产者解决这一问题提供一些新的思路。例如，数据新闻在智能手机端的实践已经开始，利用 H5、游戏化等传播形式，大大激发了数据新闻的趣味性，同时增强了用户的分享欲，提升了用户与新闻报道之间的互动性。未来数据新闻的移动化理念依然将不断推进和深入。新华网发布了交互数据新闻作品《五年来，我打卡了这最重要的五件事》，通过 H5 的形式，罗列了 20 件人生重要大事供用户选择，用户自主选择 5 件最重要的事情，进而生成 5 年来的人生成就清单，与“十三五”国家发展紧密相扣。整个交互作品的体验必须进入移动端才能形成，电脑端仅仅只能简要浏览新闻内容。智能手机为增强数据新闻的生动性、乐趣感、交互性提供了重要帮助，数据新闻移动化发展态势毋庸置疑。

在用户注意力分散、信息提供过剩的时代，以大数据为基础的算法推荐机制盛行起来，精准的个性化推送能够帮助用户节约信息检索的时间成本，增强与用户的关联性，充分满足

用户的个性化需求。大数据通过分析，能深层次把握与洞察用户行为，进而制定符合用户需求的个性化定制产品，摆脱新闻同质化带来的困境，使用户更容易在新闻报道中产生情感共鸣。作品《五年来，我打卡了这最重要的五件事》（图 9-15）中，用户自主选择五件事情之后将会获得与之相对应的“五年人生成就清单”，对于用户而言，这份清单是与其他选择截然不同的，具有个性化的特点。未来的数据新闻作品的个性化与定制化发展还会远超于此，定制不仅仅针对个人用户，还会面向企业用户、社会组织等。

图 9-15 《五年来，我打卡了这最重要的五件事》

大数据时代的到来，技术的发展，媒介融合的趋势等数据新闻的出现做了充分准备，作为一种全新的新闻报道方式，其未来发展前景壮阔。融合多样的可视化呈现形式，发挥出数据新闻的独特优势，将会是未来新闻生产者们长久努力的方向。在大数据和新媒体深度融合的推动下，数据新闻将成为未来新闻生产的主要模式之一。

思考题

1. 请简述数据新闻的概念与基本特征。
2. 选择一个恰当的选题，尝试进行数据获取与分析。
3. 结合本章所学知识，对获取并分析之后的数据进行可视化呈现。

第十章 动画新闻

本章学习目标

1. 了解动画新闻的定义和价值。
2. 区分动画新闻的选题与传统新闻的异同。
3. 掌握动画新闻制作流程。
4. 掌握动画新闻的叙事逻辑。

案例导学：

2021 年 3 月 5 日，全国两会在北京召开，新华网客户端在 3 月 4 日发布了动画新闻《“漫”谈两会——热词里看“十四五”开局之年的两会》，该新闻阐述了正逢“十四五”开局之年和全面建设社会主义现代化国家新征程开启之年，在这一特殊时点举行的两会有哪些看点，又有哪些特别之处。

图 10-1 《“漫”谈两会——热词里看“十四五”开局之年的两会》

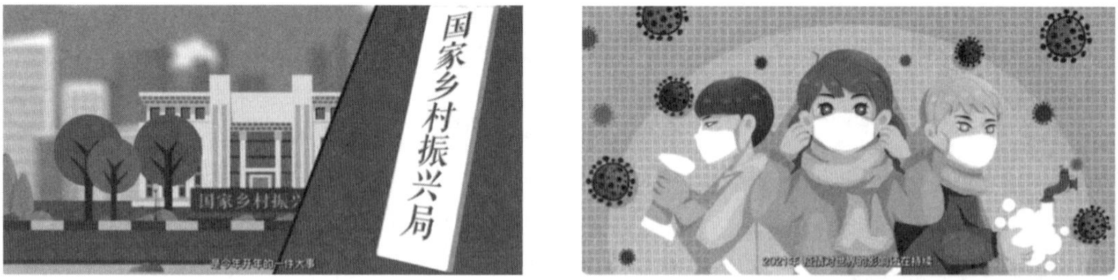

图 10-2 《“漫”谈两会——热词里看“十四五”开局之年的两会》动画新闻

该新闻用动画形式生动地展示了 2021 两会的重点关注内容，如怎样做好脱贫攻坚和乡村振兴的有效连接，怎么样在全球疫情蔓延的情况下进行我国的疫情防控，等等。从上述案例中可以看到，在新闻中使用动画，内容上更加丰富，视觉上更加直观，融合新闻背景下动画新闻又有怎样的特征和变化，接下来我们就一起进入本章动画新闻的学习。

截至 2020 年 6 月，我国网民规模达 9.40 亿，较 2020 年 3 月增长 3625 万，互联网普及率达 67.0%，较 2020 年 3 月提升 2.5 个百分点。①互联网技术的迅速发展，网民数量逐年攀升，新媒介下信息传播方式、传播技术、传播环境、媒体形态的变化，使传播形态发生了巨大变化。动画新闻作为一种新型报道形式，给融合新闻带来了新的发展方向。

第一节 动画新闻的定义及应用价值

“互联网+”和“5G”时代的到来，受众对信息消费和接受的过程也有了新的审美期待，VR（Virtual Reality）、AR（Augmented Reality）、AI（Artificial Intelligence）等计算机交互技术的不断发展，智能移动手机、平板电脑等的流行，使得人们接受信息的渠道也变得更多元。新闻媒体在变化中不断寻求自身发展，动画从一门虚拟的、需进行加工创造的艺术，随着融

① 中国互联网络信息中心. 第 46 次中国互联网络发展状况统计报告[R/OL]. 中华人民共和国国家互联网信息办公室，(2020-09-29) [2021-07-15]. http: //www. cac. gov. cn/2020-09/29/c_ 1602939918747816. htm.

合新闻的不断发展，开始变为新闻报道的重要环节，“动画+新闻”的新闻形式丰富了新闻节目的视听语言，成为新闻节目的重要表现形式之一。

一、动画新闻的定义

“动画”（英 animation 等）一词，源自拉丁文词源 anima，是“灵魂”的意思，而其动词形式 animo 则指“赋予生命”，因此被用来表示“使……什么活动”[①]。ASIFA（国际动画组织）对动画的定义是：The art of animation is the creation of moving images through the manipulation of all varieties of techniques apart from live action methods。[②]综合其他学者研究，本书把动画定义为集多种艺术门类于一身的，以计算机技术为依撑的，具有创造性欣赏价值和艺术审美价值的非纪实活动影像。

对于新闻而言，在全媒体时代，仅仅是文字和图片的报道已经不能满足新闻传播的需求，越来越多的媒体将数字动画技术运用到新闻报道中去，形成从静态到动态的可视化“动画新闻”。目前国内对于“动画新闻”还没有明确的定义，孙大路认为“动画新闻是现代信息技术下动画与新闻的融合”[③]，通过查阅相关文献资料，本书将“动画新闻”定义为：运用平面软件或 3D 等计算机技术制作动画，并将其运用到新闻报道中去的全新新闻形式。

最早的动画新闻形式可以追溯到 1918 年德国潜水艇击沉英国路斯坦尼雅号游船的新闻报道中，关于这次沉船事件，美国动画家温瑟麦绘制了 25 000 张画稿用于该事件的报道。这种动画模拟场景，能够最大限度地“还原”现场，给传统的新闻报道注入生机，也使得观众可以更好地理解新闻事件的全貌。

二、动画新闻的应用价值

（一）信息呈现多样，全面了解新闻

任何信息和新闻的传播，都需要特定的符码传递才能实现。在传统“严肃”新闻的大环境下，“文字+图片”的新闻形式是新闻的主要生产方式，由于受众的文化素养和对事物的认知不同，在传统的新闻传播中，受众可在信息解码的时候出现偏差，导致受众无法正确理解新闻所报道的事件，无法对新闻事件进行真实、准确、客观的判断。而动画新闻主要利用 MG（Motion Graphic，动态图像）和 3D（3 Dimension，三维空间）技术，采用直观的、立体的活动影像来报道新闻，其内容生动活泼，可提升观看者对于新闻的进一步理解。

在一些特殊情况下，记者没能第一时间赶往现场，或因拍摄条件限制没有视频和图片，仅靠报道无法使受众得到事情的全貌，信息和新闻的传递有一定的局限性，这时候动画新闻的作用就得以凸显。动画新闻可以对新闻事件进行细节的还原，例如在 2018 年重庆公交坠江事件中，央视的短视频《重庆公交车坠江事故：动画还原事故发生全过程！》就运用了虚拟动

---

① 冯文，孙立军．动画概论[M]．北京：中国电影出版社，2009：2.

② 杨于卓．新闻动画应用现状探析[J]．西南民族大学学报（自然科学版），2012，38（5）：860-863.

③ 孙大路．动画新闻的传播优势与运用原则[J]．新闻战线，2016（4）：63-64.

画的方式模拟了坠江事故现场的全过程，更清晰地使受众了解了事件发生的全貌。

（二）多平台播放，分享更便捷

“互联网+”大背景下，人们获取新闻、信息的时间场景和地点场景已经发生了巨大变化，动画新闻碎片化的阅读和信息获取的方式使得传统的新闻传播方式发生了改变。动画新闻的动画内容往往围绕一个点展开，播出时间一般不是很长，大多数在 3 分钟之内，可以满足人们的碎片化阅读方式。

新闻动画直观、精确、简练的特点，使得受众在阅读新闻时更轻松，也使得新闻更容易被识别、认知和记忆。2018 年 1 月 31 日，光明网运用动画的形式报道了“超级月亮”“蓝月亮”“红月亮”天文事件，此动画新闻在腾讯、优酷、搜狐、Bilibili 等视频网站和手机 APP 上均可播放和转发，多平台的播放使得动画新闻的播放率有了显著提升，朋友圈、QQ 空间、新浪微博等多平台的转发也使得该则动画新闻的影响力大大提升，最终该动画新闻在全网观看总量超过 1 200 万。自媒体时代，受众的主动转发或分享增加了新闻的传播速度，动画新闻的感染力和吸引力也使动画新闻成为新时代下新闻传播必不可少的重要一环。

（三）满足不同受众需求，提升媒体竞争力

信息时代的到来，人们的信息需求不再是单一的媒介可以满足的，当人们可以从电视、电脑、智能手机、互联网上获得大量信息的时候，新闻的受众怎么样在阅读新闻时获得满足是新闻媒体需要关注的，个性化制作、可视化呈现、互动化传播成为新闻传播的大势所趋。动画新闻以电子化、数字化、动态化的方式传递信息，使得信息的传递过程更具“生动性”和“趣味性”，满足了新生代新闻受众的需求，适应了信息化时代新闻传播的发展。

在互联网新媒体迅速发展的今天，很多传统媒体也开始转型，搭建新媒体平台提升自身新闻传播影响力。从 2015 年人民日报新媒体中心成立以来，人民日报就一直在进行新闻新形势的探索。2017 年，为党代会的召开，人民日报推出首部三维动画短片《刻度上的五年》，从表现中国从 2012 到 2017 年日新月异的 5 年，致敬这个伟大的时代。很多观众看完这个动画短片都表示自己非常感动，更加热爱自己的祖国。

图 10-3 《追梦者》

2019 年 9 月，在新中国成立 70 周年的时刻，《人民日报》发布动画视频《追梦者》（图 10-3）。该动画从新中国还没成立之时开始进行叙述，先人们的梦想是建立一个和平的、没有战争的国家，这个伟大的梦想像星星之火，点燃了整个国家，无数仁人志士甚至献出了自己的生命。1949 年，中华人民共和国成立，更多的平凡的普通人为了国家的富强不惜牺牲自己的小家，努力奋斗。视频通过动画再现了国家历史上重要的时刻，如改革开放、香港回归、北京奥运，简述了普通人追梦的选择，如回乡扶贫、乡村支教等。我们可以看出，动画新闻有着传统新闻不可比拟的情感传递的优越性，可满足受众的情感需求和接受心理需求，达到更好的新闻传递效果。

第二节 动画新闻的选题偏好

动画新闻可以运用数字虚拟技术生动地将新闻事件转化为动画影像，使观众更加清晰地了解新闻现场发生的具体事件，因此动画新闻被越来越多的应用到新闻节目中去，成为表现新闻的重要手段之一。通过查阅相关文献和书籍，本书将动画新闻的选题具体划分为以下 7 个方面：

一、突发性新闻

突发性新闻是对突发的新闻事件的报道，例如地震、火灾、车祸、战争等都属于新闻突发事件。因许多新闻由于事发突然，记者无法进行充分的准备，记者拍摄到的新闻图片往往是片面的，采访到的新闻往往已经是事件的结果，导致报道不及时、不完整。例如 2018 年重庆公交坠江事件，由于事发突然，记者拍摄到的只能是事故后的惨状，至于事故是怎样发生的，需要目击者、当事人、调查组等的多方认证，仅仅采用传统新闻的“图片+文字”的形式是无法还原事件全貌的，因此在该新闻中使用了动画的形式进行新闻的辅助报道，向观众演示事故发生地点的周围环境、事故发生的行车路线和事故发生时的状况，进一步帮观众弄清事件的真相、和事故发生的真实原因。

二、重大主题性新闻

重大主题性新闻是指围绕党和国家的政策和工作方针，对其重大活动、事件、题材等进行的新闻报道。报道主题性新闻是传统主流媒体作为意识形态重要阵地的职责所在，随着时代形势的发展、读者阅读方式的变化和数字技术的兴起，对于重大主题性新闻的报道的方式也开始变化，动画新闻以其“丰富性”和“互动性”被受众接受和认可。

在“两会”的报道中加入动画使得两会的新闻报道更具“人性化”，也更容易使受众理解。例如，在《2017 年的聚焦两会》新闻中，用动画人物直观地向受众展示全国人大代表和政协委员的选举方式和工作职责。在《加油！我的 2018》新闻中，用动画的形式讲述了老百姓关注的三农、住房、环保、精准扶贫、反腐倡廉、科技创新等问题，并辅助 Rap 歌词“等天上不会掉馅饼，圆梦还得靠自己，撸起袖子加油干，亮丽答卷人民盼，开放崛起绘新篇，中国贡献全球赞”，进一步提升两会新闻的影响力和传播力。在《2019 全国两会带你看最高法报告》的新闻中，用 3D 动画的形式向受众展示了从中央到各地方法院政治的案件总数以及重点的案件。在《2020 全国两会有何不同》新闻中，用动画的形式展现了因疫情原因新闻发布会、记者会代表通道、委员通道、部长通道等采访活动将以视频方式进行。

三、科技类新闻

科技新闻一般来说就是指科学技术领域新近发生的事实的报道，科技新闻的主要作用之一就是能够将科学技术领域有关的信息及时地传播给受众。在科技新闻中，因报道内容常常涉及观众不太了解的高科技领域，有一些专业术语，用“文字+图片”的传统报道形式展示观众很难理，因此科技新闻的可读性面临很大挑战。动画有“易读性”和“通俗性”的优势，因此，将动画引入到科技新闻中去，将极大地提升科技新闻的可读性。

北斗三号全球卫星导航系统（简称北斗三号系统）的成功发射对我国航天事业的发展有着重要意义和作用，2020 年 6 月，西昌发射中心成功发射了北斗三号最后一颗卫星，在《关于北斗三号》的新闻中（图 10-4 与 10-5），制作者用 3D 动画形式展示北斗卫星点火、发射、升空、运动等工作原理，使观众更好地理解了北斗三号工作过程。嫦娥五号，是中国首个实施无人月面取样返回的月球探测器，为中国探月工程的收官之战。在《陪你一起去追月》的新闻中，制作者用 3D 动画的形式展示了嫦娥五号轨道器和着陆器太阳翼展开、地月转移、近月制动、环月飞行等任务全过程，使受众更直观地了解嫦娥五号工作原理。

图 10-4 《关于北斗三号》动画新闻

图 10-5 《关于北斗三号》

四、对过去或未来的场景模拟

新闻主要报道新近或正在发生的事件，但随着信息时代的到来，受众不仅对正在发生的新闻事件有了解的需求，还想了解事件的起因、以及新闻事件有可能的发展方向。因此，“动画+新闻”的形式可对已经发生的事件进行场景的还原，也可对未发生的场景事件进行模拟，改变了传统新闻只能对正在发生的事情做报道的现状，拓展了新闻报道的时域。

2019 年 3 月 30 日，四川省凉山州木里县发生森林火灾，此次火灾造成 31 名消防扑火勇士牺牲，观众在悲痛之余更想了解火灾发生时的状况和原因，中央电视台在进行新闻报道的时候，辅助 3D 动画，制作了动画作品《动画还原棵森林火灾发生过程》让受众了解到当地的地形地貌、并进一步还原火灾发生全过程。

五、科普教育类新闻

科普类新闻主要是通过媒介宣传，让公众接受相关科学知识，并进一步达到教育受众的目的。在传统的新闻报道中，受众只能通过文字和图片或者报道来了解科学知识，随着新技术在新闻领域的不断应用，“动画+新闻”的科普形式广泛应用，并获得良好的传播效果。

例如在广州市科普动漫协会的动画新闻《垃圾分类知多少》图 10-6 中，通过动漫讲故事的方式告诉人们垃圾分类就是在源头将垃圾分类投放，垃圾可分为可回收物、厨余垃圾、有害垃圾、其他垃圾。动画趣味性高，可读性强，便于人们理解和接受。

2020 年初，新型冠状病毒席卷全球，我们通过传统新闻报道了解了当前局势，也通过动画新闻如《新冠病毒的二三事》（图 10-7）更加直观了解到什么是新性冠状病毒，以及应该如何预防等。

图 10-6　《垃圾分类知多少》动画新闻

图 10-7　《新冠病毒的二三事》动画新闻

六、文化宣传类新闻

文化宣传类新闻是以提高人的思想道德和文化素质为目的进行宣传的新闻类型，通过文化宣传类的新闻，受众能在知识上得到增长，精神上得到启迪。动画新闻因其生动性和活泼性在传播文化方面有着极大的优势，在光明网《中华千年古村落地名文化故事系列》动画中，带领观众走进不同的古村落，领域不同的文化。例如，在系列动画之一的《阆中古城》（图 10-8）动画视频中，就生动地向受众展示了古代巴国蜀国军事重镇、风水名城的阆中风光。

图 10-8　《中华千年古村落地名文化故事系列》

七、政策解读类新闻

政策解读类新闻是向受众传达中央或地方政治、经济、文化等发展方针和政策的新闻，旨在通过新闻宣传，使广大观众通过了解国家相关政策，更好地进行生产生活。一些政治、经济、法律政策涉及很多专业术语及数据，动画使得这些枯燥的数据变得生动，更加形象。例如 2020 年 9 月，中国网发布动画《啥是“全面”小康》，该动画视频生动地向受众展示了什么是全面小康，通过该动画视频，受众了解到小康讲的是发展水平，全面讲的是平衡性、协调性和可持续性。

图 10-9 《啥是“全面”小康》动画新闻

第三节 动画新闻的制作流程

动画新闻作为一种新兴新闻形式为受众提供了阅读新闻的新视角，但其本质依旧是新闻，因此动画新闻要在一般新闻制作流程的基础上，根据动画的制作特点进行加工再制作。本书从以下四个方面来探讨动画新闻的制作流程。

一、动画新闻制作团队

动画新闻作为新闻报道的一种形式，应和传统的新闻制作一样，需要专业的制作团队，动画新闻的团队可包括：

（一）采访团队

动画新闻采访团队应该和传统新闻的采访团队一样，具备敏锐的新闻敏感度和洞察力，具有较快的判断力。动新闻采访团队应在新闻发生时第一时间赶赴现场，获取第一手的现场资料，包括现场图片、采访录音等，并迅速判断此新闻哪个部分适合用动画的形式呈现。团队应实地走访新闻事件发生的场所，对所需物品、建筑、人员等进行拍摄和记录，并迅速通过移动设备传回后方，为后期动画的制作做准备。

（二）文案团队

动画新闻文案团队应具备把新闻事件转换为文稿的能力，能根据动画制作的要求，创造性的用图片或文字表达出新闻事件，填写动新闻制作表格，通过信息中心传递文稿内容。同时，动画新闻文案团队还应具备把抽象的新闻热点、科技知识、法规政策等具象化、通俗化的能力。

《中华人民共和国民法典》作为新中国的第一部民法通典，涵盖了婚姻法、继承法、合同法、侵权责任法等多个内容，新京报为了使广人民群众更加了解《民法典》的内容，用了一系列动画新闻来解释和阐述民法典中的修订内容。例如：在“假如西游路上有民法典”系列，通过《悟空被 AI 换脸、龙宫遇性骚扰该咋判》《小白龙遭婚内出轨又伤财 花心妻该赔吗》《小白龙私改老爹遗嘱 获宽恕重得继承权》等动画改编故事，用生动风趣幽默通俗的语言使受众理解民法典。这就需要动画新闻的文案团队具有一定的创新意识，化“抽象”为“具体”，化“高深”为“通俗”。

补充案例:《当哪吒遇上民法典》

《民法典》是新中国第一部以法典命名的法律，堪称“社会生活的百科全书”，它的规定覆盖了从胎儿到亡者的所有人。它把我国现有的《民法总则》《物权法》《担保法》《合同法》《婚姻法》《继承法》《侵权责任法》等民事单行法的全部内容进行了科学合理的整合。

图 10-10 《当哪吒遇上民法典》

《当哪吒遇上民法典》是人民日报新媒体中心在 2020 年 5 月制作的动画新闻，视频共 5 分 15 秒，分“独家招式泄密记”“高空坠物伤人记”“贷款购物被套记”“离婚冷静和好记”四章，用观众熟悉的动画形象——哪吒、敖丙、玉皇大帝等来展现《民法典》的重要内容。故事生动有趣，讲述通俗易懂，使得受众更加理解《民法典》。

（三）动漫团队

动画新闻的动漫团队是整个团队的核心部门，是新闻从“事件”到“动画”的重要阵地，一般由脚本绘制编辑、视频制作编辑、以及音频制作编辑联合组成。新京报在 2013 年推出了“全媒体战略”，并推出了动画短视频《如何成为广场舞绝顶高手》，该视频文案和动画风格使得该动画获得较高人气。新京报中的动漫团队会根据不同的新闻事件、不同的场景设计动画，新京报的动画新闻基本上都是原创的，整个团队打出的旗号就是“我们是新闻里最懂动画的，动画里最懂新闻的”。

一个动画新闻的制作要整个团队的通力配合，要进行策划方案、完成选题、撰写脚本、跟踪三维运动轨迹、要动画师进行绘制、要后期进行剪辑，要完成动漫数据格式制作、网站数据上传等一系列技术操作，才能最终完成一个动画新闻的发布。

二、动画新闻制作软件

（一）三维 3D 动画所需软件

动画新闻的制作大致可分为三维的 3D 动画和二维的 MG 动画，三维 3D 动画仿真度更高，一般要经过建模、绑定、材质、灯光、渲染等步骤，以多镜头、多角度方式表现真实场景，多运用在需要精确阐释的场景模拟和科技类新闻中。常见三维 3D 动画所需软件如下：

① Poster 是 Metacreations 公司推出的一款三维动物、人体造型和三维人体动画制作的软件，动画新闻创作者可对动画角色进行模型、姿态、体态设计的选择，操作比较方便和快捷。

② 3D Studio Max 简称为 3d Max，是一款三维动画渲染和制作软件，有大的角色（Character）动画制作能力，动画新闻制作者可运用可将纹理、动画和效果作为对象应用到文本中，可进行三维的建模，是动画设计者广泛使用的一个工具。

③ Maya 是顶级三维动画软件，应用领域极其广泛。例如《星球大战》《指环王》《蜘蛛侠》《哈利波特》等经典系列电影都是用 Maya 制作完成的。动画设计师可通过同时多边形建模、粒子系统、毛发生成、植物创建、衣料仿真进行动画的设计。

（二）二维 MG 动画所需软件

二维 MG 动画扁平矢量风格居多，一般要经过美术、动画、合成等步骤，MG 动画趣味性较高，一般有较强故事性的脚本作为支撑，多运用在科普教育、文化宣传、政策解读等新闻中。二维 MG 动画所需软件如下：

① Adobe Photoshop，简称 PS，是一个强大的图像处理软件，MG 动画设计师要通过图层操作、工具应用等步骤合成完整的图像，并进行人物设计、场景设计等工作。

② Adobe Animate（前 Adobe Flash Professional）作为二维矢量动画软件，用于创建引人入胜的交互式体验，可借助基于对象的动画快速创建动画、轻松修改运动路径并全面控制个别动画属性。

（三）音视频后期合成软件

动画新闻需要和其他的视频进行合成，有时还需要进行后期的配音制作，因此音视频软件也是动画新闻制作中必不可少的一部分。

① Edius 和 Adobe Premiere 是视频后期合成软件，在该软件中，使用者可进行视频的剪辑、后期调色、特效的制作、字幕的添加等造作，使得最终呈现的视频更具美感，动画新闻的剪辑师可在后期对已经完成的动画人物、动画场景、动画故事等进行后期的剪辑和制作。

② Adobe After Effects，简称 AE，是后期制作特效的软件，可通 2D 和 3D 的合成特效，完成不同场景、不同程度的动画效果。

③ Adobe Audition 是专业的音频制作软件，最多可混合 128 个声道，可编辑单个音频文件，可为动画新闻后期合成工作人员提供先进的音频混合、编辑、控制和效果处理功能。

三、动画新闻视频制作

动画新闻的制作是一个烦琐和复杂的过程，一个几十秒的动画可能会耗费一个团队几天甚至更长的时间。没有一个动画新闻是一个人完成的，需要动画策划师、动画设计师、动画剪辑师、动画合成师通力合作，协作分工。

（一）剧本设定

新闻动画和传统的动画一样，需要进行剧本的设定。与传统动画不同的是，动画新闻的剧本并不是凭空想象的，是根据新闻事实进行的加工再创造，目的是使观众更清晰的了解新闻。因此，新闻动画的剧本要依据新闻事实进行构思，要尊重新闻事实的时间、地点、人物等。同时，新闻动画脚本也应具体化和细节化，可涉及人物的对话、场景的转换等。

（二）角色设定

新闻动画中的角色设定在动画新闻的创作中占有重要位置，一个生动、鲜明的形象，可在观众的脑海里留下深刻的印象。动画新闻的角色和商业动画的角色稍有不同，传统的动画角色是可以任凭创作者想象的，但是新闻动画中的角色要依据真实新闻中的角色进行创造。动画设计者可先通过手绘定稿，然后在 Maya 或 3d Max 中进行人物造型、服装样式、角色特征的设计，使角色符合新闻内容。

如果是科普教育、文化宣传、政策宣传等类型的动画新闻，创作者要根相关故事进行合适的人物选择。例如：人民日报的动画新闻《当哪吒遇上民法典》，用了中国传统故事中被人广泛熟知的哪吒形象进行民法典知识的普及，通过生动的故事使得宣传深入人心，该动画新闻得到广泛传播。

（三）场景设定

动画新闻的场景设定要符合真实新闻中发生的空间，明确地表达新闻发生的时间、地点，并结合整部影片的总体风格进行设计。创作者要根据采访者在新闻现场所拍摄的图片和视频进行艺术加工创造，要在符合动画片总体风格的前提下进行设计与制作，既要具有真实性，也要具有艺术美感。动画设计者可先通过手绘确定场景，然后在 Maya 或 3d Max 中进行建模和渲染，使新闻动画中的场景符合新闻内容。

（四）音视频制作合成

动画新闻大部分情况需要进行后期的配音，通过声音才能将无声的动画转化为有声的故事，便于观众理解。因此，配音员完成配音后，动画新闻的后期制作人员会通过 Adobe Audition 音频处理软件对音频文件进行调整和剪切，通过将降噪、混音、压缩、扩展、回声等特效功能调整声音，使之时应动画新闻的需求。

有些动画新闻会运用“真实现场+动画”或“主持人的讲解+动画”形式进行播出，因此，动画新闻的后期制作人员需要通过 Adobe Premiere 视频剪辑软件，对多个视频进行剪切调整、增加转场等效果，并最终输出完成合成。

四、动画新闻制作流程

动画新闻的制作需要复杂的程序，因此动画新闻的制作需要多个部门的协作才能完成。本书在此简要介绍动画新闻一般的制作流程。

① 记者调派。新闻中心根据新闻事件召集记者，根据新闻事件的不同情况分配不同的记者，并对记者做出采访的要求和指令。

② 现场采访拍摄。新闻记者进入现场采访，采集新闻素材，采访当事人，进行照片和视频的拍摄，组织采访数据，并将相关的资料传回信息中心等待资料审查。

③ 资料审查。新闻采编中心会对记者发回来的文字、图片、视频、音频等现场资料进行审查，若需要补充数据，会指令记者补充。

④ 文本编辑。文稿的编辑会根据不同的新闻文稿进行编辑，并根据不同的新闻素材进行动画剧本和分镜头的设计，建立动态的动画新闻文本。

⑤ 动画制作。总编室对文本进行审查后，会向动画制作中心发出指令，动画制作中心与文稿中心沟通后，开始进行动画的制作。

⑥ 总编审查。总编室对动画进行审查过后，根据新闻发布条，向新闻发布中心提交发布指令。

⑦ 动画新闻发布。新闻发布中心进入动画新闻产品数据库，制作新闻出版条目，并提供互联网络和终端浏览，最终完成动画新闻的发布。

第四节 动画新闻的叙事原则

动画新闻是新闻报道的一种新型形式，在传播过程中也需要遵循传统新闻的客观性、真实性、及时性和准确性。与此同时，动画新闻与传统新闻不一样的制作方式和传播方式，使得动画新闻的叙事有其特殊性，本节将通过案例，对动画新闻的叙事原则进行探讨。

一、客观性和真实性原则

真实性是新闻的本质规定，动画新闻作为新闻的重要组成部分，也要符合新闻的传播规律和原则。动画新闻在新闻报道中的时间、地点、人物、事情、原因和经过都要真实，同时，新闻动画所采用的背景材料也要真实。

新闻的客观性是新闻工作的一种专业规范，新闻工作者在从事新闻报道的时候要尊重事实，如实地反映事件的本来面目。动画新闻有其独特的视听语言，是通过人类创造出的动画讲述新闻事件，因此，较之传统的新闻，动画新闻的创作者主观能动性就更强，因此这要求动画新闻的创作者有强大的职业素养和职业道德，从而生产出能服务于大众的、真实的、客观的动画新闻内容。

“新京报动新闻”作为《新京报》中的王牌栏目，其动画新闻的制作就具有其客观性和真实性。例如：“新京报动新闻”新浪微博号在2020年10月23号发布了《纪念抗美援朝70周年！全景重现人民志愿军出国作战之路》的动画新闻，用3D动画的形式讲述了抗美援朝时我军的真实情况，动画新闻中的事件是历史中真实发生的事件，时间、数字准确，地图、地形报告翔实。此篇动画新闻获得了8万人次的观看量，得到受众的一致好评。

二、及时性和准确性原则

新闻是对新近发生事实的报道，及时性是新闻报道的永恒追求。动画新闻因其流程复杂、技术难度高等问题需要较长的制作周期，动画新闻的发布往往时效性不足。在具体的报道中，媒体可采用减少关键帧的办法来获得运动效率，提高动画的制作效率。新京报社作为全国的主流动画新闻媒体，从刚开始制作动画新闻，就注重其时效性。例如，2014年12月31日，上海外滩发生了踩踏事件，“新京报·动新闻”发布的《动画模拟外滩踩踏事故全程》的视频，用动画还原了人流对冲瞬间，被腾讯、网易等各大视频网站转载，取得了较好的传播效果。

在利用技术手段提升时效性的同时，动画新闻的制作者还可根据重大新闻时间做出策划和预案，提前建立动画资源库，缩短动画的制作周期。例如，2020年两会期间，新京报用动画新闻的形式报道两会，其栏目《动见两会》因其亲民性和趣味性，在播出之后广受好评，发挥动画新闻的特点，也展示出了全媒体报道优势。

三、简明性和通俗性原则

新闻的简明性和通俗性是指在新闻报道中要用通俗易懂的语言来讲述新闻事件，力求使广大受众清晰的了解新闻事实。动画新闻的目的是使受众更好地理解新闻，因此，动画新闻的制作者在创作的过程中，一定不要用繁复的场景、复杂的故事和错综的人际关系来讲述新闻事件，应注意其简明性和通俗性。在受众比较难理解的新闻事件中，应当发挥动画新闻的优势，利用动画特有的虚拟性和故事性来放大某个局部细节，还原某个新闻现场。例如在发生车祸的现场，动画新闻可以用简单的线条呈现出车体相撞的路线图。

四、解释性和艺术性原则

在新闻报道中，实景拍摄、对当事人的采访和对周边环境的记录等现场资料是最具有说服力的，是最能直指人心的。动画是新闻的辅助手段，目的是解释新闻报道中受众可能难以理解的地方，因此，动画新闻的制作者在创作动画的时候，不要喧宾夺主，使新闻事件的重心发生偏移。例如在关于2020新冠肺炎疫情的新闻报道中，人民日报新媒体中心的动画新闻《防“疫”小课堂 返岗复工防疫指南》，整个动画画风简洁，旁白清晰，清楚地向人们展示了复工的注意事项。

图 10-11 《白衣执甲》动画新闻

动画新闻的艺术性是基于新闻事实进行的，不是凭空想象和捏造的，是在新闻真实的前提下进行的艺术创造。动画新闻可采用多种艺术形式进行创造，例如人民日报的《白衣执甲》，用 Flash 动画的形式再现了在抗击疫情期间真实发生的故事，动画以一名患者的口吻讲述了护士小林、教授胡医生、部队陈莉医生的抗疫经过，艺术性与真实性兼容，感染力强。

思考题

1. 请你就动画新闻的新闻伦理道德谈谈自己的看法。
2. 请你就新京报的动画新闻的成功之处谈谈自己的看法。

第十一章 H5 新闻

本章学习目标

1. H5 新闻的概念。
2. H5 新闻的特点和分类。
3. H5 新闻的制作和发布。

案例导学：

“军装照”H5于2017年7月29日晚发布后，立即呈现“裂变式”传播，不同年龄、区域、行业的网友都踊跃生成、分享自己的“军装照”。建军节前后，通过“军装照”H5晒自己的“军装照”在网络上形成刷屏效应，营造了浓烈的爱国爱军氛围。截至2017年8月7日，H5的浏览次数超过10亿，独立访客累计1.55亿。其中，仅8月1日建军节当天的浏览次数就达到3.94亿，独立访客超过5 700万。业界人士评价，这个传播数量级创下业界单个H5产品访问量新高。众多媒体发表评论对该H5予以积极肯定，认为这一H5作品既是一次把爱国主义植入现象级融媒体产品的创新力作，也是融合报道的经典成功案例。

图 11-1　H5“军装照”

“军装照”H5在立意上，借助建军节契机，采用普通人喜闻乐见的方式，展示了广大网友对党和国家、人民军队的拥护和热爱。在制作上严谨细致，向军史专家认真请教，保证了页面素材和“军装照”模板的正确性。在设计上，页面庄重大方，流程方便简单，互动性强。在技术上，借助先进互联网企业的最新技术，实现了技术与创意的结合。在效果上实现了“沉浸式传播”，同步达到海量传播和广泛好评双重效果，在互联网上奏响主旋律，形成爱军拥军的热潮，社会效益极佳。

——资料来源：中国记协网

第一节　H5新闻的定义和特点

一、HTML5和H5的界定

（一）HTML5的发展与功能

“HTML”是英文“Hyper Text Markup Language”的缩写，中文即为“超级文本标记语言”。它并不是一种程序，而是一种创建网页的标记语言。它由Tim Berners-Lee于1990年创建，从1996年开始，一直由W3C（万维网联盟）负责升级完善。HTML作为编辑网页的基础技术，广泛的运用于网页设计、网页中的应用程序等。它能够独立于不同操作系统平台，根据需求为网页排版，并且支持在网页里面插入不同的链接，用户通过点击即可进入另一网页，而这两篇网页可以处于互联网上任何两地的任何两台服务器。正是通过这种链接形成了全球互联网。总的来说，HTML是20世纪以来建构并且呈现网页内容的一种语言方式。

HTML5，顾名思义正是对HTML的第5次修改，是最新的5.0版本，由万维网于2008年发布。作为最先进的网页标记语言标准，HTML5升级了许多新标准，包括让浏览器不再依赖Quick Time、Flash等插件播放视频，以便更容易地在网页中添加音频、视频；结合IP地址、WIFI热点、GPS等方法，提供各种用于网络定位的应用编程接口（API），以便HTML5准确标记用户所在位置；浏览器实现了离线缓存、本地存储等新功能。

（二）H5 和 HTML5 的概念区分

严格意义上来说，“H5”并不仅仅是“HTML5”的简称，它所涵盖的范围更广，因为网页的构建不仅需要 HTML 标记语言，还需要 CSS 和 JavaScript（JS）两种语言的配合，才能呈现出网页的最终效果，这三者常常被称为网页编辑的三驾马车。我们日常概念中的“H5”即是由 HTML5、CSS、JS 三种语言构成的技术组合，是一种复合性意义指向。简单来说二者之间的关系应该是：H5>HTML5。

二、H5 新闻的定义

（一）H5 新闻的定义

相较于之前的版本，HTML5 新增了音视频、绘画、地理信息、本地储存、动画等新功能，此外还支持配合移动终端设备使用的功能，如体感、定位、触屏等。这些新功能使它可以在移动终端设备上支持多媒体页面，并且兼容不同终端、不同系统以及满足跨平台使用的不同要求。有了这些特点，H5 新闻呈现出多样性的特点，通常包含图文、音视频、动画、快闪，甚至 VR 技术，通过与用户的交互，如摇晃手机，点按、滑屏等来展示页面的图文、音视频、动画等新闻内容，这种新方式使整个传播活动显得新奇有趣。通过带给用户良好的体验，增加二次传播的机会，这样的传播方式也是对传统新闻传播的革新，为受众赋予了更多的身份意义，促使传达者和接受者之间的身份转换，带给了新闻传播业质的变革。

综上，我们可以说 H5 新闻是指建立在 HTML5 技术规范基础之上，综合了特定的网页效果、视听效果（包括音效和动效）、感官效果（包括 3D、全景等）和交互性等因素，以“超媒体”的形式呈现的报道形式和样态①。简单来说，H5 新闻即是运用 H5 技术特征生产的新闻。

（二）H5 技术在新闻领域的应用

H5 新闻主要以移动终端设备为传播媒介，利用 H5 技术的形象化、可视化、场景化等优势，以求将新闻的真实性、新鲜性、显著性、重要性等价值更充分地展现出来，从而让用户参与地阅读，自愿地分享。H5 在新闻传播领域的应用主要表现在五个方面：可视化新闻、整合信息、互动传播、解读新闻、专题报道。

1. 增强新闻可视化

让枯燥的文字或数据变成用户一目了然的图画，是 H5 技术应用于新闻领域中最常见的手法之一，这使得新闻更形象、更直观、更易理解，在一定程度上也改变了传统新闻的叙事手法，比如数据可视化、内容可视化、图解新闻等。通常的形式是让突发事件的发展变成时间轴，让记者会议变成全景可视化对话，让枯燥的年终盘点变成有趣的动画，最终使得传统的图文新闻生动活泼，让用户在自主操作参与中完成了新闻阅读。

2015 年 8 月 12 日天津滨海新区发生爆炸事故。事故发生后，搜狐新闻于 13 日推出 H5

① 苏涛. H5 新闻的概念起源与技术逻辑——基于技术视角的考察[J]. 新媒体研究. 2019（20）：1-5，12.

新闻《津门“爆”劫》(图 11-2)。

产品利用 5 张地图结合 7 个页面“爆劫”“灾前天津”“惊魂夜!!!”“爆炸威力”“灾后现场”“化工围城”“伤情”详细梳理了事件发生前、发生时、发生后以及爆炸影响等方面的内容。从海量的信息中选出重要的内容和图片，配以简短的文字说明，并且可视化地呈现了爆炸发生时的“蘑菇云”、爆炸发生后的“废墟”更加直观、真实地打动影响用户。这种手法是典型的 H5 服务于可视化新闻的做法，用户虽然没有过多地参与进来，但是每个页面一目了然，简单明，为的就是突出重点，让用户能够在最短时间内及时、全面地了解到突发事件的各方面情况、重要数据等。

图 11-2 H5《津门“爆”劫》

2. 整合信息

H5 技术常运用于新闻信息的整合，尤其是对于一些背景资料和历史材料的整理、归纳、提取再呈现有着重要作用。突发新闻、专题的报道需要结合背景资料，重大事件、纪念日的报道需要呈现历史资料，因此不管是背景资料还是历史资料都面临着如何提取、编辑再呈现的问题。特别是这些资料往往相对比较枯燥、繁碎，将 H5 运用于这些信息的整合，不仅能将梳理后的内容有机呈现，而且能通过互动、动画、音视频等方式让用户在阅读的时候更加融入，沉浸在内容中，信息得到更有意义的传播，资料的价值也得到提高。

如 H5 作品《你有一个 1927 年的包裹》(图 11-3)是 2017 年 7 月 27 日由解放军新闻传播中心，为纪念建军 90 周年制作发布的 H5 新闻。用新媒体技术梳理展现了建军 90 年以来的重要结点和事件。

对重大节日的报道，首先需要考虑的是怎么样将历史材料真实有趣的展示出来。H5《你有一个 1927 年的包裹》采用快闪的方式，将南昌起义、秋收起义、长征开始到中华人民共和国成立再到抗美援朝，人们空军首次作战一直到 2016 年 2 月 1 日设立展区等，中国历史上有关人民军队的重要时间点都记录下来。通过文字与生动的历史照片结合，一下子就把用户代入这一段段历史，快闪的照片配合音效，在阅读时也带给人审美的体验。过去对于历史性新闻、信息的“盘活”一般使用图片、视频、flash 等手段，现在的 H5 技术有了更强的包容性，也更丰富，可以把图片、视频、动画等综合运用起来。需要注意的是利用 H5 整合资料时，需要结合自身条件、环境、受众、风格等，策划出更合适、更有内容的报道。

图 11-3 H5《你有一个 1927 年的包裹》

3. 互动传播

HTML5 的技术升级让 H5 作品的“互动性”有了无限可能，通过用户的选择、点击、摇晃、重力感应、擦除等方式与作品进行互动，从而对产品信息呈现的过程、顺序、组合方式、甚至最终结果产生影响，为他们带来一种个性化的阅读体验。这样的交互方式使得新闻信息的有效性大大提升。因此，将 H5 的交互特征应用到新媒体极大改变了传统的阅读模式。用户正是在其信息接收的过程中，完成了对新闻产品的深度解读，也促进了用户分享传播新闻信息，使得裂变传播成为现实。

由珠海报业传媒集团发布的《我为港珠澳大桥完成了“深海穿针”》(图 11-4)，是一款新闻游戏，主要向用户讲解港珠澳大桥沉管隧道的完成过程。因为隧道对接难度大、施工的空间限制，这次工程的要求可以和太空对接相比，是一场在深海的大型“穿针”工程。珠海特区报新媒体中心为了记录这一次关键对接，先是全面了解大桥最后接头全过程，包括怎么运输、怎么安装，然后再运用 H5 技术，制作出此款小游戏，并在最终接头下水前夕发布。由于前期全面、详细的了解，此款游戏模拟了最终接头从出坞到对接的过程。用户主要参与三个互动任务：第一个将最终接头运输到隧道上，第二个将掉有最终接头的缆绳向下放到水下 28 米处，第三个也是最难的一关，即将左右摇摆的最终接头放入两节隧道之间。用户通过对第三个任务的挑战，可以直观感受最终接头安装的严苛。游戏中，缆绳左右摇摆，而用户则需要选择适当的时机释放缆绳，让最终接头的对接准确率达到 90%以上。这样的动画游戏弥补了平面及视频无法表现的细节，而且用生动的小游戏来替换枯燥的文字说明，让用户更直观、更有趣地了解到对接工程的高水准，提高了新闻传播力、影响力，该新闻发布后 24 小时阅读量达到 2 万，最终阅读量近 5 万。

图 11-4　H5《我为港珠澳大桥完成了“深海穿针”》

4. 解读新闻

新闻事件发生后，特别是重大新闻事件，互联网上往往会涌现海量信息，用户经常被各种信息淹没，找不到阅读重点，甚至产生阅读疲劳。这种时候，利用 H5 技术，把事件的重点信息梳理出来，制作成一个新闻，通过图片、视频、动画等呈现出来，能使新闻的硬度软化，最后呈现的新闻内容更加有趣，更加清晰。首先应该建立逻辑框架，找准新闻的内在结构，通过主题、人物、坐标等角度，梳理出事件的来龙去脉、内在动因等，深度解读新闻的内核，再配上文字图片等手段去展现新闻。需要注意的是表现新闻的内容重于如何用 H5 进行修饰，切忌形式大于内容。

比如江西日报《十九大报告学习词典》(图 11-5）中，全篇只利用了 H5 制作简单的图文，但是却把“大会主题”“十个方面历史性成就”“新时代五个定位”等内容进行全面梳理，清晰准确地将其展现出来。

图 11-5　H5《十九大报告学习词典》

5. 专题报道

专题报道是 PC 时代网络媒体常用的报道手法，特别对于一些会议而言，最直接、最快速又简单的报道方式就是专题，有些特别重大的会议还会做专题网站或巨型专题，像党代会、“两会”等。进入移动互联网时代，由于终端设备的不同，传统的专题报道在移动端使用率比 PC 时代降低，传播效果也相对更弱，这时用户需要的是利用碎片化时间，在移动设备上、用更少的时间成本去获取更多的有效信息，而 H5 技术正是为此提供了新的契机。主要有两种方式：一是高度整合，H5 可以利用划屏、弹出、切换等技术把新闻的核心信息整合到一个 H5 新闻产品中。需要注意的是，这种方法如果产生了较多的页面，可能会在一定程度上影响用户的阅读体验。二是化整为零，把大专题划分成一个个小的专题，再用 H5 产品来表现，其重点在于对内容的整合提炼，对精华信息的合理编排、科学布局，从而使 H5 技术服务于内容，新闻产品动静相宜，张弛有度。

三、H5 新闻的特点

移动互联网时代，H5 技术的诞生为新闻报道的发展带来了无限可能，它解决了报道中文字、图片、声音、视频等融合的问题，并且突破了传统网页内容在其他平台不适配的情况，能够流畅地进行跨平台运行，很好地兼容 PC 端、移动端、安卓系统、iOS 系统，从而有效降低运营和开发的成本。根据中国互联网络信息中心发布的第 43 次《中国互联网络发展状况统计报告》显示，截至 2018 年 12 月，我国网民规模为 8.29 亿，手机网民规模达 8.17 亿，网民通过手机接入互联网的比例高达 98.6%，全年新增手机网民 6 433 万。[①]用户使用终端的变化，也导致了用户阅读习惯的变化，更习惯碎片化阅读，利用少量的时间有效的获取信息，只要有一点时间用户就可以滑动手机进行阅读，在这样的环境中，用户也越来越习惯碎片化阅读，因此人们对有利于碎片化阅读的新闻产品也越来越喜欢。H5 新闻产品正是在这样的大背景下产生，它在视觉表现、参与度、表现形式上也有自身相应的特点。

（一）新闻内容的可视化

新闻产品和用户的变迁一直是相互作用、互为推动力的，在当今互联网时代尤其明显。一方面由于用户每天被海量的信息包围着，导致他们的注意力容易轻易被分散，从而引起阅读习惯的改变，更倾向于浅阅读、轻阅读。另一方面，用户阅读习惯的改变又导致了媒体在竞争激励的市场上不断做出改变，按照用户的习惯去提高信息加工方式和呈现方式，以吸引用户有限的注意力和时间。现如今传统的“文字+图片”的二维报道方式已经不能满足用户，他们更倾向于接收多形态、立体化、多视角的信息呈现方式，H5 新闻的可视化的特点正是因为适应这一现象而受欢迎。与传统图文新闻相比较，H5 新闻可视化的报道形式方法多种多样：比如利用文字、图片、音频、视频、VR 的等方式的不同几何组合，使新闻的报道形式更加新颖，给受众带来不同的全新体验，更能清晰地表达内容、突出观点，实现更多有效传播，从而吸引更多的受众。H5 新闻善于将精炼的文字、丰富的图片、灵动的音频、简单的动画等结合起来，通过对内容的提取，把观点呈现得清晰有力，比如 2019 年 3 月 3 日，人民网推出的 H5 动画新闻《热词动起来！六年两会习近平这样说民生》（图 11-6），新闻精选了习总书记从 2013 年至 2019 年，两会上关于民生话题的新鲜说辞。新闻内容不仅有热词的中英文对照，对每个词也有几句精炼简短的解读，让人一眼明白。除此之外，还配上有趣的动态视觉特效，点进去以后随着时间的先后顺序，带着用户回顾 2013 年—2018 年六年之间的两会热词。这条 H5 新闻虽然没有特别炫酷的技能，用户参与度也不高，但是胜在能以最简单、有趣的形式带人们迅速回顾之前六年的热词并为当年两会预热，这种方式正是当下信息爆棚时期，人们最喜爱的阅读方式——利用碎片化时间，以休闲阅读、轻松阅读的方式获取更高效的信息。

图 11-6 《热词动起来！六年两会习近平这样说民生》

① 中国互联网信息中心. 第 43 次中国互联网络发展状况统计报告 [R/OL]. [2019-02-28]. http: //www.cac.gov.cn/2019-02/28/c_1124175686. htm.

（二）新闻传播的交互性

HTML5 所具有的许多特性，比如本地存储、网络定位、对原生态音频和视频的支持等，都为 H5 新闻的交互性奠定了基础，提供了无限可能。表现在两个方面，其一，在早期的新闻中，新闻生产者和用户之间的沟通往往是单向的，用户通常是被动接收新闻内容，而新闻生产者也很难接收到用户的直接反馈，而 H5 新闻的出现，让生产者和用户之间有了一道直接对话的桥梁，用户可以参与评论，甚至也为用户之间提供了一个虚拟群聊环境。通过这些信息，新闻生产者可以及时掌握用户的需求，了解用户的诉求，为自身改进、提升新闻内容、新闻呈现方式提供参考价值。其二，传统媒体在新闻传递过程中，用户始终是接收者，是一种“只能看，不能动”的方式。而 H5 却为新闻产品提供了这个可能，用户需要深度参与到信息的生成过程中，通过选择等方式阅读。比如说中国网的《部长请回答！》中两会期间 17 个部门的部长以漫画的形式出现，用户可以自行选择选择一位部长出来进行演讲，随后画面会跳转到相应部长的页面，用文字配上这位部长的原声，重现他在两会期间提出的相关政策。这种方式读者不仅能够自行决定信息是否出现、出现的顺序以及出现的次数。用户在这一与媒体的交互阅读中，完成对内容的接收，并由此形成个性化的阅读体验。虽然说这种方式严格意义上讲也是一种定制化的结果，但是它已与传统意义上的被动接受不一样了，用户被赋予更多的权利，新闻的信息和情节的演绎也有赖于读者的参与。在这种深度互动过程中，极大地调动了读者的热情，打破了传统新闻中生产者和接受者之间的关系，用户成为了下一个生产者和传播者，实现了新闻的裂变传播。

在 2017 年建军 90 周年时，为了让民众不忘人民解放军的光荣历史，为了让人民群众能够切实参与到建军节当中，人民日报特别策划了一个 H5 新闻活动——《快看呐！这是我的军装照》（可见图 11-1）。该新闻产品中，以时间为脉络，展示了从南昌起义、红军时期、抗日战争、解放战争、1950—1955、1955—1965、1965—1986、1985—1987、1987—1999、1999—2007 这十个阶段的不同军装。通过和用户的互动，即用户先选择军装的年代，再上传自己的照片，系统后台通过人脸识别技术，给用户换装，即刻生成一张用户本人穿军装的照片。这支 H5 新闻发布 2 天后，阅读量超过 2 亿，成为既有高度又是爆款的产品。连续刷屏数天，热度也只增不减，网友们纷纷制作自己的军装照。在这个 H5 新闻中，用户深度参与了新闻的生成过程，在过程中实现了对历史的回顾，用有趣的方式了解了我国军装的历史知识，新闻产品传播的有效性得到提升。除此以外，个性化的生成新闻产品，极大地调动了用户互动的热情，用户的身份也从单一的接受者向生产者、传播者靠近，新闻在此基础上实现裂变式的传播。

（三）新闻报道的融合性

H5 技术体系具有典型的超媒体功能，而这种超媒体功能实现了 H5 新闻的“媒介融合”，它能够真正意义上对各种多媒体平台和系统兼容。也就是说 H5 新闻产品能同时在 PC 端（笔记本、台式）、移动端（平板电脑、手机），及手机系统中的 iOS 系统、安卓系统、Windows Phone 系统等进行跨平台传播，其呈现的新闻效果，尤其指动态效果，不会因为不同的端口或系统而发生变化。用户可以在各种浏览器、QQ、微信等 APP 中进行阅读和传播，也为新闻产品的裂变传播提供更佳便利的条件，使得新闻的传播效果大大提升。

H5 新闻的融合性还体现在信息的呈现形式和媒介效果，可以插入文字、图片、音频、视频、网页链接、VR、动画、重力感应等等。通过不同的组合，H5 新闻具有无限的可能，为用户带来更具创造性的新闻阅读体验。

H5《你的年代记忆》（图 11-7）是腾讯新闻为庆祝改革开放 40 周年推出 H5 新闻。在这个新闻中利用了音频、图片、重力感应等元素。用户需要依靠手机的重力感应系统，通过左右摇晃手机来滚球游戏，把 1978 年至 2018 年这 40 年连接起来，随着滚球的不断落下，会经过各种场景，而配音也随之变化，从新闻联播的声音到小贩的吆喝声，甚至当滚球经过的电脑时，都会有 Windows 初始启动音，通过这些画面、声音的配合，一下把用户代入到那熟悉久违的年代。这里的 H5 新闻实现了对各种技术的融合，从而使用户在游戏中完成了新闻的阅读，极具代入感，把改革开放 40 年来的变化体现得生动有趣，让新闻更具创意地呈现出来，传播者在用户的不知不觉中达成了新闻传播目的。

图 11-7 《你的年代记忆》

第二节 H5 新闻的分类

目前 H5 新闻在国内虽然时间不长，但是由于它技术性所带来的丰富表现形式，所以现在已经有许多 H5 新闻产品。其产品类型多种多样，琳琅满目，而且还在不断地创新中，因此现在对其的分类也不能做到穷尽。虽然如此，但是对主流 H5 新闻产品进行归纳梳理后，不难发现其分类还是有迹可循的，这里主要针对最主流的 H5 新闻进行分类，可以分为如下几类：技术类 H5 新闻、视频类 H5 新闻、场景类 H5 新闻、交互类 H5 新闻、图文类 H5 新闻。

一、技术类 H5 新闻

技术类 H5 新闻指的是以移动端硬件技术支持为基础，在新闻制作中辅以 VR、3D、重力感应等技术来完成创意的 H5 新闻产品。这类新闻对新闻生产者的技术要求较高，其新闻的特点是互动性、娱乐性较强，能给用户带来更轻松的体验，使严肃阅读向轻阅读转变，同时用户在视觉、操控等方面也产生较大的震撼力。比如上一节提到腾讯新闻 40 年改革开放纪念的新闻《你的年代记忆》就是此类新闻。

同样也是纪念改革开放 40 周年，光明网通过 VR 技术制作了 H5 新闻作品《全景看改革》，将“伟大的变革——庆祝改革开放 40 周年大型展览”的展馆搬上了移动终端。把展馆的布局和产品，压缩到一个融媒体作品中，用户可以通过滑动，可以左滑可以右滑，可以近看可以远看，实现全方位地看展馆，这样的设置非常具有观赏性和娱乐性。在内容上，作品主要介绍了关键抉择、壮美篇章、历史巨变、大国气象等展厅，用户只需点击屏幕相关位置就能进入想去的展馆并查看简介，然后即可身临其境地感受此次展览的展示内容。

技术类 H5 新闻除了运用单一的技术手段，像上文所讲的案例一样，还有同时利用两种甚至两种技术以上的 H5 新闻。比如河北省广播电视台新媒体中心制作发布的 H5 新闻：《全景看两会——见证京津冀协同发展》就同时利用了重力感应技术和 VR 技术。进入界面后，可以通过 VR 技看到整个演播间，但与上文光明网《全景看改革》不同的是：它不需要用户手指滑动来移动视角，而是借助重力感应技术，用户只需转动手机，就能调整、移动观看视角。这样技术的叠加能使用户的观看体验更佳、更顺畅，提升身临其境的感受。

二、视频类 H5 新闻

视频类 H5 新闻主要是指在 H5 中插入视频，当图画、文字不能很好地诠释新闻时，视频就能发挥大作用，特别是一些新闻现场，用文字复述较为烦琐，利用视频却能让用户以最简便的方式了解新闻。这类 H5 新闻的长度一般比较短，制作也相对简单，只需将前期制作好的新闻现场视频编辑成特定的代码输入即可完成，所以目前应用广泛，现场新闻视频、炫酷的动画视频等，是我们最常见到的 H5 新闻之一。随着移动终端和短视频的发展，这类新闻也是未来新闻发展的一个趋势，它能最大程度地还原新闻现场，特别是突发新闻事件时，新闻生产者能利用手中的移动设备捕捉新闻现场，最终制作成 H5 新闻，为用户最真实的呈现出事件本貌。

由上海报业集团澎湃新闻发布的 H5 新闻作品《海拔四千米之上》（图 11-8）就通过视频结合 360 度全景以及和用户的互动，为读者展示了三江源国家公园，最终荣获 2019 年中国新闻奖融合创新类一等奖。进入新闻链接后，先是以全屏的视频为用户介绍了三江源国家公园，接着为用户呈现了三江源：黄河源、澜沧江源、长江源，这个环节可以由用户自行选择。用户选择进入后，又是一段对所选源流的视频结合解说词的介绍，有意思的是这段介绍之后是一段 360 度全景视频。用户可以自由拖动，一边拖动一边可以听这个故事的叙述者介绍，比如澜沧江源里的叙述者——当地牧民才仁尼玛，先介绍了雪豹的相关情况，然后 VR 镜头跟着他的脚步带着用户一起去查看拍摄雪豹的相机，查看完以后，还有相关小环境展示视频可以点击并观看，最后可以点击链接进入下一个 360 度全景视频故事。

图 11-8 《海拔四千米之上》

这个新闻产品的内容非常丰富，包括 4 段高品质视频、9 个 360 度全景视频、9 个小环境的展示视频，大量利用视频，既保证了新闻的真实性，又充分体现了视频的优势——使内容更加形象生动。通过这些视频的有机组合，用户在观看产品的时候，能够根据自己的喜好自由选择，从 360 度全景视频到各个小环境视频，甚至可以放大看，身临其境地感受到三江源国家公园的独特魅力。整个产品非常具有张力，让许许多多的用户通过互联网来到了位于青藏高原腹地的三江源国家公园游玩，并且真切感受到人与自然在和谐共生过程中的矛盾、感动、思考和希冀。但是在做视频 H5 新闻时要注意视频长度，尽量保持短小精悍，过长的时间会导致 H5 产品加载过慢，使用户失去耐心而跳出界面。

三、场景类 H5 新闻

清华大学新闻与传播学院彭兰教授认为，与 PC 时代的互联网传播相比，移动时代场景的意义大大强化，移动传播的本质是基于场景的服务，即对场景（情境）的感知及信息（服务）适配。场景成为了继内容、形式、社交之后媒体的另一种核心要素。场景类 H5 新闻主要是指通过在新闻中模拟一种特定的场景或气氛以此呈现新闻信息。这类 H5 新闻一般模拟生活场景，比如手机来电、微信聊天、视频通话等，更加注重用户的代入感，为他们营造一种熟悉的环境，带来沉浸式新闻阅读体验。H5 新闻报道最大程度地体现了新闻的可视化，比如环球网在 2020 年两会的时候推出 H5 产品《跟习近平总书记参加团组讨论》，以微信聊天的形式，呈现了两会期间习近平总书记到内蒙古代表团、政协经济界联组会、湖北代表团、解放军和武警部队代表团 4 个团组，与代表委员们共商国事的精华内容和精彩瞬间，利用大众熟悉的微信聊天场景，为读者搭建起场景化的两会新闻阅读“新体验”。这种模式将新闻要素 5W 中的“Where”进行可视化，实现了情景还原，让用户如同亲临现场一般。在这种沉浸式阅读中，用户可以将自己代入两会代表这个身份，实现全新的自我身份赋权和情感认同，进而更乐于参与到新闻阅读中。

场景类 H5 新闻的阅读过程中对于大部分用户而言，都是熟悉的阅读形式或环境，结合欲知却未知的信息内容，而用户在这个虚拟构建的阅读环境中，可以根据自我实现的需求来重新构建合理的身份想象，理想化的身份体验更容易激发用户对于模拟场景所传达内容的认同，在这种对内容和身份的认同下，也更能促进用户自发主动的进行二次传播。

2017 年两会期间，中央人民广播电台推出了《王小艺的朋友圈》（图 11-9）新闻场景 H5 新闻，该产品通过微信公众号、微信群、朋友圈广泛传播。用户进入链接后，一个模拟真正朋友圈的视频映入眼帘，通过视频编辑技术，央广主播王小艺好似从直播间走到了朋友圈，站在用户的朋友圈里“指点江山”，模拟用户日常对朋友圈操作，比如向上滑动、点赞、点击视频等，观看相关的内容，再配合口播解读一条条朋友圈信息，在解读中也把两会期间的热点内容、观看方式等作了预告。虽然用户没有真正滑动或点击朋友圈，但是视频中，不论是王小艺滑动朋友圈，点击图片后的放大，还是点击视频播放的效果，都与用户自己的点击的效果完全相同，丝毫没有违和感。构成场景的四个基本要素是社交氛围、空间与环境、生活惯性、实时状态，而《王小艺的朋友圈》利用的场景就是人人都熟悉，人人都在刷新的朋友圈，这是当下中国极具代表性的一种社交形式，也是一种老百姓的日常生活场景。而且把这个朋友圈做得很有代入感——一个全景的、全屏的、浸入式的场景，真实模拟用户打开朋友圈的情景，因此它不仅有广播、图片、视频的特点，还叠加了虚拟现实场景的代入感，让用户身临其境，耳目一新。此外，还提高了传播效率，进而使得用户更乐于进行二次转发，最终实现裂变传播。根据中央人民广播电台新闻节目中心新媒体部主任徐冰向介绍，从后台的数据看到，80%以上的网友是从朋友圈里访问作品的，还有 13%的网友是通过微信群进入产品的。①

图 11-9 《王小艺的朋友圈》

① 王培志. 场景视频的 H5 创新以央广两会 H5“王小艺的朋友圈”为例[EB/OL]. [2017-3-21]. http: //media.people.com.cn/n1/2017/0321/c120837-29157982. html.

四、交互类 H5 新闻

交互类 H5 新闻更看重用户的参与性，用户的参与形式也很多，比如有游戏、合成、知识测试等，这些方式都与用户存在着互动。比如以游戏形式出现的交互类 H5 新闻，通常把用户带入游戏的体验过程中，通过参与游戏，用户既成功获取信息又使整个过程充满趣味。比如前面第一节提到的《我为港珠澳大桥完成了“深海穿针”》就是属于此类，首先让用户了解了港珠澳大桥沉管隧道的修建过程以及最后对接工作的难度，再由用户通过小游戏来体验最终接头的严苛与不易，弥补了文字无法言说的内容，让用户沉浸到游戏中去理解。合成形式出现的交互类 H5 新闻，是指在新闻生产过程中需要让用户自身产生的内容与 H5 新闻产品进行合成，最终才能形成一个完整的 H5 新闻产品。比如“第二十九届中国新闻奖”新媒体创意互动一等奖作品——《幸福照相馆》，这是由央视财经新媒体制作完成的交互类 H5 新闻作品。其创作于 2018 年春节期间，正碰上改革开放四十周年的结点，央视财经频道基于“多人脸融合”技术，以“致敬改革开放 40 周年”为主题推出这个新闻产品。只要上传家人的单人照片，就可以突破时空的界限，合成一张全家福，实现用户心中的团圆梦，弥补用户内心的遗憾。不仅如此，还可以选择不同年代，换成不同年代风格的全家福，让用户见证了 40 年间中国家庭生活的巨大变迁。这种支持用户参与产品生成的方式，让用户拥有自身的“私人订制”，从而更愿意去展示和分享带有自身印记的新闻产品，也促进传播裂变以及爆款的形成。

交互类 H5 新闻还有多种方式，有些产品不仅仅是简单通过一种方式与用户实现互动，比如：央视新闻和快手联合推出的《闻声识改革》（图 11-10），既包含以知识测试的方式与用户互动，又包含了以用户自身内容为材料合成新闻的方式。这两种互动方式很巧妙的衔接在一起，碰撞出特别的火花。这篇新闻是在纪念改革开放 40 周年背景下产生的产品，整支 H5 总共出现 3 套与改革开放有关的声音题目，分别是 80 年代、90 年代、21 世纪。三套题都包含了有关重大事件、央视特色、历史事件、具有时代特色老物件的声音出现，如 90 年代出现的传呼机声音 80 年、1990 年亚运会主题曲，80 年代出现的新闻联播声音、女排三连冠的解说音等。用户通过听这些声音，选择正确答案，这是第一步知识测试，第二步内容是合成：根据用户所答对题的声音进行系统自动合成音乐，形成用户自己专属的“年代音乐”，拥有定制的专辑封面、定制的音乐和个人署名。这样一来一环扣一环，既有知识问答又有私人订制，在新闻产品生成过程中通过对这些经典声音的重现又带用户回顾了改革开放 40 年来的发展历程，甚至对有自己独特的音乐审美、喜欢多样的音乐风格、有音乐创新的年轻人来说也是一种创新体验，带着他们进入珍贵的历史音频，进行创意的改编，把传统与现代融合在一起，形成强烈的反差，带来巨大的张力。

图 11-10 《闻声识改革》

五、图文类 H5 新闻

图文类 H5 新闻是早期 H5 新闻的主要表现形式，主要是以图片加文字的形式呈现，以丰富形式的图片为亮点的，比如手绘插画、GIF、照片等都是常见的方式。用户通常以左右滑动或者上下滑动来查看，虽然形式简单，但是重在对图文的编排，特别是在对资料整合梳理后，以图文的形式编排得当，能够帮助用户阅读新闻，以更有效的方式理解新闻，从而也提高了新闻的传播效率。比如网易新闻 2017 年推出的 H5 新闻《值得回忆的不仅是新闻》，内容主要是 2003 年至 2017 年的各种标志性事件，有新闻大事件、有网友热词、有重大突发事件，这些内容纷繁，但是网易巧妙的运用了图文编排，扫描二维码进入页面后，以宇宙飞船操作间为背景，配以文字，“值得回忆的不仅是新闻”明确题目，然后由点击虚拟操作盘开启时光之旅。主页面的左边是时间轴，从 2003 年到 2017 年，中间配有各种标志性事件的漫画，点击即可查看相关事件的精彩跟帖，精选了网友对此事件的评价、议论。在主页面里放大就可以进入到下一个年份，每年的标志性事件都似小星球一样漂浮在屏幕上。新闻最后可以选择跟帖、分享、和时光倒流，既可以对这个 H5 新闻进行评价、分享，也可以再次观看。运用图文巧妙的归纳展示了 14 年来的各种事件，用户在阅读时也通过对历史事件的梳理，高效有趣地回顾了这 14 年间的林林总总。

现在图文展示 H5 新闻还有一种比较常见的就是竖长图，所谓竖长图 H5 新闻就是图文版“一镜到底”，虽然长图在技术上难度更大，但这种向下滑动的形式更符合用户的使用习惯。虽然拆开来看依然是图片和文字的构成，但是一镜到底的形式较为符合用户习惯，能给用户带来更良好的体验和感受，增加阅读的乐趣。比如说由人民日报和网易新闻在 2018 年联合推出的 H5 新闻《重返这五年》（图 11-11）就是长图类 H5 新闻，用户通过不断下滑，一条线出现在屏幕，代表着抽象的道路，以上届两会为起点，跟着这条线路，分别出现：八项规定出台、反腐、治污、脱贫、开放二胎、G20、复兴号高铁等 15 个重大事件。以时间顺序，通过“图片+文字”形式，一一展现在用户眼前，用户只需滑动手机，就可以观看内容。根据用户的使用习惯，设计了长图，流畅地展示了这五年之间发生的各类热点事件，展现了中国在这五年中各个领域的取得了卓越成就，不断的引领用户进入回忆，从而产生情绪上的共鸣。除此以外，在设计上，白色的背景配以深棕和浅咖色的画面组成，首先就带给人一幅老照片的感觉，值得一提的是，从始至终的画面里，那条代表抽象道路的线一直贯穿始终，从一幅画变换到另一幅画，组成了这十五幅画，让整个新闻画面更为连贯、流畅。手绘长图带给用户生动有趣的体验和亲民的视角，再配合编排设计把重大命题如“反腐”“扶贫“等内容以生动简洁的方式道出。比如在展示“打老虎抓苍蝇”事件时，就设计了老虎关在铁笼里的场景，跟着画面的变化，用户就能看到老虎身躯是由六个贪官的侧颜构成，正是这些编排的细节，把简单的图文变得有趣。

图 11-11 《重返这五年》

在现在这个信息饱和时代，互联网上不断更新着各类热点话题和新鲜信息，用户的注意力反而成为一种稀缺资源。在新的媒体传播环境下，只有以用户的需求为基本出发点，并结合运用各项新技术，才能让用户更便捷地接收到具有真正价值的信息；知识的增加与阅读兴趣并不矛盾，而是需要借力新颖的传播技术，把优质的内容呈现出来，共同为用户带来更多有价值的信息。

第三节 H5 新闻的制作与发布

在移动互联网时代，信息随时随地生产与扩散成为常态，海量的信息供应正在呈几何倍数增长，而对信息的消费却是有限的。在这种情况下，新闻媒体必须加倍努力才能吸引用户的注意力，让用户接收自己的观点。对于 H5 新闻而言，加倍努力的方向并不是以标题党或者粗鄙字眼吸引用户的眼球，而应该是更准确地洞察人们的内心，更真诚地讲好新闻，更妥帖地融合场景，更专注地提供有价值的信息。

一、重视内容

目前 H5 新闻能够兼容各种媒介和软件传播，给用户带来的体验是前所未有的，但是这些技术的根本仍然是内容，一切炫酷的技术和形式都应是为内容服务的，在 H5 新闻制作中一定要明确这一点，尤其需避免为了技术而技术，不能舍本逐末，忽视内容的重要性，进而导致一些重大新闻事件传播娱乐化、边缘化。新闻工作者在创作中应该以内容为基础，围绕新闻价值的新鲜性、重要性、显著性、接近性、趣味性等，再辅以 H5 技术，从而提升新闻的价值，增加用户阅读的兴趣和传播的效率。

首先，选题很关键，并不是所有的内容或者题材都适合使用 H5 技术进行传播。H5 新闻制作由于技术的限制，一般一个作品从设计到完成制作短则需要 3~5 天，长则需要几个月，比如前面提到的荣获 2019 年中国新闻奖融合创新类一等奖的《海拔四千米之上》就是从 2018 年 2 月开始酝酿，最后到 2018 年 11 月才发布，历时 9 个月。而在面对突发新闻事件报道时，由于时效性要求比较高，需要准确及时地给受众传达信息，因此 H5 技术并不太适合对时效性要求高的新闻。但是对于一些固定题材的重大事件，由于可以提前策划和制作，H5 新闻就能发挥优势。比如由网易新闻打造的《一分钟漫游港珠澳大桥》，在 2018 年 10 月 23 日发布后，短短 24 小时内，流量突破千万，成为“爆款”H5 新闻，其成功原因之一就与制作团队的选题息息相关。有记者采访制作团队，请教这支 H5 的创意策划从何而来。网易新闻回应道：他们发现常规的报道方式，不论是文字、图片还是视频，甚至是直播，都很难让用户很快了解大桥的全貌，所以，怎么样才能让用户快速了解港珠澳全面成了解决问题的关键，也成了灵感来源。不难看出此次网易制作团队针对“港珠澳大桥”这个新闻，在科学的分析上，选择报道大桥的全貌这个角度，再和 H5 技术结合在一起，以互动游戏的方式呈现给用户，最后新闻备受好评。正是因为制作团队从实际内容出发，深刻洞察用户内心，根据用户所关心的内容选定题材、确定呈现形式。

其次，选定新闻题材方向后，还要对内容的深度挖掘提炼并进行再次创造。这里所说的再次创造并不是胡编乱造新闻，而是对新闻内容提取后的再次编排。在 H5 新闻中，编辑所扮演的角色并不是新闻的搬运工，而是新闻内容的提炼者与深化者，编辑的工作需要的是在无限的信息中抓住用户有限的注意力。因此，他们需要充分挖掘新闻的价值，对选择内容进行深入的了解，然后在此基础对内容进行解剖、分解、再整合，最后呈现的一个过程。比如前面提到的《十九大报告学习词典》，对十九大报告的新闻产品很多，但是这篇却在一众文章中脱颖而出，正是因为编辑的二次创造，把 3 万多字的十九大报告精简为图文并茂的词典，一下从高高在上的报告，变成老百姓都能读懂的词典，不仅拉近了与用户的距离，还有效地传播了新闻内容。

二、依托技术

有了新闻内容，下一步便是怎么样最大限度利用 H5 技术去表现新闻内容。在现在多媒体融合的大时代背景下，H5 技术应关注自身发展，特别是与新兴技术手段的融合发展。比如 H5 与 VR 技术融合创建深度沉浸式体验的新闻场景，链接数据库从而实现传播内容的定向跟踪和传播效果追踪。而当下随着 5G 产品逐渐进入市场，越来越多的用户开始使用 5G，直播和小视频成为重要渠道。5G 技术带来的新机遇，同样也给 H5 在新闻传播中带来新机遇和挑战。比如新湖南推出的《苗寨“十八”变》开篇就是一则短视频，而后再引出后续人物采访的短视频。这种短“视频+H5 技术”的结合，就改变了视频新闻叙事单一的线性模式，进而逐渐向非线性叙事方式转变。这种多媒体技术的不断重组、融合，能不断给用户带来新的体验，用更独特的方式呈现出新闻内容。除此以外，H5 新闻还应该根据用户的阅读习惯不断更新自身技术。比如说前面提到的长图新闻《重返这五年》，就是根据用户喜欢使用手机看新闻的习惯，而出现的一种阅读方式。还有现在已经出现的竖屏视频，也是根据用户的观看习惯，特意制作的适应于移动端的竖版视频，无疑是站在用户角度，急人之所需地解决问题，大大提高了用户的阅读体验。

最后 H5 新闻作为融媒体时代的新产品，无论在内容上、技术上还是在信息呈现的效果方面，都要求制作者必须由过去单纯的内容编辑向现在的“一专多能”的复合型人才转变，正如网易新媒体实验室主管总结的“精通内容，略懂产品；懂点设计，还知道前端怎么回事；有出色的新闻触觉，还懂如何包装营销”。一个 H5 产品包含的不仅仅是内容，还有内容与技术的结合、概念与设计的结合、发布与运营的结合，因此推出一个产品往往是一个团队的合作，其中包含了内容、程序、美术、市场等方面。

三、常用的制作平台

H5 新闻的制作，除了个别是由公司的技术部门开发的，如网易 H5，其他大多数都是使用第三方 H5 制作工具来实现的。据不完全统计，国内市场上现有的 H5 制作工具已经超过 50 个，其中可以按照使用难易程度分为专业类平台和入门类平台。

（一）专业类平台

专业类 H5 工具讲究的是功能的大而全面，拥有足够多的功能，能够很好的满足不同企业的各种需求。该类平台主要的代表就是 iH5，一款基于云端的网页交互设计工具，用户能在无须编码的前提下，通过对多媒体元素的系列可视化操作，比如拖拉、设置、排放等，实现在线编辑功能。比起入门类平台，专业类平台有一些新的优势，以 iH5 平台为例，其特点有：①综合性能强，根据现在网络新媒体的发展趋势，iH5 平台增加了一些新的功能，比如时间轴动画、跨屏互动、物理引擎等，而且还可以在零代码的基础上制作完成 H5 的制作。②应用领域广泛。由于专业类工具的功能丰富、交互性强，使得它在各行各业都能发挥作用，不管是轻度营销、深度营销或者是企业网站应用、品牌的宣传、日常的推广都能找到用武之地。此外还针对个人用户和企业用户的不同，设计了不同使用途径，满足不同用户的多元化需求。③平台开放。iH5 的官网提供了系统化的学习教程，有入门的学习指南，还有分板块的动画篇、逻辑篇、3D 篇，甚至细致到有 22 天的标准课程，所有这些视频全部免费开放，无须下载也没有广告，直接在线观看，因此用户无须借助其他网站，所以也没有广告，这无疑会提高用户的体验感。即使是零基础的用户，也能通过学习掌握制作要领。除此以外，iH5 平台现在也有类似入门类平台的模板，分为场景、类比、效果等，可以通过购买模板（或使用免费模板），在此基础上进行修改，需要注意的是这里的购买指的是购买一次修改权，不能另存为，不能复制，如果在修改过程中出错，可以在历史版本里找到初始状态一键恢复。购买模板后，通过对素材的替换来修改模板，当然模板里的素材也可以下载下来。不过由于 iH5 的功能的强大且全面，目前也只支持 PC 端制作且要求用谷歌浏览器，否则有些功能不能用。

（二）入门类平台性

入门类 H5 平台是制作类 PPT 功能的轻量级 H5 内容，通常面对个人用户或者小型企业，能满足用户轻度营销的需求，实现翻页、点击、带音效等简单的功能，此类平台最大的相同点在于工具结构以页面为基础，与办公软件 PowerPoint 相似，一般通过对页面的增减、功能的组件使以及一些快捷菜单来对内容进行调整。此类平台提供较多的模板，工作区界面也较为简洁，虽然功能不如 iH5 全面，但也能满足用户的基本使用。不需掌握复杂的编程技术，就能简单、轻松制作基于 HTML5 的精美手机幻灯片页面。常见的平台也较丰富，比如易企秀、MAKA、兔展等。易企秀、MAKA 这些平台不仅有 PC 端，还有移动端口的编辑器，用户用手机或平板电脑即可快速完成 H5 产品制作。这类平台一般都提供大量的 H5 模板供用户选择，从婚礼请柬到人才招聘再到宣传促销应有尽有，用户只用选择需要的模板，即可编辑里面的文字、图片等，制作成自己需要的 H5 产品。需要注意的是这些模板有些也需要付费才能使用。这类平台虽然功能比专业平台少，呈现内容没有专业平台丰富，但胜在操作简单，零基础的人也能迅速上手，可以快速制作出 H5 产品。

四、H5 新闻的发布

H5 新闻的发布方式主要是通过“两微一端”即微信、微博社交软件以及新闻客户端等渠道分发。微信、微博传播主要是通过公众号，朋友圈或者博主和博文的形式，针对联系密切或者兴趣独特的圈层群体，其核心是人际传播，让用户来分享传播。通常用户在制作完 H5 产品最后一步时，通常可以选择“预览”，即可对当前编辑的 H5 新闻进行预览，同时还可以设置“标题”和“封面”。预览完成后，点击分享即可分享到微信、微博等社交媒体。分享的方式一般有三种：链接分享、海报分享、二维码分享。新闻客户端面向范围更广的用户群体，用户下载软件后就能看到各种各样的咨询，属于传统的渠道投放，通常都是通过所属新闻媒体的新闻记者进行采访、编辑后发布的，或者是通过转发各大媒体发布的新闻内容（具有转载权）。当然，作为初始发布产品的平台，平台自身所带的关注度或者是粉丝流量也在一定程度上会决定这支 H5 新闻产品的传播等级。

思考题

1. H5 技术在新闻传播领域的应用表现在哪几个方面，请你简单谈一谈。
2. H5 新闻的类型有什么？请选择某一新闻，用合适的 H5 新闻报道方式进行策划和制作。
3. 谈谈 H5 新闻产品在构建移动阅读场景中的意义。

第十二章

VR 新闻——『新闻在场』的变革

本章学习目标

1. 了解 VR 新闻的定义。
2. 了解国内外 VR 新闻的发展现状。
3. 掌握 VR 新闻的类型、特点和局限性。
4. 熟知动画新闻制作流程。
5. 了解 VR 新闻的叙事逻辑。

案例导学：

党的十八大以来，习近平总书记从人民利益和幸福出发，提出了精准扶贫的战略思想。4K VR 纪录片《VR 幸福坐标》以全景 VR 视角给受众展示了中国脱贫攻坚的奋斗历程，观众可置身其中，真切的感受“脱贫攻坚”现场，以及人民群众脱贫前后的生产生活变化。

图 12-1 《VR 幸福坐标》

值得一提的是，该视频用手机就可进行观看，摆脱了 VR 设备的束缚，受众可更方便地进行观看。从上述案例中可以看到，在新闻中使用 VR 技术，视觉上更加直观，观看形式更加多元，融合新闻背景下 VR 新闻又有怎样的特征和变化，接下来我们就一起进入本章 VR 新闻的学习。

移动互联网时代下的新闻呈现出多元的发展趋势，技术与新闻的融合不断刷新我们对于新闻边界的定义。虚拟现实（Virtual Reality，VR）技术从发明之初就被应用在多个领域，2013 年 VR 技术与新闻开始结合，“在场”的新闻报道和体验方式提升了受众对于新闻的感知，VR 新闻开始迅速发展，成为当下新闻报道中不可或缺的重要组成部分。

第一节 VR 新闻的定义和发展历程

一、VR 新闻的定义

（一）VR 技术

虚拟现实是一种计算机仿真技术，最早诞生于美国，初期被应用在医疗和军事领域，直到 20 世纪 80 年代虚拟现实的概念才被美国计算机科学家杰伦·拉尼尔首次提出[①]，他指出 VR 是“利用电脑模拟产生一个三维模拟世界，提供使用者关于视觉、听觉、触觉等感官的模拟”。

VR 技术，又称灵境、幻真或临境技术，是集计算机、电子信息、图像处理、传感器、多媒体等多种技术于一身，通过计算机模拟虚拟环境，使用户有身临其境的“沉浸感”，从而实现人机交互的技术。VR 技术可使用户在虚拟环境中通过特殊的输入输出设备，实现更真实的体验感，获得更全面的信息的感知。

VR 技术最早的概念，可以在 20 世纪 30 年代美国科幻小说家坦利·温鲍姆的短篇小说《皮格马利翁的眼镜》中找到，这部小说描写了一个神奇的眼镜，佩戴者不仅可以听到、看到眼镜中的场景和事物，甚至还能有嗅觉、触觉、以及交互性的沉浸体验[②]。20 世纪 80 年代，

---

① 李沁著.《沉浸传播第三媒介时代的传播范式》[M]. 北京：清华大学出版社. 2013.

② 周栋楠. 全媒体时代 VR 新闻生产优化研究[D]. 兰州：兰州财经大学，2020：14

VR 技术随着计算机技术发展而发展。90 年代，VR 技术在游戏领域被应用，任天堂公司针对游戏产业而推出 Virtual Boy，引起了不小轰动。近十多年来，计算机、移动智能、3D 图像等技术飞速发展，5G 网络商用推进，推动了 VR 技术在各行各业的发展。

（二）VR 新闻

对于 VR 新闻的界定，学界目前尚无定论。《纽约时报》记者的德拉佩纳（Nonny de la Peña）和她的团队创作了《饥饿洛杉矶》《武力的使用》等多部关注城市饥饿、家庭暴力、叙利亚难民危机等题材的新闻。2010 年，Nonny de la Peña 在省理工学院学报上发表题为“Immersive News：Immersive Virtual Reality Designed for the First Person News Experience”①的论文，第一次正式使用 Immersive Journalism（沉浸式新闻）的概念，并对 VR 新闻进行了定义：VR 新闻是一种能使用户对新闻事件获得“第一人称”视角的新闻，宗旨就是利用科技还原新闻现场，让用户真正目击到新闻事件发生的全过程②。

哥伦比亚大学新闻学院的研究认为“VR 新闻是一种沉浸式媒介体验，它用户与 VR 世界的互动方式是身临其境”。有学者认为“沉浸式新闻”就是“VR 新闻”，有的学者认为 VR 新闻是“以虚拟现实技术为载体”③的新闻，姚易彤提出“记者或新闻工作者以及新闻制作者通过使用 VR 技术进行新闻报道或制作出来的新闻才是 VR 新闻”④。因此，从广义来看，“VR 新闻”是将虚拟现实技术应用于新闻，是受众在虚拟环境中感受真实新闻的特殊新闻种类。

二、全媒体时代 VR 新闻的发展现状

2016 年是 VR 元年，全行业迎来了一股 VR 热，各领域都积极引进 VR 技术，新闻作为人们认识世界和了解世界的窗口，“VR+新闻”的发展也使得新闻从业者开启了新的新闻制作和生产方式，新闻业开启了新的发展方向。

（一）国外 VR 新闻的发展

2013 年，自美国中北部艾奥瓦州的纸媒《得梅因纪事报》和 Oculus 公司合作，推出了 VR 报道《丰收的变化》（“Harvest of Change”），通过虚拟现实技术去展现该农场的变迁，该新闻被认为是首个 VR 新闻。《丰收的变化》的报道对象是艾奥瓦州的家庭农场，用户在戴上 VR 眼镜后可在该农产中进行参观，可真实地感受“在场”的农场环境，感受农场的“虫鸣鸟叫”，感受农场主与其他人对于农场工作的讨论。体验者通过全景式教堂活动场景，可近距离观察当时人们在教堂做礼拜的情景，该 VR 新闻真切地展示了美国农业社会的历史变迁和发展现状。

Vice 杂志在 2014 年利用虚拟现实技术进行了新闻报道《纽约百万人大游行》，很多游行

---

① Pena N, et al. Immersive Journalism: Immersive Virtual Reality for the First-Person Experience of News[J]. Presence, 2010, 19（4）：291-301.

② 周栋楠．全媒体时代 VR 新闻生产优化研究[D]．兰州财经大学，2020：20.

③ 郑越．沉浸式体验：虚拟现实新闻的前沿应用与发展趋势[J]．电视研究，2017：6.

④ 姚易彤．国内外 VR 新闻现状对比分析[D]．沈阳：浙江大学，2019.

的人们看完这个新闻大哭说“通过虚拟现实的新闻，可以看到每个人每一处表情的细微差别”。《百万人大游行》是 *Vice News* 对 2014 年 12 月 13 日纽约百万人游行进行的新闻报道，该 VR 新闻纪录片采用全景的视角对游行者进行报道。《百万人大游行》是由三个短视频组接而成，第一段视频时长为 30 秒，主要表现内容为人群的游行情况。第二段视频时长为 1 分钟，观众可以看到人群中的人们抗议的细节场景。第三段视频时长为 3 分钟，通过记者 Alice 的引导，用户可以对不理解或不清晰的场景或内容部分进行了解，也可以看到记者对于游行者的采访内容。《百万人大游行》用户的交互程度虽然没有那么高，但全景交互视频的形式给用户带来了“在场”的真实感和震撼感。

2015 年 11 月，纽约时报推出了一个名为 NYTVR 的软件，为读者免费附送了 100 多万套与之匹配的谷歌纸板（Google Cardboard）设备，并为用户配送“谷歌”VR 头盔。同时，纽约时报的 VR 视频新闻产品“每日 360”（The Daily 360），使得新闻与 VR 产生了密切联系，是传统媒体转型的一个新的节点。

2015 年，美国联合通讯社（The Associated Press）在 NYTVR 上进行了数篇新闻报道，并且把 VR 全景技术运用到巴西里约奥运会的新闻报道中，引起了较大的反响。2015 年据美国科技新闻网站“连线”等报道，2015 年美国广播公司（ABC）紧跟步伐推出 VR 新闻服务——“ABC News VR”，并拍摄了第一部 VR 新闻视频《叙利亚之旅》，视频中呈现了穆斯林的清真寺、阿拉伯基督徒的教堂、叙利亚餐厅与巴伦酒店、阿勒颇城堡、骑士堡与周边的地理环境、战后影响与叙利亚当地人民的生活等全景画面，给受众身临其境之感。

英国的天空电视台和英国卫报率先开始了虚拟现实新闻的实验性举措，如卫报开发的同名新闻客户端 Guardian VR 等。2016 年，英国路透社也开始进行 VR 新闻的探索。同年，英国广播公司 BBC 为恐龙制作了一个 360 度的全景视频，成为国内外纪录片的先行者。2016 年谷歌正式成立 VR 部门，并宣布在其视频网站 YouTube 提供 VR 直播服务①，同年，谷歌新闻实验室（Google News Lab）与美国网络新闻协会（ONA）、奈特基金会 Knight Foundation 合作开发了名为“Journalism 360”项目，致力于传播 VR 新闻报道。

（二）我国 VR 新闻的发展

随着我国 VR 技术的不断发展，我国也开始进行 VR 新闻的探索和尝试，财经传媒是我国较早用 VR 进行新闻创作的媒体。2015 年 9 月，《山村里的幼儿园》播出，影片第一次用 VR 虚拟现实的方式对山村的留守儿童进行拍摄、在拍摄留守儿童的同时，还关注了留守儿童的父母记忆、乡村教师等群体。该 VR 新闻关注贵州山区留守儿童的生活和教育问题，是 VR 技术在新闻领域的一次全新探索。2015 年 12 月，深圳发生重大滑坡事故，财新视频深入事故现场，推出了包括《深圳垮塌事故现场》《黄金 72 小时营救》《深圳垮塌事故救治医院探访》在内的 VR 新闻系列报道。

案例：《山村里的幼儿园》

《山村里的幼儿园》由财新视频团队和联合国联合摄制，用虚拟现实的方式呈现了山村里

① 邱芳芳. 美国 VR 新闻的发展现状与影响[D]. 四川省社会科学院，2017.

的孩子的生活状态，在中国不同的地区取景拍摄，真实地展现了中国社会中乡村留守儿童的情况。该 VR 纪录片播出后，引发了很大的反响，作为我国第一部 VR 纪录片，《山村里的幼儿园》关注社会现实，关注人类生存发展，针对重点的人物和故事进行故事的讲述。同时，该 VR 纪录片引入了电影级创作团队，影片中的布光、取景均达到较高的艺术水准。

图 12-2 《山村里的幼儿园》

2015 年我国主流媒体也开始进行 VR 新闻的尝试，人民日报、新华社在九三大阅兵中引进全景 VR 设备，全方位多角度展现阅兵的精彩瞬间。新京报在“东方之星客船翻船事件”，推出 VR 全景报道，使受众了解事故发生全过程。2015 年 11 月，“重庆晨报”的“上游新闻”客户端正式上线。2016 年 6 月，上游新闻正式推出国内首个 APP 新闻 VR 频道，最主要的形态是图片展示，力求在图品新闻作品要在 1 分钟内完成拍摄并制作发布。2016 年，我国的 VR 新闻大量涌现，以人民日报、央视新闻、新华社等为代表的主流媒体以全景图片、全景视频及 VR 直播等形式发布大量有可看性的 VR 新闻、纪录片、专题片，在两会期间，国内 VR 报道呈井喷态势。

新华网推出“2016 两会特别专题”，推出一系列 VR 新闻报道如《总理记者会释放的民生情怀》《360 度全景记录人大闭幕会》，网友可足不出户，在互联网上通过全景 VR 呈现的方式感受两会现场，真切感受总理的发言、两会代表提案等场景，感受中国发展，感受 VR 新闻的魅力。同时，“VR+Vlog”的新闻形式受到广泛关注，例如《VR Vlog 一分钟速览全国政协新闻发布会现场》的 VR 新闻，打破传统新闻的报道和宣传角度，用延迟动画和特效转场等方式进行两会的多角度报道，得到观众的喜爱。2016 年 4 月，新浪网联合国内 VR 制作公司上线 VR 频道，在全国两会期间推出有趣的 VR 专题系列报道——《360 度人民大会堂全景巡游》，提升受众参与感和互动感。

图 12-3 新华网全国两会特别专题　　图 12-4 VR 新闻《360 度人民大会堂全景巡游》截图

2016 年，新华社与专业 VR 制作公司合作在“新华全媒头条”公众号及网页等平台推出如《贫困村真实全景记录》《驶向幸福梦想的“天路”——青藏铁路通车十周年纪实》等 VR 新闻。2016 年 8 月，央视新闻用 VR 新闻报道了里约奥运会，全程报道超过 100 小时，用 360

度全景展现里约奥运会的风采。2016 年，“虫洞”公司发起 VR 新闻实验室，广州日报、重庆商报、法制晚报在内的 12 家传统报纸媒体成为首批成员单位，制作并在虫洞网发布 VR 视频。

在 2017 北京两会的新闻报道中，“VR 新闻”栏目全程记录已经成为新闻报道的常态，后期制作已经不能满足受众对于新闻及时性的要求，因此，全景相机开始逐渐在主流媒体中使用。2018 年 10 月 19 日，《2018 世界 VR 产业大会》在江西南昌举行，以“VR 让世界更精彩”为主题，虚拟现实行业领域的多位嘉宾对虚拟现实的发展进行了热烈的讨论，对虚拟现实与各行业的融合发展提出了一些建设性意见，此次产业大会吸引了如华为、联想等 158 家科技公司参加，参观人数共超过 20 万人次。

2019 年 2 月 19 日，中央电视台 CCTV 央视新闻客户端推出“VR 频道”，聚焦央视新闻的全景图片新闻、360 度视频新闻和 VR 视频新闻报道，央视新闻客户端 VR 频道的每一篇文章都有提供图文超链接，读者可点击进入 VR 场景中。同年，中央广播电视总台首次采用全新技术——“5G + VR”技术对 2019 年央视春晚进行实时直播，让观众更直观地感受春晚。

图 12-5　央视网 VR 频道截图一

图 12-6　央视网 VR 频道截图二

2019 年，澎湃新闻集体制作的三江源国家公园全媒体报道专题《海拔四千米之上》获得中国新闻一等奖。在 VR 新闻中，我们不再只是一名新闻报道的普通阅览者或旁观者，而是“摇身一变”成了新闻现场的当事人或参与者，置身新闻事件之中，犹如亲身经历一般。

VR 的发展和普及，使得 VR 新闻将成为一种常态化的报道方式，2020 年 10 月 20 日《讽刺与幽默》报社主办研讨会正式启动“人民 VR”——一个可以利用虚拟现实技术进行新闻传播的平台，可实现“传统新闻+技术创新”的融合。“人民 VR”的终端设备是一款轻量化的可穿戴产品，通过头部设备、手柄和手势相结合，受众可通过设备，身临其境的感受不同的场景。

在 2021 年两会报道中，越来越多的媒体使用 VR 技术对新闻进行报道，例如，北京广播电视台使用“5G+VR”的融合新闻报道形式进行两会移动直播，该项目以“线上报道”+“线下体验”一体化的融合报道形式，通过虚拟现实技术实现对于 2021 年北京两会的全景式呈现，通过 VR 眼镜和 65 寸触控大屏设备现场展示最新 VR 技术，代表委员、观众可以戴上 VR 眼镜体验 VR 新闻带来的临场感和科技感。此外，通过北京时间客户端、VR 全景看两会，观众可实现全景观看，对话一把手直播访谈，了解最新两会动态报道。

除了在新闻领域，虚拟现实也被运用于广电领域，如优酷土豆采用 VR 技术对某真人秀节目总决赛做了现场直播。爱奇艺、优酷、腾讯等多家媒体也纷纷推出 VR 视频专区。从 2015 年到 2021 年，VR 技术被应用于各大媒体的报道中，我国的 VR 新闻发展势不可挡，但不可否认的是，我国 VR 新闻的发展还处在探索的发展阶段，技术是推动新闻传播新形式发展的要素之一，但唯有内容上的精良才能使我国 VR 新闻得到长足的发展。

第二节 VR 新闻的分类与认知体验

一、VR 新闻的类型

（一）VR 新闻纪录片

虚拟现实新闻纪录片就是利用 360 度全景摄像机对新闻现场环境进行视频采集的一种新闻形式。[①]2015 年 1 月在达沃斯世界经济论坛上发布的《锡德拉湾上空之云》(*Clouds Over Sidra*)被认为是世界上第一部 VR 纪录片，该纪录片讲述了 12 岁女孩西德拉(Sidra)在 Zaatari 难民营的故事。2015 年下半年，美国公共电视台 PBS Frontline 发布《埃博拉病毒暴发：虚拟之旅》，该 VR 视频把拍摄场景放在几内亚，观众通过 VR 眼镜观看，可真切地看到医生因救病人而死，也能看到在埃博拉病毒的肆虐下人们的生存状态。2015 年 11 月，《纽约时报》发布《流离失所》(*The Displaced*)，该纪录片利用虚拟现实技术，展示了三个孩子身处饱受战争的地区的真实生活状态。

德拉佩纳（Nonny de la Peña）是虚拟现实新闻纪录片制作的代表人物，《饥饿洛杉矶》（*Hunger in LA*）让体验者能够身临其境地进行近距离观察难民面部表情、抽搐的动作以及挣扎的神态，还能看到围观者的动作神情。《叙利亚内战》(*Project Syria*, 2016）的体验者感受到一个炸弹突然在不远处爆炸，身边的人一个个倒下、死去的场景。德拉佩纳认为："VR 技术能将用户带到事件的现场，引起人们真正的共鸣。"

2017 年获得第 39 届新闻与纪录片艾美奖杰出新方法奖的 VR 纪录片《零日 VR》(*Zero Days VR*）用虚拟现实的方式，让观众通过体验在秘密行动中破坏病毒的故事，来体验网络战的无形世界。2018 年 2 月，英国广播公司（BBC）通过新成立的虚拟现实工作室"VR Hub"发布了 VR 纪录片《筑坝尼罗河》(*Damming the Nile*)，将沉浸式感受和引人入胜的画面融合一体，向观众讲述了这个颇具争议的水利项目。同年 12 月，英国广播公司（BBC）发布了一个虚拟现实系列纪录片 *Congo VR*，将观众带入了刚果民主共和国的核心地带，探索这个冲突的国家。

我国在虚拟现实新闻纪录片领域也进行了积极的探索，2016 年，中国传媒大学与 ChinaVR 联合主办的"ChinaVR 新影像奖"大赛，其内容分别以"VR 新闻奖"系列奖和"VR 纪录片"系列奖命名，提升专业从业人员和广大受众对于"VR 新闻纪录片"的关注。2016 GMIC 全球移动互联网大会网易传媒以 VR 视频《不要惊慌，没有辐射！》引发关注。在 2017 年全国两会前夕，新华社首次使用全景视频拍摄技术对云南的大帮考寨的贫困状况进行实地拍摄。随着 VR 技术的不断发展和 5G 通讯技术的普及，虚拟现实新闻纪录片将成为新闻传播的常态。

---

① 梁馨月. VR 新闻的叙事与受众认知关系研究[D]. 沈阳：辽宁大学，2018.

（三）VR 直播新闻

新闻的真实性是新闻的第一属性，新闻工作者在进行新闻报道的时候要最大程度还原新闻现场的真实状态。VR 直播新闻是在实时交互视频新闻（Real-time interactive online video news）的基础上发展而来的，是以第一人称视角，360 度全景展示新闻现场的新闻报道形式。在传统的新闻报道中，受众往往是作为旁观者“观看”新闻的，而在 VR 直播中，观众是作为当事人“参与”新闻的，VR 直播新闻增强了新闻的表现力和感染力。

从传统的采编播的新闻制作方式到 VR 直播，虚拟现实技术为用户提供了更快了解新闻的渠道，打破空间与时间传播的限制。因此，在新闻发布会上，媒体会利用虚拟现实技术进行直播，例如 2015 年 10 月 13 号，CNN 与虚拟现实公司 Next VR 合作通过虚拟现实视频流直播了民主党总统候选人的竞选辩论，这被认为是虚拟现实技术首次在新闻直播[①]。在实时报道的新闻节目中也会使用虚拟现实技术进行直播，例如 2015 年 12 月，广东省深圳市某工业园区发生了山体滑坡事故，财经传媒就使用 VR 技术对该事件进行报道。

此外，在体育赛事、节日庆典、演唱会等集会场景下，VR 直播新闻被广泛使用，VR 直播可以使观众仿佛“在场”，进行全方位的实时体验。2014 年底，英国摇滚乐队 Coldplay 在进行演唱会时运用了 VR 直播技术。2015 年 10 月，Next VR 将 VR 技术应用在篮球比赛。2018 年俄罗斯世界杯期间 BBC 对 33 场比赛进行全程 VR 直播，并通过 BBC Sport VR-FIFA World Cup Russia 2018 这一专门的 APP 进行 VR 直播。2019 年央视春晚采用“5G + VR”进行实时直播，采用了 8K VR 全景直播相机 Obsidian 与基于 5G 网络直播软件系统 Kandao Live 8K，观众可全景预览央视春晚的候播大厅。2020 年央视频利用 VR 技术对春晚进行了全程直播，打破了传统的春晚直播形式。我们可以看到 VR 直播新闻从诞生到现在，发展是迅速的，市场前景是巨大的，但因技术还未成熟、直播成本又高居不下，因此 VR 直播的成功案例只局限在大型广播广播和企业中，目前的 VR 直播仍需在多个领域、多个场景进行不断的探索。

（四）VR 互动式新闻

VR 互动式新闻，是指用 Maya、3d MAX、AutoCAD 等建模软件来进行虚拟场景搭建，受众通过佩戴电子设备进入虚拟的新闻发生场景，通过身体的多重感知来实现新闻的交互状态，能够获得更多的新闻信息和感受。

2017 年获得全美网络新闻奖——沉浸式报道卓越表现奖的 VR 新闻《监禁之后》（*After Solitary*）报道了犯人肯尼·摩尔的监狱生活，受众可通过 VR 技术可体验到被独自长期监禁的抑郁感，以及被释放后对生活的无望和心理的挣扎。该作品利用了虚拟现实技术“交互性”的特点，使用户感觉到真实的“在场”“在场”感知监狱生活的绝望，感受监狱真实压抑的环境。

二、VR 新闻的特点

（一）沉浸性

沉浸理论是在 1975 年由美国心理学家 Csikzentmihalyi 提出的，起初该理论只应用于

① 梁馨月. VR 新闻的叙事与受众认知关系研究[D]. 辽宁大学，2018.

心理学领域，描述了一种人们在日常活动中无比投入的状态。虚拟现实可通过计算机创建一个虚拟的环境世界，通过眼镜、手柄等器械，调动多感官，形成沉浸的“在场”感受，此有人将 VR 新闻称为“Immersive news”（沉浸新闻）。2015 年 6 月，BBC 全球新闻用虚拟现实技术推出一个如何在这个数字化的时代中播送个人的、便携式以及需要的新闻——“Be Everywhere”。装了“Be Everywhere”应用程序的智能手机用户可以在虚拟演播室看到主持人 Babita Sharma。

（二）交互性

交互性传播指的是传播者和受传者在意义交流过程中不断进行直接互动和身份互换①。传统的新闻报道是简单的单向传播，是传播者向受传者进行信息输出的过程，而在 VR 新闻中，用户通过头盔、手套等机器的人机交互是自然发生的，通过虚拟现实的技术交互，用户仿佛亲临新闻现场。南加州大学互动媒体实验室的“Project Syria”项目中，用户可进入战争中的叙利亚，每一位体验者都置身于叙利亚的大街上，体验者能感受到身边腾起的、闻到爆炸特有的硫磺味和受伤者血液的腥味，能感受到短暂的耳鸣，可以看到慌乱中奔走的大人和儿童。

（三）真实性

在 VR 新闻中，新闻的真实性又有了新的外延。VR 新闻可以让受众身临其境的感受新闻发生的场景，通过直观的感受多层次的了解新闻内容，从而发掘出新闻本质要传递的信息和要表达的思想。在 VR 新闻《饥饿洛杉矶》（*Hunger in Los Angeles*）中，通过虚拟现实技术，体验者戴上头盔可近距离直视瘫倒在地的老人，甚至能听见老人痛苦的呻吟，能看到围观群众的冷漠，能真实地体会到新闻发生的此地此情此景。

（四）自主选择性

区别于传统新闻报道中记者报道的信息即受众接受的信息，在“VR 新闻”中，用户可通过自己了解新闻事件出现的人物、发生的事件，并根据自己的喜好和兴趣选择新闻场景。例如纽约时报的“Walking New York”，用户可以通过浏览整个纽约地图，选择你想去的地方，观众可根据自己关注的侧重点来决定自己选取哪个部分进行观看。

三、VR 新闻的局限

（一）时效性差

时效性是新闻的基本特征之一，新闻的时效性是新闻是否有价值的重要体现，也是新闻工作者不懈追求。在互联网高速发展的“自媒体”时代，智能手机的普及使得每个人都可以

---

① 程怡. 数据新闻的交互性传播研究[D]. 郑州：郑州大学，2020.

是新闻的制作者和传播者。但是 VR 新闻由于制作程序复杂，不仅需要有专门的人员对现场进行拍摄、采访、取景，还要对采集到的信息进行计算机的后期处理和制作，整个新闻制作周期较长，很难实现及时性报道。例如对巴黎恐怖袭击事件的报道，VR 新闻《守夜巴黎》5 天才完成制作并发布。财经新闻的 VR 新闻作品《乡村幼儿园》的完成用了 1 个多月，《得梅因纪事报》的 *Harvest of Change* 拍摄制作共耗费 3 个月。虽然 VR 技术在不断发展，计算机后期处理能力也越来越快，但当前的 VR 技术水平还难以满足新闻时效性的要求。

（二）报道选题局限

新闻报道的选题是新闻工作者需要最先考虑的问题，好的选题是一个新闻成功的保障。一般的新闻选题可涵盖民生、财经、文体、时政、体育等社会的方方面面。但是 VR 新闻由于制作成本高，制作周期长，对于突发类新闻、动态新闻等难以进行报道，此外，一些新闻事实现场过于血腥、暴力，也不适合用 VR 全方位展示。

现有的 VR 选题大都集中在体育赛事、演唱会直播、景观风光、战争等方面，例如纽约时报的 VR 新闻《流离失所》《守夜巴黎》都把目光对准了战争下人们的生活。我国的 VR 新闻大都集中在大型事件，例如在 2016 年，人民网、新华网、财经日报、光明网各大媒体都对“两会”进行了 VR 新闻的报道，选题同质化较严重。

（三）制作和观看成本高

VR 的制作需要硬件支撑，从目前的 VR 市场来看，VR 设备大致可分为三类：眼镜、头盔和集成机（一体机）[①]。其中，头盔、眼镜均要与电脑相连，并且需要一台配置足够高的电脑来运行，以美国 Oculus Rift 公司为例，运行 2016 年 3 月推出的 Oculus Rift 所需的推荐 PC 配置：英特尔酷睿 i5-4590 处理器、AMD R9 290 式或 Nvidia GTX 970 的独立显卡、8GB RAM、一个 HDMI 接口、一个 USB 2.0 与三个 USB 3.0 接口，系统至少为 Windows 7[②]。高昂的设备、较长的制作周期，使得很多媒体望而却步。以甘内特旗下《得梅因纪事报》推出的《丰收的变化》报道为例，该 VR 新闻从前期取景、中期报道到后期制作并发布完成，整体费用高达 5 万美元。

除了高昂的制作成本，较高的观看成本也使得大部分用户难以选择 VR 新闻。例如，Oculus Rift VR 成本至少 1 600 美元（折合人民币约 1.05 万元），HTC Vive 成本大约 700 美元（折合人民币约 4 600 元），索尼 PS 的 VR 成本约 912 美元（折合人民币约 6000 元）[③]。因此，无论是媒体还是用户，VR 新闻高昂的成本使得 VR 新闻难以大规模制作和生产。VR 新闻从 2016 年开始兴起，发展时间较短，对于 VR 新闻的盈利模式还需进一步探索，因此 VR 新闻在短时间内很难成为主流的报道形式。

---

① 苏宏元，贾瑞欣. VR 新闻的局限及其伦理风险[J]. 中国编辑，2018（6）：21-25.

② 国内 VR 虚火背后折射出的三大缺陷[EB/OL]. 腾讯网，（2016-03-28）[2021-07-15]. http: //news. gamedog. cn/a/20160329/1665403. html.

③ 苏宏元，贾瑞欣. VR 新闻的局限及其伦理风险[J]. 中国编辑，2018（6）：21-25.

第三节 VR 新闻的制作流程

传统新闻生产的包括信息采集、摄像写稿、后期编辑、内容分发等，整个过程是二维且封闭的。VR 新闻的制作打破传统新闻生产的单线模式，前期要完成多种角度的新闻素材，后期制作则需要运用计算机软件进行后期合成，整个过程是全方位且立体的。

一、前期所需准备

（一）独立的报道人员和部门

相比于传统新闻，VR 新闻的制作周期长、成本高、技术难度大，因此，需要成立独立的 VR 策划、VR 摄制、VR 制作和 VR 发布部门。2015 年纽约时报已经拥有了全职 VR 编辑和独立 VR 新闻报道部门，不同的部门之间在相互配合下共同制作完成一个 VR 新闻。

VR 策划部门的小组成员要进行头脑风暴思考场景内容，考虑拍摄的场景，进行文案的构建，输出策划文档，要关注 VR 行业的动态变化，一起进行选题的摸索。VR 摄制部门要对新闻的现场进行实景的拍摄，VR 制作部门要通过计算机的各种软件来完成新闻的合成，VR 发布部门要对制作好的 VR 新闻进行测试和发布，总之，VR 新闻的各部门之间要相互协作配合，通力合作完成一个 VR 新闻。

（二）设备采购及准备

选择什么题材的新闻进行拍摄和制作，除了考虑新闻本身的价值外，还要考虑自身具有的设备能拍摄出怎样的场景，大型的 VR 新闻需要更多的高精摄像机、摄影机、GoPro 等。以 2015 年 11 月中山大学传播与设计学院拍摄的 VR 纪录片《舞狮》为例，拍摄所需一台 8 镜头（GoPro 相机）结构 360 度 VR Video 原型机，三套“三星 Gear VR 二代+三星手机 S6 edge+三星耳机 LEVEL”组成头戴显示器（HMD）和 5 台理光 Theta360 相机。[①]

二、实地实景拍摄

在进行实际拍摄前，设置团队要检查好每一台摄像机、内存卡、电池和文件，要按顺序进行标号，要提前设置好不同机位的每一台摄像机的参数设置。在拍摄时，拍摄者不能实时

① 杜江，杜伟庭．“VR+新闻”：虚拟现实报道的尝试[J]. 青年记者，2016（6）：23-24.

监控记录的场景，因此，需要实时监控系统以及机械摄像机支架以便将摄像机组移动到合适的位置，使摄像师不再出现在画面中。

三、后期制作合成

VR 新闻的制作团队的设计师要设计出交互动画及 VR 里的 2D 界面输出交互动画 png 序列，程序员写代码实现交互逻辑输出可交互的 VR 内容，后期要用多种制作软件如 Uni-ty3D 等游戏引擎搭建场景和交互设计，用 Maya 制作 3D 流程、用 Vray 渲染、使用 AE、非线性编辑软件进行视频剪辑或全景图拼接。后期制作拼接需耗费大量时间和精力，因此，一些公司开始研发低成本、入门快的 VR 后期制作工具。例如，德国之声和德国初创公司 Vragments 共同合作开发的 Fader，记者可拍摄后导入 Fader 进行制作。

四、发布用户体验

在 VR 新闻制作完成后，程序员设计师进入 VR 场景，对其内容和场景进行测试，并不断修正完善内容，通过反复测试 VR 播放器 UtoVR 呈现 VR 视频内容，然后从用户对客户端的使用状况出发，并分析用户使用 VR 新闻的时间，在较合适的时间段内进行 VR 新闻的发布。同时，要选择用户喜欢的新闻发布形式进行发布，并在新闻发布后，与客户进行互动，培养用户的行为惯性，培养核心用户。例如，新华社客户端 VR 新闻用户评论内容得不到回应问题，设立“VR 小新”，与用户进行实时互动。

第四节 VR 新闻的叙事逻辑

一、VR 新闻叙事

新闻叙事是信息的传递，是有新闻价值的信息路径传播的方式。新闻是对新近发生事实的报道，对新闻事件进行报道的过程实际上就是新闻叙事的过程 VR 新闻全景的观看体验，技术化的互动性给用户带来了全新的体验，VR 新闻叙事作为“一种以 VR 技术为依托的纪实性叙事”[①]，在一定程度上带来了新闻叙事方式的变革，有的研究者认为“沉浸式新闻叙事认知效果是一种开放—互可选择的叙事实践，浸式新闻的叙事应在倒金字塔模型的基础上进行重构”[②]。5G 时代的到来给 VR 新闻的发展带来了新的机遇，也带来了新

---

① 刘兆兰. VR 新闻叙事及其伦理风险[D]. 湖北大学，2018.

② 李鲤，吴瑾. 沉浸式新闻：概念辨析、叙事重构与观念反思[J]. 中国出版，2020（18）：21-25.

的挑战，VR 新闻的叙事场景、叙事结构来、叙事话语都发生了巨大变化、叙事过程中的新闻伦理问题也逐渐凸显。

二、VR 新闻叙事特征

（一）叙事场景全景化

全景是把相机环 360 度拍摄的一组或多组照片拼接成一个全景图像。传统的新闻报道场景是单一和固定的，是记者拍摄到新闻现场的部分画面，新闻观众只是被动地接受了记者的场景设定，没有对于新闻场景的选择权，是新闻事件的“旁观者”。VR 新闻通过 360 的全景画面展现新闻事实，近乎再现了新闻现场的原貌，对新闻现场的细节可进行相近的展示，使受众可以打破荧幕的边界限制，主动地选择想看的新闻信息。例如，新华网“VR 新闻”《青海扶贫：在土家族贫困村“下山”记》，用户可在该 VR 视频中通过调整视角、转换角度等的方式进对当地天气、土地、房屋、生活环境等进行全方位的实景观看，通过观看从老房子到新房子的全貌，更加真切地感受到扶贫政策对于当地的影响。VR 新闻的全景式叙事，拓展了新闻叙事的边界，使受众参与到新闻事件中，获得主动参与的“沉浸感”。

（二）非线性叙事结构

叙事结构是指如何将一个事件的各个成分有组织的安排起来，体现了某种逻辑思维关系。在传统新闻中主要使用线性叙事进行报道，比较常见的是按照时间、事件排列新闻的金字塔式结构和按照事件重要性排列的倒金字塔式结构。

VR 新闻的叙事并没有严格按照新闻的“5W”进行讲述，受众可以直面现场，体会“VR 新闻”的场景，感受事件的发生。例如财新 VR 新闻《山村里的幼儿园》通过山村孩子、老人、儿园老师等人物画面以及同期声来贯通始终，颠覆了传统新闻叙事手法。VR 新闻的体验中用户的视点和位置有很大的“自由度”，新闻强烈的沉浸感特点正好弥补了传统新闻在叙事逻辑上的不足，使新闻从接受媒体所设定好的线性逻辑，转变为受众可以直接进入到被技术还原的新闻现场。

（三）第一人称叙事视角

叙事视角又叫叙事的聚焦，根据法国文学批评家热拉尔·热奈特的叙事理论，叙事的视角分为内聚焦、外聚焦和零聚焦。零聚焦又称为上帝视角、全知视角，叙述者可以从任何角度，任何时空来叙事。内聚焦又叫内视角、限知视角，是从某一人物的视角出发，叙述其体验的世界。外聚焦又称外视角，对事物的发展变化仅仅进行描写而不做任何解释。

传统的新闻报道一般采用限知视角中的第三人称进行叙事，新闻事件是以记者的视角观察并进行报道的。而 VR 新闻中一般采用限知视角中的第一人称进行叙事，受众可以作为“当事人”参与到新闻事件中，达到新闻的“在场”。例如新华社《带你“亲临”深圳滑坡救援现场》的 VR 新闻，受众可以在 VR 构建的 3D 虚拟空间以“第一视角”观察真实立体的具体情境。

三、VR 新闻叙事问题及策略

（一）VR 新闻的真实性

20 世纪七八十年代，法国学者鲍德里亚在电子计算机的普及和网络社会来临的大背景下，提出了“超真实”（hyper-reality），即通过对另一种复制性中介的精细复制而得到的一种比真实更真实的超真实的存在①。VR 新闻在技术上有着传统新闻不可比拟的优越性，但是我们要注意的是，VR 新闻可通过技术创造出虚拟的场景，也可以根据真实新闻事件进行故事的人物的加工再创造。例如德拉佩纳创作的 VR 新闻 *Kiya* 利用图像建构和处理等技术还原了南卡罗来纳州一起真实的枪杀事件，在长达 7 分多钟的视频中，受众的视角聚焦于暴力中心，超真实地再现了现场的紧张感和混乱感②。给观众带来强烈的“临场感”同时，受众也不禁思考真实的新闻事件是真的如此吗。

新闻的真实性是新闻的首要原则也是底线要求，这就要求新闻制作者在制作 VR 新闻的时候，要遵循新闻的职业道德，把握好新闻的内容，不要基于自身想象进行艺术加工，也切忌为了追求感官的超真实违背新闻的真实性。

（二）VR 新闻的“泛娱乐化”

互联网技术的出现使得新闻报道的方式和内容发生了巨大的变化，大众媒体早已不再如纸媒时代一般“严肃”，从手机到电视到处都充斥着娱乐性的新闻。诚然，趣味的新闻报道可以增加受众对于新闻本身的接受程度，但是过度地消费娱乐，使新闻变成娱乐化的阵地就违背了新闻的原则。

VR 新闻需要让受众在虚拟的三维空间感知信息，因此，虚拟空间的创造和用户本身的感知在 VR 新闻中是重要的，是 VR 新闻是否吸引受众的重要因素。如果为了追求极致的感官体验和刺激，VR 新闻就会不得迎合受众，沦为“娱乐至死”的工具。VR 新闻对于暴力、血腥、贫穷、疾病等的报道，也会使受众产生“共情”，难以脱离“沉浸”体验。基于此，VR 新闻制作者应选择具有社会意义和价值的新闻进行制作，保持对大众的关怀并承担一定的社会责任。

（三）VR 新闻的隐私权

公众的隐私权从新闻诞生之初就一直被讨论，高速发展的移动互联网时代，人们习惯在各种社交软件和平台上发布消息和接受信息，公众的隐私权更加被关注，隐私危机也愈演愈烈，就像网友的吐槽“在互联网上我们每个人都在裸奔”。

VR 新闻的 360 度技术的全景呈现，弥补了传统视频新闻在场景展示上的不足，但是，全景摄像机全方位连续性拍摄，会将一些与新闻事实无关的人物拍进画面中，对这些人的隐私造成侵犯。公民的隐私权是法律保障的权力，这就要求 VR 新闻的拍摄者在拍摄过程中征得拍

---

① 鲍德里亚. 象征交换与死亡[M]. 车槿山译. 南京：译林出版社，2006：105.

② 刘兆兰. VR 新闻叙事及其伦理风险[D]. 湖北大学，2018.

摄对象同意，并在后期处理的时候进行严格和严谨的处理，删去相关镜头，达到保护公众隐私权的目的。

思考题

1. VR 新闻在新闻报道中的优势和局限性？
2. VR 新闻的使用场景？
3. 融合新闻报道的背景下，VR 新闻怎么样保护公众隐私权？

第十三章 新闻移动直播

本章学习目标

1. 掌握新闻移动直播的概念和特点。
2. 了解国内新闻移动直播的发展历程。
3. 掌握移动直播对新闻生产的影响。

案例导学：

《直播丨百色大暴雨引发山洪，公路塌方车辆被冲走！通讯员黄文秀发回现场视频后却不幸遇难……》

作品来源：第三十届中国新闻奖一等奖获奖作品

作品简介：

2019 年 6 月 16 日晚，广西百色市凌云县遭受特大暴雨袭击。广西云客户端启动突发事件报道应急机制，通过一场图文、短视频结合的移动直播对灾情进行了及时、准确、完整的报道，同时第一时间记录下原乐业县新化镇百坭村驻村第一书记黄文秀同志，从拍下生前最后一段视频、投稿，到失联，最后确认不幸遇难的完整过程。

图 13-1 《百色大暴雨引发山洪》

广西云客户端从两条主线持续关注和更新事件最新进展：关注灾情：17 日 8 时 46 分发出第一条消息，直到 19 日 16 时 40 分最后一条消息，55 个小时 54 分钟里，一线记者与后方客户端编辑联动，通讯员投稿与权威部门发布、网友素材综合，共推出 12 张现场新闻图片、2 个动态图、3 段短视频、1 张悼念海报，全方位、多信源、正能量地对灾情进行直播报道。

关注黄文秀同志：16 日晚，黄文秀同志在驾车回村途中遭遇山洪，被堵路上。23 时 35 分，作为广西日报云客户端长期通讯员的她，用手机将现场的雨大、水急、闪电大作拍摄下来，将视频发给广西云客户端百色记者站记者。视频中听到她微弱而焦急的声音："……现在已经过不去了……"从接获、发布黄文秀同志发回的视频，到无法联系，到确认遇难……编辑们揪着心，以高度的专业精神和新闻敏感性关注黄文秀同志事情进展，及时、准确、权威发布信息。

社会效益：

黄文秀同志不幸遇难后，广西以及全国各地的媒体都进行了大量报道。在各家报道之中，广西云客户端此次直播是当时从百色暴雨灾情开始，完整地记录下这一不幸事件发生始末的最早报道，是当时国内媒体中对这一突发事件最及时、最高效、最完整的直播报道。

这次直播包含了黄文秀作为广西云客户端通讯员发回的珍贵的现场视频，具有非常特殊的意义。直播内容被多家媒体及自媒体引用、转载，对社会上流传的多种不实信息起到了正本清源的作用，体现了主流媒体的担当和引导力。特别是对黄文秀同志从失联到确认遇难的记录始末，富含人文关怀，推动引发了后续媒体及社会的广泛关注。

——资料来源：中国记协网

根据中国互联网信息中心第 47 次中国互联网络发展统计报告，截至 2020 年 12 月，我国手机网络新闻用户规模达 7.41 亿，网络直播用户规模达 6.17 亿。[①]融合新闻直播，是在国家

① 中国互联网络信息中心. 第 47 次中国互联网发展统计报告[R/OL]. 中华人民共和国国家互联网信息办公室，2021-02-03 [2021-07-15]. http: //www. cac. gov. cn/2021-02/03/c_ 1613923423079314. htm.

媒体融合战略部署下的新生事物，因实时性好，内容丰富、多种媒体的表现方式，交互界面好，和传统媒体相比，有独特的优势。[①]直播，是充分体现广播电视媒介优势的传播方式，采编人员深入新闻现场，随着事件发生、发展进程同时制作并播出新闻内容。融合新闻直播是基于融合媒体平台，利用多平台、多渠道、多终端，即时采集、加工、分发、互动，与新闻发生、发展同步进行的新闻传播活动。相较于传统直播，融合新闻直播优势是在数字化、网络化、智能化环境中构建融媒体的传播影响力。广播电视媒体融合迈开步伐，如何利用各种视频终端、音频终端、网络平台、应用软件、公众号、小程序等优化直播过程，即时与受众、用户互动，探索融合新闻传播路径，是当下应用新闻学和视听传播研究的热点。随着“慢直播”、VR 直播、“海陆空”全覆盖的超大型直播等各种直播形态逐渐进入到新闻移动直播中，用户对移动直播的体验性和互动性增强，新闻移动直播的潜力被激发出来。

第一节 移动直播与新闻生产

一、移动直播的概念

对于移动直播的定义，目前学界没有统一的界定。移动直播的发展受到移动网络技术的限制，在不同的技术环境下，移动直播所表现出的特点不尽相同。对于新闻生产而言，传统的移动直播主要指的是电视直播或广播直播，是基于某一新闻主题展开，以行走状态呈现新闻信息的过程，新闻信息主要通过数字电视传输或者卫星传输将信号传递出去。

移动直播指用户通过移动端实时进行制作或观看直播视频的过程，包括制作者实时的分享和观看者通过手机或 PC 端实时观看与互动的过程。移动新闻直播主要指新闻工作者利用随身可携带的移动设备，通过直播的方式实时将新闻内容通过移动互联网传递给用户的过程，且还可以根据用户的实时反馈，调整现场采访的内容。在当前媒介生态下，移动直播主要通过文字、图片、视频、音频、动图等富媒体的形式，快速为用户提供全方位、立体的报道。

二、移动直播的传播特点

移动直播作为打通新闻现场与用户连接的重要方式，在新闻传播的即时性、可操作性、用户的临场感和传受双方的交互性等方面具备天然的优势。具体有以下的特点。

（一）时效性更强

相较于传统的电视新闻直播，移动直播能更及时有效的将信息传递给用户。电视新闻的直播对设备的要求高，往往一场直播需要直播车实时到现场，在现场采集素材后，通过后台

① 钱军. 移动、无线现场直播[J]. 电脑知识与技术，2001（15）：53-55.

编辑后发布，再通过卫星或光缆传输出去。用户所看到的电视直播本身都具有延时性，与移动直播相比，即时性较弱。随着智能手机的使用和移动互联网的升级，移动直播对设备的要求并不高。新闻工作者只要拿起手机赶往现场就能进行，操作简单，记者可以通过网络对新闻现场实时的记录与播放。从新闻的时效性来看，移动直播有天然的优势，只要有网络信号的地方，新闻记者就能与用户实时互动，手拿直播设备，以第一人称视角对新闻事件发生的场景进行全方位呈现，这种时效性是任何一种新闻形式所不能匹及的，真正做到了新闻现场报道的零时差和同步传播，缩短了用户与新闻事件发生时的时间障碍。因此，移动直播往往应用在突发性事件的报道，如 2018 年浙江新闻客户端进行的《直击 7·5 泰国普吉游船倾覆事故现场》直播，记者前往泰国普吉游船倾覆事故救援现场，女主播密切关注救援动向，独家拍摄到一些现场画面，最大限度地满足用户第一时间了解该事件最新动向的需求，是国内对这一事件报道最及时和最全面的。

（二）“在场”感更强

移动直播的真实呈现满足了用户现场体验的强烈愿望。直播过程中往往跟随新闻记者第一人称视角的镜头去感知新闻现场的情况，用户虽然没有在现场，也能跟随屏幕上呈现的内容体验新闻现场，新闻“在场”的仪式感更强。在直播期间呈现的画面是不会经过任何的后期包装、修饰和过滤，代入感强，能充分调动用户参与，真正让用户身临其境的感知新闻现场。2019 年 3 月新华社对江苏盐城一化工园区内发生爆炸事件进行了事件最新进展全程直播（图 13-2），3 月 21 日 18：20，记者使用手机拍摄和实时传输，完成单人、长时段独家视频直播报道。18：55 时记者极其危险地在完全暴露在燃烧污染环境下完成直播，拍摄到了爆炸发生后，现场还在燃烧的画面。将现场情境、现场氛围及爆炸后现场的细节呈现给用户，在第一个直播视频中，记者并没有过多的现场解说，采用现场同期声与画面结合呈现的方式，让用户感同身受，带来强烈的现场感。

图 13-2 《江苏盐城一化工园区内发生爆炸 救援已展开》

（三）用户参与度高

移动新闻直播的互动性借助传统直播和社交媒体的“基因”形成的，专业化的制作团队通过用户感兴趣的内容及时与用户进行互动交流。这种互动交流不受时间、地点的限制，用户可以根据新闻事件进行自由表达，如上传新闻事件相关的图片、视频、参与评论等，互动性充分体现了用户的自主性。这种互动性体现了融合新闻一切“以用户为中心”的思维，其互动性主要表现为三个方面：第一，互动过程的多感官化，满足用户需求。通常在移动直播的过程中，用户常用的互动形式有弹幕、短评、参与话题讨论三种，另外也借助表情、图片甚至视频等媒介参与新闻事件的报道。第二，用户在互动的过程中是新闻事件的选择者和见证者。在进行新闻直播过程中，通过点赞、打赏等功能，将新闻事件观看选择权交给用户，同时通过即时互动，作为主人公或表演者参与其中，容易引起共鸣，强化参与感。

（四）内容更丰富多元

传统的新闻直播因耗时大，制作成本高，仅仅是重大事件发生时才能调动媒体的直播资源进行直播，往往以时政新闻或重大主题新闻事件为主，对突发性事件或与人们生活相关的直播很少。而恰恰是突发性事件和民生资讯更能满足用户对新闻资讯的需求。移动直播因其操作便捷、制作成本低，内容除了传统直播的范围外，平常较多的内容是以突发性事件或民生新闻为主，更具有人情味。比如，央视新闻客户端就通过直播“春运日常”，来更细致地关注春运背后的故事。浙江新闻客户端推出的《浙江一小时 · 急救|记者跟拍直升机到山区接病人》，以一小时架起生命空中通道的新闻叙事，让网民零距离感受了浙江医疗事业的发展水平。作品直播全网点击量 68 万，15 万网友同时在线观看，纷纷点赞浙江医疗事业的发展，正能量评论过百条。这场直播作为《浙江一小时》栏目的开头炮而一炮而红，起到了很好的宣传引导作用，传播了正能量，取得了全国影响力和美誉度。

第二节 移动新闻直播在国内的发展历程

移动新闻直播是移动卫星传输技术和移动互联网发展的产物，国内移动直播主要分为两个阶段，一是基于卫星直播传输，移动直播车阶段；二是基于移动互联网实时传输的网络移动直播阶段。具体情况如下：

（一）移动直播起源及广泛应用（1996 年—2009 年）

移动直播的理念进入中国，可以追溯到 1996 年，日本 NHK 电视台带着专业团队利用了飞机航拍技术和卫星电视直播对三峡实地考察情况进行了连续三天的直播，这场直播被业界评价为：是世界上首次长距离、水上移动式电视卫星直播。[①]早期的新闻现场直播智能依靠临时架设微波或有线线路进行，操作的便捷性上存在缺陷。2001 年开始，国内学者开始关注移动新闻直播研究，2001 年初，3com 公司为了满足用户的需要，在倡导简易无线网同时，推出了 3 com 11-Mbps Wireless LAN Access Point 6000 产品和无线局域网解决方案，有学者在《直播、无线现场直播》一文中指出了网络新闻直播存在的问题进行了阐述：传统的网络直播需要通过有线上网的方式进行，受限于直播场地和各种通讯条件的差异，对环境和网络配置的要求高，在实际运用的过程中，直播多为固定在一个封闭的空间进行。在直播的过程中还会因网线的松动而影响直播的顺利进行。[②]在此基础上，从技术的可及性上对 11 Mbps Wireless LAN Access Point 于新闻直播上的应用可行性进行了探讨。而受限于网络技术的推广普及，直到 2005 年随着网络传输速度的提升，国内才出现了以视频直播为主要内容的网络社区，如 9158，随后的 YY 语音、六房间等网络视频直播平台。这些平台凭借即时的个人呈现与用户

① 颜占领. 移动直播在中国[J]. 东南传播，2006（12）：4-6.

② 钱军. 移动、无线现场直播[J]. 电脑知识与技术，2001（15）：53-55.

的互动性吸引了大量用户的关注。网络视频直播的兴起及互动性推动了新闻直播的发展，2005年新疆维吾尔自治区成立 50 周年，中央电视台中文国际频道（CCTV-4）和新疆电视台联合推出了《直播新疆》节目，每天 20 分钟持续进行了一个月的直播，展现新疆的风土人情，这种方式在海内外获得好评。随后，中央电视台继续推出了《海峡两岸行》大型直播节目，彰显出了移动直播的优势，相对于以往的人文地理视频内容，直播的信息量更大。2006 年 7 月，中央人民广播电台在《穿越青藏高原》特别节目中，对直播进行了实验性尝试，在列车上实时动态地将音频呈现给用户，移动直播的概念被首次运用到直播中。[①]自此，全国各地的电视台、广播台纷纷加大对移动卫星直播系统的投入，探索新闻直播实践，对重大活动或体育赛事进行直播。如 2008 年，中央电视台采用移动直播方式，对奥运会进行了全景式直播；厦门广电集团从 2003 年开始就对马拉松活动进行全程电视直播。

2008 年中央电视台联合各省级电视台及其他有直播能力的机构成立了中国电视新闻直播联盟，旨在充分调动直播资源，对重大主题事件、突发性事件实行常态化全国电视直播。2009年，直播成为各大媒体角逐报道的焦点，并正式进军两会报道，中央电视台利用“动车组”的新型直播方式，以视听结合的方式第一时间将两会现场的情况呈现给观众，促使电视由以往“实况转播”向“现场直播”的转变。直播中采用同步切换、同步播出的方式对两会盛况进行了全程记录，采用持续性报道对两会的开始到结束的过程，不断将信息准确及时地推送给受众。新闻真实生动，现场感和参与感强。两会直播还体现了传统电视媒体和新媒体的互动，在直播过程中采用网上留言或手机短信的方式参与提问或互动，充分利用新媒体的互动性，实现了电视直播和网络直播的同步互动，参与感和仪式感更强。自此，直播已经成为新闻节目的常态，并日益发挥其作用。形式的多样化、操作的人性化、接收的便捷化成为移动直播联动、互动的走向。这一时期的直播多采用卫星、微波、光纤电缆的方式对直播信号进行传输，由于系统复杂庞大，在直播过程中需要多人、多组共同协作，相互协调才能完成直播。加上各种不同的直播都有其自身的缺陷：卫星直播技术的费用较为昂贵，使用不灵活，信号传输过程中容易受到建筑物的遮挡，会出现直播盲点，加上直播信号传输具有延迟性，不能大范围、快速移动；微波传输技术会受到距离的限制，每次使用需要架设调试设备，费用昂贵，不能大面积覆盖；光纤光缆因有线接入，不能大范围移动，无光纤光缆接入的地方铺设工程量大、耗时、铺设费用较高。

（二）网络移动直播初探（2010 年—2013 年）

2010 年酷 6 网首开网络移动直播先河，利用视频直播方式对上海通用汽车发布进行直播，将网络直播的互动优势发挥出来。2010 年 5 月，腾讯与 CNTV 合作，在线直播世界杯，采用“视频+微博+实时数据”结合的“全直播”模式，营造了世界杯的现场感，为用户带来全方位、实时的动态体验。这一时期，随着 3G 网络的兴起，通信界力求通过 3G 新闻移动直播系统的设计，能够真正实现新闻的移动直播。3G 技术在新闻直播中的应用是对传统直播方式的补充，记者可以单独完成新闻的采访与报道。因直播费用较低、设备轻便、还可大范围的移动，又能效缓解传统直播中因交通、供电问题、地形因素等影响直播的现状。3G 技术在新闻直播中

① 王磊. 让直播动起来[J]. 中国广播，2006（9）：22-23+48.

的应用主要在民生新闻、突发事件中应用广泛，能第一时间将现场资料进行传输。广州亚运会期间，广州电视台利用 3G 传输方式进行直播和报道。尽管当时 3G 直播的要受到网络带宽的限制，图像质量会在传输过程中受损，加上现场若使用手机的人较多，接收信息时会出现定格、花屏的情况，稳定性较差，但并不影响 3G 直播的即时性优势发挥。

在 3G 网络时代，移动新闻直播出现了一种全新的方式，即网络图文直播，同样在 2010 年的世界杯期间，依托于网速的提升，各大门户网站利用现场图片加文字的形式，将受众“带入现场”。值得一提的是，2010 年被称为“微博元年”，随着用户的增多，微博的影响力逐步提升，因其实开放的平台，可以随时随地实时分享信息，对新闻信息的即时分享具有巨大的推动作用，尤其是面对突发性事件发生时，信息的发布者不再是专业化的媒体人，普通用户也可以通过“图片+文字”的方式，快速地将新闻信息发布出去。在两会期间，一些媒体人开通微博，利用微博实时进行两会图文直播，多维度呈现两会情况。3G 网络为网络图文直播提供了便利，直播者只需要一部具有拍照功能的手机，就能将自己所见的新闻信息记录下来，并配之以文字实时发布。网络图文直播在微博的推动下，成为这一阶段新媒体直播的重要形式。

（三）移动直播的推广（2014 年至今）

2014 年，随着移动互联网的发展与普及，移动网络直播开始走向普及。移动互联网的发展打破了时间和空间的限制，为直播创造了更为有利的条件，也满足了新闻直播对于时效性的要求，真正意义上将移动直播的优越性发挥出来。推动直播普及的技术特征表现为三个方面：一是移动互联网的普及是移动直播真正实现的前提。4G 网络结合即摄即传技术，能实现高清影像的实时传输，促使新闻的“现场感”增强。从直播效果来看，相较于 3G 网络而言，4G 网络大大提高了传输速度，画质在传输过程中受损程度小、清晰度高，用户在观看时无卡顿和延迟情况，受到新闻业界和用户的一致好评。媒体机构通过 4G 移动直播对重大体育赛事、重大主题活动、突发性事件、民生等新闻进行全程直播，在提高新闻及时性的同时，提高了媒体的工作效率。二是依托流媒体技术，视频传输质量有了很大的提升。随着移动直播的广泛使用，移动终端的视频传输主要依托移动流媒体技术，采用实时流式传输，对直播视频实时编码、实时传输，大大缩短了用户的等待时间，具有较强的实时性。三是多种技术促进直播内容的多元化。5G 技术、人工智能、虚拟现实、大数据技术的逐渐成熟、无人机的使用渗透到新闻生产中，给用户带来全新的直播体验，使直播报道内容更为多元化、立体式、多角度地展现。大数据根据挖掘用户的兴趣爱好、特征，精准定位用户画像，提升了直播的针对性和传播效果；随着虚拟现实技术（VR、AR、MR）的应用，让用户全方位沉浸其中，增加了直播的临场感、参与感；4K 或 8K 的使用，提升了直播的质量，让直播的体验性更强；无人机直播真正意义上做到了可移动直播的全程覆盖，让移动直播的更及时，视频采集更全面、更广阔。2019 年，5G+VR 全景直播被首次运用在两会报道中，用户可以通过 360 度影像身临其境地体验两会现场的方方面面，让直播从展现二维内容到多维内容转变。如图 13-3 直播作品《VR 视角全景云端游珠峰》，利用 5G+4K+VR 全景视频对 2020 珠峰高程测量进行直播，是迄今为止国内海拔最高的 VR 直播。

案例：爱奇艺携手新华社 5G+4K+VR 全景直播 零距离见证 2020 珠峰高程测量

2020 年 5 月 14 日，爱奇艺奇遇 VR 联合新华社打造的“VR 视角全景云端游珠峰”视频正式上线。作为新华社客户端珠峰直播指定 VR 合作伙伴，爱奇艺奇遇 VR 以 5G+4K+VR 全景视频对2020珠峰高程测量进行直播，突破了以往的信息传输方式，为用户实时呈现在海拔 5 300 米珠峰大本营、5 800 米过渡营地和 6 500 米前进营地的高寒环境下，测绘人员如何“丈量”珠峰，使用户能“身临其境”见证这一重大历史事件。这是迄今为止国内海拔最高的 VR 直播。

图 13-3 《VR 视角全景云端游珠峰》

——资料来源：上游新闻 · 重庆晚报

这一时期的直播可以分成两个阶段：第一个阶段是 2014 年—2015 年，主要表现为 4G 移动网络直播的初步探索与电信直播系统的搭建；第二阶段是 2016 年至今，直播渗透到各行各业，新闻生产进入移动直播全覆盖阶段，具体表现为：

1. 移动端直播准备阶段（2014 年—2015 年）

这一阶段主要表现为移动直播技术壁垒突破和移动直播用户培养阶段，为全方位移动直播奠定了基础。移动互联网逐渐面向普通用户，智能手机逐渐普及，使用人数增多，为移动直播奠定了基础。随着移动互联网对传统新闻生产的渗透与影响，移动新闻直播的理念与工作流程都发生了变化。移动互联网方便携带性让电信运营商和媒体看到移动视频直播的市场潜力，相较于以往的直播而言，移动直播摒弃了电缆的束缚，通过移动信号能将实况新闻信息第一时间呈现在用户面前，使用户同步置身新闻现场，通过形象的声音和画面，声临其境地感受新闻事件的经过、现场氛围、现场细节，具有身临其境的感染效应。因此，在洞察用户需求的基础上，电信运营商与媒体机构纷纷走向合作，尝试通过移动 4G 网络进行新闻直播。如成都电视台利用 4G 网络对民生新闻、综艺等节目进行直播，大大提高了媒体的工作效率。电信运营商与媒体合作，旨在打破制约直播的技术瓶颈，在移动视频直播系统的设计与实现、信号传输方案的解决、保障措施建构等方面进行着研究和实践。2015 年，随着智能手机和无线网络的发展，制约移动直播的技术瓶颈得以攻克。在媒介融合过程中，传统媒体纷纷进入“两微一端”探索阶段，移动新闻客户端成为用户获取信息的主要平台。随着算法推荐的广泛运用，可以根据用户的兴趣爱好推荐他们喜欢看的内容，节约了用户的搜索成本，培养了用户利用移动端看新闻的习惯。就网络直播而言，当时在 PC 端直播网站培养了大量直播用户的基础上，国内的移动端视频直播平台相继出现，以映客、花椒、YY 直播、虎牙等平台为典型代表，通过游戏直播、体育直播、秀场直播让用户从 PC 端转移到了移动端。2015 年在世界杯报道中，央视体育派出记者采用可穿戴设备，随时随地记录世界杯情况，意味着传统电视直播开始进入移动时代。2015 年 9 月，部分平台高清直播了 70 周年抗战胜利阅兵仪式。由于移动直播门槛的大幅度降低，直播的内容大范围拓展，主要由室内转到了室外，内容更丰富多元，为移动新闻直播提供了基础。另一方面，这一时期新闻客户端的下载量激增，用户增多。因智能手机随时随地可以满足人们获取信息的需求，用户的新闻获取习惯也逐渐向移动端转移，用户习惯并乐于在移动端收看新闻及新闻直播。

2. 移动直播全方位进入常态化（2016 年至今）

2016 年，随着智能手机、4G 网络及移动网络覆盖在国内基本普及，尤其是随着政府和企业大力开展“智慧城市”“无线城市”建设，公共区域无线 Wi-Fi 迅速普及。手机、平板电脑、智能电视带动家庭无线网络使用，网民通过 Wi-Fi 无线网络接入互联网的比例高达 91.8%，较 2015 年 6 月增长了 8.6 个百分点。目前，Wi-Fi 无线网络已成为网民在固定场所下接入互联网的首选方式。网络环境的逐步完善和手机上网的迅速普及，使得移动互联网应用的需求不断被激发。[①]移动直播渗透到各行各业，逐渐成为移动互联网排行前十的应用之一。

4G 网络及 Wi-Fi 的普及直接降低了流量门槛，让主播们更愿意在各种场景下直播。技术的优化升级降低了视频内容的生产成本和用户消费的成本，给文字、语音、短视频、到现在的直播视频带来了发展的机遇。如图 13-4 所示，2016 年 12 月我国网络直播用户达 3.4 亿，网络直播行业异军突起，并基本保持稳步发展。移动直播作为网络直播的移动端表现形式，在新闻报道中更具有优势。在直播用户和网络新闻用户都上升时，无论是主流媒体还是商业媒体，基于用户使用习惯的转变和直播这种表现形式的优越性，都看到了移动直播给新闻行业带来的价值。

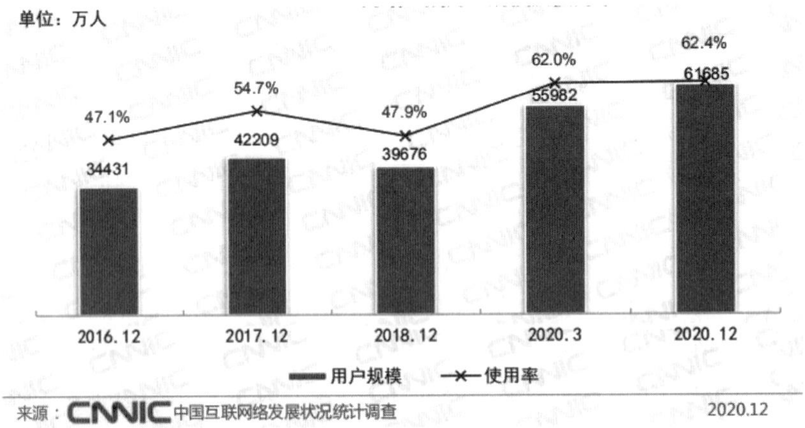

图 13-4　2016 年—2020 年网络直播用户规模[②]

2016 年被称为“中国网络直播元年”，移动直播呈爆炸式增长，随着网络直播用户的增加，移动直播已开始进入人们生活的方方面面。移动直播强化了移动终端在媒体中的应用。[③]与传统电视新闻直播相比，移动直播新闻有着自己的特点与优势，无论是主流媒体还是市场化媒体，都看到了移动直播给新闻行业带来的价值和机遇，媒体对移动直播越来越重视。传统媒体和网络平台纷纷将直播作为产品标配，纷纷抢占新闻直播赛道。2016 年春运期间，新华社是国内首家将移动直播纳入新闻生产环节的媒体机构，大胆创新了国内新闻生产方式。2016 年 2 月，新华社社长蔡名照首次提出“现场新闻”概念，即“运用最新的移动网络技术，在新闻现场实时抓取尽可能多的现场要素，通过各种报道样式，把新闻现场实时地、全方位地、

① 中国互联网信息中心：第 37 次中国互联网发展状况统计报告.
② 中国互联网信息中心：第 47 次中国互联网发展状况统计报告.
③ 周晓鹏. 移动直播时代，媒体如何才能弯道超车?[J]. 传媒评论，2016（8）：31-34.

全息化地呈现给受众”，旨在通过移动网络、直播技术，实现对新闻现场的全面覆盖。央视率先进军移动新闻直播，推出了移动直播 APP“央视新闻+”，并且进行了“2016 两会”“江西暴雨”等上百场直播。2016 年两会期间，新京报与腾讯新闻合作，利用移动互联网及流媒体技术对两会进行了全方位、多角度、全景式直播。实时视频直播融合了视听元素，声形并茂地对两会进行了全新的表达，通过真实、生动的即时传播，营造出的现场感更为直观、立体。[①]值得一提的是，有关民生的舆论热点事件发酵，促使移动直播更进一步进入普通人的视野。2016 年 4 月，北京某酒店女网友遭陌生男子强行拖拽事件引起了广泛关注，在事件新闻媒体发布会上，法制晚报记者进行了现场移动直播，使直播的新闻传播功能显现出来。2016 年 5 月，腾讯新闻率先在其移动客户端中推出了“直播”，标志着新闻客户端进入移动直播时代。此后，央视新闻、澎湃新闻新华社等移动客户端纷纷开启了自己的新闻直播通道。从直播在主流媒体页面中所占篇幅或摆放位置都可以看到媒体机构对于直播的重视。如央视新闻把直播放在页面顶端，仅次于“要闻”的位置；腾讯新闻专门开设了“直播”栏目。除了媒体平台外，如表 13-1 所示，企业平台如腾讯、网易、直播平台都利用视频直播，传递新闻资讯，并在新闻生产的生态中逐渐发挥作用。

表 13-1　2016 年各类平台在新闻领域开展的部分直播活动

平台	事　件
腾讯	2016 年初开展《一个女孩的车站》直播，引爆社交网络。后又关注上海迪士尼开幕、2016 年高考、南方水灾等热点事件，并策划了《造熊季》《黑镜实验》《十三邀》等人文类资讯内容。腾讯新闻在其手机客户端推出了移动直播卡片，直播拥有与新闻、推荐并列的一级入口
网易	网易在 2015 年开始布局直播，将直播视作是跟帖之后最重要的新功能。2016 年春节期间推出了“2016 年春运直播”，全程 360 小时不间断进行全景直播，吸引了超过 2 200 万网友参与直播讨论。在体育直播科比告别战中，共有 1 108.9 万人参与了直播观看和互动。4 月份对日本熊本地震的跟进报道，连续 5 天不间断直播救灾进展创造了 3 500 万用户参与量。7 月 20 日，网易北京联合网易号高速 FM99.6 对北京暴雨进行了全天候直播。目前，直播在网易新闻客户端中还没有一级菜单，但在首屏顶部拥有了特别入口
各大直播平台	2016 年，斗鱼、熊猫等娱乐直播平台从秀场、游戏直播逐渐向泛生活化和场景化直播延伸，进行了一系列具有新闻价值的科技人文类资讯和泛时政内容直播。2015 年 9 月，部分平台高清直播了 70 周年抗战胜利阅兵仪式。2016 年 3 月，斗鱼、战旗等娱乐直播平台对 AlphaGo 和李世乭的人机大战进行了直播讲解。2016 年 7 月湖北发生洪涝灾害期间，湖北日报荆楚网联合斗鱼直播，直播报道了灾区的民生现状、政府救灾以及官兵抢险等画面，并与网民实时互动

① 全昌连. 现场实时视频直播：《新京报》两会报道的媒体融合实践[J]. 中国记者，2016（4）：58-59.

2017 年，VR 全景直播进入公众视野，如央视春晚首次进行了 VR 全景直播；2017 年 4 月 20 日，我国首艘货运飞船“天舟一号”发射 VR 全景直播，引起了广泛关注。

案例：“天舟一号”发射任务 VR 全景直播

2017 年 4 月 20 日，我国首艘货运飞船“天舟一号”在中国文昌航天发射场执行飞行任务。这是我国空间站货物运输系统首次实用性亮相，将为我国空间站组装建造和长期运营奠定重要技术基础。为了能让受众更身临其境地感受我国首单“太空快递”的运送过程和中国航天事业的发展，CCTV-1《中国相册》栏目联手央视网，对此次发射进行近距离 VR 直播，并开创了三个“首次”：首次航天领域 VR 直播、首次最近距离全程直播火箭发射、首次在 VR 直播中引入专业讲解员。

图 13-5　天舟一号 VR 直播回放

此次全景 VR 直播创造了史上最近距离（100 米）全程直播火箭发射的记录。观众不仅可以通过屏幕直面火箭发射一瞬间颇为震撼的视觉冲击，还能在火箭吊装、转运等环节获得全方位的沉浸式体验。通过电视、PC 端和移动社交媒体的多屏互动模式，无缝覆盖直播前后 72 小时，实现良好的传播效应。

——资料来源：中国记协网

两会期间，光明网、人民日报、新华社、中央电视台、新蓝网等国内主流媒体纷纷上线直播平台，使用移动直播。央视新闻推出《两会云镜头》《陪你一起看流星雨》《铁骑回家路》《中国此时此刻》《特殊机位看阅兵》《港珠澳大桥》等长时间跨区域的大型新媒体直播节目，配合新媒体两会特别报道以组合拳形式推出。腾讯新闻完成了总时长超过 100 小时的《两会进行时》直播报道。2017 年 3 月 15 日，该报道的总浏览量突破 1.38 亿人次，将新闻媒体移动直播推向了新的高峰。光明网打造的多信道直播云台“钢铁侠”引发无数人围观，“钢铁侠”的图片也刷屏社交网络，引发了业界和新闻用户的广泛关注。技术的进步促使直播开始在新闻媒体领域快速渗透，移动直播成为媒体报道的新方式。

资料补充：光明网“钢铁侠”亮相两会　多信道直播云台引发关注

光明网“钢铁侠”多信道直播云台首次应用于 2017 全国两会报道，该设备在人民大会堂一经亮相，就引起与会者的广泛关注。

“钢铁侠”多信道直播云台是光明网最新打造的全媒体报道单兵设备，该云台集新闻信息采集、发布于一体，现场只需一名记者即可快速实现视频、全景、VR 等内容的同步直播与录制，通过设备后台的云控制台、云存储及流媒体服务系统，记者还可以一键同步实现 PC 端、新闻客户端及 H5 页面等跨平台视频内容的分发与适配，让多种媒体产品在同一平台快速生产聚合。

“钢铁侠”多信道直播云台可以同时为 16 家平台提供高达 3K 画幅、4M 码流的视频和 VR 信号，观众无须安装任何软件，即可通过手机裸眼观看高清 VR 直播。同时，通过光明网独有的多平台云适配技术，网友使用微信等热门社交平台也可方便快捷地观看、分享、参与 VR 直播互动。

——资料来源：《光明日报》

2018 年，我国移动新闻直播行业发展迅速，除重大活动、体育赛事直播为主外，各类民生新闻也迈入直播行列，直播的平台呈现出多元化发展的趋势，移动直播成为新闻客户端不可缺少的重要内容，甚至有些媒体上线了以直播内容为主的客户端。如央视推出了以移动直播为主要内容的客户端“央视新闻+”，打造 24 小时全时性、多角度的直播平台，与 PC 端的“央视新闻移动网”，共同组成移动直播矩阵。人民日报推出了“人民直播”平台，与新浪微博合作，维持直播内容的持续发布。通过移动直播的布局，主流媒体进一步提升自身的公信力和影响力。

图 13-6　央视新闻客户端 VR 频道宣传片

2019 年，在 5G 商用牌照发放后，使移动直播拥有了更先进的技术支撑，移动直播迅速成为人们交流与传播的重要方式。2019 年 2 月央视新闻客户端推出 VR 频道，VR 直播成为时政新闻传播的重要方式。2019 年两会直播首次使用 4K+5G 超高清直播，5G+VR 全景直播，用最新的拍摄和传输方式进行新媒体移动直播，更好地体验为用户提供新闻信息。

直到 2020 年，使用直播的用户已达 6.16 亿，占网民的 62.4%。其中，体育直播用户规模为 2.13 亿，占网民整体的 23.5%，直播已成为新闻传播的重要形式。这一年，在“新冠”疫情报道与决战脱贫攻坚的双重背景下“5G+直播”的场景呈现让视频直播的充分发挥出了能力。一方面，疫情期间媒体利用 5G 采用多角度场景、多形态内容、随时随地在线的直播方式，使用户可以在第一时间了解抗击疫情的最新动态，以最直接的方式获取最真实的信息。武汉抗击新冠肺炎疫情期间，中央广播电视总台采取“慢直播”①方式报告火神山、雷神山医院建设，引发社会各界“云监工”②热潮，相关直播参与人数超千万。另一方面，移动直播跨越了单纯直播呈现的方式，新闻直播进入“直播+”生态。在决战决胜脱贫攻坚上，网络直播提供了“线上引流+实体消费”的数字经济新模式，各个媒体平台联合电商平台、企业进行直播系列活动，在助力脱贫攻坚上做出了相应贡献。

移动视频直播的发展，则开启了一个“全民新闻生产”的局面，移动直播在本质上改变了人与世界的链接方式，人们通过屏幕能实时了解新闻事件，参与实时互动。随着 5G、VR 等技术越来越渗透到新闻生产中，其将给用户带来全新的视听体验，并能提升媒体直播报道的整体水平。

① 慢直播：指借助直播设备对实景进行超长时间的实时记录并原生态呈现的一种直播形态。
② 云监工：来源于央视新闻直播武汉开建火神山医院和雷神山医院的建设工地，网友们虽然不能到现场出力，但纷纷通过直播镜头去“监督”医院的建设进度，称为“云监工”。

第三节 新闻移动直播是如何讲故事的

移动互联网时代，通过实时视频直播，可以充分迎合当下“移动端优先”的传播趋势。新闻工作者利用移动直播平台，能实时制作并同步播出多媒体视听内容，为用户提供实时的、全方位、互动性的新闻阅读体验，用户可以实时在移动客户端上观看直播。与传统电视台的直播不同，移动直播的形式更为多元，不仅要灵活运用视听元素对新闻事件进行时宜的展现，还要充分考虑到 VR、弹幕、评论互动等功能。在移动直播过程中要掌握当前直播的形式，综合利用移动直播的特点更好地为新闻报道服务。

一、目前主要的直播形式

目前国内的新闻移动直播可根据内容分为三种形式，即快直播、慢直播、定制直播。[①]快直播主要针对突发性事件，能第一时间赶到新闻现场。慢直播主要针对的是泛资讯类内容，不强调新闻的时效性。定制直播主要指重大主题活动，需要预先策划好。具体表现及实践如下：

（一）快直播

快直播主要指突发性事件发生时，新闻记者到达现场，第一时间用直播向用户全面呈现事件的报道。快直播是新闻记者新闻敏感度和反应能力的重要体现，当突发性事件发生时，用户往往会关注事件的动向，了解最新的进展情况。移动直播的实时性与真实性呈现契合用户需求，通过直播连线，用户虽然不在现场，却能直观看到现场情况，犹如深入现场的“目击者”一样，满足了用户对事件关注的兴趣。突发性事件的报道一直以来是媒体公信力和报道能力的体现，快直播的报道方式是新闻媒体抢占第一手新闻资料，深入新闻现场的“见证”，记者进入新闻现场后，不需要长时间的准备，就能利用移动直播手段进行实时直播。这种报道方式是媒体奉行“第一时间、第一现场”报道原则的重要体现，大大提高了报道的效率。2019 年 8 月，浙江新闻客户端通过台风登陆情况的移动直播，实时展现了超强台风“利奇马”在浙江温岭登陆的情况，发挥了媒体第一时间、第一现场的事件报道和信息传播功能。

案例：

由于在台风登陆前几小时，浙视频就做过《红色预警！浙江多地直击超强台风“利奇马”》等直播，并有非常好的效果，不少网络媒体平台都对浙视频台风直播都提出了共同传播的需求。

当得知浙视频要做夜闯台风登陆点直播时，今日头条、腾讯、凤凰新闻等不少平台和媒

① 黄佳念，刘书田. 当“直播”涌入新闻业——移动新闻直播在新闻场景中的应用分析[EB/OL]. 人民网，2017-01-09 [2021-07-15]. http: //media. people. com. cn/n1/2017/0109/ c409688- 29009851. html.

体主动来要直播流。虽然直播在后半夜两三点钟进行，但全网依然有 154 万网友在不眠夜观看了这场直播，并与浙视频直播记者进行了互动。在直播过程中，记者通过直播间的互动评论，现场回答了台风路径信息、登陆点位置和目前风力大小等网友特别关注的问题。

图 13-7 《超强台风“利奇马”登陆浙江温岭 浙视频记者夜闯台风眼》

该作品采用视频直播和图文滚动直播方式，报道了 2019 年 8 月 10 日超强台风“利奇马”在浙江温岭登陆的情况，发挥了媒体第一时间、第一现场的事件报道和信息传播功能。作品时效性，现场感强，较为充分发挥了移动直播灵活、交互等特性，取得了较大影响力，体现了媒体的社会守望功能。

——资料来源：中国记协网

（二）慢直播

慢直播主要指借助直播设备对实景进行超长时间的实时记录并原生态呈现的一种直播形态。①慢直播一般用时比较长，主要采用实时记录的形式对新闻事件进行全程直播，有助于用户了解事件的整个过程，是“直播+纪录片”的结合体。慢直播通常将摄像机架设在特定的场景中，同时借助架设在全国各地的高清、广角摄像头，聚合直播信号，展开常态化、实时直播。

这种直播方式最大的特点是原生态地呈现社会生活的方方面面，让用户能够通过屏幕去了解世界。在直播过程中，用户与用户之间，主播与用户之间进行实时互动，可加深对事件的认识，新闻价值进一步提升。2016 年央视新闻推出了《春晚后台》系列直播，在演员化妆间、排练场等地方假设了直播机位，让用户看到了春晚幕后演员准备的全过程，为用户对春晚的体验开辟了一种全新的方式。腾讯新闻出品了《一个女孩的车站》《黑镜实验》和《熊猫交配科普直播》等直播节目。《一个女孩的车站》用直播的方式记录了最后一趟列车的运行，鼓励当时正在观看的用户实时互动，补充新闻细节，引发了社会化媒体上的爆发性讨论。

2020 年，在网络新闻报道中，慢直播受到越来越多人的关注。在武汉火神山和雷神山医院的建设中，央视频新闻客户端联合中国电信，在专题页面上呈现了两所医院建设的现场，观看人数达 9 000 万人次以上；随后，央视频推出“珠峰十二时辰”系列慢直播，首次向全国观众 360 度全景呈现珠穆朗玛峰 24 小时实时景观变化。慢直播作为一种新型的直播形态，让我们不得不去思考，直播的意义和价值是什么，有网友说：“慢直播的每一分钟都将成为国家发展的珍贵镜头。”慢直播体现了移动新闻直播的亲民特征，让我们更为全面地去关注每一个群体、每一个社会现象，然后静下心来思考。

（三）定制直播

定制直播主要表现为在重大事件、重要会议、重要赛事发生时，采用连续直播的方式进

① 中国互联网络信息中心. 第 47 次中国互联网发展统计报告[R/OL]. 中华人民共和国国家互联网信息办公室，2021-02-03 [2021-07-15]. http: //www. cac. gov. cn/2021-02/03/c_ 1613923423079314. htm.

行的新闻报道。这些重大活动往往都是用户关注的民生、经济、政治等方面的，因新闻事件的重大性，现场场面一般比较宏大，对于新闻直播者的专业性和严谨性都有一定的要求。这类活动在直播前，一般都需要经过新闻策划，前期需要进行信息搜集，相关背景调研，拟定直播提纲，模拟直播场景等，这些环节缺一不可。定制直播一般确定报道主题后，在正式直播之前，都会通过微博、微信等社交平台进行相关报道的预热，引起用户的关注。对于这类报道而言要多角度地呈现现场，用丰富的直播内容让用户选择并接收自己感兴趣的内容，以增强用户的“在场感”。2017 年人民网联合腾讯网推出了大型直播栏目《两会进行时》，从 3 月 3 日到 3 月 15 日，每天平均直播超过 9 小时，总时长 120 小时，从历史回顾、两会委员准备、特别策划、点评微博热点话题、解读报告、部长通道、两会提案等方面，全方面对两会进行的直播报道。实时直播中还穿插动画、短视频对直播进行辅助叙事，如 Rap 动画《word 两会我做主》、动画《当民法总则遇上哪吒》，视频短片《我曾在海外迎接习主席》全方位对两会进行更深度、全面的报道。

二、新闻移动直播如何讲好故事

目前，一个好的直播报道应该是对那些具有高新闻价值的新闻事件客观、准确、全面的呈现。[①]除了尊重新闻的客观规律外，还要充分利用直播的优势，贴近用户、全方位、立体地为用户提供沉浸式的目击体验。

（一）贴近性

贴近性指在直播过程中，在尊重新闻事实的基础上，要贴近用户的喜好，根据用户的特点，接地气地进行报道，激发用户的观看欲望。直播是建立在特定关系和场景下的新闻报道，能实现新闻生产、传播、接收的同步进行。进入新闻现场后，主播要将用户喜好与专业判断结合起来，根据不同的事件选择不同的侧重点，随时随地向用户呈现直播报道，以满足用户的需求。要做好贴近性，直播者与用户之间要通过屏幕建立一种对话和交流，让用户感受到被尊重、被重视，从而卷入直播内容中。2016 年 7 月，新京报在北京暴雨时，派记者前往北京丰台西路、房山拒马河、北京西客站地等积水情况进行了实时直播，有效减少了因突然发生灾难给人带来的恐慌和危害。在突发性事件发生时准确、快速地做出反应，解决用户关心和关注的问题，是新闻移动直播义不容辞的责任。在《益阳洞庭湖下塞湖拆围收官战》的直播中，湖南日报采用多视角、多场景、多换位、多维度呈现矮围拆围现场，记者通过采访相关负责人、推土机司机、当地渔民、环保志愿者等，从不同视角全方位展示了矮围的形成及拆除过程。叙事衔接紧凑，画面丰富立体，语言接地气，有传播力、引导力，充分体现了直播的贴近性原则。

（二）全方位

全方位指在直播过程中，要多点呈现新闻事实，多角度思考，注重用户全方位感受。2017

---

① 周晓鹏. 移动直播时代，媒体如何才能弯道超车?[J]. 传媒评论，2016（8）：31-34.

年，人民网推出的《两会进行时》系列直播，是中国互联网史上重大报道里持续时间最久、参与单位最多的大型全景式视频直播节目，及时、权威、全面传播了两会信息。两会期间，《两会进行时》在 58 家党媒客户端、19 家党媒 PC 端、5 家电视台落地，有 35 家地方党媒向栏目投稿，总投稿量达到 200 余条，参与联动的媒体及渠道超过 100 家。在内容上《两会进行时》以全面视频化、重点移动化、优先直播化、融入科技化为报道方针，致力于打造一个媒体融合的展示平台，并形成报、台、网、端、微联动的传播矩阵，全方位实时报道两会，推动中央媒体与地方媒体、新媒体与传统媒体的深度融合，无缝对接各类平台资源，共建传播矩阵。

全方位要求直播前要做好新闻策划工作，利用直播优势，将具体直播场景与有趣的内容、丰富多彩的采访、权威的讲解、直播点评、互动活动结合起来，巧妙地融入新闻事件中去。

（三）沉浸性

沉浸性要求直播将用户带入新闻现场，通过实时的信息传递，包括视听元素的真实呈现与视角切换为用户提供接近新闻真实的体验。新闻移动直播作为用户与新闻事件连接的桥梁，强调的是打破新闻内容呈现与真实之间界限，使用户虽然不在现场，也同样能心临其境，感知现场，通过全方位的呈现，甚至能体会到超越用户本身在现场所带来的效果，更全面、系统地了解新闻事件。

案例：受暴雨影响陕西汉中略阳五龙洞成孤岛　直升机急运物资

2018 年 7 月 14 日至 15 日，陕西省汉中市略阳县遭遇了百年不遇特大暴雨袭击，全县五个镇、办出现灾情，其中五龙洞镇基础设施损毁最为严重，水、电、路、讯全部中断，成为了名副其实的“孤岛”。由于暴雨不停，地理位置特殊，对五龙洞实施公路运输方式的救灾难以实现。略阳县政府、汉中市政府会商后决定租用直升机给五龙洞运送急需的药品、奶粉、食品、衣物、发电用的油料等，把党委、政府和社会各界对受灾群众的关切送到灾区，把灾区的消息及时带给外界。

图 13-8　汉中略阳直升机急运物资直播回放

7 月 15 日，记者一行四人冒着暴雨和泥石流危险进入到略阳县境内，在报道灾情的同时一直关注着五龙洞镇被困的 5 000 余名群众和干部的消息和处境。在得知直升机救灾的决定后，记者经过了一个晚上的等待和准备后，终于在直升机起飞的一刻记录并通过当下最快的传播手段——手机直播的形式将这一重大消息进行了报道和传播。

这篇移动直播新闻作品是该起新闻事件中独家也是最快的新闻报道作品，直播过程中以及直播后被汉中市民以及全国的观众大量转发，抗洪救灾期间几乎占据了汉中市广大干部群众的微信朋友圈。作品的关注度高、传播力强，社会影响巨大。作品在第一时间传达了当地党委、政府以及社会各界对受灾地区群众的关切和牵挂，体现了以人民为中心的思想，作品充满正能量，给灾区抗洪救灾的干部和群众以极大的鼓舞。

——来源：央视新闻+客户端

2018 年，央视新闻对陕西略阳县遭遇特大暴雨袭击后的救灾情况进行了直播，通过记者对直升机试飞的现场体验，对灾情、救灾措施、应急物资等问题做了详细的报道，让用户沉浸在救援的过程中，满足用户对救灾情况的关切与好奇心理。直播过程中，通过镜头的移动如平移、倾斜、仰拍、切换视角等方式，让用户跟随记者以第一人称视角沉浸在新闻现场中。

随着慢直播的兴起，新闻移动直播已超越了以往新闻报道的空间范围，以往的新闻报道是记者或者编辑选择报道角度，将新闻事件最重要的，最有新闻价值的一面体现出来。而慢直播的兴起，让用户在观看直播过程中，进入心理的沉浸感，如新华社的慢直播《千山风光 灵动如画》《秦岭大熊猫的日常有多萌》、人民网的《云赏樱》等，用户在观看直播过程中，能够达到释放生活压力、情绪共享的效果。这种沉浸感远远超越了传统的新闻直播，在慢节奏的信息传递过程中，用户更多的会获得一种情感的共鸣，通过用户之间共同观看、互动，实现精神上的陪伴，得到一种心理的满足。另一方面，通过屏幕建构起的高度拟真化环境，弥补了用户因时间距离不能到达现场的遗憾，满足了用户“世界那么大，我想去看看”的心理，增加了移动新闻直播对用户的吸引力。

（四）互动性

互动性指新闻移动直播过程中，记者与用户之间，用户与用户之间进行交流互动的过程。新闻直播既要满足用户对新闻信息的需求，又要让用户进入互动性的体验，实现自我消遣的娱乐功能。英国学者威廉・史蒂芬森也认为大众传播在信息传播之外，还具备自我消遣的游戏功能，能够带给大众愉悦。新闻移动直播深受用户喜爱的原因更多的在于观看直播过程中与记者或用户之间的实时互动，这种互动增加了观看过程中的趣味体验。首先，用户更愿意与同时观看直播的用户互动，就像找到共同兴趣爱好的人一样，用户乐于将自我感想，疑问通过公开的方式表达出来。在央视直播建设火神山医院和雷神山医院的过程中，用户通过在观看过程中集体监督医院建设情况，集体为工具车打气加油。这种互动方式已经跨越了直播内容本身，直播的内容仅仅是用户之间连接的纽带，用户通过沉浸在直播环境中的互动参与，找到情感的共鸣，从而获得一种快感。新闻移动直播的互动性主要是基于内容本身的互动性，主要通过弹幕、互动评论、点赞、留言的方式进行。具体表现为：

弹幕：弹幕指的是直接显现在视频画面之上的评论，有滚动、停留等多种特效方式。

互动评论：互动评论在移动直播中运用较多。与弹幕稍有不同的是，弹幕的评论有时间或数量的限制，隔段时间可能会清理，而直播的互动评论是即时有效的。

评论栏：相比于前两者，评论栏是一种较为传统的互动方式，在移动直播视频的下方设有评论栏，用户可以在此留言或发表观点。评论栏与直播内容相互独立，不会干扰用户对内容的关注，评论也没有没有时间限制。

点赞：点赞是运用爱心、点赞、愤怒等表情符号表达观看者态度的一种互动方式，直播完成后通常会有数量统计。它是一种非常简易且快捷的表达态度的方式，但其表达的内容通常比较模糊。

今后，随着 5G 技术的应用普及，“5G+VR 直播”、智能眼镜、AI 的应用，

移动直播也将能够成长为一种更为常态化的新闻信息报道方式，再次缩减新闻现场与用户之间的空间距离，在临场感、互动体验上将更进一步。

思考题

1. 5G对新闻移动直播带来的机遇和挑战是什么？
2. 新闻移动直播的特点是什么？
3. 新闻移动直播是如何讲故事的？
4. 什么是慢直播？慢直播的特点是什么？

第十四章 新闻游戏

本章学习目标

1 了解新闻游戏的定义及特征。
2. 理解新闻游戏的叙事方式。
3. 熟悉新闻游戏的制作流程。
4. 知晓新闻游戏的价值判断标准。

案例导学：

英国《金融时报》于2017年10月推出了一款新闻游戏——《Uber司机》，该作品一经发布，就取得了良好的传播效果，引发了大众对于Uber司机群体的关注。采编团队通过对Uber司机这一群体的采访，获取了大量数据后制作了该新闻游戏作品。用户可以在自主探索过程中“经历”一段段故事，在一周的时间里去体验Uber司机的真实生活，同时也在“游戏”中内置了相关与Uber司机群体有关的新闻报道，供用户选择阅读。新闻游戏正在以其特有的互动性、沉浸感、趣味性等吸引着用户的关注，本章节就让我们走进融合时代下的新闻游戏。

新媒体技术的迅速革新使得媒介融合的步伐不可回撤，融合媒体产品不断发展，逐渐深入到用户的日常的生活中，传统媒体时代的传播格局被打破，用户分化更为细致、信息获取更为便捷的传播时代到来，新闻业在这过程中也走向融合。近年来，游戏文化越来越受关注，媒体开始注意到，游戏媒体也能够集文字、画面与听觉为一体，同时还能带来极强的用户体验，因此，融合新闻的发展进程中，一种迎合用户需求与市场的新新闻报道类型出现——新闻游戏。新闻游戏利用游戏的形式向用户展示新闻文本内容，同时将游戏理念融入新闻生产过程之中，使得新闻作品既具备新闻属性，同时也兼备游戏的娱乐属性。这种新的报道模式，一方面适应了移动传播时代增强用户阅读体验的需求，拓展了新闻叙事的边界，另一方面也降低了信息传播的门槛，提升了用户黏性，使得新闻的传播效果以及舆论引导作用能更大程度进行发挥。

第一节 新闻游戏的定义及特征

新媒体平台内容的泛娱乐化以及用户对于新的新闻报道形式的需求加速了新闻游戏的诞生。2003年，乌拉圭的游戏设计师发布的新闻游戏《9月12日》被公认为全球最早的新闻游戏，“新闻游戏”这一概念也随之提出。随后，世界各国都在媒介融合的过程中开发出了丰富多样的新闻游戏作品。伴随着我国融合媒体的发展，2014年，网易发布了我国最早的新闻游戏作品。随后，新闻游戏作品在我国大量涌现，具有丰富的主题内涵以及多样的呈现形式的特点。2016年，财新网的新闻游戏作品《像市长一样思考》在国际数字媒体创新大赛中获得第三名的佳绩，更是极大地激发了新闻生产者们的热情，我国的新闻游戏发展势头更加强劲。

一、新闻游戏的定义与分类

从“新闻游戏”诞生之日起，学界与业界就开始围绕这一概念进行具体的界定，在众多的概念界定中，围绕其本质究竟是“新闻”还是“游戏”，逐渐分化成为了两个派别，一方是坚持新闻游戏的本质是新闻的“新闻说”，另一方则是坚持其本质是游戏的“游戏说”。“新闻游戏”抑或是“游戏新闻”，厘清二者的具体内涵对于我们更好地把握新闻游戏的概念与分类有重要启示作用。

（一）“游戏说”与“新闻说”

先从“游戏说”谈起，这类研究者们认为新闻游戏是严肃游戏的分支，从其本质上来看，是通过大量的搜集新闻素材，并将新闻素材转化为新闻信息，以此作为整个游戏设计的背景与故事框架。因此，新闻事件在新闻游戏中所扮演的角色仅是文本素材，更重要的是，他们提出，新闻游戏并不总是完全客观真实的，它能够进行主观立场预设，与新闻报道的客观性冲突。以最早的新闻游戏《9 月 12 日》为例，设计者弗拉斯卡就提出，新闻游戏的内容虽然是依靠真实的新闻事件来创作改编的，但是设计过程中并没有强调客观，有鲜明的立场性与倾向性。《9 月 12 日》的内容依据真实新闻事件“9・11”改编，通过 Flash 程序进行设计，希望能够表现恐怖主义与国家军事政策之间的关系，在游戏的结尾，设计者通过程序设计使得玩家即使赢得了游戏也无论如何都不能够将恐怖分子完全消灭，结局的设定意在向公众传递一种观点，即无论是恐怖主义抑或是战争，只要是暴力的手段，最终都不能取得真正的胜利。通过这一设定引发公众的理性思考的同时也表达了设计者自身的观点与立场。因此，“游戏说”的观点认为新闻游戏的生产者不论是游戏机构抑或是新闻机构（从业者），都不能够真正的保持中立，新闻游戏虽然根植于新闻事件本身，但是通过新闻游戏所传递的思想与观念远远超过了新闻事件本身。

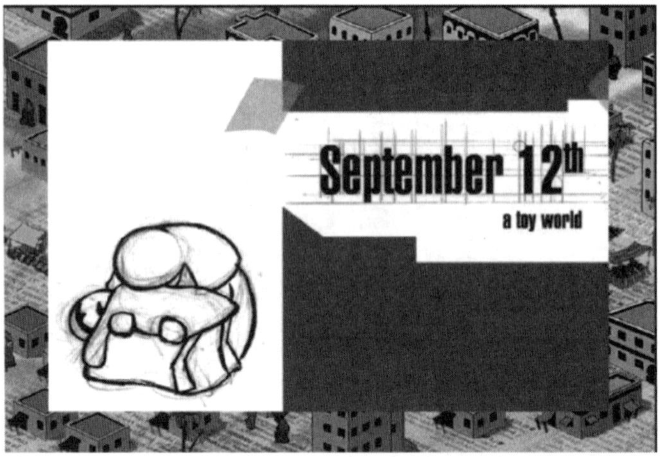

图 14-1　《9 月 12 日》新闻游戏画面

与“游戏说”相对的是“新闻说”，“新闻说”的观点主要是基于媒介技术而言，他们通常将游戏作为一种新闻媒介，设计者通过游戏这一媒介将信息传递给公众，游戏成为了新闻传播的一种新的载体。所以说，新闻游戏的本质还是“新闻”，在面对新闻游戏时，新闻内容才是应该被关注的主体。基于此，研究者们提出，在进行新闻游戏的设计时，便应当以遵守新闻报道的基本原则和规范为基础。例如，巴西的新闻游戏设计师弗雷迪・贾科莫就提出，新闻游戏在制作前，需要清楚该游戏是否能够帮助用户对新闻事件以及新闻内容进行了解与把握。除了在新闻游戏制作环节考虑“新闻性”之外，研究者们还对新闻游戏的功能也做了阐述，认为新闻游戏的主要功能是为了能够提供与传递信息，游戏与娱乐不是新闻游戏的主要功能。在新闻游戏领域的第一本研究专著《新闻游戏：嬉戏中的新闻》一书中，学者博格斯特提出：新闻游戏的本质是视频游戏与新闻业进行深度融合的产物，游戏自身所特有的虚拟现实能力以及与玩家建构起来的深度互动关系等特质，使得其能够更好地为新闻报道服务，开发出全新的新闻呈现形式，并利用游戏能够建立一个虚拟的且兼具互动性的世界，这个游戏世界能够对现实的新闻故事环境进行模拟。新闻游戏的出现，变革了新闻生产方式，打破了新闻业长期以来的固化的思维模式。总之，“新闻说”的研究者们，从游戏与新闻业的融合出发，认为新闻游戏是将新闻事件或者新闻内容进行充分的有机整合，游戏是新闻事件或新闻内容的重要呈现工具，通过游戏进行叙事，能更好地为新闻内容的传递与呈现服务。

（二）新闻游戏的界定

本书从融合新闻的角度来探究新闻游戏，在对新闻游戏的界定上更加倾向于“新闻说”的观点。新闻游戏的出现本身就是在技术飞速发展带来的变革基础之上，新闻业与技术不断融合，从而探索出来的一种全新的新闻呈现形式，利用游戏这一传播渠道将新闻事件呈现给用户，使用户能够便捷地获取新闻信息，并且能够与新闻信息进行互动，获得良好的用户体验，充分地体现了新媒体时代“以用户为中心”的新闻传播理念。基于此，我们将新闻游戏界定为：新闻游戏是新闻生产者对新闻事件进行游戏化改编，通过游戏模型设计与搭建，将内容传达给用户，并为用户提供交互式阅读体验的趣味化、沉浸式新闻产品形态。目前，新闻游戏主要通过各类新媒体平台进行传播与分发。

（三）新闻游戏的分类

对于新闻游戏的分类，早期可见于博格斯特《新闻游戏：嬉戏中的新闻》一书中，作者以新闻游戏的本质是为新闻业发展服务出发，将其分为了七种不同的类型，包括了时事类、数据图表类、纪录类、猜谜游戏类、记者素养类、社区类、平台类。由于此分类在分类标准划分上的逻辑问题，有众多学者提出了分类改进意见，目前的主要分类有以下几种方式。

按照新闻游戏的定义进行划分，主要可以分为从“游戏说”出发的严肃游戏和从“新闻说”出发的新闻报道游戏；按照新闻游戏的主题可以划分为对真实新闻事件进行改编的“编辑新闻游戏”、融入政治元素的“政治新闻游戏”和利用虚拟现实技术还原历史环境的“记录新闻游戏”；按照新闻游戏的呈现方式可以划分为利用技术还原历史环境或模拟现实环境的虚拟环境类新闻游戏、利用图表形式进行交互的交互式图表类新闻游戏和兼具电子文献、新闻、玩家三个元素的电子文献式新闻游戏；按照新闻游戏的功能可以划分为以科普知识、传递信息为主的教育型新闻游戏、以提倡新理念等为主的倡导型新闻游戏、以对新闻事件进行评述的评论型新闻游戏和以解释新闻事件为主的解释型新闻游戏。

二、新闻游戏的特征

用户对于公共事务的参与需求与渴望激发了“参与式”新闻报道的出现，新闻媒体愈加关注用户需求与体验，新闻游戏的出现恰好契合了用户的需求，改变了过去新闻报道的单一形式。利用游戏模型加持，对新闻内容进行游戏化叙事，将文字、图像、声音充分结合，有机统一于构建的拟真情景空间之中，用户通过自主探索式阅读、沉浸式体验等，对新闻内容进行多维度、全方位了解，同时能够引发思考与感悟，新闻通过新闻游戏的形式能够得以更好地呈现，新闻游戏给新闻报道带来了新的活力与生机。

（一）强互动与沉浸式传播并具

传受关系的转变使得用户不再满足于被动地接收内容，期望能够真正地参与到新闻事件之中，充分地与新闻生产者“对话”或者直接能够成为新闻事件的亲历者。新闻游戏这一全新的新闻产品形态满足了用户的需求。首先，游戏本身就具有极强的互动性，新闻游戏通过将新闻事件的全貌进行充分呈现，用户能够通过与界面进行人机交互选择切入视角，基于游戏的设计，用户能够在过程中进行内容再生产，实现与内容的充分交互，更好地对内容进行深刻理解。新闻生产者通过用户的在游戏互动过程中的每一次自主选择获取信息回流，从而得到大量的用户信息反馈，以此对内容进行优化与调整，用户与新闻生产者的互动关系由此形成。其次，在充分的交互之下，用户还能够依靠新闻游戏的沉浸式传播，获取更好地用户体验感。新闻游戏利用游戏设计建构的虚拟空间，能够在传播过程中削减传播噪音，使用户全身心投入于传播环境中，调动各种感官与思维参与传播过程，从而实现“共情”的传播效果。用户在新闻游戏中，不再是新闻事件的观察者，通过游戏环节的设置，成为了新闻事件的亲历者，对新闻事件的全过程进行参与，更能立体感知事件全貌，传播效果极佳。沉浸式传播使得用户的“体验价值”上升，提升了在媒介融合背景下，新闻媒体在传播领域里的竞争力。

2018 年 10 月 23 日，网易新闻与新华社联合推出新闻游戏报道《一分钟漫游港珠澳大桥》（图 14-2），新闻生产者使用一镜到底的形式展现了港珠澳大桥的风光，用户通过长按屏幕就能够让自己畅行于大桥之上，看到自己喜欢的景色能立刻停下来，通过触摸进行“拍”照，在欣赏风光过程中，还伴随有音乐以及文字解析。浏览结束后，用户能够将自己“拍”下来的风景制作为明信片，使得每个用户的参与体验都显得与众不同。此外，用户通过第一视角真切地感受了壮丽风光，身旁呼啸而过的汽车，水面点缀的船只，周围掠过的建筑物……这些都无时无刻不在提醒用户——你现在就置身于这座世界上最长的跨海大桥之上。

图 14-2 《一分钟漫游港珠澳大桥》游戏画面

由此可见，新闻游戏的确具有极强的互动性的同时也兼备了沉浸式传播特质。

（二）虚拟与真实的有机融合

对于新闻报道而言，通常有着严苛的标准与要求，一方面新闻报道必须紧跟新闻事实，另一方面，新闻事实又必须是真实的。而游戏的创作，大多是基于游戏设计者的想象，利用计算机技术将想象的世界建构出来，具有极强的虚拟性。这样来看，新闻与游戏本应是很难有所牵连的，但在新闻游戏的实践中，二者却实现了有机融合。通过影像来反映现实，是人类通过长期实践建立起来的共识，新闻业在新闻报道中也越来越多地利用影像来记录与传递现实内容。近些年来，寻求更加优化的新闻可视化呈现形式也一直是新闻业在努力开展的工作之一。新闻游戏作为一种全新的可视化新闻产品，实现了虚拟与真实的有机融合，平衡了新闻真实性与游戏虚拟性之间的关系。新闻游戏通过真实的新闻事件进行改编，将内容填充至虚拟的游戏空间之中，所有的内容与元素并非是游戏设计者的想象，而是立足于真实现实之中。将现实中的用户置入游戏虚拟空间之中，通过第一视角感知新闻内容，用户在其中可以自由切换角色，既可以旁观新闻事件，亦可以沉浸其中充当事件的亲历者。通过抽离于现实的角色体验和基于现实的自我观照，在游戏的虚拟空间与真实的新闻事件中不断交互，接收与解读新闻内容，真正做到了虚拟与真实的有机融合。

2017 年 7 月 29 日，人民日报推出了 H5 新闻游戏产品《快看呐！这是我的军装照》，在整个新闻游戏中，每个用户最后获得的 22 张军装照是虚拟的，但是军装照的本身的取材却是真实的。人民日报社的新闻采编人员联系了部队院校专门研究解放军后勤装备以及军服演变等的相关专家，获取军史知识指导与审核素材支持。根据军服演变历史，采编团队搜集了大量的图片并筛选，确保了每个年代至少有一套男女士兵军装素材照片，并将图片素材发送给专家审核。军装的是所有细节都考虑在内，包括了领子的形状、袖标的位置等，都与现实一一对照，不能有差。真实可信的素材与用户真实的个人照片上传，配合人脸识别与图片处理技术，生成了极具共情性的虚拟军装照，圆满了用户心中军人梦，同时也实现了纪念人民解放军成立 90 周年的传播效果。

新闻游戏对于真实与虚拟的有机融合，提升了用户对新闻内容的理解，保证了传播效果的实现。

（三）严肃内容与娱乐化属性的有机结合

现代社会，人们对于生活的需求早已从物质层面转移到精神层面，褪去一天工作的忙碌与疲劳，人们更加渴望能够获得片刻的放松与休憩，游戏的出现恰好满足了人们娱乐化的需求。对娱乐的追求慢慢地渗透到了人们的日常之中，蔓延至信息获取领域。按照史蒂芬森的“传播游戏理论”，新闻传播活动不仅仅只是具备工具性属性，还应该兼具对受众个人主体性的感受。在如今新闻报道严肃性与同质化的背景之下，寻求兼具娱乐属性的新型报道方式成为了新闻工作者的追求。新闻游戏恰好就将二者有机结合在了一起。首先，“新闻游戏”以游戏的形式内置新闻内容，区别于过去的报道形式，迅速吸引了用户的关注。其次，新闻游戏多样化的元素丰富了新闻内容，改变了过去“说教式”的传播方式，将各种元素综合运用，用户自主通过游戏形式“通关”，使得用户获得了与过去截然不同的阅读体验。再次，通过游戏关卡的不同结局设置，激发了用户探索与多次参与的欲望，用户通过与内容的多次交互，对新闻内容进行了更深层次的把握与感知。最后，通过游戏自身的奖惩机制的建立，为用户提供成就感，使得用户能够从中获得更大的满足。新闻游戏利用游戏的娱乐化属性，将新闻内容进行全面交代，用户在获取信息的同时享受了闲暇娱乐时光。

2015 年 9 月，网易新闻推出了纪念世界反法西斯战争胜利 70 周年的新闻游戏作品《逃跑人的日常》。通过整个作品的呈现，讲述了第二次世界大战时期，数以百万计的军人被关进战俘营后的苦难生活，由于国际公约在各交战国那里遵守及执行情况都或多或少有问题，大量战俘从战俘营逃亡。尽管他们能翻越过战俘营的高墙，但围墙之外等待着他们的，是前线的血雨腥风，是更加可怕的未知的危险。报道传递的不仅是一个逃离战俘营的故事，更是一个追求自由的故事，通过报道，回顾战争给民众所带来的灾难，引发大家回看历史，检讨自我，呼唤和平。

图 14-3 《逃跑人的日常》游戏画面

从新闻报道的内容来看，这则报道本是严肃且深刻的，但是当用新闻游戏进行传递的时候，用户能够通过自主探索与体验，真实的代入自身，将自己模拟为一个英军小兵，体验从不同路线逃生的可能，结局的设定具有多样性，使得用户在参与过程中获得了娱乐享受，同时也更好地感受了二战时期那些隐秘的历史。整个报道将内容的严肃性与阅读体验的娱乐化有机统一在一起，提升了传播效果。

第二节 新闻游戏的叙事方式

新闻游戏是媒介融合过程中，适应用户需求所产生的新型新闻报道类型，以新闻事件为依托，在新闻事件发生的基础上，对新闻事件进行改编，作为素材元素添加至游戏中，强调用户的体验。区别于其他新闻报道类型，新闻游戏的叙事主体不单单是新闻生产者，用户也在游戏过程中对进行交互式叙事。因此，在新闻游戏的叙事中，尤其强调这两个因素，一是以用户的体验感为中心，二是对新闻事件进行游戏化叙事。通过处理好用户与新闻事件之间的关系，从而来把握新闻游戏的整体进程。

一、以用户为中心的叙事理念

新媒体时代对于用户中心地位的强调延伸至新闻游戏中，新闻游戏在叙事时通常采用第一视角的形式展开，打破传统新闻新闻生产者叙述的逻辑，用户参与到新闻叙事过程之中，共同推动故事的发生与发展。

（一）用户参与叙事过程，传受双方共同叙事

新媒体改变了传受双方的关系，受众不再是信息的被动接受者，同时还是信息的传播者，改变了过去由传播者一方讲述新闻的局面，用户也可以自己主动传播新闻信息。新闻游戏的出现更是将这一优点放大，用户不仅是传播体系中的传播者之一，其还能够在由新闻生产者主导的新闻内容传播过程中参与叙事，与新闻生产者共同推动新闻叙事的进程。也就是说，用户在新闻游戏中被赋予了新的角色定位，其在玩游戏的过程中，无意识地对新闻文本进行了改变与创作，成为了新闻叙事者之一。用户角色的转变使得用户通过自身行动参与到叙事过程中，并影响着叙事效果。

人民日报在 2017 年发布了新闻游戏《大侠，请重新来过》（图 14-4）以纪念恢复高考 40 周年。创作者归纳整理了恢复高考 40 年来的部分高考考题，形成了一份份考试样卷，请网友答题挑战，并进行了个性化的分享标语设定。用户进入页面后会收听到统一的语音播报，之后便进入到“高考”之中，需要由用户自己选择考试省份、文理科、考试年份等，根据用户的选择提供 1 份包括 15 个选择题的试卷，用户再次进行自主作答，答题完成后获得考试成绩，以及个性化的标签。由此可见，尽管用户的整个游戏过程是在新闻生产者的线性叙事流程之下进行的，但是由于游戏设定，每位用户所获得的游戏内容是由自己的选择决定的。新闻生产者搭建了整个叙事框架，用户在此框架中通过与内容的互动，生成多样化的叙事文本，用户参与到了新闻文本的创作之中，能够充分回忆自己的过往经历，提升了传播效果。

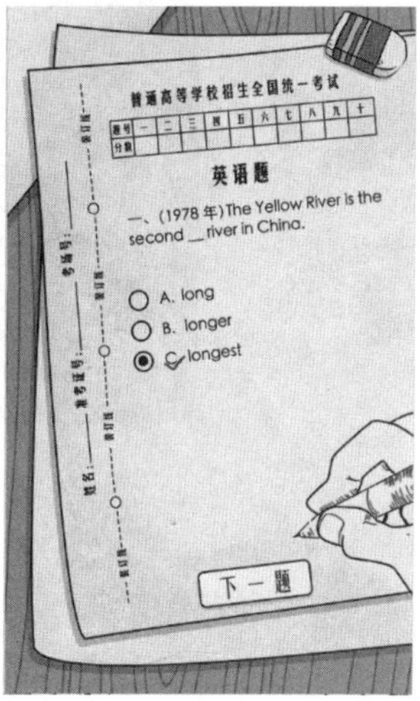

图 14-4 《大侠，请重新来过》游戏画面

（二）第一人称的叙事视角

从新闻叙事出发，叙事视角在其中决定着用户与新闻内容之间的关系，同时也影响着用户的新闻阅读体验。不同的叙事视角选择会对内容的开始、发展以及结局等产生不同程度的影响，甚至于会形成多个完全不同的故事。因此，叙事视角的选择对于新闻报道而言格外重要。由于游戏本身具有极强的沉浸感与互动性，加之新闻游戏在叙事视角构建中，是围绕用户体验而进行的，因此，通常都使用第一人称的叙事视角来呈现内容。通过第一人称的叙事视角，将用户营造为故事叙述者或是新闻事件的亲历者，整个新闻故事的发展由用户自主探索而展开。“我”进入游戏之后，在虚拟游戏空间之中与不同的游戏角色、内容进行互动，所获得的体验更加真实具体。在这一叙事视角下，用户以新闻事件亲历者的身份进入游戏，能在阅读过程中更加投入，新闻生产者通过对新闻事件的整体搭建，隐藏在整个游戏过程之中，掌控着新闻叙事的故事节奏，用户则决定着情节的走向，并在其中表达自我态度与立场，进行自我叙事。

2016 年 10 月，观海网联合共青团中央打造新闻游戏作品《重走长征路》(图 14-5)，整个游戏一共为用户提供了 50 种不同的结局设置，用户通过第一视角“我”进行自我探索，最终成功完成艰难的“长征”。在游戏中，除了游戏提供了不同的多样化选择之外，还设置了许多的情节彩蛋，用户通过自己的操作，能够随机获取相应的彩蛋。不同的用户通过第一视角游戏获得了真切的感受，实实在在地体验到了红军长征的艰难困苦，更加珍惜今天来之不易的幸福生活，也以此致敬先烈。

图 14-5　《重走长征路》游戏画面

二、游戏化叙事策略

新闻游戏作品围绕真实的新闻事件展开，在对新闻事件的表达中，需要使用游戏化的叙事方式将内容传递给用户。通过游戏化的叙事逻辑，与用户进行交互，使其获得严肃新闻信息的同时，收获娱乐化的阅读感受。在游戏化叙事中，需要对新闻事件进行解读，预设结局，用户通过游戏感知新闻事件全貌，主要的游戏化叙事策略包括以下三步。

（一）预设

学者赫伊津哈在《游戏的人》一书中将游戏者玩游戏时的心理概括为“扮演”。也就是说，人在玩游戏时通常会有一种共识，即游戏的并非是真实的，是在特定的空间中所进行的“扮演”，这种扮演使得人能够有意识地感知与现实快乐之间的差异。扮演的行为让人们有意识的体验区别于现实的快乐。这种快乐是在特定的行为场景中基于移情作用所产生的，也就是说，在新闻游戏中，无论新闻事件本身是否是快乐的，用户通过角色扮演，都能够感知到快乐。角色设定决定了新闻游戏的整体定位，因此在游戏化叙事中，需要时时考虑用户的角色设定。这种设定实际上是一种预设，在为用户进行角色预设之前，新闻生产者要明确自身的位置，即“游戏规则”的建立者、新闻游戏的主导者。在此基础上，构建串联整个新闻事件的叙事角色，然后考量并建立用户角色。角色设定能够表现作品的整体风格，在传播中角色的设定越贴近新闻事件，用户通过角色越能够沉浸其中。例如《连线》杂志的经典新闻游戏作品《残酷资本》就将用户的角色设定为索马里海盗的头目，在游戏中，用户需要以这一身份参与赎金谈判或是抉择攻击，这样的设定更能使用户思考暴力袭击给人类带来的伤害。

用户的角色，是新闻游戏作品创作的目标用户群。因此，除了对角色进行预设之外，在制作新闻游戏的过程中要充分考虑用户参与其中可能会发生的行为，预测用户的需求，为用户预设个性且多样化的故事发展脉络，使得用户能够对内容作出不同的选择与反馈。同时还需要对用户行为做出明确的反馈，通过设置相应的奖励、彩蛋等机制，鼓励用户继续阅读。例如前文的案例《逃跑人的日常》就给游戏设定了 86 个不同的结局走向，案例《重走长征路》中则为角色设定 50 种结局，并给剧情设置了相应的彩蛋，增添了游戏的趣味和吸引力。通过预设能够使得新闻主题与新闻事件更好关联起来，并使用户通过预设的角色行为与规则等把握新闻事件的发展脉络。不同的预设场景为用户提供的多样化选择，丰富了用户的阅读体验，用户在参与过程中更愿意投入情感。

总之，新闻游戏作品通过预设游戏化叙事角色与叙事脉络、线索，从而引出完整的游戏化新闻内容。

网易新闻发布的新闻游戏作品《核辐射的回声》（图 14-6），通过对话这一形式展开，以用户参与游戏的方式展现切尔诺贝利辐射区的状况，在游戏中设定了许多角色与用户进行对话，而用户在其中扮演的则是游访该遗址的游客，在与居民角色的聊天中，感知其经历了灾难之后的生活状况。这一设定不同于传统的记者你问我答的形式，用户更能够参与其中，主动展开对话。其次，在聊天过程中，用户还可以多样化选择视频、图片故事和文章，或是自己感兴趣的主题，场景从“鬼城”普里皮亚季到重回核事故发生的现场，再切回到牺牲的敢死队，不断切换，使用户能够置身其中，沉浸式的体验切尔诺贝利事件带给人和环境的巨大影响。整体的传播效果通过预设而提升。

图 14-6 《核辐射的回声》游戏画面

（二）悬念

如前所述，新闻游戏的叙事不是简单的线性叙事，而是通过角色预设以及线索预设的搭建实现的，新闻事件的全貌需要用户通过体验新闻游戏全过程一点点呈现出来，用户在整个体验的过程中，是带着未知的感受进行的，通过与内容的交互，逐步揭开事件的神秘面纱。由此可见，游戏化叙事中的重要一环是设置悬念，通过悬念将真相层层展现，还能够提供神秘的探索氛围。区别于过去新闻报道所提供的全知视角的叙事模式。在新闻游戏中，悬念使得用户不再是新闻生产者的跟随者，而是独自在新闻事件现场与新闻故事的角色互动，亲历新闻事件，对事件展开调查与剖析。新闻故事的发展情节由用户自己选择决定。此外，用户为了解开悬念，在新闻游戏中可能需要多次对内容进行体验才能够实现。

2016年杭州举办G20峰会期间，人民日报推出了新闻游戏作品《G20小精灵GO》（图14-7），作品将各个参会国家化身为卡通形象小精灵，设置在会场之中。用户进入游戏之后，通过在规定时间寻找隐藏在画面中的“小精灵”获得游戏的胜利。用户每次寻找到一只小精灵，就能对应获得一句该国家的提示语或与G20相关的信息，最后用户通过层层悬念设置，成功闯关游戏，并在游戏中不知不觉对G20峰会的相关背景资料以及参会国家的基本情况进行了了解，并接受了G20峰会的四大理念。用户通常不能够在第一次参与游戏时就成功闯关，闯关失败用户可以点击再来一次，任务没有完成不能查看对应的内容，这种闭环式的方式配合悬念的设置，激发了用户的参与热情，重复的参与强化了用户对信息的获取，获得了其他叙事形式难以达成的传播效果。

图14-7 《G20小精灵GO》游戏画面

（三）伙伴导引

新闻游戏主要是依靠计算机程序设定，从而实现用户与新闻内容之间的交互。但事实上，在新媒体领域的交互不仅仅局限于人与人、人与内容之间，还存在与人机之间的交互，通过程序逻辑建立界面与用户之间的互动关系，能够进一步增强用户的体验感。在新闻游戏中，用户主要利用闯关形式阅读新闻内容，但并非所有的内容用户都感兴趣，对于用户不感兴趣的内容，如果是关键内容，在叙事过程中可以通过导引规则，使用户无论做出何种选择都无法跳过；如果内容并非关键信息，则可以通过设置交互按钮，使得用户能够直接跳过该部分内容。以前文案例《核辐射的回声》来看，游戏中共设置了三条线路，其中一条是信息呈现最为完整与丰富的长线路，有51个步骤，另一条则是叙事逻辑简单的阅读线路，用户在这条线路中无论怎么选择，都无法跳过关键信息节点，虽然该线路仅仅只有14步。此外，在没有叙事阶段，游戏界面都设置了两个关键按钮，用户能够通过这两个按钮选择继续进行阅读或者随时退出游戏，这就充分地体现了导引规则的重要性，用户能够通过程序导引，获得一种自我对阅读进行“控制”的感觉，并与界面产生互动，使得新闻叙事能够得以继续进行。

第三节 新闻游戏的制作流程

虽然游戏是新闻游戏的媒介与呈现方式，但事实上，新闻游戏的制作流程与普通游戏的差异性却非常显著。在游戏的设计与制作中，主要强调各类游戏元素的充分融合以及对用户参与的促进与调动，同时还要考虑游戏对于用户的留存等等问题。新闻游戏的本质仍是新闻，尽管需要考虑游戏设计与制作的相关要素，但其制作的过程中的主体部分还是在于新闻报道本身。在对新闻报道进行掌握的基础上，利用游戏元素吸引用户的关注，提升用户的体验，增强报道的趣味性。需要注意的是，在对游戏元素进行利用的过程中，还需要考虑新闻的客观性，使得新闻游戏呈现出正向价值，平衡游戏的虚拟性与新闻内容的真实性之间的关系。

一、新闻游戏的制作原则

这里所说的新闻游戏的制作原则，在新闻游戏的制作过程中担任着顶层设计的作用。新闻游戏与过去的其他类型的游戏有着本质的差异，这种差异最主要体现在二者选题来源以及传播目标上，新闻游戏的选题来源必须是基于真实发生的新闻事件，其主要传播目标是为了能够传达新闻信息，发挥新闻媒体的功能；电子游戏的选题则往往是游戏开发者头脑中一些创造性的想法与创意，其主要传播目标是为了娱乐大众，获取商业价值。因此，在对新闻与游戏进行融合制作为新闻游戏时，就必须将二者的特点进行有机统一，在保证新闻事件事实的基础之上，增强用户的互动体验与娱乐感受等。要实现这一点，需要在制作之前明确三个基本的原则。

（一）选题需平衡新闻性与娱乐性

合适的选题是新闻游戏设计和制作的第一步，游戏开发商 Fred di Giacomo 就曾表示：“在制作新闻游戏时，首先你需要考虑的是，一个新闻事件值得制作成一个新闻游戏吗？要制作一个新闻游戏你必须问两个问题：游戏能够告知人们信息吗？如果不能，那它只是一个游戏。游戏能够带来娱乐吗？如果不能，那它只是一则新闻报道。”由此可见，选题从一开始就决定了新闻游戏作品的成败。事实上，由于目前大部分公众对于游戏的认知还不够全面，对游戏的认识仅仅停留在娱乐层面，甚至还有一部分公众对电子游戏怀有刻板印象，认为游戏不是什么好东西。加之新闻游戏存在的时间本身就不长，作为一种全新的报道模式，也没有经验可循，在早期的新闻游戏中，新闻生产者没有对选题进行充分论证，使得部分新闻游戏在议题上触及了道德红线，遭到了公众的质疑。种种原因之下，使得新闻游戏自诞生之日起就遭到了许多非议，许多人认为“新闻+游戏”的组合并不可行，电子游戏无法成为一种严肃的媒体形式，将严肃新闻游戏化是一种不恰当、不成熟甚至是不道德的做法。因此，对新闻游戏的选题的选择应该更为慎重，并不是所有的选题都适宜采用游戏的形式来呈现。新闻游戏的选题，一方面需要兼具新闻性，同时也要考虑到游戏自身特带的娱乐属性。

目前的新闻游戏作品选题，主要还是以严肃话题为主。包括总统大选、战争与和平、气候变化等等，这些议题往往意义重大，一旦处理不当，便会引发争议。以早期受到争议的新闻游戏作品《刺杀肯尼迪》来说，新闻事件自身就带有新闻的重要性属性，且至今都有很多疑点未解，在这一事件中添加游戏元素，即便生产者反复强调该作品的目的不是娱乐，用户也难以接受。但是并非严肃议题不能够作为新闻游戏的选题，严肃议题与游戏娱乐本质上并非完全对立，二者是可以实现有机融合的。新闻游戏的生产者应该同时学习新闻与游戏两个领域的文化与价值观念，在新闻游戏选题策划时，保证新闻价值的同时，将内容变为可玩有趣的形式来呈现。应反复论证选题的游戏可行性，以公众利益作为选题出发基点，实现新闻性与娱乐性之间的平衡。

（二）把握新闻游戏作品规律，树立差异化思维观

在本章一开始，就对新闻游戏按照不同的维度进行了分类，对于不同类型的新闻游戏而言，其在制作过程中，也是有差异的。尤其是在设计的目的、规则以及故事情节的展开等方面，都有各自不同的需求。对于故事情节较为复杂的新闻事件，游戏中通常需要设计更多地角色与元素，搭建更为丰富的场景；对于简单易懂的新闻事件，游戏的设计则会简单许多。因此在进行新闻游戏制作前，需明确不同类型的游戏自身所具有的特点，树立差异化的思维观念，从而在新闻游戏制作的全流程中予以贯穿，制作出满足不同用户需求的新闻游戏产品。

树立差异化的思维观并不意味着所有的新闻游戏都需要一套单独的制作流程，新闻游戏作品总体上依然有其共性所在，把握新闻游戏作品的共性规律，对于提升制作效率有着重要作用。在游戏作品的制作中有一个著名的“三级同心圆”作品构成规律（图 14-8 所示），它对游戏进行了描述，认为游戏由从内到外的三层结构构成，分别是规则、系统与样态。规则是游戏作品的灵魂，也是游戏过程中玩家从始至终都需要执行的要求的总和；形式是游戏的整体框架与推进方式；系统则是对规则的补充与完善，包括了游戏创意与理念。由此可见，游戏的制作流程是有迹可循的。新闻游戏作品在制作过程中，也需要遵循游戏的制作规律，同时将差异化思维观贯穿始终，从而提升新闻游戏对用户的吸引力，发挥出不同类型的新闻游戏其各自的优势与特色。

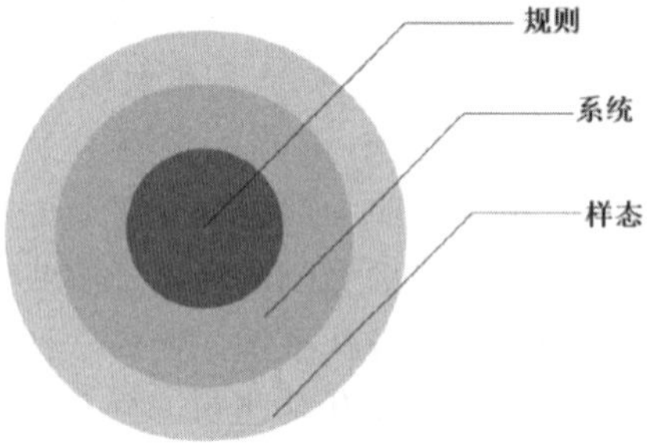

图 14-8　游戏作品构成规律：三级同心圆

（三）兼顾功能性与可玩性，以实现新闻游戏正向价值为目标

在游戏市场中，游戏公司主要是以追求商业价值为首要目标的，为了能够实现利益的最大化，他们通常将游戏的经济价值、趣味性与娱乐性放在第一位，较少考虑甚至不考虑游戏的其他功能。对于新闻游戏的制作与设计而言，这种观念是绝不可取的。新闻游戏作为新闻报道的一种重要形式，其主要是以传递新闻事实、解释新闻内容为主要目的的。因此对于新闻游戏的制作，需要在找到发挥新闻报道功能的情况下，兼具游戏可玩性的平衡点，实现二者之间的互补。从内容上来看，新闻游戏必须以新闻事实为基础，在游戏中还原整个新闻事件，同时有需要发挥游戏的娱乐功能，做到好玩、有趣的同时，又能够激发用户探索新闻事件的欲望。目前的新闻游戏市场中，对于二者的平衡还有所欠缺，有的作品对新闻报道的功能进行了充分体现，教育意义极强，但是忽略了用户的游戏体验，使得传播效果平平。有的

作品则过度强调用户的游戏体验，对于新闻报道主题的深化不够，也未呈现新闻事件的整体框架，尽管用户数量多，但没有实现新闻报道的目标。因此，在新闻游戏制作之初，就需要将新闻报道的功能性与游戏的可玩性置于同样重要的位置，突出新闻游戏的正向价值，从而通过传播实现新闻游戏的社会效应。

二、新闻游戏的制作流程

从游戏开发者的角度出发，一款游戏的制作通常需要三个流程，分别是游戏策划、美术设计与程序开发。游戏开发进入市场，通常还需要增加一个游戏测试环节。新闻游戏虽然本质是新闻，但其在制作过程中，主要依赖的就是游戏的制作流程，二者的差异主要集中于策划环节，在程序员与美术师的部分，主要都是交由专人来完成的。游戏测试环节则是通过反复试验，修复相关漏洞，从而使产品更好进入市场。在新闻游戏的制作流程中，我们主要将游戏策划环节与游戏制作的游戏策划环节加以区分，主要分为前期的新闻素材采集与实际的游戏策划两步，在策划完成之后的流程中，二者基本保持一致。

（一）新闻素材采集

新闻游戏立足于真实的新闻事件，作为一种新闻报道类型，在确定了选题之后，需要在进行作品制作前，充分搜集与新闻事件相关的新闻素材，包括新闻现场的环境素材采集、新闻当事人的采访等。这跟传统新闻报道中的素材采集环节基本一致，需要注意的是，新闻游戏的内容必须是真实可信的，因此所有采集的新闻素材也必须是真实的。

（二）游戏策划

在完成了新闻素材的采集之后，已经基本对新闻事件的全貌进行了了解，这时候就可以开始对新闻游戏的制作进行策划了，策划主要分为以下几步。首先是依据新闻事件进行剧本改编，将新闻事件进行节点划分，明确哪些内容是关键信息，哪些内容是次要信息，从而建立游戏规则，同时整理出多条事件发展线路，预设剧本的走向与结局。其次是细化线路中的各个环节，建立情节点。这一步骤可能会需要进行精确的推演与计算。再次是参考真实的新闻事件的基础上，搭建游戏场景，使得故事内容在场景中出现。最后是进行角色设置，包括了游戏中的 NPC 设定以及用户的角色设定等。在所有的步骤中，要始终围绕新闻报道的客观真实开展，同时充分进行交互设计，增强用户的沉浸式体验感。

（三）游戏制作

策划完成之后，专业的程序员、美术师、音响及音乐配合将产品开发完成，并进行测试，最后推出产品。这个制作过程需要由专业的人员来对整个作品进行开发与优化。程序员通过计算机程序语言将策划书中的游戏规则进行设定，搭建整体的游戏框架，构建游戏场景，设计关键按钮等，使得新闻游戏的基本模型生成。美术师对新闻游戏的雏形进行优化，绘制人物形象、增加场景特效等等。同时还需要选择恰当的音效与音乐在作品中插入，以实现身临其境之感。作品制作完成后，进行游戏测试，再不断地进行系统优化与BUG修复，最后将作品推向市场。

《急诊人生》是由我国台湾媒体报道者推出的一款呈现台湾急诊室真实情境的新闻游戏。在确定了新闻游戏的选题之后，制作团队开始搜集新闻素材，他们对台湾多位医学中心急诊室医师进行了充分的访问与采访，并且搜集整理了台湾的急诊室救治原则、各医院病床制度、转诊调度和病患数的素材。素材搜集完成之后，依靠素材开始进行策划，首先是剧本的设计上，设计了一个玩家扮演急诊室医生完成接收病人—病患分级—协调医生的全过程的故事。在故事中，模拟了真实的急诊室环境，且根据前期采访素材，建立参数，精确计算了游戏内的病患出现数量和频率。用户角色为急诊室医生，依靠前期采访素材，设定了故事情节：用户需要依据急诊室的救治原则，为每个病患做检伤分类，并根据分类的等级安排所有病患的治疗顺序，以保证医疗资源的利用效率实现最大化。在分类与协调过程中，用户需要参考转诊调度、医院病床制度、病人具体情况等因素。这些都是依据前期新闻素材的采集中做的真实呈现。此外，在策划中，为了平衡功能性与可玩性之间的关系，还加入了医患冲突等元素，以此提升整个故事的感染力和吸引力，从而推动故事情节走向高潮。比如：母亲因为孩子被蚊虫叮咬叫救护车送急诊；白领因为不想排门诊等案例。用户不仅需要面对这些夸张的案例，还需要时刻安抚病患情绪，如果病患生气，医生又没有及时安抚，那么就会面临游戏分数下降的惩罚。游戏策划最大程度地还原了医生每天紧凑的工作情况，以便让玩家真实体验与理解急诊室难以想象的忙碌程度。整个作品在故事情节的设计上既贴近现实，又加入了冲突元素，让玩家在娱乐的同时，更为真实的感受台湾急诊室医师的真实工作情况。

第四节　新闻游戏的价值判断标准

新闻游戏作为一种全新的融合新闻报道模式，利用公众具有刻板印象的“游戏”形式来进行新闻内容的呈现，娱乐化严肃的新闻内容，长期以来受到了许多质疑。如何对新闻游戏的价值进行判断，值得我们持续思考。本书提供以下标准作为参考。

一、降低青年对严肃新闻的抵触情绪

约翰·布林曾说：“面对在电子游戏环境中成长起来的新一代时，无论是企业、政府还是非营利机构组织，都需要寻找新的路径，用新时代的方式和话语来实现自己的目标。游戏的语言，是新一代人集体的记忆和最能激发认同感的东西。”青年群体对于严肃新闻“说教式”的报道有着较强的抵触心理，新闻游戏的出现使得严肃内容能够与游戏的娱乐属性充分结合，契合了青年群体的需求，也吸引了他们的注意力。通过新闻游戏获取交互式、沉浸式的阅读体验，从而了解新闻事件的全貌，新闻游戏为他们提供了可玩的严肃新闻内容，降低了青年群体对于严肃新闻的抵触情绪。

二、打破公众对于游戏的“刻板印象”

在过去，电子游戏常常与“玩物丧志”“不学无术”等词语关联在一起，对于电子游戏的评价往往是负面的。随着新媒体技术与现代社会的发展，电子游戏开始被作为一种文化逐渐被大家接受。新闻游戏的出现使得大众对于游戏的负面认知进一步扭转，大众看到了游戏在娱乐功能之外的其他功能属性。新闻游戏通过将新闻事件内置于游戏场景之中，对公众关心的内容进行呈现，传递新闻信息与观点，强化了游戏的社会正向价值。好的新闻游戏不仅能够为公众提供深度参与新闻事件的机会，还能够让唤起公众对于现实世界的关注，为破解社会难题提供新思路。新闻游戏在发展过程中逐步打破了公众原来对于游戏所持有的“刻板印象”。公众能够更加全面客观的审视游戏。

三、跨界融合能激发新的产业活力

在游戏与新闻业跨界“合作”之前，游戏其实早已深入到军事、教育、医疗、传媒、社会管理、商业等领域，在提高学习能力、解决社会难题、加速专业知识传递、提高企业生产效率等方面都取得了显著成果。游戏向新闻业的延伸是游戏产业在发展的新时期所探寻到的一片“新蓝海”，新闻业的加入进一步激发游戏产业的活力。此外，新闻业也应该积极学习游戏业的成功经验，更加开放地与其他领域进行交流与融合，拓展未来的发展道路。

目前，尽管对于新闻游戏的争议依然存在，但是仍有大量的新闻媒体在游戏化思维的指导下制作出了传播效果极佳的新闻游戏作品。新闻游戏在提升了用户的阅读体验，增强交互与参与等方面发挥着积极作用。大量有趣的游戏元素，如徽章、点数、排行榜等也在新闻游戏中得以广泛应用，有效激发了用户的参与兴趣。可以说，新闻游戏在一定程度上转变了用户对于新闻报道的认识。在此趋势下我们应积极探索新闻游戏的发展空间，在合理的范围内将游戏化的效果最大化，建构全新的融合新闻报道新形式。

思考题

1. 谈谈你对于新闻游戏的定义的认识，“游戏说”和“新闻说”你更赞成哪一种。
2. 请举例说明新闻游戏的特征。
3. 选择一个你喜欢的新闻游戏案例，进行叙事分析。

第十五章 智能新闻生产

本章学习目标

1. 了解算法新闻的定义及特征。
2. 掌握算法在新闻生产中的应用。
3. 了解机器人写作的现状。
4. 了解算法新闻中的伦理失范现象。
5. 思考未来智能新闻走向。

案例导学：《AI“数说”2021 最高人民法院工作报告》

2021 年两会期间审议“两高”报告期间，为了能够更好地为公众解析报告内容，光明网利用人工智能 AI 主播、视频智能合成技术，同时结合大数据技术，在当天迅速推出了相关短视频报道及相关系列图文报道等。人工智能技术在报道中的应用提升了新闻生产效率，抢夺报道时间，作品推出后，刷屏了政法系统的朋友圈，并获得广大网民点赞，与后续的报道内容联动，扩大了传播优势。

图 15-1 《AI“数说”2021 最高人民法院工作报告》

伴随着大数据、云计算、物联网、人工智能技术的发展，互联网正从 Web2.0 时代迈向 Web3.0 时代。第四次技术革命浪潮带来了人工智能技术在新闻传播领域的渗透，语音识别、算法推荐、机器人写作等人工智能技术颠覆与重构了新闻采集、生产、分发、消费等各个环节。国内外媒体面对人工智能技术的强势入驻，纷纷以积极的态度拥抱变革。2014 年，美联社使用 Automated Insights 公司开发的软件 WordSmith，使用机器人写稿，写作效率非常高，在导入最新数据的情况下，机器人 1 分钟最快可以完成 2 000 篇新闻报道。在我国，字节跳动公司于 2012 年 8 月推出旗舰产品——今日头条 1.0 版，将算法应用于新闻分发，成为我国最早将人工智能技术置于移动互联网领域的公司之一。除了商业媒体之外，我国主流媒体也积极探寻人工智能技术在新闻传播领域的新天地。2017 年，新华社与阿里巴巴合资打造了“媒体大脑”，主要为新闻内容生产机构提供线索发现、采集素材、生产编辑、分发传播、反馈监测等智能化新闻报道服务，这一平台的出现也正式标志着我国首次将大数据与人工智能技术应用并服务于海内外媒体。人工智能越来越多的参与新闻传播，传媒业逐渐“智能化”，新媒体转向“智媒体”。新闻报道形式在技术驱动下越来越丰富，媒体的数字化转型步伐加快，个体价值正通过人机协同不断展现。

第一节 算法新闻的定义和特征

技术的发展加速了传媒业的变革，人工智能技术的推广应用开启了算法媒体时代的大门。机器人取代了过去新闻生产者的位置，订阅、转发的新闻分发模式被个性化算法推送代替……算法伴随着大数据时代的到来，更加深刻地影响着新闻传播领域，以算法匹配、分发先行的聚合类新闻产品备受瞩目，逐渐成为用户获取新闻资讯与信息服务的主要平台。国内以今日头条为代表的算法新闻先行者正不断发展壮大，引领着行业潮流。通过大数据采集信息，掌握用户的阅读偏好，制定个性化产品以满足其需求。当然，新技术会带来新问题，如何解决问题寻找最优解法也是亟待解决的难题。

一、算法与算法新闻

算法新闻的发展离不开算法。人工智能等自动化技术在新闻行业的应用目前，算法新闻

已经逐渐成为了传媒业不可回避的关键词，变革传统媒体的新闻生产

（一）算法

“算法”在一概念在最初之时主要是在数学领域提出的。到了今天，“算法”的含义得到了新的扩展。目前在新闻传播领域所提的“算法”指的是一种利用计算机解决问题的思路或过程。①

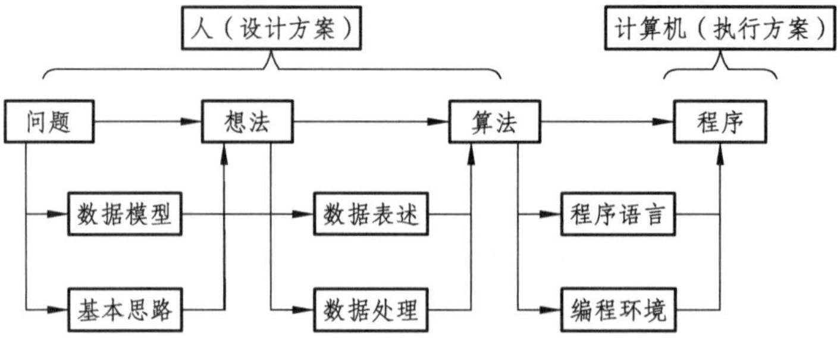

图 15-2　用计算机求解问题的一般过程

利用计算机解决问题的关键在于可以通过创建问题抽象模型，在明确求解目标的前提下，根据具体问题选择适合的模式或方法来达成。也就是说，使用者能够直接在输入数据之后，在有限的时间内自动输出想要的内容，其每个步骤都有严格的输入输出标准，在具体操作过程中也有明确的操作规范。对于不同的问题，无论是人还是机器，只要严格按照标准与规范进行操作，就能够得出答案。其不足之处在于工作步骤和其逻辑判断往往会带有重复性。

（二）算法新闻

早在 1976 年，耶鲁大学就已经研究出了一套写作故事的机器人算法程序，应用于一些简单的数据信息内容生产，自动化写作由此开启。囿于当时算法的不成熟，算法与新闻的结合只是浅尝辄止。直到 21 世纪以后，愈加成熟的算法机制在新闻业应用与推广，2006 年，路透社将算法引入财经新闻报道，新闻自动化生产之路开始逐步拓宽。早期的算法新闻发展尚未成熟，其应用领域较窄，主要集中于体育报道与财经报道。随着大数据时代的到来、人工智能技术的发展，算法新闻逐步走向成熟，近些年来应用领域扩大，通常在新闻业中不仅仅引入一套算法，常常使用两种及两种以上，以实现互补与整合，算法新闻在实践道路中不断成熟向前，学界关于算法新闻的研究热潮到来。

对于算法新闻的界定，目前学界主要有五种类型，一是指机器人通过提前预编的程序生产新闻的“机器新闻”；二是通过对数学、计算机等多学科领域的工具的交叉整合使用来生产新闻的“计算新闻”；三是通过算法直接将数据转换为新闻的“自动化新闻”生产；四是在大数据时代利用对高质量数据的分析来生产新闻的“数据驱动新闻”；五是利用算法技术的特殊性进行新闻自动化生产或个性化分发的“算法新闻”。

实质上来看，今天的算法新闻是基于大数据时代，将各类算法工具进行综合运用，使算法贯穿于新闻信息采集、新闻内容生产、新闻报道形式呈现、新闻分发、用户新闻消费体验

① 赵经天. 算法新闻媒介伦理失范研究[D]. 长沙：湖南大学，2019.

等各个环节的自动化模式。其大大提升了新闻生产与传播效率，使新闻生产更加自动化与智能化，将会推动未来传媒业的变革步伐。

二、算法新闻的特征

算法新闻利用算法程序，能在极短的时间内进行高效的运算，这种效率远远超过了传统媒体时代的新闻生产，新闻生产效率提升的同时，新闻的时效性也进一步提升。大数据时代的到来，更是为算法新闻内容提供了更广阔的选择，即使在巨量信息海洋中，有价值的内容也不会被淹没，算法新闻突破了因人力物力限制而无法开拓的信息领域。此外，个性化的算法推荐机制，使得新闻贴近性更强，通过对用户画像的绘制，定制的、个性化的新闻内容几乎能完全契合用户的信息需求。此外，算法技术还能提升用户的新闻消费体验，新闻交互性更强，阅读体验更舒适。

（一）自动化新闻生产

自动化新闻生产是算法新闻最主要的特征。目前，国内外的能进行新闻自动化生产的算法新闻主体主要有两类，一类是科技公司，这类主体通常是自身拥有专业的研发团队，能够自主研发出进行自动化新闻写作的算法程序（软件），进而通过这类程序进行自动化内容生产。它们在为用户提供新闻产品的同时也为相关组织或机构提供数据分析和研究报告。其最大的特点就是极高的新闻生产效率，例如字节跳动科技公司研发的 AI 机器人“张小明”（图 15-3），其在 2016 年里约奥运会赛事的报道中大放异彩，其新闻生产速度几乎与电视直播速度一致。另一类是本身就具有较强实力的新闻媒体，例如 2014 年《洛杉矶时报》曾发布了一篇对 4.7 级地震的算法新闻，其使用了一个名叫 Quakebot 的计算机程序，在收到地震信息后，将相关数据直接输入，然后由预先编辑好的程序自动生成了新闻报道，在地震发生后，仅用了三分钟就发布了新闻报道全文，且报道在形式上与人工生产的新闻报道几乎没有超别。在我国，新闻媒体的自动化新闻生产实践也不断推进，2015 年 11 月，第一位机器人记者“快笔小新”出世，主要为新华社撰写财经与体育新闻报道。自动化新闻生产大大提升了新闻生产效率，节约新闻生产成本，未来算法新闻发展背景下，自动化新闻生产特征将成为不可回避的全球新闻生产趋势。

今日头条

首页 > 体育 > 正文

奥运会乒乓球女子单打四分之一决赛 丁宁(中国)4:0轻松晋级下一轮

奥运AI小记者张小明 2016-08-10 00:51

简讯：北京时间8月10日00:00时，现世界排名第2的丁宁在奥运会乒乓球女子单打四分之一决赛中胜出，确保进入下一轮。丁宁本轮的对手是现世界排名第7的韩英，实力不俗。但经过4场大战的激烈较量，最终，丁宁还是以总比分4:0战胜对手，笑到了最后，为中国延续了在这个

图 15-3　AI 机器人“张小明”自动化生产的新闻简讯

（二）个性化新闻生产与推送

个性化新闻生产与推送是算法新闻第二个显著特征。在大数据时代，用户在网络上的点击、停留、评论、相关社交关系和社交圈等数据信息被一一记录，算法通过设置用户浏览偏好及阅读习惯等，可以较为准确的描绘用户画像和应用场景，为用户进行个性化的新闻内容生产与推送。例如，腾讯的写作机器人 Dreamwriter 通过对语料库中不同语言风格的学习，可以生产出适应不同用户群体阅读习惯和浏览偏好的新闻内容。2015 年 10 月，“Dreamwriter”就针对 9 月份的宏观经济走势生产了四个不同版本的差异化新闻，分别是常规版、精要版、民生版、研判版，以此为四类不同的群体服务。《华盛顿邮报》的写作机器人 Heliograf 也可以将同一新闻时间生成为不同类型的新闻稿件，甚至还可以为用户提供“私人订制”内容。由此可见，算法新闻带来了新闻生产的个性定制化。

事实上，个性化内容推送更早，推荐算法可以追溯到 1994 年，明尼苏达大学双城分校的 Group-Lens 系统就可以做到过滤掉用户不感兴趣的内容。到了 21 世纪，谷歌通过用户历史点击记录对新闻进行分组，将用户可能感兴趣的内容进行推送，由此，全面开启了个性化算法推送在传媒业的应用。我国最早的个性化新闻推送平台是 2012 年的“今日头条 1.0 版”，该平台对外宣称没有编辑，仅仅依靠对用户浏览内容、社交行为等进行抓取，利用算法绘制“用户画像”，将用户感兴趣的内容按照重要性排序后推送给用户，即“不生产新闻，只做新闻的搬运工”。随后，各大媒体平台与互联网公司纷纷加入了个性化推送新闻内容的行列。2014 年，搜狐新闻客户端增加了个性化推荐功能；2015 年，新浪新闻客户端与网易新闻客户端相继更新，推出此功能；2016 年，创立了专门针对用户进行个性化推荐的“天天快报”；2017 年，网易 Slogan 更换为“各有态度”，腾讯新闻增强自身技术建设……基于算法的个性化推送已经成为了传媒领域的“宠儿”。目前在个性化新闻内容推送领域应用最为广泛的算法类型主要有四种，分别是基于协同过滤，基于内容，基于关联规则和基于社交网络关系的推荐算法。算法使得过去新闻业生产与分发紧密相连的关系被打破，新闻生产与新闻分发环节逐渐分离，提升了用户获取信息的效率，满足了不同用户的信息需求。

（三）交互式新闻体验

算法技术作为一种解决问题的重要工具，在帮助用户提升新闻阅读体验上也有所助益。通过改变新闻的呈现形式，用户在新闻阅读体验上能够感受到更强的互动性与趣味性，目前在新闻领域实践较为成功的就是基于算法技术的“聊天新闻”。2016 年，数据商业新闻网站 Quartz 推出了一款类似的新闻应用，它以聊天的形式向用户推荐新闻，当用户看到感兴趣的新闻时，可以回复以进一步了解更多细节。国内来看，人民日报社在两会期间上线的知识机器人“小端”，新华社的“小新”和光明日报社的“小明”，都是通过聊天的形式进行新闻科普。除此之外，央广传媒推出了国内首款智能聊天交互式新闻阅读 APP——“下文”，APP 内提供一对一的聊天界面，在内容上以短文本快节奏的方式呈现，也会偶尔添加 emoji 表情，用户可输入“接着看”或“下一条”进行新闻观看，其推送内容时不仅只推送一条新闻报道，而是推送不同媒体平台对于该事件的多条报道，用户浏览完全部内容后，APP 会自动弹出一条“闪聊”对话框，询问用户对于新闻事件的个人看法。同时 APP 内提供社交功能，用户看过新闻后可进入临时群组即时交互，也可以进行分享与转发。整个阅读过程像是在和“志趣相投”的人进行探讨式阅读一样，打破了传统新闻单调枯燥，增添了用户的交互体验以及沉浸感。2019 年 5 月，“下文”APP 停止更新，众多用户表示惋惜。

第二节　掌握算法在新闻生产中的作用

大数据时代，在技术推动下能够对海量数据进行收集与分析是算法新闻生产的基础。媒体通过大数据技术从用户行为中提取与绘制用户画像，了解用户偏好与需求，从而进行个性化新闻生产与分发，这改变着传统的新闻生产模式。传媒业在此基础上飞速变革。算法媒体时代，新的新闻生产方式出现，算法对新闻线索发现、新闻写作、新闻分发以及用户的新闻消费都产生了重要影响。

一、新闻线索发现

在新闻生产流程中，新闻线索是第一环节，在众多纷繁复杂的数据、信息、事件中整理与挖掘出好的新闻线索，是优秀的新闻作品产生的基础。传统媒体时代，新闻线索的获取大多都是通过人工渠道，包括读者来信、受众反馈、线人爆料、记者发掘等；进入互联网时代，新媒体平台拓宽了新闻线索获取的渠道，新闻工作者可以在社区、社交媒体等平台上收集新闻线索。但是无论选择以上哪种方式，都会消耗巨大的人力物力，且效果不确定性较高，人工收集线索还会造成不够全面等情况出现。大数据时代，信息更为海量，传统的新闻线索收集方式有效性持续下降。算法的出现解决了这一问题，通过爬虫软件等工具直接抓取海量数据信息中的目标数据，利用数据分析软件与工具，对数据信息进行整理与相关性分析，发现数据信息之间的密切联系。算法拓宽了新闻线索的获取渠道，信息获取更加全面和富有针对性，为新闻内容生产全流程提供信息保障。目前，新闻线索的获取主要有三种方式。

（一）建立数据库

新闻线索的发现，通常需收集事件相关背景资料、相关同类事件信息等内容，过去通过“文件夹”式的信息整理需要消耗大量的时间，同时人工整理还会产生信息不全面、资源共享性不足等问题。在算法媒体时代，数据的储存与抓取可以通过程序设定直接完成，网络上开放的数据信息资源可以直接实现共享。建立数据库，通过算法对新闻线索关键词进行整合与分类，在新闻生产过程中，一旦需要匹配历史数据时，立刻通过关键词直接获取数据库中全面的数据内容。数据库的建立，一方面提升了新闻线索收集的效率，另一方面也保障了新闻线索的充分性与即时性。除此之外，通过算法程序，还能够将不良的、重复的数据信息从数据库中剔除，使得新闻线索的获取更具有针对性。2018 年 6 月 13 日，新华社发布推出了智能生产平台“MAGIC”，又被称为“媒体大脑 2.0”，该平台“以大数据处理技术、智能算法技术和人机协作技术为核心，将过去线下的数据储存到云端的同时，也打造了媒体资源共享平台，通过机器进行处理，数据库更加丰富与智能。同年，其又发布了“MAGIC 短视频智能生产平台”，其中“智能数据工坊”“智能媒资平台”提供了更为丰富的新闻线索储备，建立了新的信源获取渠道。(图 15-4)

图 15-4　“MAGIC 短视频智能生产平台”截图

(二) 人机交互获取新闻线索

新闻线索的获取，除了需要固有的数据信息以备提取之外，还有一些正在发生的或者随时更新的线索需要被发掘。算法媒体时代，智能语音聊天助手对获取这一类新闻线索大有助益。“聊天新闻”实现了人机交互，早在“下文”APP 这类“聊天新闻”软件之前，华盛顿邮报就开发过一个叫 Feels 的聊天机器人与用户进行互动，从而进行线索的搜集。在美国大选期间，Feels 提供了 5 种代表不同倾向的表情给用户选择，从而来掌握选民们在大选前半个月的投票意愿。2006 年，美国新闻聚合网站 BuzzFeed 上线，其研发的第一款产品是即时通讯客户端 BuzzBot，Buzzbot 实质是一款聊天机器人，通过向用户发送信息链接，基于链接点击上升速度的算法，它可以实现从大量的博客那里获取订阅源，并从中搜索新链接，然后迅速向其他网站扩散；同时它还会向用户询问对于新闻的具体看法，以便为后续的新闻提供素材与线索。

图 15-5　“BuzzFeed”首页截图

（三）传感器获取新闻线索

现代社会，传感器无处不在。街头巷口、公共区域的摄像监控，无人机设备，乘坐公共交通检测的安检仪等等，充斥在我们的生活中。随着新闻生产对数据信息的需求增强，传感器也开始被应用到新闻领域，传感器新闻亦随之兴起。利用传感器进行数据信息的生成与收集，通过对所获得的数据信息分析整合，使之融入新闻报道之中。传感器新闻通常应用在环境报道、公共事件和突发新闻中。

2014 年央视推出的《据说春运》节目就是基于传感器采集新闻线索而呈现的。如图 15-6《据说春运："大数据"展现"大迁徙"》利用算法统计用户的手机定位，将用户的流动轨迹制作为实时动态地图，绘制出了从人口流向和经济发展等角度出发的生动的春运图谱。

图 15-6 《据说春运："大数据"展现"大迁徙"》

近年来，传感器通过采集信息，通过计算机算法相配合，在灾害预警、公共空间等场所广泛应用。利用传感器获取的新闻源能够从宏观角度出发，可以全方位地把握社会议题。借助传感器技术，配合算法，打通了社会与新闻，新闻线索真正做到了"一手"与"真实"，新闻线索的时效性和准确性得到了保障。

二、新闻写作

新闻写作是新闻生产的第二环节，也是整个新闻生产流程的核心环节，与新闻产品质量好坏联系最紧密。算法媒体时代，对新闻写作影响最大的就是机器人写作。一方面，机器人写作带来了新闻的自动化生产，提升了新闻写作的效率，新闻写作有了固定的模板。另一方面，算法采集新闻线索与自动化新闻生产密切配合，推动着定制新闻产品的发展。写作机器人，其本质就是一个软件或者说是一种算法程序，通过程序或软件的开发之后，写作机器人还需要计收大量的人工训练，之后才能应用于新闻生产，所以它的出现并不能取代新闻从业者的位置，或者我们可以说，写作机器人的出现解放了部分劳动力，为新的内容和新的新闻产品形态的孕育提供了多样可能。机器人写作目前发展已经初具规模，其写作也有了较为固定的步骤，主要包括了三个环节。

（一）大量结构化的数据的抓取

算法媒体时代，巨量数据信息通过传感器与网络爬虫工具迅速收集汇集，随着大量数据库的建立，这些数据信息被快速结构化，为机器人写作提供了大量的新闻源，抓取结构化数据也是机器人写作的第一步骤。目前结构化数据应用较多的领域为财经及体育，与机器人写作实践最广泛的领域完全吻合。

（二）数据整理与分析，确定报道内容

机器人写作的第二环节，就是将抓取到的数据进行整理分析，以特定的格式将数据输入

到写作机器人后，机器人可以按照人为设定的算法程序进行数据分析，从中提取有价值的报道内容。通过数据分析与整理，能够获得一些重要或者“反常”的数据，这些数据会被标记，成为潜在的报道内容，如果这类数据较多，算法还可以对这些数据的重要性进行排序或进行分类，在此基础上来确定报道内容。

（三）导入模板生成稿件

通过对数据的整理与分析，确定了报道内容之后，就可以进入写作的最后一步了。即将确定的新闻内容导入模板，直接生成稿件。需要明确的是，通常新闻生产机构或程序员会事先为写作机器人提供多种报道格式，算法工程师会不断地对写作机器人进行训练，使其能够发现不同的报道角度、组织不同的文章架构，从而设定模板。写作机器人将确定的报道内容套入模板，通过选词造句，与过去的相关报道相结合，即可生成新闻稿件。目前，算法发展更加成熟，写作机器人还能够对稿件进行润色，添加一些带有感情色彩的语气词等。以百度智能生产平台的功能演示为例，对于同一数据源的内容，通过算法设置不同模板，能够生产对同一内容的多种报道形式。如图 15-7 基于同一数据源与报道内容，不同模板生成的新闻稿件。

12月13日北京天气简报

今天是12月13日，北京天气的关键词仍然是『晴冷』。

北京的天气晴冷，最高气温3℃，最低气温-7℃。天气冷，建议着棉服、羽绒服、皮夹克加羊毛衫等冬季服装。年老体弱者宜着厚棉衣、冬大衣或厚羽绒服。未来几天，气温保持平稳。

今天的生活指南：今天天气较好，但考虑天气寒冷，风力较强，推荐您进行室内运动，若户外运动请注意保暖并做好准备活动；健康防病方面，各项气象条件适宜，无明显降温过程，发生感冒机率较低；如果您有爱车，今天较适宜洗车，未来一天无雨，风力较小，擦洗一新的汽车至少能保持一天。
数据来源：2018年12月13日北京天气数据

（a）

北京今日晴冷，最低温-7℃，及时添衣，谨防感冒

低。接下来几天，气温保持平稳。

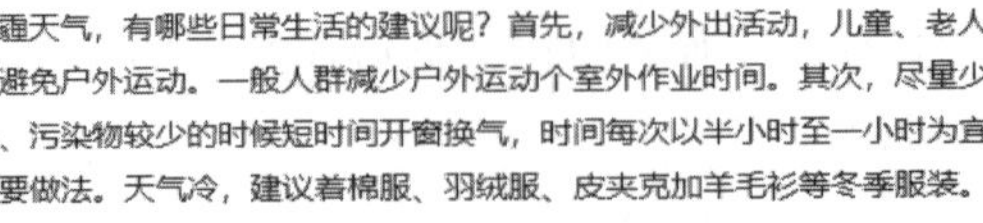

冬季北京常有雾霾，在雾霾天气，有哪些日常生活的建议呢？首先，减少外出活动，儿童、老人和呼吸道、心脑血管疾病患者等易感人群尽量留在室内，避免户外运动。一般人群减少户外运动个室外作业时间。其次，尽量少开窗，确实需要开窗透气的话，可以选择中午阳光较充足、污染物较少的时候短时间开窗换气，时间每次以半小时至一小时为宜。此外，少抽烟、戴口罩、勤清洗口鼻也是防护雾霾的重要做法。天气冷，建议着棉服、羽绒服、皮夹克加羊毛衫等冬季服装。年老体弱者宜着厚棉衣、冬大衣或厚羽绒服。
数据来源：2018年12月13日北京天气数据

（b）

北京最新天气预报：晴冷天气持续，周末多云

目前北京的实时气温是1℃，天气晴好，干燥持续

今天最高气温是3℃，最低气温-7℃。白天光照条件都不错，中午前后可适当开窗通风，但是气温呈现下降趋势，且空气干燥，天气干冷，外出需注意保暖。

接下来的几天，气温保保持平稳。未来三天，以多云为主，最低气温分别是：-6℃、-5℃、-5℃

天气寒冷，推荐您在室内进行低强度运动；若坚持户外运动，请选择合适的运动并注意保暖。如果您有爱车，那么这几天的天气都适合较适宜洗车，未来一天无雨，风力较小，擦洗一新的汽车至少能保持一天。最近都天气都较易发生感冒，请适当增加衣服。体质较弱的朋友尤其应该注意防护。
数据来源：2018年12月13日北京天气数据

（c）

图 15-7　写作机器人报道天气新闻示例

三、新闻分发

过去，新闻生产与新闻分发紧密联系，随着算法在新闻生产中的应用与普及，新闻生产与新闻分发逐渐分离。移动社交媒体的发展使得新闻内容随之传递与分发，算法介入之后，“个性”愈加被重视，用户需求放在首位，用户习惯、偏好等也被纳入新闻分发所考虑的范畴，真正做到了“个性化推荐”。其实质就是对用户个人信息进行搜集，以匹配适合的分发内容，然后向定向用户进行传递。在我国，算法“个性化推荐”是应用较早且应用最为广泛的领域，字节跳动公司通过“今日头条”客户端，对用户的个人喜好、阅读习惯、使用场景等进行记录从而为用户提供个性化内容，在吸引了大量用户的基础上，又适时推出了短视频平台等产品，打造了新的“定制”市场。目前，个性化与精准化已经成为了“今日头条”最为核心的竞争力。其原理也并不复杂，用户登录 APP 后，通过获取用户社交关系、浏览偏好、阅读点击习惯、定位信息等数据，从而分析描绘出“用户画像”。今日头条通常利用算法进行判断有三层喜好逻辑。假如用户通常浏览的是娱乐内容，便被贴上“娱乐”这一标签，通过算法发现用户长期浏览“电视剧”这一类内容时，算法就能够按照相关性逻辑为用户推送个性化内容。“用户画像”的描绘使得媒体能够清晰地了解自己的用户群体，从而在新闻生产与新闻分发中更加个性化与定制化。算法介入下的个性化内容分发机制提升了用户黏性，积累了大量用户资源，为新闻盈利做好了准备。

四、新闻消费与新闻盈利

算法媒体时代，用户的新闻消费不仅仅只是“阅读”，更是“体验”。技术参与新闻生产带来了新的新闻产品类型的产生，它们带着全新的技术特性出现在用户面前，能够真正让用户参与与沉浸于新闻报道中。虚拟现实技术和增强现实技术发展逐渐成熟，算法程序与之紧密配合，使得新闻产品“类人化”。智能语音助手、聊天机器人、“聊天新闻”层出不穷，实现了人机交互的同时也为用户带来了多元的体验。VR 新闻更是将用户的沉浸感提升到了极致。

算法除了带来用户新闻消费体验的增强外，也为媒体进行新闻盈利提供了新的思路。新闻媒体长期以来的盈利模式都是“一次发行”+“二次售卖”，其中，“二次售卖”主要是依靠“一次发行”所累积的用户数。目前，大量的新闻媒体为了能够积累用户数，都免费为用户提供新闻内容，所以在“一次发行”环节，通常都处于“亏本”状况。要想实现盈利，“二次售卖”尤为重要。算法媒体时代，对用户的把握更精准，如前所述，个性化推荐与定制化内容能够大大增强用户黏性，从而更好地积累用户数；多元化、沉浸式、交互式的新闻产品也更能吸引用户的关注。这些都为积累用户，促成“二次售卖”打下了坚持基础。除此之外，算法对新闻盈利的贡献还深入到了广告投放场景中。毋庸置疑，广告收入是各大新闻媒体主要收入来源之一。目前，在移动端投放量最大的广告主是游戏开发商与各大电商平台，他们对广告投放有严格的要求，即能够精准的追踪所投放的广告的转化链条，而算法刚好能够迅速满足广告主的要求。利用算法选择广告投放场景的逻辑如下：首先通过人工对需求进行总结，输出广告素材；其次选择投放平台，并选择投放出价模式（出价模式通过智能化统计“展现”“点击”或“转化”数量进行收费）；最后通过算法描绘的用户画像，对用户进行筛选后精准投放，并通过实时数据进行调整。[①]在算法技术支持下，个性化服务使得新闻盈利有了更多的可能性，流量变现渠道畅通，为新闻盈利提供了更多地思路与空间。

第三节　机器人写作的现状、应用与平台

机器人写作的实质是软件或算法程序，通过一整套的运算规则，直接完成新闻稿件的生产。写作机器人的出现，新闻生产主体由人转变为了机器，智能媒体的发展深入到了新闻生产的核心环节。从开始的备受争议，到今天被越来越多的新闻媒体所接受，发展速度极快，可以预见，其将拥有广阔的发展前景。

一、机器人写作的历史发展与现状

2006 年，加拿大商业数据供应商汤姆森公司首次使用机器人写作技术，通过使用计算机程序处理商业数据后，自动生产出商业报道，并且代替了过去需要财经记者才能完成的简要性财经新闻报道，写作机器人的时代到来。早期的机器人写作实践主要集中在美国。美国西北大学在 2009 年研发出了 Stats Monkey 软件，用于写作简单的体育新闻稿件；2010 年，美国《洛杉矶时报》网站上的“凶杀报道”栏目开始尝试机器写作；2012 年，福布斯网站开始采用美国 Narrative Science 公司开发的 Quill 平台，快速撰写和发布公司财报消息；2014 年，Quakebot 写作机器人在《洛杉矶时报》亮相，其专门负责写作地震新闻报道；同年，美联社推出写作机器人 Word smith，用于撰写财经、体育类新闻领域……随着机器人新闻实践不断深入，世界其他国家媒体也纷纷加入，总部位于法国巴黎的伊索公司开发的“智识”（Savvy），可以写

① 吴佳洪. 人工智能技术背景下新闻生产流程创新研究[D]. 广州：暨南大学，2019.

作包含多种世界通用语言的新闻稿件；澳大利亚版《卫报》社也完成了机器记者辅助报道；在亚洲，韩国《金融新闻》编辑部也采用了机器人进行新闻写作，通过人工智能记者来报道股市行情。

8月26日起，央行下调一年期存款基准利率0.25个百分点至1.75%，目前工商银行、建设银行等金融机构一年期存款利率普遍为2%。

居民消费价格指数（Consumer Price Index，简称CPI）是度量居民生活消费品和服务价格水平随着时间变动的相对数，综合反映居民购买的生活消费品和服务价格水平的变动情况。

【本文来源：Dreamwriter，腾讯财经开发的自动化新闻写作机器人，根据算法在第一时间自动生成稿件，瞬时输出分析和研判，一分钟内将重要资讯和解读送达用户。】

图 15-8　《8 月 CPI 同比上涨 2.0%创 12 个月新高》截图

Dreamwriter 是我国首个智能写作机器人，由腾讯公司在 2015 年 9 月发布上线的，主要用于生产财经新闻，《8 月 CPI 同比上涨 2.0% 创 12 个月新高》（图 15-8）是其发布的第一篇报道为，该报道长度 1 000 字左右，生成时间仅用了 1 分钟，一经发出，引起了社会各界的广泛热议，开启了我国机器人写作实践之路。同年 11 月，新华社推出机器人记者“快笔小新”，能够撰写中英文体育新闻稿件与财经稿件。2016 年，今日头条发布“张小明”，在 2016 年里约奥运会上，“张小明”共撰写了 457 篇消息简讯和赛事报道。2017 年 8 月 8 日，中国地震台网微信公众号发布了地震信息播报机器人在25秒钟内编写的《四川阿坝州九寨沟县发生 7.0 级地震》推文，是我国第一次用机器人写作灾害报道。目前，我国各大媒体都相继利用写作机器人在各领域展开报道，例如南方都市报社的写作机器人“小南”在 2018 年参与“春运”，完成了与火车篇余票信息相关的民生新闻写作。各大媒体共同推动着我国机器人写作实践发展，机器人写作已经由过去的文本写作进入到了音视频写作领域，如“wibbitz 平台”、新华社“MAGIC 短视频智能生产平台”等。

图 15-9　《四川阿坝州九寨沟县发生 7.0 级地震》

二、机器人写作的特点

机器人写作的实践不断深入，其特点也愈加凸显。作为一项尚在发展中的技术，其呈现出了独特的优势，也尤其自身的局限性。

（一）机器人写作的优点

机器人写作的优点主要是与传统的记者与编辑写作相比较而言的，机器人写作有着一些人类难以超越的优势。

1. 速度快、产量高

时效性被誉为新闻的“第二生命”，在自媒体时代，新闻时效性的竞争更为激烈。写作机器人利用技术优势，几乎以“超乎常人”的速度完成稿件的生产。今日头条的“张小明”在里约奥运会期间的写稿速度几乎与电视直播同步，其完成一篇图文结合的体育报道只需要 2 秒的时间。中国地震台网的写作机器人完成一篇包含十余项数据的图文结合的地震速报只需要 4 秒钟。并且随着算法技术的不断精进，速度还能提升。例如我国最早的写作机器人“dreamwriter”最初完成一篇新闻报道需要 1 分钟，到 2017 年，其写作速度就提升到了 0.5 秒 1 篇。此外，机器人与传统新闻从业人员的区别还在于其不需要休息，除了一些极为特殊的情况，几乎能够进行全天候的 24 小时不间断新闻生产。高效的新闻生产效率加之超长的新闻生产时间，使其新闻稿件产量极高。第一财经中产量最高的 DT“稿王”，平均每天其可以生产并发布公告 1 900 篇；Dreamwriter 一天的写稿数量可达 2 500 篇。24 小时随时能够进行新闻生产，还有效解决了突发新闻报道发稿不及时的问题。

2. 覆盖用户全面、内容客观中立

过去，新闻媒体由于人力物力有限，通常会基于新闻价值判断后选择新闻选题，新闻报道大多是大众化的。写作机器人的低成本与高效率能够克服过去人力物力的限制，将一些小众、分众甚至是个性化的定制内容报道给有需求的用户。以体育报道为例，新闻机构过去通常会集中人力物力报道一些热门赛事，而对于一些知名度低或是较为小众的体育赛事，往往并没有过多的报道。事实上，基于“长尾理论”来看，这些低知名度的、小众的体育新闻所积累的用户数也不次于高知名度的热门赛事。机器人写作能够覆盖到所有赛事内容，从而对“长长的尾巴”也充分“照顾”，一视同仁，新闻报道更加全面。

新闻从业者尽管始终保持对新闻专业主义的坚守，坚持报道中的客观中立，但是囿于认知水平、媒体定位、知识储备等各方面的因素限制，在实际的新闻工作中，往往难以完全做到真正的客观公正。甚至在一些报道中，基于个人的同理心，还会带有明显的情感倾向。而写作机器人作为没有主观能动性的程序，新闻生产以数据为基础，从技术层面上来说，不受主客观因素的干扰；情感上没有个人好恶，基本做到了客观公正。

3. 新闻生产成本低

尽管研发机器人写作程序以及搭建数据库需要投入大量的成本，且成本远高于培养一名记者或编辑，但是只要这一程度研发完成，其后续的维持成本则非常低，其产出量与效率又远高于一名记者或编辑。所以从总体上来看，机器人写作的投入往往是前期的一次性投入，长期而言，其新闻生产成本是比现有的新闻从业者低很多的。此外，随着技术不断成熟，目前各大科技公司和大型传媒集团也推出了相关的机器人写作平台，供不具备研发实力与能力的中小媒体机构使用。国内第一家推出了面向个人用户的写作机器人 Giiso 的深圳智搜公司，因为此产品提升了企业知名度。公司与不同媒体开展合作，为其提供个性化服务。看财经 APP 就购买了 Giiso 在财经领域的写作服务；《晶报》社则定制了整体智能媒体解决方案，除了写作机器人使用外，还能使用资讯推荐、问答等特色智能功能。

（二）机器人写作的缺点

机器人写作虽然有着人工不可替代的优势，例如生产效率极高，数据分析呈现的内容更加客观等，但由于现实中的各种原因，其依然有其缺点。

1. 同质化

写作机器人在进行新闻生产时，依赖的是固定的模板，通过数据的收集，像完成填空题一般，将数据导入自动匹配的模板之中，稿件就此产生。因此机器人写作是机械与固化的，稿件带有很强的模板化色彩、同质化程度严重，高产出带来的是千篇一律的稿件。以今日头条写作机器人“张小明”为例，其在体育赛事足球类新闻报道中的 ID 为“足球记者小明”，对比其对于足球新闻消息的写作，同质化程度显而易见，以图 15-10 报道内容比较，报道均以时间开始，接下来依次是赛事场次、比赛双方、关键球信息、最终比分。有趣的是，配图均为三张，除了数据不同，内容几乎完全一样。

2. 逻辑性与可读性差

新闻报道除了基本的构成要素，还需要具有严密的逻辑性，作品前后的逻辑连接是新闻真实性的保障。逻辑如不能自洽，内容会受到用户质疑，从而影响传播效果。机器人写作的机械性使得新闻稿件难以进行大范围的修改，仅能在模板框架内进行微调，因此作品会出现逻辑混乱的问题。此外，机械性还会使作品的可读性大打折扣，其遣词用句的丰富程度取决于模板的设定，无法自主创作一些生动的词汇，更无法使用修辞手法，因此语言给人感觉枯燥乏味，可读性差。固化的表达甚至难以让用户把握新闻的内涵，使得传播效果下降。

（a）

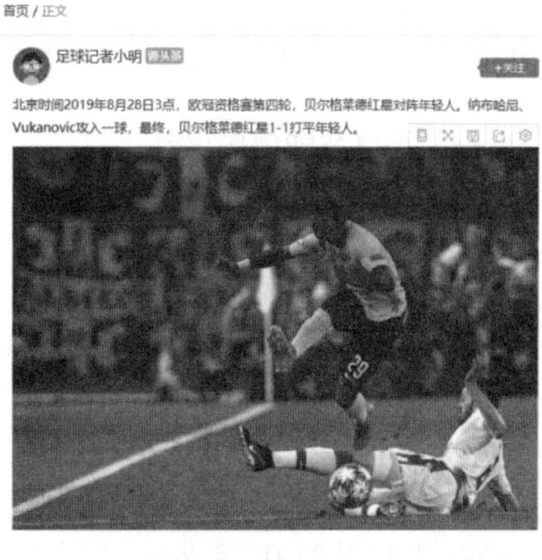

（b）

（c）

图 15-10 “张小明”为不同足球比赛写作的消息报道对比

3. 应用领域有限．报道深度欠缺

除了在稿件生成环节依赖模板，写作机器人在新闻线索搜集整理时还依赖数据库，对于没有包含大量数据的内容或者数据库中缺乏的内容而言，写作机器人无法完成稿件的生成。因此，机器人写作目前的应用领域非常有限，主要应用在数据丰富的体育与财经领域。对于数据支撑不足的领域几乎很少涉及。另外，由于写作机器人没有人的个体性，只是通过固有程序生产新闻内容，难以对数据背后的故事进行挖掘，因此所写的新闻稿件大多都停留在对客观事实描述的层面，对于因果关系等深层次的表达不够，难以形成深度报道。

三、机器人写作平台

随着技术日益成熟，机器人写作平台在近年来越来越多，企业与个人均可以根据需要进行内容生产。除了文本平台之外，还有了很多视频生产平台。

（一）百度智能创作平台

百度智能创作平台集合了百度领先的自然语言处理和知识图谱技术，提供自动创作和辅助创作的能力，全面提升内容创作效率，目前向用户开放进行免费体验。进入平台后通过登录百度账号就可以体验其相关创作功能。登录成功后，用户可以选择进行“自动创作”或“辅助创作”两种形式，通过其提供的模板或辅助创作工具，提升写作效率，生成所需内容。平台所有操作清晰，板块划分合理，便于上手操作体验。

（二）新华社短视频智能生产平台—— Magic

2018 年 12 月 27 日，新华社在基于“媒体大脑”的基础上，于成都发布了中国首个短视频智能生产平台——“短视频智能生产平台”，这也是在新闻传播行业中首次将人工智能技术应用于媒体的集成化、产品化与商业化。Magic 平台汇聚并采用了多项人工智能技术，主要包括了自然语言处理、音频语义等等。整个平台通过人工智能技术，建构起了多个智能模板，四大智能设施搭建起了整个平台，包括了数据工坊、媒资平台、生产引擎、主题集市，对严肃类的时政新闻、突发事件，民生类的体育赛事、时尚娱乐等多个新闻报道类型和报道形式进行了全面覆盖。通过对于媒资的智能分析，能够自动识别具有较高新闻价值的时间帮助记者、编辑争分夺秒完成报道。平台能够自动实现数据采集、视频发布、可视化呈现、数据视频化等多样内容。

第四节 算法新闻的伦理与失范

技术的飞速发展推动了算法在传媒业的应用，传统新闻产生变革，算法媒体时代到来。但是，新技术在发展的过程中，不可避免地出现了许多问题，对于效率与个性的追求，导致新闻内容本身被忽略，引发了许多伦理探讨。

一、算法新闻伦理失范的表现

在以新闻从业人员为生产主体的新闻背景下，传播伦理的探讨主要集中于媒介审判、个人隐私与公众知情、暗访边界、灾难报道等问题上。算法媒体时代，新闻伦理问题的探讨出现了比较大的转变，由于技术背后的不透明的运作模式、智能推荐、传统把关的颠覆等问题，新闻伦理从新闻内容、新闻从业者的行为转变到了技术自身规范上来。算法技术一方面为传媒业的发展带来了机遇，另一方变也引发了算法带来的算法偏见、隐私侵犯、虚假新闻等伦理问题讨论。

（一）非法采集与隐私侵犯

算法新闻生产的基础是数据，数据是进行自动化新闻生产与个性化推荐的重要依据。然而现实环境中，有很多的数据并不属于开放数据，一些机构与科技公司为了能够获取丰富的数据，只能通过“非法采集”来获取。2012 年，谷歌公司为了能够跟踪用户浏览数据，绕过“苹果”浏览器的安全设置，私自植入了用户数据包，即使在用户使用“隐身模式”时，也只能删除历史数据，而不能删除行为轨迹。实际上，美国媒体从 2013 年开始利用传感器采集数据，它们 24 小时全天候的采集用户信息，而用户自己却不自知。2018 年，英国政治数据分析公司“剑桥分析”（Cambridge Analytica）被爆出在未经用户允许的情况下，用算法技术采集了 5 000 万“脸书”用户的信息，并将这些数据用于了政治活动中，试图控制选民的投票倾向。在我国，非法采集数据信息的事件也频频发生。2019 年以来，为了打击非法采集，公安部组织展开了“净网 2019”专项行动，依法查处违法违规采集个人信息的 APP 共 683 款。尽管打击力度加大，但是在算法技术推动之下，个人几乎毫无“隐私”可言，非法数据采集屡禁不止。在用户日常使用互联网的过程中，其打开某个应用或浏览某个网页，整个过程都被完全“监控”，无论用户是否选择登录，后台都可以通过算法获取并分析相关数据，这无疑是在对用户隐私进行窥探。手机暴露的用户隐私之外，传感器也无处不在获取用户隐私信息。算法媒体时代，用户时刻处于隐私暴露之下，随时面临隐私侵犯风险。近两年来，我国加大了对非法采集与侵犯隐私的产品及企业的打击力度，大量 APP 被勒令整改或下架处理，非法采集与侵犯隐私现象有所缓解。

图 15-11 《公安机关开展 APP 违法采集个人信息集中整治》

（二）算法偏见与思维固化

算法偏见产生的土壤是大量的结构化数据，尽管数据是本身是客观存在的，但是数据能否准确地反映现实是有待商榷的。在此情况下，算法偏见极易产生。以抖音平台的“人脸贴纸”为例，其通过采集大量用户的五官数据，从而制作出符合“大众”的“人脸贴纸”尺寸与标准。但实际上，其所采集的数据源主要就是日常使用抖音平台进行拍摄的“主流”用户，因此所生成的“人脸贴纸”在被老年群体或幼儿群体选择使用时，常常会“失效”。算法通常只能看到用户行为本身，但是难以解读行为背后的内容，因此也极易造成偏见。例如对一条新闻进行阅读时，用户平均浏览时长为 1 分钟，其中有 2 名用户的浏览时间均为 2 分钟，一个用户是由于网速慢，多次刷新造成的浏览时间过长，其本身对于这条新闻内容是不感兴趣的，而另一个用户则是因为自身对于这条新闻内容非常感兴趣而花费了较多时间阅读。算法基于 2 名用户的浏览时长，会误判 2 名用户均对这一类型报道感兴趣，从而加大这类报道的推送力度，实际上，这样的推送也是带有算法偏见的。算法偏见的另一重要表现是算法设计者的偏见，算法工程师全程参与了整个算法程序的搭建，包括了学习目标设定、模型选择、特征（数据）选取等，算法工程师在进行设定时不可避免的会将自己的看法作为重要参考标准，以此将自身的“固有成见”带入到了算法之中。例如一套线上智能面试系统，相关特征包括了年龄、学历、性别……当工程师自身将性别因素放在首位作为核心考量标准时，算法在机器学习过程中会识别到工程师的想法，从而在整个面试系统搭建时，在众多特征中将性别作为核心因素。基于算法的个性化推荐的实质是建立信息过滤机制，将用户“感兴趣”的信息分发用户，用户就会收到大量的同质化的内容，从而陷入“信息孤岛”之中。用户在个性化推荐机制下容易放大对于信息的选择性注意，从而忽略了社会全景，导致“回声室效应”，使得个人思维固化。

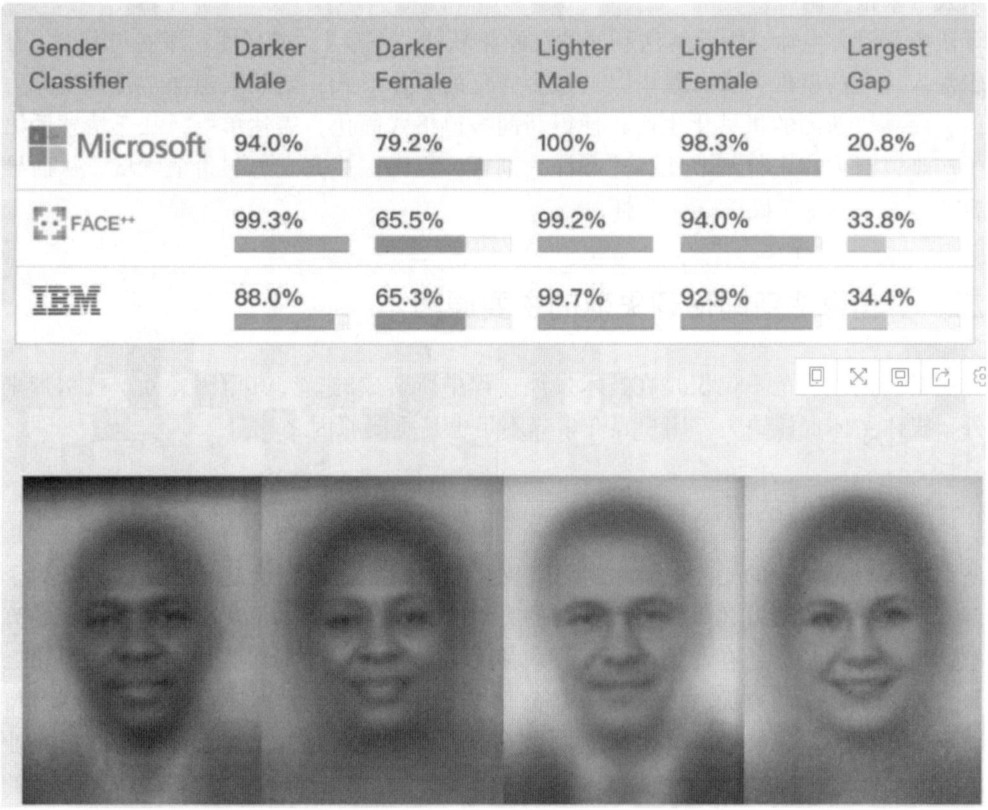

Gender Classifier	Darker Male	Darker Female	Lighter Male	Lighter Female	Largest Gap
Microsoft	94.0%	79.2%	100%	98.3%	20.8%
FACE++	99.3%	65.5%	99.2%	94.0%	33.8%
IBM	88.0%	65.3%	99.7%	92.9%	34.4%

图 15-12　算法偏见——微软、Face++和 IBM 三家的人脸识别产品，均存在对女性和深色人种“歧视”

（图片来源：算法正义联盟官网）

（三）低俗内容与虚假新闻频发，人文关怀缺失

“流量为王”在现今成为了热词，平台或机构为了能够获得高点击率，赢得流量，对算法产生了较强的依赖性，通过算法进行个性化推荐迎合用户的需求，从而获取高流量。因此，大量低俗化、过度娱乐化的内容被生产与传播，用户对于这类“趣味”内容的高关注，使得严肃内容为它们让路。个性会推荐让低俗内容频繁地出现在用户推荐首页，极易造成用户“垃圾信息成瘾”。为了能够更大程度上获取用户注意力，还出现了大量的“标题党”新闻，新闻标题用词低俗，满足部分用户的猎奇心理。虚假新闻频发也是算法新闻伦理失范的重要表现，

算法新闻中的虚假新闻主要包括两类，一类是数据源失实或程序设计不合理导致新闻报道失实。2019 年，一则署名为“金鹰 955 电台”的新闻报道《一辆客车在湖南常德自燃 人员伤亡情况不明》在腾讯新闻发布，经核实，该内容并非“金鹰 955 电台”编辑或记者所写，而是由腾讯新闻写作机器人通过算法挖掘相关信息自动生成的。这样的失实新闻如今在算法时代频发，由于数据的量化属性和算法的权威性，其造成的失实更难以被及时察觉。另一类是利用算法进行新闻分发时未核实真相，加速虚假新闻的扩散。例如“重庆万州公交坠江”事件中，多家媒体与自媒体在未证实真相之前将事故原因归结为“女司机逆行”，此新闻被通过算法推送给了大量用户，一时间造成了巨大的传播影响，网络上充斥着这条假新闻，给女司机及其家人带来很大困扰。

算法毕竟没有生命，因此算法新闻往往缺乏新闻“三度”，即高度、深度与温度。在记者和编辑深入细致的事件调查背景下，通过多样化的写作形式，新闻报道通常是有生命力与感染力的，而算法新闻的机械化生产，使得新闻报道格式固化，表达单一，缺乏情感话语。模板化生产难以对内容进行细节化描述和深入剖析，更无法拔高到思想价值领域，从而导致新闻内容“温度”不足、缺乏人文关怀。

二、引起算法新闻伦理失范的主要原因

算法新闻伦理失范不仅仅是在技术发展过程中所造成的，究其原因，除了技术带来的问题之外，媒体主体责任缺失，用户媒介素养不足也是重要原因之一。

（一）难以打开的算法黑箱

所谓算法黑箱，指的是通过算法进行新闻生产的过程是公众无法所知的，公众对于算法的实际运作程序、流程等几乎是一无所知的，对于算法工程师以及实际控制者设定的算法目标和意图也是不清楚的，在此情况下，公众是无法对其进行评判和监督的。算法黑箱之所以难以被打开，主要有两方面的因素，一是企业技术的排他性与技术本身复杂性，一旦将算法披露，就等于研发成果被公开，对于研发企业或者设计者而言，无异于技术泄露，企业或研发者的利益将受损。事实上，算法技术本身也非常复杂，即使向公众说明了程序设计的流程及环节等问题，大部分人也难以理解。其二是由于目前对于算法黑箱涉及的问题并没有十分明确的问责机制，贸然打开算法黑箱可能会导致管控缺位或机制不完善等问题。

（二）媒体主体责任缺失

媒体主体责任的缺失主要表现在三个方面。一是聚合类平台缺乏职业道德。在算法推动下，聚合类新闻平台兴起，这类平台拥有依靠算法进行个性化新闻分发，从而吸引了大量用户，对新闻的传播与扩散起着重要作用，推动着社会风气的形成和社会价值观的建构。然而平台为了获取商业利益、赢得商业竞争，忽视新闻质量，通过算法将大量低俗、虚假、泛娱乐等不健康的内容分发至用户，以提升用户黏性。仅在 2017 年下半年，“今日头条”就因传播低俗内容而多次被罚，《人民日报》更是在同年 9 月，“三批”今日头条，希望其能够提升

平台的社会责任意识，不被算法推荐所“绑架”。二是媒体“把关人”角色淡化，算法主导是媒体话语权与新闻分发权转移。信息能够通过社交媒体直接流向用户，跳过“把关”环节，算法过滤机制不够完善，不能够有效对新闻价值进行判断，也不能完全准确筛选新闻信息，媒体公信力不断下降。早前，挪威的一名“脸书”使用者在平台上发布了普利策新闻奖获奖作品《战火中的女孩》，但是很快“脸书”通过自动算法将这一内容删除了。事件发生后，挪威首相强烈谴责“脸书”平台改变历史与真相，平台负责人则表示由于算法缺陷，将图片误判为儿童色情图片。实际上，造成误判的原因就是算法基于裸体就是色情的设定进行了筛选。三是新闻职业危机。机器人写作、AI 智能播报等给新闻从业人员带来了危机感，部分新闻从业人员对自身职业价值产生怀疑，对职业意义进行否定，丧失了职业理想，进入了自我迷失的状态。

（三）用户媒介素养不足

用户在面临着各种新闻信息时所表现出来的对内容的选择力、理解力、辨别力以及质疑力等，被称为媒介素养。算法媒体时代，个性化推荐内容反映了用户对于内容的选择倾向。同时大量的新媒体平台的低准入门槛又为其提供了自由表达意见与观点的场所，于是缺乏媒介素养的“键盘侠”活跃在网络空间中。用户的媒介素养不足也是导致算法新闻伦理失范的主要原因之一。

第五节　人机协作，内容共生

智能媒体的出现并不能取代新闻职业，“人”的个体性价值是机器不可拥有也无法超越的；而智能媒体带来的高效、快捷、交互等也是未来新闻发展的重要组成部分，人类与人工充分互补，未来智能新闻将是“人机协作”的产物。

一、智能技术背景下的人类优势

算法的缺陷需要人类进行修正，人类对算法进行监督与修正有其独特的优势。首先，与机器相比，人类擅长复杂的沟通。复杂的沟通包括了倾听、协调、阐释与解释，实现复杂沟通通常需要将信息置于特定的语境之中，然后对信息加以理解。同时依据不同的传播渠道和传播平台的特征，对传播的内容进行调整。在一些特殊报道中，需要对差异化的甚至是持抗拒态度的受访者进行采访，同时还需要进行大量繁杂信息的整理，这些都是人工智能技术目前无法做到的。第二，人类能够运用专家思维进行思考与判断。也就是说，人类可以利用某一特定领域的知识，深入细致的剖析问题，然后解决问题。对于调查性报道与解释性报道而言，这一点尤为重要。最后，相比于算法，人类拥有较强的灵活性和创新性。算法所擅长的是对于重复性以及常规性的工作的处理，难以根据实时变化的世界做出变化与调整。对于非常规事件，人类却有着丰富的灵活应对的方式与经验，能够对事件进行创新性传播，也能够对正在发生的事情进行创新性解释。这一切，都是人工智能技术无法替代的。将人类的独特优势与人工智能结合，是目前国内外正在开展的重要实践。

二、人类智能与人工智能的结合

人类智能与人工智能的结合能够对新闻生产起到重要帮助。一是二者结合能够带来新闻报道在整体趋势呈现与个案报道上的平衡。《纽约时报》曾推出了一篇关注美国国内的地区间与地区内经济发展与教育资源不平等的报道，题为《最棒和最糟糕的成长地区有哪些？》。当你进入报道，网站便能够通过算法定位识别你所在的地区，并描述你所在地区的经济发展情况、教育状况及该地区是否对穷人家孩子成长友好等信息。用户了解了自己所在区域后，还能够拖动地图选择自己感兴趣的地区查看该地区的相应内容。整篇报道的选题、框架与互动方式由人类完成，用户进入报道后的呈现内容则由写作机器人完成，报道既拥有宏观情况的呈现，又有个性化信息的供给。二是在记者的创造性发挥下，人工智能利用技术改善新闻的互动体验。记者的专业新闻视角通过人工智能技得以延伸，提供与读者最为密切相关的信息。

案例：新华社《60 万米高空看中国》

2019 年，新华社推出了纪念新中国成立 70 周年的系列可视化融媒体产品——《60 万米高空看中国》。该作以卫星视角出发，通过从太空贯穿至地面“一镜到底”的镜头表达，全景记录了包括港澳台地区在内的 34 个省（市、自治区）70 年巨变。整个报道中，机器成为了记者的一部分，同时又辅助记者完成了新闻策划。

图 15-13 《60 万米高空看中国》

随着技术发展的不断深入，人工智能也将成为推动媒介融合的重要工具，与人类一起探究媒体特性、用户需求以及内容制作形态。

思考题

1. 结合日常生活中的个性化算法推荐机制，利用所学知识进行分析。
2. 说说你对智能新闻的看法。

第十六章 融合新闻未来趋势

本章学习目标

1. 了解新形势下新闻生产方式的变化。
2. 掌握融合新闻的新闻伦理和新闻法规。
3. 新时代下对新闻工作者提出的新要求。

2019 年 1 月 25 日，中共中央总书记习近平在全媒体时代和媒体融合发展第十二次集体学习中强调“推动媒体融合发展、建设全媒体成为我们面临的一项紧迫课题，要运用信息革命成果，推动媒体融合向纵深发展”①。因此，推进新闻融合不仅是新闻媒体生存和发展的现实所需，更是我国舆论工作的发展方向。5G 商用和民用的进一步发展，成为媒介融合发展的重要转折，也让我们对媒体融合的未来发展有了更多的想象力和期待。

第一节　智能生产与新要求

一、新闻生产方式的变化

媒体融合作为我国的国家战略，从提出至今经历了多个关键性阶段。从 2015 年的 HTML5 新闻，2016 年的 VR 沉浸式新闻，2017 年的微视频报道，2018 年的人工智能和竖视频，到 2019 年的 Vlog、VR 和 AR 新闻。技术的发展推动了新闻的发展，不同的新闻形式给受众带来了不同的体验。2020 年 5 月 30 日，中央广播电视总台成立央视频融媒体发展有限公司，助力总台建设 5G 媒体平台。11 月 20 日，中央广播电视总台“央视频”5G 新媒体平台上线，作为我国首个国家级 5G 新媒体平台，采用“5G+4K/8K+AI”等技术进行新闻报道，给受众全新的视觉体验。5G 新媒体平台的搭建，将促进我国新闻与技术的进一步融合，改变新闻的生产方式。

2019 年被称为 5G 的元年，在 5G 的技术背景下，新闻的生产方式发生了巨大的变化。新闻的生产从 UGC（Users Generated Content）模式、PGC（Professionally Generated Content）模式转向 AIGC（Artificial Intelligence Users Generated Content）生产模式，新闻采访机器人、新闻协作机器人等人工智能，会根据用户的需求和算法用高度的新闻规范来进行采访和撰写新闻，“5G+AI”的新闻生产使得智能新闻成为可能。同时，5G 时代下的计算机算法更加成熟，对于用户数据的处理更加精准，互联网上的新闻数据采集已不再需通过记者进行搜集和整理，利用人工智能便可以对用户的数据信息、搜索、浏览进行分析，并根据用户的喜好和需求进行新闻的推送，促进了数据新闻的生产。

融合新闻改变了受众观看新闻的方式，受众随处上传、传播和收看新闻，可视化的视频新闻已逐渐取代传统的“文字+图片”的新闻形式，视频化新闻、数字化新闻已成为受众观看新闻的主要方式。VR、AR 新闻的出现，现实世界与虚拟世界的界限被打破，人类的多种感觉器官作用于新闻，形成“沉浸式”的媒体应用，未来的新闻生产将是多种媒介的共同作用，单一的媒体概念将不复存在。

---

① 习近平：推动媒体融合纵深发展巩固全党全国人民共同思想基础[EB/OL]. 新华网，(2019-01-25)[2021-07-15]. http://www.xinhuanet.com/politics/leaders/2019-01/25/c_1124044075.htm.

二、新闻工作者的新要求

在“互联网+”的 5G 大背景下，新闻的组织形式已经发生了巨大变化，“自媒体”时代，每个人都有可能成为新闻信息传播的主体，新闻的传播速度已经远远超乎我们的想象。一条用手机录制的视频新闻，传到微博或者抖音上，半个小时甚至几分钟内就能引起数亿人的关注和讨论。因此，作为新时代下的信息生产者，势必要对融合新闻工作者的工作提出新的要求。

面对 5G、人工智能和媒体融合发展的新形势，融合新闻的新闻工作者要增强“脚力、眼力、脑力、笔力”。“脚力”是指新闻工作者要坚持为人民服务、为社会主义服务的信念，不怕吃苦，走进一线和基层，深入人民群众，同时要深入人民群众的舆论场，在线上发挥新闻工作者的职责和作用。“眼力”是指新闻工作者要以爱国主义为核心，把握好国家的方针政策，了解我国的基本国情，从事实说话进行报道。同时，作为融媒体时代的新闻工作者，要有世界的眼光和格局，不仅要会运用传统媒体进行报道，还要学会用新媒体技术拓展观察社会的视角，利用无人机、传感器、VR/AR 临场化呈现、大数据抓取等新技术手段进行拍摄。“脑力”是指新闻工作者要不断增强媒介素养，要坚持以习近平新时代中国特色社会主义思想为指导，牢牢把握正确舆论导向。同时，作为“媒介把关人”，要适应不同学科与新闻传播的融合，要具备跨学科的报道能力，提升自身“脑力”，提升信息传播水平。“笔力”是指新闻工作者要时应新时代的信息传播形态，夯实基本报道语言功力，提升自身新闻报道水准，努力成为一专多能的“全媒体记者”。

2018 年，全球首个 AI 合成主播在第五届世界互联网大会上发布，该主播运用了最新的人工智能技术，模拟该社主持人邱浩的声音与外形进行新闻播报，可以 24 小时不知疲倦地工作。作为融媒体新时代的新闻工作者要清楚地认识到，人工智能的出现不是对记者的取代，而是一种补充，新闻融合下的新闻工作者不应该固步自封、停滞不前，也不应该对新技术的到来怀有畏惧，而是应该主动学习新的传播技术和传播方法，使得自己更好地适应新时代下新闻传播的新要求，同时要增强对融合新闻的未来布局，努力成为全媒型、专家型人才。

第二节 正确导向与产消共创融合

一、坚持正确的舆论导向

2019 年，党和国家部署了新媒体发展格局，新的法律法规的出台出为新闻的融合发展提供了良好的政策保障和社会环境。2019 年 9 月 19 日，人民日报成立智慧媒体研究院，推出了全媒体智慧云等新项目。同年，各个县的融媒体中心纷纷建立，向群众传递党的方针和政策，向党反映群众的需求，四川广电、电信、索贝和华为联合打造的“熊猫云”运用云计算、AI、5G 等技术实现全省的资源共享，极大地拓展了我国融合新闻的纵深发展。

作为新时代下的新闻工作者，应把政治方向放在重要的位置上，牢牢坚持党性原则，牢牢坚持马克思主义新闻观，在把握新闻党性原则的基础上，要注重新闻的舆论导向，关注社会民生。同时，新闻工作者在报道新闻时要注意报道的内容，不要因为追求形式和技术上的创新而忽略新闻作品中的价值导向，尤其是在互联网信息良莠不齐的传播背景下，新时代下的新闻工作者更应该要有要责任感和使命感，通过不断完善自身新闻素养，进一步推动媒体融合发展。

二、产消共创推动发展

（一）行业融合推进价值共创

2020 年 10 月 30 日，中国新闻社社长陈陆军在“新视野 新经济 新征程——中国债券资本市场四十人论坛第一届峰会”中发言指出，媒体业与其他行业加速融合发展的趋势愈加明显”，新技术的发展势必会带来行业间的快速融合，5G 与 4K/8K、AR/VR、全息、裸眼 3D 等技术将带来 5G 行业的创新应用，孕育新兴的信息产品和服务，在极大程度上将使得新闻产业的发展模式发生巨大的变化。在注重平台融合、内容融合、技术融合的同时，应推动媒体业务从信息中介向信用中介甚至交易中介拓展，被称为“第四次工业革命的核心技术”区块链技术，其本质是一个分布式数据库系统，核心特征是去中心化。区块链技术与新闻的融合可以改变传统新闻的生产和传播方式，基于区块链技术，用户可根据自己需求进行去中心化的内容构建，新闻发布者可将新闻信息精准推送至兴趣用户。同时，基于区块链技术的新闻传播平台中的所有用户皆可成为审核主体，新闻内容面临着更多的监督主体，有助于提高新闻质量。

互联网产业可为使用者提供“信息场景”，在“信息场景”中，用户可寻求与场景相关的技术服务、产品服务等，新闻媒体与其他行业的相互融合，更新了用户所在的“信息场景”，可以多层次、多角度、多领域地使用户在使用中获得利益，最终实现价值变现。传统新闻下的新闻生产者和受众之间是简单的单向传播，而融合新闻下的生产者和用户的边界开始被打破，短视频新闻、音频新闻中传播者不再是唯一的主导者，而是合作共赢的伙伴。例如在抖音、快手等短视频平台上，有人发布视频获得了粉丝的关注、获得了经济效益，有人收看视频进行学习、休闲娱乐、得到放松，受传双方获得利益的同时，短视频平台也可获得流量、获得下载量、获得收益，通过互相赋能、共享共建、互补共赢，创造价值，实现价值共创。

（二）产消对接助力“精准扶贫”

“脱贫攻坚”是我国重要的战略部署，2020 是实现脱贫攻坚的决战之年，“新闻+政务服务商务”的模式，使得融媒体技术在“脱贫攻坚”中发挥了巨大的作用。通过融媒体平台，传播“脱贫攻坚”的相关知识，并通过传播相关内容获得自身发展，进一步创建创新管理为保障的全媒体传播体系，提升新闻报道影响力和国际传播力，“线上线下”融合并举的形式，推进贫困地区农产品产销对接，解决困地区农产品滞销问题。

在 2020 新冠肺炎疫情期间，通过网络对接平台，引导农产品批发市场加快电子商务、大数据等现代流通方式建设，为滞销农户和贫困县区及合作社提供直播服务，稳定重点农产品价格，保护农民和消费者利益。同时，强化信息监测发布，完善产销对接服务，通过电话、微信公众号、网站等收集整理各地农产品滞销信息，开展农产品网络产销对接活动，对于贫困地区实施乡村振兴战略具有十分重要意义。

第三节 形态创新与行业应用融合

一、传统媒体改革创新

互联网5G时代的发展，传播环境发生着深刻的变化，新媒体（互联网及移动互联网）在传媒产业的占比从39%提升至66%，广播电视等传统媒体在传媒总值的占比从2011年起逐年下降，目前已低至13%①，因此，传统媒体在新媒体的冲击之下，转换思路谋求出路既是时代需求，也是发展需要。

传统报纸在历史过程中形成了一种闭合的发展趋势，各个媒体之间缺少联系和互动，在新时代下报纸要打造多媒体的传播平台矩阵进行新闻的生产和传播。在策划选题时，可通过新媒体平台来进行新闻线索的获取，还可将制作的新闻再传至网络平台，并可以利用自身的微博和微信公众号对相关电视新闻、电视节目进行宣传并收集受众的反馈信息，有效实现传播效果转化，提升节目影响力。例如人民日报社同时开通了人民博客、人民微博、人民播客等新媒体平台，读者可以在新媒体平台留言，进行互动，读者的互动消息也可传递到人民日报。

传统电视媒体要进行产业与内容融合，创新内容的生产，创造手机、电视、互联网、社交APP等整体整合，加强有特色、有创造性的新闻节目，加大可视化报道、数据化新闻生产和游戏化展示以吸引受众。湖南卫视和芒果TV建立了“湖南卫视+互联网+N”的内容自制体系，利用IP产业链，进行电视网与互联网甚至线下活动的联动，在芒果TV的电脑端和手机客户端均可看到湖南卫视的节目，与此同时，在芒果TV的电脑端和手机客户端还会进行衍生品、独家花絮等的开发，例如，在芒果TV电脑端和手机客户端观看综艺节目时，就会看到节目嘉宾所佩戴的、所使用的高人气商品购买链接，观众可点击链接购买同款实体商品。芒果TV与卫视频道从内容到形式的融合互补，使得芒果TV构建了自身独特的传播方式和传播体系，2019年，芒果超媒营业收入达到125.23亿元，实现净利润11.57亿元，历史上首次实现了新媒体收入超过传统媒体；2020年前三季度实现归属净利润16.12亿元，同比增长65.39%；营业收入94.71亿元，同比增长15.05%②。

二、新闻与行业融合

（一）新闻与直播

直播是多种技术手段和传播手段的结合，直播可利用新媒体的传播手段，获得第一手有

① 媒体将是第一个享受5G红利的垂直产业？[EB/OL].（2019-05-08）[2021-07-15]. https: //www.31fabu.com/industry/201905076892. html.

② 媒体深度融合第九谈：“芒果模式”可复制吗？[EB/OL].（2020-12-02）[2021-07-15]. https: //www.sohu.com/na/435907117_99994436.

效资源，直播为新闻报道提供了更加广泛的传播途径。在新闻直播中，客观的记录方式，可以传递影像、让观众感受“在场”，易于让观众了解新闻事件发展的全过程。在 5G 技术的发展下，全景报道、互动报道、VR 报道等的报道形式逐步开始运用在直播中，电视新闻的直播将运用更多样的技术手段，为受众提供更多样的内容产品，传播更多的价值理念。《百姓零距离》作为金华广播电视台下属新闻频道的民生直播栏目，每年共开展 4G 直播 240 多期。2020 年春节期间“新型冠状病毒感染的肺炎防控”等各类重大事件中，栏目较好地利用了电视和网络的同步直播活动，将医护人员分批驰援武汉出征、首批治愈三人出院、新型冠状病毒感染的肺炎防控新闻通报会、高速公路高铁站出口防控检疫等事件，通过多点位多视角的直播，将信息第一时间进行发布，满足了受众对信息鲜活、及时、权威的需求。

截至 2020 年 3 月，我国网民规模为 9.04 亿，互联网普及率 64.5%，手机网民规模 8.97 亿，网民使用手机上网比例达 99.3%。网络直播，又叫在线直播，是融合广播、电视媒介的优势，借助互联网平台，实现文字、图片、视频同步的实时互动形式。2016 年抖音出世并迅速占领市场，移动直播开始迅速普及，改变新闻的传播和接受的方式。移动直播的便捷、快速和低成本，使得记者面对突发状况时能迅速地做出报道，通过直播的形式，观众可以更直观、多角度、全方位的观看到新闻现场的全貌，新闻从 PC 端到移动终端，新闻真正地实现了“随时”发布。新闻记者在发布新闻的同时，观众通过“弹幕”发表意见，提出疑问并与记者进行实时的互动。

2016 年被称为网络直播发展元年，2016 年 5 月腾讯新闻在其移动客户端中推出了直播新闻，同年 5 月央视新闻在自主研发移动视频直播工作平台上进行了关于江苏盐城龙卷风的直播报道。2017 年 12 月 31 日，“央视新闻移动网”上线并开始进行直播的报道，2018 年 8 月移动新闻直播榜上，“央视新闻移动网”夺得冠军。2014 年 7 月 22 日上线的“澎湃新闻”是上海报业集团改革后的互联网新闻平台，从上线之初就致力于移动互联网新闻的报道，“澎湃新闻”于 2017 年年初上线“视频频道”，在澎湃新闻的官方网站、澎湃新闻移动客户端、澎湃新闻新浪微博官方账号上进行直播视频的发布，直播频率每天 1 到 3 场。

2020 新冠肺炎席卷全国，我国各大媒体利用 5G 技术，开启新闻直播，传递权威信息，进行舆论引导。人民网视频在 2020 年 1 月 24 日（除夕）16 时播出的《武汉时间》，是全国第一档以新冠肺炎疫情报道为主题的网络直播节目。2020 年 1 月 29 日，人民网直播节目更名为《人民战“疫”》，实施四级联动，全方位展现全国各地疫情防控情况。2020 年 3 月 16 日，由新华社、武汉大学、中国移动联合打造的全球首次 5G+VR“云赏樱”直播活动，登陆新华社客户端、咪咕视频和武汉大学微博等平台，以多路视角全方位展现武大樱花迎春绽放的美景。

如果说新闻直播智能化的交互形式赋予了新闻报道新的形式，搭建了新闻传播的新平台，那么“慢直播”的“不干预”，没有主持人的解释，没有镜头的切换，没有花哨的特效制作，为新闻报道提供了另一种观看视角。慢直播最早可追溯到 1963 年，诗人约翰 · 乔尔诺 5 个小时的睡眠过程被记录下来。挪威电视台是把“慢直播”发挥到极致的，挪威 NRK 电视台为纪念卑尔根铁路诞生百年，用摄像机记录了整整 7 小时火车行驶的旅程，值得一提的是，该直播没有进行任何后期特效和直播转场等的技术处理，但是却吸引了挪威 1/4 的人口进行观看。近年来，“慢直播”在中国也开始流行，其中央视网与成都大熊猫繁育研究基地合作的 iPanda 熊猫频道，通过 24 小时直播大熊猫的生活引起了受众的广泛关注。中国青年报社与北京新媒体集团推出了一场 100 小时的“中欧班列慢直播”，对 X9004/3 次列车进行直播，展现了“一带一路”沿线风情。在新冠肺炎疫情中，央视开通了“慢直播”，全天 24 小时直播武汉雷神山和火神山医院的建设情况，全程没有解说、字幕和脚本，但是网络“云监工”的网友们却相当热情，截至 2020 年 1 月 31 日 0 点，慢直播的实时在线人数已经突破 4 200 万。

（二）新闻与短视频 Vlog

互联网用户碎片化的媒介使用习惯，使得短视频成为新闻报道的重要形式。Vlog 又被称作 video weblog 或 video blog，强调“视频”和“记录”，是一种以视频方式记录生活，并进行分享的内容形态。Vlog 新闻以其独特的“第一人称”、日常对话的口吻进行新闻的叙事方式区别于传统的严肃的新闻报道，有助于受众对于信息的接受。例如 Vlog《大国外交最前线》，每支 Vlog 时长在约为 2 分钟，信息简洁直奔主题，通过轻快的音乐，加之主播幽默的话语，使得受众“沉浸”感受异国风情。

2020 新冠肺炎疫情期间，关于疫情的 Vlog 新闻通过“个人化”和“风格化”的叙事优势，通过“日志”的形式，使受众真实感武汉的生活。央视新闻、人民日报等主流媒体发布的 Vlog 如《武汉日记 Vlog：“致敬！志愿者的情与义”》《武汉日记：最珍贵的，留给最需要的》《武汉日记 Vlog：“疫情不解，我们不退”》《武汉日记：“我们不顶上，谁顶上？”》实时记录抗疫前线最新动态，让受众快速、全面、有效地了解了新闻事实，为新闻报道注入了新能量。

第四节 融合新闻报道伦理与法规

一、新闻失实与新闻侵权

（一）新闻失实

自新闻产生，新闻真实性问题就一直被讨论。融媒体时代，传播技术、传播手段、传播渠道多元化发展，受众接受新闻的方式也发生着变化，智能手机使得每个人都可以是新闻的传播者。传统媒体下，新闻工作者往往受过职业训练，对新闻的报道的实时性和规范性有一定的认识，但是在自媒体时代，为了获取流量、吸引眼球，往往还没有确认新闻真相的时候就肆意传播，造成了新闻失实。

在媒介融合的背景下，新闻的发布渠道多元，加之网络平台传播的快速性和广泛性使得新闻“把关人”对新闻筛查难度增加。此外，一些官媒对一些新闻的报道不实，传播虚假消息，引发受众多转发虚假新闻的“链条”效应。例如 2020 年 1 月 26 日青海卫视的微博官方账号发布微博声称“在 CCTV-13 钟南山院士将参加白岩松主持的《防范新型冠状病毒肺炎》专题节目”，然而，这条受到了广泛关注的消息居然是一条假消息。在新媒体环境中，微信、微博等平台传播消息的便捷成为一把双刃剑，大众能在第一时间知道真相的同时，也使得受众在海量的信息中迷失自我，无法分辨新闻的真假。当事媒体背离了新闻真实的基本原则报道虚假新闻，既伤害新新闻当事人，也伤害受众。然而不实的新闻往往成为舆论场上的“爆款”，这样的现象，应该值得全体行业和全体媒体人进行深刻的反思。

（二）新闻侵权

新闻侵权是新闻报道侵害他人受法律保护的权利，主要表现为对姓名权、肖像权、隐私权、名誉权、著作权的侵害。《中华人民共和国民法典》（简称《民法典》或法典）在第四编“人格权”的部分条文明文写上“新闻报道、舆论监督”，明确指出新闻监督和新闻报道不应该侵犯公民的隐私权、名誉权。新闻不该侵犯公民的隐私权是指公民与社会生活无关的私人生活和私人事件，新闻媒体和个人不得进行任意的干扰，不得以商业或个人利益为目的进行新闻报道和新闻评论。近年来，由于市场竞争压力的加剧，为了吸引受众的注意力，很多媒体进行很多不正当的言语进行新闻报道，侵犯了公众的名誉权。新闻不该侵犯公民的名誉权是指新闻媒体不应使用夸大的言辞和评论对新闻当事人进行捏造事实的报道，不得以任何语言、文字、图片、视频等方式损害新闻当事人的名誉权。

互联网时代，新媒体打破了传统新闻的报道形式，网络的开放性、互动性为新闻提供了便利传播环境的同时，也使得网络新闻侵权事件层出不穷。

二、新闻伦理与新闻法规

（一）新闻伦理的规范

新闻应该追求真实、客观、公正、中立、冷静、用事实说话。在抗击新冠肺炎疫情的过程中，媒体在报道疫情最新动态、科普知识、宣传政策等方面起到了积极作用，但是部分网络媒体的报道不仅能扰乱了疫情防控的正常秩序，还引起受众的猜测、不满和恐慌。

技术的发展使得新闻的制作和生产流程发生了变化，大数据新闻、人工智能新闻等均通过计算机算法来进行信息和新闻的推送，全媒体时代下，个人隐私问题成为众矢之的，以大数据、算法为驱动力的技术公司转型为平台媒体，以 5G、人工智能为代表的新技术在给受众生活带来便利的同时，也使得受众无遮挡地暴露在媒体之下，技术衍生出了新的伦理恐慌。疫情以来，患者信息泄露事件频频发生，患者及密切接触者电话号码、身份证号、行动轨迹、详细到门牌号的家庭地址、工作单位名称等均暴露在互联网，患者被“人肉”的现象常有发生。

在互联网错综的环境下，媒介融合已成为趋势，新闻的生产者应承担责任，增强社会责任感，规范自身行为，做好内容生产，回归新闻伦理的基本指导原则，如自由、义务、权利、良心、公正、以人为本、尊重生命等新闻伦理研究。

（二）新闻法规的制定

在媒介融合的环境背景下，新闻失实、新闻侵权等新闻伦理问题变得尤为重要和敏感，因此新闻法规的制定就显得格外重要。1974 年，美国制定了《联邦隐私法》，目的是保护个人信息不受侵犯和伤害。1984 年，经济合作与开发组织（OECD）发布《关于保护隐私与个人数据之跨国界流动指南》，《指南》中指出成员国应对隐私权进行立法。1998 年欧盟实施《欧盟隐私保护指令》保护网上个人数据。

除了法律法规，还有一些一些记者联盟、媒介工会对新闻报道进行规定。例如，IFJ（International Federation of Journalists，国际记者组织）提出了在报道一个暴力案件中，遭遇暴力对待的女性的时候，我们不应称她为受害者（victim），而应称她为幸存者（survivor），除非她自己愿意被认为是“受害者”。还有美国哥伦比亚大学新闻研究院的达特中心（Dart Center for Journalism and Trauma），该中心对全世界的记者进行关于创伤性报道后的心理创伤进行疏导和指引。

2016 年，《中华人民共和国网络安全法》颁布，规定“任何个人和组织使用网络应当遵守宪法法律，遵守公共秩序，尊重社会公德，不得危害网络安全，不得利用网络从事危害国家安全、荣誉和利益”。《中华人民共和国网络安全法》对每个公众都提出了要求，因此在媒介融合的时代背景下，作为个体的公众在互联网传播新闻的时候，也应遵守法律法规，不危害他人的权力和利益。2017 年《互联网新闻信息服务单位内容管理从业人员管理办法》开始施行，规定“从业人员应当严格遵守互联网内容管理的法律法规和国家有关规定，杜绝编发虚假互联网新闻信息”。在新闻传播大背景发生变化的时代，在互联网新闻传播更复杂的今天，作为新闻从业者更应遵守新闻的伦理道德规范，遵守新闻的法律法规进行新闻的报道，不应该因为个人利益进行有偿性的新闻传播活动，应该在网络传播中做好新闻的“把关人”，抵制互联网新闻中的不良风气，为清洁的网络传播空间贡献自己的力量。

2019 年 10 月至 11 月，网信办、工信部等部门联合印发《网络音视频信息服务管理规定》，对短视频平台电商购物违规做出整改，对网络空间、治理新闻伦理失范起到了积极作用。在有关部门制定新闻法规、加大监管力度的同时，新闻从业者还应加强行业自律，提升新闻职业道德感和责任感，在新闻实践中提升自我，应让技术成为新闻的“助推器”，而不是道德的“绊脚石”。

思考题

1. 融合新闻背景下，对新闻工作者提出了哪些新要求？
2. 新时代下的新闻生产方式发生了怎样的变化？
3. 用案例说明新闻与直播的融合。

参考文献

[1] GRAY J, BOUNEGRU L, CHAMBERS L，等. 数据新闻手册[EB/OL]. 蔡立，陈镜玉，陈俊玲，等，译. 开放知识基金会@中国,（2012）[2021-07-15]. https：//xiaoyongzi.github.io/web/index.html.

[2] SARGANT N. Media convergence[J]. RSA Journal, 1993, 141（5444）：834-835.

[3] WINSECK D. The quest for information highways and media convergence in Canada[J]. Info, 1999, 1（6）.

[4] 鲍德里亚. 象征交换与死亡[M]. 车槿山，译. 南京：译林出版社，2006.

[5] 蔡雯. “融合新闻”：应用新闻学研究的新视野[J]. 淮海工学院学报（社会科学版），2007（3）：68-71.

[6] 蔡雯. 媒介融合发展与新闻资源开发[J]. 西南民族大学学报（人文社科版），2006（7）：126-129.

[7] 蔡雯. 媒介融合前景下的新闻传播变革——试论“融合新闻”及其挑战[J]. 国际新闻界，2006（5）：31-35.

[8] 蔡雯. 媒介融合视野下的报业转型——从西方著名报纸的变革谈起[J]. 新闻传播，2007（11）：8-10.

[9] 蔡雯. 新闻传播的变化融合了什么——从美国新闻传播的变化谈起[J]. 中国记者，2005（9）：74-76.

[10] 蔡雯. 新闻传播的变化融合了什么——从美国新闻传播的变化谈起[J]. 中国记者，2005（9）：74-76.

[11] 陈力丹，付玉辉. 繁荣而活跃的网络传播研究——2006 年我国网络传播研究概述[J]. 当代传播，2007（1）：4-8.

[12] 陈力丹，汪露. 2006 年我国新闻传播学研究综述[J]. 国际新闻界，2007（1）：5-10.

[13] 陈敏婷，金冠军. 融合新闻趋势下的新闻报道[J]. 今传媒，2011，19（12）：101-102.

[14] 程恰. 数据新闻的交互性传播研究[D]. 郑州：郑州大学，2020.

[15] 崔保国. 技术创新与媒介变革[J]. 当代传播，1999（6）：23-25.
[16] 丁柏铨. 媒介融合：概念、动因及利弊[J]. 南京社会科学，2011（11）：92-99.
[17] 杜江，杜伟庭. “VR+新闻”：虚拟现实报道的尝试[J]. 青年记者，2016（6）：23-24.
[18] 方洁. 数据新闻概论[M]. 北京：中国人民大学出版社，2019.
[19] 冯文，孙立军. 动画概论[M]. 北京：中国电影出版社，2009.
[20] 付晓光. 互联网思维下的媒体融合[M]. 北京：中国传媒大学出版社，2017.
[21] 高钢，陈绚. 关于媒体融合的几点思索[J]. 国际新闻界，2006（9）：51-56.
[22] 国内 VR 虚火背后折射出的三大缺陷[EB/OL]. 腾讯网，（2016-03-28）[2021-07-15]. http://news. gamedog.cn/a/20160329/1665403.html.
[23] 韩士皓，彭兰. 融合新闻里程碑之作——普利策新闻奖作品《雪崩》解析，[J]. 新闻界. 2014（3）：65-69.
[24] 和莹，短视频 UGC 新闻生产研究及模式反思[J]. 《青年记者》，2020（9）：40-41.
[25] 胡明川. 网络媒介促进跨媒介合作[J]. 西南民族学院学报（哲学社会科学版），2001（2）：133-134.
[26] 黄佳念，刘书田. 当“直播”涌入新闻业——移动新闻直播在新闻场景中的应用分析[EB/OL]. 人民网，（2017-01-09）[2021-07-15]. http: //media.people.com.cn/n1/2017/0109/c409688-29009851.html.
[27] 金君俐. 从“图文并重”到“图文融合”——论读图时代的办报理念创新[J]. 新闻大学. 2014（4）：144-147.
[28] 匡文波，王丹黎. 新媒介融合：从零和走向共赢[J]. 广告大观（综合版），2007（8）：115-117.
[29] 李程. 浅议以用户为中心的创新[J]. 中国传媒科技，2010（11）：70-73.
[30] 李春雨. 地方台在媒介融合时代的生存策略选择[J]. 新闻传播，2003（2）：10-13.
[31] 李鲤，吴瑾. 沉浸式新闻：概念辨析、叙事重构与观念反思[J]. 中国出版，2020（18）：21-25.
[32] 李齐. 浅析融合新闻[J]. 新闻天地（论文版），2009（Z1）：61-62.
[33] 李沁. 沉浸传播第三媒介时代的传播范式[M]. 北京：清华大学出版社，2013.
[34] 梁馨月. VR 新闻的叙事与受众认知关系研究[D]. 沈阳：辽宁大学，2018.
[35] 林英泽. 报网互动初探[J]. 新闻战线，2007（7）：55-57.
[36] 刘佳. 清华大学陈昌凤：未来十年记者可能是这样工作的[EB/OL]. 南方周末，2020-01-10[2021-07-15]. https://new.qq.com/omn/20200111/20200111A01CCU00.html.
[37] 刘建明. 关于报纸消亡的对话[J]. 新闻界，2006（1）：14-16，19.
[38] 刘婧一. 媒介融合的动力分析[J]. 东南传播，2007（8）：84-86.
[39] 刘涛，杨烁燏. 融合新闻叙事：语言、结构与互动[J]. 新闻与写作，2019（9）：67-73.
[40] 刘涛. 融合新闻如何讲好故事[J]. 教育传媒研究，2020（3）：9-18
[41] 刘涛. 融合新闻选题:“信息逻辑”与“流量逻辑”的对接[J]. 教育传媒研究，2020（01）：20-24.
[42] 刘阳. 中央广播电视总台春晚观众规模逾十二亿刷新多项传播纪录[EB/OL]. 新华网，（2021-02-13）[2021-07-15]. http://www.xinhuanet.com/local/2021-02/13/c_1127097350.htm.
[43] 刘颖悟，汪丽. 媒介融合的概念界定与内涵解析[J]. 传媒，2012（1）：73-75.

[44] 刘兆兰. VR 新闻叙事及其伦理风险[D]. 武汉：湖北大学，2018.
[45] 栾铁玫. 融时代的生态重塑[J]. 今传媒，2011，19（1）：18-21.
[46] 马宁，曹培鑫，路淼. 媒介融合趋势下的视觉新闻变迁——从写作观念、图文整合到全媒体革新[J]. 传媒. 2016（5）：88-90.
[47] 迈尔-舍恩伯格. 大数据时代[M]. 杭州：浙江人民出版社，2013.
[48] 孟建，赵元珂. 媒介融合：作为一种媒介社会发展理论的阐释[J]. 新闻传播，2007（2）：14-17.
[49] 彭兰. 媒介融合时代的合与分[J]. 中国记者，2007（2）：87-88.
[50] 钱军. 移动、无线现场直播[J]. 电脑知识与技术，2001（15）：53-55.
[51] 强月新，吴志龙. 转型 · 创新 · 调整 · 融合——2006 年中国媒体发展盘点[C]// 武汉大学媒体发展研究中心. 中国媒体发展研究报告（2007 年卷）. 武汉：武汉大学出版社：2007：3-28.
[52] 邱芳芳. 美国 VR 新闻的发展现状与影响[D]. 成都：四川省社会科学院，2017.
[53] 全昌连. 现场实时视频直播：《新京报》两会报道的媒体融合实践[J]. 中国记者，2016（4）：58-59.
[54] 石磊. 媒介融合，报业发展新支点——从报纸消亡论说起[J]. 西南民族大学学报（人文社科版），2006（7）：130-133.
[55] 石长顺. 融合新闻学导论[M]. 北京：北京大学出版社，2019.
[56] 宋宣谕. 浅析融合新闻外延下的全媒介联动新闻中心——以美国佛罗里达州坦帕市坦帕新闻中心为雏形[J]. 新闻传播，2013（9）：47-48+50.
[57] 宋昭勋. 新闻传播学中 Convergence 一词溯源及内涵[J]. 现代传播（中国传媒大学学报），2006（1）：51-53.
[58] 苏宏元，贾瑞欣. VR 新闻的局限及其伦理风险[J]. 中国编辑，2018（6）：21-25.
[59] 苏涛. H5 新闻的概念起源与技术逻辑—基于技术视角的考察 [J]. 新媒体研究. 2019（20）：1-5，12.
[60] 孙大路. 动画新闻的传播优势与运用原则[J]. 新闻战线，2016（4）：63-64.
[61] 谭天，赵静雯，苏慧. 迈向大媒介时代——2012 年度我国媒介融合评述[J]. 传媒，2013（01）：28-31.
[62] 陶喜红. 论媒介融合在中国的发展趋势[J]. 中国广告，2007（6）：160-162.
[63] 童晓霞. 媒介融合时代新闻记者的转型[J]，视听纵横，2017（1）：22-24.
[64] 王金会. 媒介融合环境下广播业的发展[J]. 中国传媒科技，2007（2）：38-41.
[65] 王磊. 让直播动起来[J]. 中国广播，2006（9）：22-23+48.
[66] 王培志. 场景视频的 H5 创新以央广两会 H5“王小艺的朋友圈”为例[EB/OL]. 人民网，2017-3-21[2021-07-15]. http://media.people.com.cn/n1/2017/0321/c120837-29157982.html.
[67] 王漱蔚. 媒介融合：传媒业发展的必然趋势[J]. 当代传播，2009（2）：55-57.
[68] 王晓路. 发挥优势，取长补短——谈新闻媒介的融合倾向[J]. 新闻与写作，1999（1）：33-34.
[69] 吴海民. 报业危局——中国媒体面临大变局——报业的未来走势和《京华时报》的战略选择[J]. 今传媒，2005（12）：21-39.

[70] 吴佳洪. 人工智能技术背景下新闻生产流程创新研究[D]. 广州：暨南大学，2019.
[71] 肖芃，肖赞军. 新型传媒集团全媒体融合发展路径研究——以芒果超媒为例[J]. 湖南师范大学社会科学学报，2021，50（1）：135-141.
[72] 肖叶飞，刘祥平. 传媒产业融合的动因、路径与效应[J]. 现代传播（中国传媒大学学报），2014（1）：68-71.
[73] 徐晓敏. 融合新闻：新闻传播业的新转型[N]. 中华新闻报，2007-12-12.
[74] 颜占领. 移动直播在中国[J]. 东南传播，2006（12）：4-6.
[75] 杨于卓. 新闻动画应用现状探析[J]. 西南民族大学学报（自然科学版），2012，38（5）：860-863.
[76] 姚易彤. 国内外 VR 新闻现状对比分析[D]. 杭州：浙江大学，2019.
[77] 喻国明，戴元初. 数字时代的媒介融合——美国电视的竞争策略管见[J]. 电视研究，2007（3）：71-73.
[78] 张丽萍. 新媒体时代新闻业务形态的变革[J]. 新闻实践，2008（1）：28-29.
[79] 张勤耘. 媒介的融合与品牌延伸[J]. 新闻前哨，2002（7）：6-7.
[80] 张雪静. 媒介融合语境下的传播政策规制——基于其他国家的媒介融合政策探讨对我国的启示[EB/OL]. 人民网，（2013-03-08）[2021-07-15]. http://media.people.com.cn/n/2013/0308/c192370-20725930.html.
[81] 张镇平. 国内外媒介融合的理论探讨与实践研究综述及人民网客户端发展策略分析[EB/OL]. 人民网，（2017-01-12）[2021-07-15]. http://media.people.com.cn/n1/2017/0112/c409701-29019371.html.
[82] 赵经天. 算法新闻媒介伦理失范研究[D]. 长沙：湖南大学，2019.
[83] 郑晓华. 我国媒介融合的内外动因解析[J]. 北京邮电大学学报（社会科学版），2011，13（3）：1-5.
[84] 郑瑜. 媒介融合：新媒体时代的发展观[J]. 当代传播，2007（3）：1.
[85] 郑越. 沉浸式体验：虚拟现实新闻的前沿应用与发展趋势[J]电视研究，2017（6）：17-19.
[86] 中国互联网络信息中心. 2008-2009 中国新网民上网行为调查报告[R/OL]. 中国互联网络信息中心，（2009-07-17）[2021-07-15]. http: //www.cnnic.cn/hlwfzyj/hlwxzbg/200907/P020120709345314806584.doc.
[87] 中国互联网络信息中心. 第 17 次中国互联网发展统计报告[R/OL]. 中华人民共和国国家互联网信息办公室，（2014-04-26）[2021-07-15]. http: //www.cac.gov.cn/2014-05/26/c_126548176.htm.
[88] 中国互联网络信息中心. 第 23 次中国互联网发展统计报告[R/OL]. 中华人民共和国国家互联网信息办公室，（2014-04-26）[2021-07-15]. http: //www.cac.gov.cn/2014-05/26/c_126548676.htm.
[89] 中国互联网络信息中心. 第 26 次中国互联网发展统计报告[R/OL]. 中华人民共和国国家互联网信息办公室，（2014-04-26）[2021-07-15]. http: //www.cac.gov.cn/2014-05/26/c_126548709.htm.
[90] 中国互联网络信息中心. 第 29 次中国互联网发展统计报告[R/OL]. 中华人民共和国国家互联网信息办公室，（2014-04-26）[2021-07-15]. http: //www.cac.gov.cn/2014-05/26/c_

126548744. htm.
[91] 中国互联网络信息中心. 第35次中国互联网发展统计报告[R/OL]. 中华人民共和国国家互联网信息办公室，(2015-02-03)[2021-07-15]. http: //www.cac.gov.cn/2015-02/03/c_1114222357.htm.
[92] 中国互联网络信息中心. 第40次中国互联网发展统计报告[R/OL]. 中华人民共和国国家互联网信息办公室，(2017-08-04)[2021-07-15]. http: //www.cac.gov.cn/2017-08/04/c_1121427728.htm.
[93] 中国互联网络信息中心. 第41次中国互联网发展统计报告[R/OL]. 中华人民共和国国家互联网信息办公室，(2018-01-31)[2021-07-15]. http: //www.cac.gov.cn/2018-01/31/c_1122347026.htm.
[94] 中国互联网络信息中心. 第42次中国互联网发展统计报告[R/OL]. 中华人民共和国国家互联网信息办公室，(2018-08-20)[2021-07-15]. http: //www.cac.gov.cn/2018-08/20/c_1123296882.htm.
[95] 中国互联网络信息中心. 第43次中国互联网发展统计报告[R/OL]. 中华人民共和国国家互联网信息办公室，(2019-02-28)[2021-07-15]. http: //www.cac.gov.cn/2019-02/28/c_1124175677.htm.
[96] 中国互联网络信息中心. 第44次中国互联网发展统计报告[R/OL]. 中华人民共和国国家互联网信息办公室，(2019-08-30)[2021-07-15]. http: //www.cac.gov.cn/2019-08/30/c_1124938750.htm.
[97] 中国互联网络信息中心. 第45次中国互联网发展统计报告[R/OL]. 中华人民共和国国家互联网信息办公室，(2020-04-27)[2021-07-15]. http: //www.cac.gov.cn/2020-04/27/c_1589535470378587.htm.
[98] 中国互联网络信息中心. 第46次中国互联网络发展状况统计报告[R/OL]. 中华人民共和国国家互联网信息办公室，(2020-09-29)[2021-07-15]. http: //www.cac.gov.cn/2020-09/29/c_1602939918747816.htm.
[99] 中国互联网络信息中心. 第47次中国互联网发展统计报告[R/OL]. 中华人民共和国国家互联网信息办公室，(2021-02-03)[2021-07-15]. http: //www.cac.gov.cn/2021-02/03/c_1613923423079314.htm.
[100] 周栋楠. 全媒体时代VR新闻生产优化研究[D]. 兰州：兰州财经大学，2020.
[101] 周晓鹏. 移动直播时代，媒体如何才能弯道超车？[J]. 传媒评论，2016(8)：31-34.

后记

本书在写作过程中，经历了一年多的时间，参与教材编写的团队成员均为融合新闻学授课教师，他们在授课过程中总结了很多经验，对教学过程、教学方法、教学结构做做了大量的研讨。在编写教材的过程中，反复修改相关案例，紧密结合国内外新闻奖获奖作品，以及新华网、人民网等主流媒体实践案例，力求展现新媒体技术发展背景下融合新闻的最新形态及前沿成果。

本书共计十六章，由何芳完成前言、第一章至第五章、第十三章的撰写及案例整理；罗跃姝完成第六章至第九章、第十四章、第十五章的撰写及案例整理；侯默完成了第十章、第十二章、第十六章的撰写及案例整理；麦新完成第十一章的撰写及案例整理。

在编写的过程中，感谢冯文巧、周阿松、张驰、廖文静、黄文静、成茜、代雨珈、向虹、黄晓萍同学在搜集案例上所做的前期工作。感谢暨南大学刘涛教授及其团队走在融合新闻教学探索的前列给予我们团队很大的启发，也感谢西南交通大学出版社的大力支持！

融合新闻学教材编写组

2021 年 3 月 31 日